外国人住民票の創設と渉外家族法実務

日本司法書士会連合会「外国人住民票」検討委員会 編

発行 民事法研究会

序

　平成24年7月9日に施行される住民基本台帳法の一部を改正する法律により、外国人住民についても住民基本台帳法の適用対象とされ、その結果、外国人についても世帯ごとに住民票が編成されることになりました。あわせて、外国人登録制度が廃止されることとなり、これに伴い中長期在留者たる外国人には「在留カード」が、特別永住者たる外国人には「特別永住者証明書」が交付されることになっています。

　一方、従前の外国人登録原票は法務省が保管し、その後の原票記載事項については、直接法務省に対して「行政機関の保有する個人情報の保護に関する法律」に基づく開示請求を行うことになり、登記実務のみならず裁判実務等に与える影響は小さくありません。

　このような法改正を受け、本書は、外国人住民票の制定に至る歴史的背景をもとに、住民基本台帳法のみならず出入国管理及び難民認定法（入管法等）の改正についても言及し、わかりやすくかつ理論的な解説を施すことにより、手続を利用する法律実務家のみならず、現場で執務を行う地方自治体の職員にとっても、非常に有益なものとなっています。本書が多くの方の参考となり、活用されることを期待する次第です。

　本書の執筆は、当連合会が設置した「外国人住民票」検討委員会の委員であり、いわゆる渉外登記や国際私法に造詣が深い6名の司法書士によるものです。

　本書が利用され、外国人が幅広く法的サービスを受けられるよう願っています。

　　平成24年4月

　　　　　　　　　　　　　　　　日本司法書士会連合会
　　　　　　　　　　　　　　　　　　会長　細　田　長　司

まえがき

　日本の2060年の人口は8674万人（2010年1億2806万人）になるとの将来推計人口が公表された（国立社会保障・人口問題研究所、2012年1月30日）。65歳以上の人口は2948万人から3464万人に増加し、生産年齢人口（15歳から64歳）は8173万人から4418万人に減少する。将来人口の推計がさまざまな施策に影響を与えることは想像に難くない。

　そのような推計が公表される一方で、日本に在留する外国人は毎年増加し、その定住化傾向も顕著である。在留外国人は単なる労働力の担い手ではなく異文化を背負った日本社会の一員である。日本社会でともに協働する「人」である。日々の生活の糧を得ながら家族を形成し、母国や地域とのネットワークの中で育まれ、笑い・嘆き・苦しみ・もがきながら、生き老いてそして死を迎える、そのような当然の営為を重ねながら日本社会で過ごしている。

　3年前（2009年）に「住民基本台帳法」が改正され、「外国人住民票」の創設を柱とする新住民票制度が制定された。この新住民票制度は、はたして在留外国人当事者の思いや当事者の利便性を考慮して制度設計されたのであろうか。在留外国人は、日本の地域社会で生活を営む「住民」であり、同時に異文化を背負い母国ともつながる「外国人」であるとの視点が欠落しているのではないか。そのような疑念が拭えない。

　外国人住民票を創設する改正住民基本台帳法は、新出入国管理制度を定めた入管法等改正法の施行と同日の本年（2012年）7月9日に施行される。

　本書は、渉外家族関係の法実務の領域に限定して、この外国人住民票の問題点に言及し、外国人住民票の何が問題なのか、を述べたものである。

　本書の発刊に至るまでには、多くの方にお世話になった。昨年（2011年）6月開催の日本司法書士会連合会（日司連）定時総会の場に「日司連内に『外国人住民票』検討委員会を設置せよ」との決議案提出に賛意を示された大阪、兵庫、京都、滋賀、奈良、和歌山、愛知の日司連代議員の皆さん、定時総会の場で決議案に賛同された全国の日司連代議員の皆さん、「外国人住民票」検

討委員会の運営に惜しまない支援をしていただいた日司連の細田長司会長と加藤憲一常任理事をはじめとする日司連役員の皆さん、昨年8月から10月にかけて開催したワークショップに協力していただいた大阪・京都・愛知の司法書士会の皆さん、その際に講師を快く引き受けていただいた6名の司法書士の皆さん、ワークショップに参加された司法書士の皆さん、そして出版事情のよくないこの時期に快く本書の出版を引き受けていただいた民事法研究会の田口信義代表取締役と田中敦司編集部主幹、にあらためて謝意を表するものである。

　最後に、昨年8月から本年3月まで計11回にわたる過密なスケジュールをこなし労苦を分かち合った委員と本書の完成を喜び合いたい。

2012年4月

　　　　　　　日本司法書士会連合会「外国人住民票」検討委員会
　　　　　　　　　　　　委員長　西　山　慶　一

〔第2刷発行にあたって〕

　本書は、幸いにして多くの読者を得た。第2刷に際しては、誤植個所の修正と参考法令中の入管法施行規則と入管特例法施行令に6月15日公布・施行された内容の一部を反映させることにとどめた。修正個所は、民事法研究会のホームページ (http://www.minjiho.com/) 掲載の修正点一覧（正誤表）でお確かめ願いたい。

　本書がさらに多くの読者を得ることを願うとともに、あわせて、忌憚のないご批判・ご叱正を賜りたい。

2012年7月10日

　　　　　　　日本司法書士会連合会「外国人住民票」検討委員会
　　　　　　　　　　　　委員長　西　山　慶　一

目　次

第1部　「外国人住民票」の問題点
——渉外家族関係の法実務からみて

第1章　「外国人住民票」の創設に至るまで……2

1 　外国人登録令・出入国管理令の制定から2009年入管法等改正法・住基法改正法の制定まで……3
　　序　外国人登録令・出入国管理令の制定 ……3
　　(1)　平和条約発効から難民条約発効に伴う入管法改正まで ……4
　　(2)　難民条約発効に伴う入管法改正から1990年入管法改正まで ……5
　　(3)　1990年入管法改正から大改正の動きまで……6
　　(4)　改正の動きと2009年入管法等改正法・住基法改正法の制定 ……8
　　おわりに——施行に向けての動き ……10
2 　入管法改正の概要——中長期在留者と在留カードの交付……12
　　(1)　これまでの在留外国人の管理……12
　　(2)　入管法等改正法の成立 ……13
　　(3)　新たな在留管理制度の導入 ……14
　　(4)　在留カード ……15
　　〔図1〕　在留カードの様式 ……16
　　〔図2〕　在留カードのイメージ図 ……17
　　(5)　中長期在留者に関する住居地等の届出 ……21
　　(6)　在留資格の取消し ……23
　　(7)　中長期在留者の情報を収集する制度 ……23
　　(8)　退去強制 ……24
3 　入管特例法改正の概要——特別永住者と特別永住者証明書の交付……25

(1)　はじめに──入管特例法の骨格──……………………………25
　(2)　特別永住者──「平和条約国籍離脱者」「平和条約国籍離脱者の
　　　子孫」………………………………………………………………25
　(3)　特別永住者──特別な法的地位──誕生にかかる入管特例法制
　　　定までの経緯 ………………………………………………………27
　(4)　改正（その１）──外国人登録証明書から「特別永住者証明書」
　　　および「外国人住民票」に切り替わる……………………………30
　(5)　改正（その２）──「みなし再入国許可」制度の新設と有効期間
　　　の延長………………………………………………………………31
　(6)　特別永住者証明書の記載事項、有効期間および各種申請・届出
　　　など…………………………………………………………………32
　〔図３〕　特別永住者証明書の様式…………………………………………34
　〔図４〕　特別永住者証明書のイメージ図…………………………………35
　(7)　外国人登録証明書から特別永住者証明書へ切替えの日とその方
　　　法（施行日と経過措置）……………………………………………37
４　住基法改正の概要──「外国人住民票」の創設………………………40
　　はじめに………………………………………………………………………40
　(1)　入管法および入管特例法の改正、住基法の改正 ……………………40
　(2)　「外国人住民票」創設の背景……………………………………………41
　(3)　住基法改正の概要………………………………………………………42
　〔図５〕　外国人住民に係る住民票の記載例………………………………45
　(4)　外国人登録原票の記載事項と外国人住民票に記載されない記載
　　　事項…………………………………………………………………46
　(5)　外国人住民票の「氏名」「住所」の記載事項…………………………48
　(6)　市町村長の職権調査、法務大臣と市町村長間の通知 ………………49
　(7)　外登法と住基法の届出、保存期間の差異 ……………………………50
　(8)　外国人住民票の開示……………………………………………………51
　〔図６〕　外国人住民に係る住民票の写しの例……………………………52

目 次

　　〔図7〕　複数国籍世帯の世帯構成員が一葉に表示される住民票の写
　　　　　しの例……………………………………………………………53
　　おわりに ……………………………………………………………………54

第2章　渉外家族関係の法実務……………………………………55

1　準拠法の決定に至るプロセス——渉外相続を中心に………………56
　　はじめに——法適用通則法が定める渉外的家族関係の準拠法…………56
　　⑴　渉外相続の準拠法の決定………………………………………………57
　　⑵　渉外相続と各国の国際私法——反致の有無を中心に ………………59
　　おわりに ……………………………………………………………………64

2　外国人の登記情報（不動産登記・商業登記）への記載・記録………64
　　はじめに ……………………………………………………………………64
　　⑴　不動産登記の申請情報・添付情報・住所情報 ………………………65
　　⑵　不動産登記の申請情報・登記記録への表記方法 ……………………68
　　⑶　不動産登記の申請情報記載の問題点…………………………………71
　　⑷　商業登記の申請情報・登記記録への表記 ……………………………74
　　おわりに ……………………………………………………………………75

3　外国人の姓名の戸籍への記載・記録…………………………………75
　　はじめに ……………………………………………………………………75
　　⑴　外国人の姓名が戸籍に記載・記録されるケース ……………………76
　　⑵　戸籍に記載される外国人の姓名の表記 ………………………………77
　　おわりに ……………………………………………………………………79

4　外国人住民票および印鑑証明書（サイン証明書）——不動産登
　　記を中心として……………………………………………………………80
　　はじめに ……………………………………………………………………80
　　⑴　外国人住民票 ……………………………………………………………80
　　⑵　印鑑証明書（サイン証明書）……………………………………………83
　　おわりに ……………………………………………………………………85

| | 目次 |

　5　外国人の身分関係証明書の収集……………………………85
　　　はじめに…………………………………………………………85
　　(1)　本国における身分関係証明書………………………………86
　　(2)　日本における身分関係証明書………………………………90
　　　おわりに…………………………………………………………90

第3章　渉外家族関係の法実務からみた外国人住民票の記載事項等の問題点……92

第1節　外国人住民票から除かれる記載事項の有用性……92

　1　国籍の属する国における住所または居所……………………93
　　　はじめに…………………………………………………………93
　　(1)　国籍国の住所または居所の具体的記載事項………………93
　　(2)　在日韓国・朝鮮人が身分関係証明書を取得する場合……95
　　(3)　外国人の本国法決定の場合…………………………………95
　　　おわりに…………………………………………………………98
　2　出生地……………………………………………………………98
　　(1)　外登法上の記載事項──出生地の意義……………………98
　　(2)　戸籍法上の「出生届」の意義………………………………99
　　(3)　出生による外国人住民票の記載……………………………100
　　　おわりに…………………………………………………………100
　3　家族事項…………………………………………………………101
　　　はじめに…………………………………………………………101
　　(1)　家族事項登録に関する基本事項……………………………101
　　(2)　家族事項の効用………………………………………………103
　　　おわりに…………………………………………………………104

7

目次

第2節 外国人住民票で検討すべき諸点 …………106

1 外国人住民票の「氏名」……………………………107
はじめに …………………………………………………107
(1) 外登法4条1項3号の「氏名」……………………107
(2) 外国人住民票（住基法30条の45・7条1号）の「氏名」をめぐる検討経緯 ………………………………111
(3) 外国人住民票の「氏名」……………………………115
(4) 外国人住民票の「氏名」に関する問題点 ……………118

2 外国人住民票の「通称名」…………………………121
(1) 通称名とは──身近な芸名等との比較の考察から始める── …………121
(2) 通称名の記載を許容する外国人登録実務および不動産登記実務 …121
(3) 通称名の由来──通称名使用の必要性をもたらしたもの── …123
(4) 在留カード・特別永住者証明書には通称名の記載がされない …127
(5) 外国人住民票の仕様や記載方法等の検討経過 ………127
(6) 検討すべき諸点 ……………………………………129

3 外国人住民票の「併記名」…………………………134
(1) 併記名とは──この名前は何と読むのか── ………134
(2) 外国人登録実務における併記名と戸籍実務および不動産登記実務 …134
(3) 在留カード・特別永住者証明書の氏名の表記 ………136
(4) 外国人住民票の仕様や記載方法等の検討経過 ………137
(5) 検討すべき諸点 ……………………………………139

4 外国人住民票の「住所」……………………………142
はじめに …………………………………………………142
(1) 外国人登録原票の「居住地」の意義（外登法4条1項15号） …142
(2) 入管法等改正法上の「住居地」の意義（入管法19条の4第1項2号、入管特例法8条1項2号） …143
(3) 外国人住民票の「住所」の意義（住基法30条の45・7条7号）…143

(4)　外登法上の「居住地」変更手続と住基法上の「住所」変更手続 ……145
　　(5)　外国人住民票の「住所」情報に関する問題点 ……………………146
　　〔図8〕　外登法上の居住地および住基法上の住所の変更手続 …………147
　5　外国人住民票の「世帯主についてはその旨」「世帯主でない
　　者については世帯主の氏名及び世帯主との続柄」……………………150
　　(1)　外登法上の「世帯主の氏名」「世帯主との続柄」……………………150
　　(2)　住基法上の「世帯主の氏名」「世帯主との続柄」……………………151
　　おわりに ………………………………………………………………………153
　6　閉鎖外国人登録原票の開示・保存期間、消除・改製外国人住
　　民票の開示・保存期間 ……………………………………………………153
　　はじめに ………………………………………………………………………153
　　(1)　外国人登録原票の開示・保存期間 …………………………………153
　　(2)　消除・改製外国人住民票の開示・保存期間 ………………………156
　　おわりに ………………………………………………………………………158

第4章　「外国人住民票」、何が問題なのか ………160

　はじめに …………………………………………………………………………160
　1　在留外国人の現状 …………………………………………………………161
　2　日本の出入国管理法制の大転換 …………………………………………162
　　(1)　外登法の概要──記載事項を中心に ………………………………163
　　（表1）　外国人登録原票の記載事項 ……………………………………163
　　(2)　住基法改正法の概要──記載事項を中心に ………………………164
　　（表2）　外国人住民票の記載事項 ………………………………………165
　　(3)　市町村長から法務大臣に通知すべき事項 …………………………168
　3　外国人住民票の問題点(1)──準拠法決定機能からみて ………………170
　　(1)　渉外的家族関係の準拠法 ……………………………………………170
　　(2)　本国法が準拠法となる場合 …………………………………………171
　　(3)　準拠法決定機能からみた問題点 ……………………………………174

9

- **4 外国人住民票の問題点(2)──身分関係検索機能からみて** ……174
  - (1) 身分関係書面の収集 ……175
  - (2) 身分関係検索機能からみた問題点 ……177
- **5 外国人住民票の問題点(3)──識別・同定機能からみて** ……178
  - (1) 戸籍における外国人の氏名の表記 ……178
  - (2) 登記における外国人の氏名・住所の表記 ……180
  - (3) 登録原票の氏名・住所の表記 ……181
  - (4) 外国人住民票の氏名・住所の表記 ……182
  - (5) 識別・同定機能からみた問題点 ……186
- **6 外国人住民票の問題点(4)──個人情報保護の観点からみて** ……187
  - (1) 登録原票の開示請求 ……187
  - (2) 外国人住民票の写し等の交付 ……188
  - (3) 個人情報保護の観点からみた問題点 ……188
- **7 日本司法書士会連合会の意見書と総務省の考え方** ……188
  - (1) 日本司法書士会連合会の意見書（2011年12月16日付け）……188
  - (2) 総務省の考え方 ……190
  - (3) 総務省の考え方に対する評価と疑問 ……193
- おわりに代えて ……194

第2部 【ワークショップ】渉外家族実務──日本の官公署発行の書面を手掛かりにして

第1回ワークショップ【大阪】 ……197

〔第1講〕 アメリカ人の相続～地域的不統一法国における住所の意義～　　　　〔櫻井惠子〕 197

目 次

 (1) はじめに ……………………………………………………197
 (2) 事 例 ………………………………………………………198
 (3) 地域的不統一法国に属する者の本国法の決定方法 ……………199
 (4) アメリカの相続法 …………………………………………200
 (5) 遺言に関する国際私法 ……………………………………200
 (6) アメリカ人の相続を証する書面 ……………………………201
 (7) むすび ………………………………………………………201
 (8) 質疑応答 ……………………………………………………202
〔第2講〕 北朝鮮を本国法とする者の相続 …………〔和田眞実〕 204
 (1) 事 例 ………………………………………………………204
 (2) 被相続人河潤喜の本国法の決定 ……………………………209
 (3) 身分関係証明書の収集 ……………………………………209
 (4) 韓国戸籍謄本と登録原票記載事項の相違 …………………210
 (5) まとめ ………………………………………………………211
 (6) 質疑応答 ……………………………………………………211
・「外国人住民票」についての意見・感想等 ……………………………215

第2回ワークショップ【京都】 ……………216

〔第1講〕 帰化許可申請手続 ………………………〔大西松子〕 216
 (1) 帰化許可の要件 ……………………………………………216
 (2) 帰化許可申請の手続 ………………………………………218
 (3) 帰化許可申請後の手続 ……………………………………218
 (4) 質疑応答 ……………………………………………………219
〔第2講〕 中国人が当事者となる相続登記 ……………〔大和田亮〕 221
 (1) 国際私法による準拠法の決定 ………………………………221
 (2) 相続登記手続に必要な添付書類 ……………………………222
 (3) 事例紹介 ……………………………………………………223
 (4) 最後に ………………………………………………………227

11

目次

　(5)　質疑応答 …………………………………………………227
・「外国人住民票」についての意見・感想等 …………………230

第3回ワークショップ【愛知】………………………………231

〔第1講〕　日本国籍を取得した者（帰化者）の相続 ……〔李　光雄〕231
　(1)　被相続人と登記上の所有者との同一性 ……………………231
　(2)　法定相続人を特定するための戸籍・除籍謄本 ……………233
　(3)　原票記載事項証明書の請求 …………………………………234
　(4)　除籍謄本等の請求 ……………………………………………235
　(5)　質疑応答 ………………………………………………………236

〔第2講〕　ブラジル人の相続 ………………………………〔齋藤浩子〕239
　(1)　事例紹介と相続準拠法 ………………………………………239
　(2)　ブラジルの証明書と添付書類 ………………………………240
　(3)　「登録原票記載事項証明書」の記載から ……………………241
　(4)　ブラジルの夫婦財産制 ………………………………………241
　(5)　質疑応答 ………………………………………………………242
・「外国人住民票」についての意見・感想等 …………………246

参考資料

〔資料1〕　「日本における外国人と法」関連年表 ………………248
〔資料2〕　国籍別外国人登録者数の変遷 …………………………255
〔資料3〕　国籍別・在留目的別外国人登録者数 …………………257
〔資料4〕　不動産登記先例通達（渉外登記関係）………………258
〔資料5〕　商業登記先例通達（渉外登記関係）…………………283
〔資料6〕　引用戸籍先例通達 ………………………………………288

〔資料7〕 日本司法書士会連合会意見書（平成23年12月16日付総務省自治行政局外国人住民基本台帳室宛て）……………290

参考法令

〔法令1〕 外国人登録法（抄）………………………………296
〔法令2〕 出入国管理及び難民認定法及び日本国との平和条約に基づき日本の国籍を離脱した者等の出入国管理に関する特例法の一部を改正する等の法律（抄）……………301
〔法令3〕 出入国管理及び難民認定法（抄）…………………302
〔法令4〕 出入国管理及び難民認定法施行令（抄）………………335
〔法令5〕 出入国管理及び難民認定法施行規則（抄）……………338
〔法令6〕 日本国との平和条約に基づき日本の国籍を離脱した者等の出入国管理に関する特例法（抄）………………357
〔法令7〕 日本国との平和条約に基づき日本の国籍を離脱した者等の出入国管理に関する特例法施行令（抄）……………369
〔法令8〕 日本国との平和条約に基づき日本の国籍を離脱した者等の出入国管理に関する特例法施行規則（抄）……………371
〔法令9〕 出入国管理及び難民認定法及び日本国との平和条約に基づき日本の国籍を離脱した者等の出入国管理に関する特例法の一部を改正する等の法律の施行に伴う関係政令の整備及び経過措置に関する政令（抄）…………382
〔法令10〕 出入国管理及び難民認定法及び日本国との平和条約に基づき日本の国籍を離脱した者等の出入国管理に関する特例法の一部を改正する等の法律の施行に伴う法務省関係省令の整備及び経過措置に関する省令（抄）……384

目　次

〔法令11〕　住民基本台帳法（抄）……………………………………388
〔法令12〕　住民基本台帳法施行令（抄）……………………………403
〔法令13〕　住民基本台帳法施行規則（抄）…………………………418

・執筆者一覧 ……………………………………………………………425
・あとがき ………………………………………………………………426

〔凡　例〕

1　法　令

- 入管法　　　　　　　　出入国管理及び難民認定法（昭和26年10月4日政令第319号、最終改正：平成21年7月15日法律第79号）（平成21年法律第79号による改正後のものを、「改正入管法」という場合がある）
- 入管法施行令　　　　　出入国管理及び難民認定法施行令（平成10年5月22日政令第178号、最終改正：平成24年1月20日政令第4号）
- 入管法施行規則　　　　出入国管理及び難民認定法規則（昭和56年10月28日法務省令第54号、最終改正平成24年6月15日法務省令第26号）
- 入管特例法　　　　　　日本国との平和条約に基づき日本の国籍を離脱した者等の出入国管理に関する特例法（平成3年法律第71号、最終改正：平成21年7月15日法律第79号）
- 入管特例法施行令　　　日本国との平和条約に基づき日本の国籍を離脱した者等の出入国管理に関する特例法施行令（平成23年12月26日政令420号、最終改正平成24年6月15日政令第163号）
- 入管特例法施行規則　　日本国との平和条約に基づき日本の国籍を離脱した者等の出入国管理に関する特例法施行規則（平成23年12月26日法務省令第44号）
- 入管法等改正法　　　　出入国管理及び難民認定法及び日本国との平和条約に基づき日本の国籍を離脱した者等の出入国管理に関する特例法の一部を改正する等の法律（平成21年7月15日法律第79号）
- 入管法等改正法施行期日政令
　　　　　　　　　　　　出入国管理及び難民認定法及び日本国との平和条約に基づき日本の国籍を離脱した者等の出入国管理に関する特例法の一部を改正する等の法律の施行期日を定める政令（平成23年12月26日政令第419号）
- 入管法等改正法整備及び経過措置政令

凡　例

	出入国管理及び難民認定法及び日本国との平和条約に基づき日本の国籍を離脱した者等の出入国管理に関する特例法の一部を改正する等の法律の施行に伴う関係政令の整備及び経過措置に関する政令（平成23年12月26日政令第421号）
・入管法等改正法整備及び経過措置省令	出入国管理及び難民認定法及び日本国との平和条約に基づき日本の国籍を離脱した者等の出入国管理に関する特例法の一部を改正する等の法律の施行に伴う法務省関係省令の整備及び経過措置に関する省令（平成23年12月26日法務省令第43号）
・外登法	外国人登録法（昭和27年4月28日法律第125号、最終改正：平成21年7月15日法律第79号、入管法等改正法により廃止）
・外登法施行令	外国人登録令施行令（平成4年10月14日政令第339号、最終改正：平成23年12月26日政令第421号）
・外登法施行規則	外国人登録法施行規則（平成4年11月27日法務省令第36号、最終改正：平成23年12月26日法務省令第43号）
・住基法	住民基本台帳法（昭和42年法律第81号、最終改正：平成21年7月15日法律第77号）（平成21年法律第77号による改正後のものを、「改正住基法」という場合がある）
・住基法改正法施行期日政令	住民基本台帳法の一部を改正する法律の施行期日を定める政令（平成24年1月20日政令第3号）
・住基法施行令	住民基本台帳法施行令（昭和42年政令第292号、最終改正：平成24年1月20日政令第4号）
・住基法施行規則	住民基本台帳法施行規則（平成11年自治省令第35号、最終改正：平成24年1月20日総務省令第4号）
・住基法改正法	住民基本台帳法の一部を改正する法律（平成21年7月15日法律第77号）
・住基法施行令改正令	住民基本台帳法施行令の一部を改正する政令（平成22年12月27日政令第253号、最終改正：平成24年1月

	20日政令第4号）
・法適用通則法	法の適用に関する通則法
・国籍法	国籍法
・戸籍法	戸籍法
・戸籍法施行規則	戸籍法施行規則
・不登法	不動産登記法
・不登令	不動産登記令

2 主要引用資料等

- 入国管理局・平成12年3月外国人登録要領等
  法務省入国管理局『平成12年3月外国人登録事務取扱要領・特別永住事務取扱要領』
- 入国管理局・平成18年3月外国人登録要領別冊
  法務省入国管理局『平成18年3月外国人登録事務取扱要領別冊（事例・重要通知集）』
- 住民基本台帳事務処理要領　住民基本台帳事務処理要領について（昭和42年10月4日法務省民甲第2671号通知、最近改正：平成22年11月26日総行住第81号）
- 印鑑登録証明事務処理要領　印鑑の登録及び証明に関する事務について（昭和49年2月1日自治振第10号通知、最近改正：平成17年4月25日総行市第381号）
- 第5次出入国政策懇談会・平成20年3月提言
  第5次出入国管理政策懇談会平成20年3月26日新たな在留管理制度に関する提言 <http://www.moj.go.jp/nyuukokukanri/kouhou/nyukan_nyukan44-11.html>（2011年11月13日確認）
- 外国人台帳制度懇談会・平成20年12月報告書
  外国人台帳制度に関する懇談会平成20年12月18日外国人台帳制度に関する懇談会報告書 <http://www.soumu.go.jp/main_sosiki/jichi_gyousei/c-gyousei/zairyu.html>（2011年11月13日確認）
- 法務省・平成22年6月仕様意見募集
  平成22年（2010年）6月30日法務省在留カード特別

17

凡例

　　　　　　　　　　　　永住者証明書の仕様について（意見募集）<http://search.e-gov.go.jp/servlet/Public?CLASSNAME=PCMMSTDETAIL&id=300130040&Mode=0>（2011年11月13日確認）
・移行実務研究会　　　　総務省外国人住民に係る住民基本台帳制度への移行等に関する実務研究会 <http://www.soumu.go.jp/main_sosiki/kenkyu/daityo_ikou/index.html>（2011年11月13日確認）
　　　　　　　　　　　　＊引用例：
　　　　　　　　　　　　　平成21年11月9日開催第3回移行実務研究会
　　　　　　　　　　　　　→　移行実務研究会第3回（2009年11月9日）
・法務省・平成23年10月27日入管法等改正法整備経過政令及び省令の意見募集
　　　　　　　　　　　　出入国管理及び難民認定法及び日本国との平和条約に基づき日本の国籍を離脱した者等の出入国管理に関する特例法の一部を改正する等の法律の施行に伴う関係政令の整備及び経過措置に関する政令案等について（意見募集）〔平成23年10月27日法務省〕<http://search.e-gov.go.jp/servlet/Public?CLASSNAME=PCMMSTDETAIL&id=300130049&Mode=0>（2011年11月13日確認）
・平成23年12月26日入管法等改正法整備経過措置政令及び省令の意見募集の結果
　　　　　　　　　　　　出入国管理及び難民認定法及び日本国との平和条約に基づき日本の国籍を離脱した者等の出入国管理に関する特例法の一部を改正する等の法律の施行に伴う関係政令の整備及び経過措置に関する政令案等に関する意見募集の結果について〔平成23年12月26日法務省〕<http://search.e-gov.go.jp/servlet/Public?CLASSNAME=PCMMSTDETAIL&id=300130049&Mode=2>（2012年1月23日確認）
・法務省・平成23年10月31日漢字表記意見募集
　　　　　　　　　　　　在留カード及び特別永住者証明書の氏名の漢字表記について（意見募集）〔平成23年10月31日法務省〕<http://search.e-gov.go.jp/servlet/Public?CLASSN

AME=PCMMSTDETAIL&id=300130050&Mode=0>（2011年11月13日確認）
- 平成23年12月26日漢字表記意見募集の結果
「在留カード及び特別永住者証明書の氏名の漢字表記について」に関する意見募集の結果について〔平成23年12月26日法務省〕<http://search.e-gov.go.jp/servlet/Public?CLASSNAME=PCMMSTDETAIL&id=300130050&Mode=2>（2012年1月23日確認）
- 総務省・平成23年11月19日住基法施行令施行規則意見募集
「住民基本台帳法施行令の一部を改正する政令の一部を改正する政令案」及び「住民基本台帳法施行規則の一部を改正する省令の一部を改正する省令案」に対する意見の募集について〔平成23年11月19日総務省〕<http://search.e-gov.go.jp/servlet/Public?CLASSNAME=PCMMSTDETAIL&id=145207897&Mode=0>（2011年11月29日確認）
- 平成24年1月21日住基法改正政令規則の改正政令規則意見募集の結果
「住民基本台帳法施行令の一部を改正する政令の一部を改正する政令案」及び「住民基本台帳法施行規則の一部を改正する省令の一部を改正する省令案」に対する意見の募集の結果について〔平23年11月19日総務省〕<http://search.e-gov.go.jp/servlet/Public?CLASSNAME=PCMMSTDETAIL&id=145207897&Mode=2>（2012年1月23日確認）
- 外国人登録　　　　外国人登録（テイハン、毎月発行）
＊引用例：
平成22年9月発行外国人登録619号
→　外国人登録619号（2010年9月）

第1部

「外国人住民票」の問題点
——渉外家族関係の法実務からみて

第 1 章 「外国人住民票」の創設に至るまで

─〈本章の概要〉─

　2009年7月15日「出入国管理及び難民認定法及び日本国との平和条約に基づき日本の国籍を離脱した者等の出入国管理に関する特例法の一部を改正する等の法律」（入管法等改正法）が、法律第79号として公布された。

　入管法等改正法は、1条、2条で「出入国管理及び難民認定法」（入管法）の改正を図り、3条で「日本国との平和条約に基づき日本の国籍を離脱した者等の出入国管理に関する特例法」（入管特例法）を改正し、4条で「外国人登録法は廃止する」とした内容である。

　「住民基本台帳法の一部を改正する法律」（住基法改正法）は、入管法等改正法の公布日と同日に法律第77号として公布された。

　入管法等改正法の「外国人住民票」の創設に関連する改正部分は、同法附則1条で「公布の日から3年を超えない範囲内において政令で定める日から施行する」と定めているが、入管法等改正法施行期日政令により2012年7月9日に施行される。また住基法改正法の「外国人住民票」の創設に関連する改正部分も、同日に施行される。

　本章で扱う内容は、次のとおりである。

「1　外国人登録令・出入国管理令の制定から2009年入管法等改正法・住基法改正法の制定まで」では、なぜ外国人登録法が廃止され「外国人住民票」が創設されるに至ったかについての歴史的経緯を素描する。

「2　入管法改正の概要──中長期在留者と在留カードの交付」では、改正法の内容を具体的に列挙すると同時に中長期在留者概念の新設とその対象者への在留カードの交付について詳述する。

「3　入管特例法改正の概要──特別永住者と特別永住者証明書の交付」では、入管特例法が制定された経緯を述べ、特別永住者に交付される特別永住者証明書の内容に言及する。

「**4　住基法改正の概要——外国人住民票の創設**」では、外国人住民票の作成対象者やその記載事項、その他の改正内容を述べる。

以上により、日本の今後の在留管理法制が、なぜ「外国人登録証明書」を廃止し、「在留カード」「特別永住者証明書」を新設し、「外国人住民票」を創設するに至ったか、その「60年ぶり」の大転換の概要を明らかにしたい。

1　外国人登録令・出入国管理令の制定から2009年入管法等改正法・住基法改正法の制定まで

序　外国人登録令・出入国管理令の制定

日本は、敗戦直前まで現在の領土に加えて大日本帝国内に「外地」といわれる異法地域を有していた。朝鮮、台湾、南樺太、関東州、南洋群島と呼ばれる地域である[1]。日本は1945年8月14日ポツダム宣言を受諾し、1945年9月2日降伏文書に調印し以後は事実上外地は日本の領土ではなくなった。

その後、日本は、サンフランシスコ講和条約が発効する1952年4月28日まで連合国軍総司令部（GHQ）の占領下に入った。

GHQの1945年初期基本指令によれば、敗戦まで日本国民であった台湾系中国人および朝鮮人について、「軍事上の安全の許す限り解放民族として処遇する」ことを命じ、「基本指令中の日本人」には含まれないとしつつも、日本臣民であったことから「必要な場合には敵国民として扱ってよい」としていた。他方、日本政府は1945年12月に衆議院議員選挙法を公布し、その附則で「戸籍法の適用を受けざる者の選挙権及び被選挙権は当分の間停止す」とし、新憲法施行前日の1947年5月2日に「外国人登録令」（勅令第207号）を制

［1注］

1　外地の法状況は、向英洋『詳解　旧外地法』（日本加除出版、2007年）、浅野豊美『帝国日本の植民地法制』（名古屋大学出版会、2008年）、遠藤正敬『近代日本の植民地統治における国籍と戸籍－満州・朝鮮・台湾』（明石書店、2010年）ほかを参照。

3

定した[2]。そこでは、「台湾人のうち内務大臣の定める者及び朝鮮人は、この勅令の適用については、当分の間、これを外国人とみなす」(11条)との規定をおき、事実上は朝鮮人らをその取締りの対象としていた。なお、外国人登録令には今日の入管法が規定する退去強制条項も含まれていた[3]。

1950年7月1日には日本の国民の範囲を決める「国籍法」(昭和25年法律第147号)が施行された。その柱は父系血統優先主義と家族国籍独立主義であった。翌年11月1日には、今日の「出入国管理及び難民認定法」(入管法)の出発点となる「出入国管理令」(昭和26年政令第319号)が施行されている。

なお、1950年末現在の外国人登録者数は約60万人で、「韓国・朝鮮」約54万5000人、「中国」約4万人であった。

(1) 平和条約発効から難民条約発効に伴う入管法改正まで

1952年4月28日サンフランシスコ講和条約(以下、「平和条約」という)が発効し、日本は名実ともに独立国家としての地歩を固めた。

法務府(現在の法務省)は、発効を前にした同年4月19日民事局長名で通達を発した(昭和27年4月19日民事甲第438号通達)。その通達は、朝鮮戸籍、台湾戸籍に登載されている者は元日本人を含め平和条約の発効と同時に一律に日本国籍を喪失させるものであった。

平和条約の発効と同時に外国人登録令は廃止され「外国人登録法」(外登法、昭和27年法律第125号)が新たに制定された。それにあわせて「ポツダム宣言の受諾に伴い発する命令に関する件に基づく外務省関係諸命令の措置に関する法律」(昭和27年法律第126号)が制定された。そこでは、出入国管理令に法律としての効力を付与すること、日本に在留する韓国・朝鮮人や中国(台湾)人の在留資格を決めることなどが定められていた。

---

[2] 外国人登録令の前史は、大沼保昭「出入国管理法制の成立過程」同『単一民族社会の神話を超えて』15頁(東信堂、1986年)以下。

[3] 外国人登録令の内容は、外国人登録事務協議会全国連絡協議会編著『外国人登録事務必携』(日本加除出版、1985年)129頁附録Ⅴ13頁、東大法共闘『入管体制資料集』(亜紀書房、1971年)ほかを参照。

その後、1965年には、日本国と大韓民国との間の基本関係に関する条約（日韓条約、昭和40年条約第25号）に基づき韓国国籍を保有する者に「協定永住」という在留資格を許可する「日本国に居住する大韓民国国民の法的地位及び待遇に関する日本国と大韓民国との間の協定の実施に伴う出入国管理特別法」（昭和40年法律第146号）が制定され、翌年1月から協定永住許可申請が始まった。協定永住の許可を受けた者は、約34万人（1974年現在）である。

1960年代後半には在日外国人の政治活動遵守条項を柱とする入管法改正法案が国会に上程される動きがあったが、在日韓国・朝鮮人の反対運動により成立には至らなかった[4]。

1960年代半ばから激しくなったベトナム戦争は1975年終結に向かったが、それに伴い発生したボートピープルが日本の港に押し寄せる事態が発生し、入管行政はその対策などに追われた。また、1979年9月21日に日本で「経済的、社会的及び文化的権利に関する国際規約」（国際人権A規約、昭和54年条約第6号）、「市民的及び政治的権利に関する国際規約」（国際人権B規約、昭和54年条約第7号）が発効した。

(2) 難民条約発効に伴う入管法改正から1990年入管法改正まで

日本は、「難民の地位に関する条約」（難民条約、昭和56年条約第21号）および「難民の地位に関する議定書」（難民議定書、昭和57年条約第1号）の発効に合わせて、「難民の地位に関する条約等への加入に伴う出入国管理令その他関係法律の整備に関する法律」（昭和56年法律第86号）を1982年1月1日に施行した。その概要は、①条約に規定する内外人平等の原則に合わせた社会保障法等の国内関連法制の整備、②出入国管理令の名称を「出入国管理及び難民認定法」に変更し難民認定の条項を新設すること、③附則で永住許可の特則（特例永住許可）を設けたことである[5]。

難民条約等の加入が、日本に在留する外国人の社会保障等の法整備を促進

4　この入管法改正法案の内容は、宮崎繁樹『出入国管理』（三省堂、1970年）を参照。
5　この入管法改正の経緯と内容は、山神進『難民問題の現状と課題』（日本加除出版、1990年）に詳しく解説されている。

させるという皮肉な結果になった。

　1983年留学生10万人計画が決定される一方で、1988年10月に上海の日本総領事館に中国人就学生希望者が押し寄せる「上海事件」も起きた。他方、日本国内の企業は人出不足に直面し始め、外国人労働者の導入論議が産業界を中心に巻き起こった。政府は、1988年6月の閣議で「専門的・技術的労働者の導入」を決定している。

　また、1985年1月1日には改正国籍法（「国籍法及び戸籍法の一部を改正する法律」（昭和59年法律第45号）による）が施行された。出生による国籍取得をそれまでの父系優先血統主義から父母両系血統主義に転換し、それに伴い予想される重国籍者の増加に備えた国籍選択制度の導入を盛り込むものであった。同年7月には「女子に対するあらゆる形態の差別の撤廃に関する条約」（女子差別撤廃条約、昭和60年条約第7号）が日本で発効している。

　1985年末現在の外国人登録者総数は約85万人である。その内訳は「韓国・朝鮮」約68万人、「中国」約7万5000人であり、外国人登録者総数の約90％を占めている。

(3)　**1990年入管法改正から大改正の動きまで**

　1989年の「ベルリンの壁」の崩壊は、それまでの「北」から「南」への国際人流に併せて「東」から「西」への人の流れを促進させた。そのような背景の下に、1990年6月1日、改正入管法（「出入国管理及び難民認定法の一部を改正する法律」（平成元年法律第79号）による）が施行された。その概要は次のとおりである。①入管法4条で定めていた在留資格を別表1、別表2という形式で一覧化させ、在留資格には新たに10種が設けられ計28種とした。特に、新設された別表第2「定住者」の在留資格は告示で日系二・三世の入国者を対象にしたので、日系ブラジル人、ペルー人などの来日を促すことになった。②不法就労対策として、就労資格証明制度を新設する一方で不法就労助長罪を新設した。③入国審査手続の整備を図ることを目的に外国人が日本に入国する前に申請する「在留資格認定証明制度」を新設したことなどである[6]。

　1993年4月には、法務省は告示で「技能実習制度に係る出入国管理上の取

扱いに関する指針」(平成5年法務省告示141号)を施行し外国人労働者流入の動きに対処した。

他方、「日本国との平和条約に基づき日本の国籍を離脱した者等の出入国管理に関する特例法」(入管特例法、平成3年法律第71号)が、1991年11月1日施行された。それまで旧植民地出身者の在留資格は協定永住、特例永住等に細分化していたが、それらの在留資格の一元化を図りそれらの子孫にも在留資格「特別永住」を許可するものであった[7]。

この法律でいう「平和条約国籍離脱者」とは、「平和条約に基づき日本国籍を離脱した者で、1945年9月2日以前から継続して日本に在留する者」、それに「その後平和条約発効日までにその子として日本で出生し継続して日本に在留する者」をいい、「平和条約国籍離脱者の子孫」とは、平和条約国籍離脱者からその者までの血統的なつながりと各世代の日本における在留が継続している者をいう。それらは「法定特別永住者」となり、入管特例法施行後の出生者等は「特別永住」許可の対象者となった。それら「法定特別永住者」と「特別永住」許可の対象者は、1990年末現在で約64万5000人(「韓国・朝鮮」約61万人、「中国」約2万5000人、その他約1万人)であった。

また、1984年から始まった「ひとさし指の自由」を掲げた指紋押なつ廃止運動の高まりにより[8]、指紋押なつの方法や回数などについての外登法改正が数度にわたり行われたが、1993年の「外国人登録法の一部を改正する法律」(平成4年法律第66号)によって永住者・特別永住者に限りその廃止がなされ、その代替措置として写真・署名および家族事項の登録が導入された[9]。そし

---

[6] 平成元年入管法の解説は、坂中英徳・髙宅茂『改正入管法の解説』(日本加除出版、1991年)を参照。明石純一『入国管理政策「1990年体制」の成立と展開』(ナカニシヤ出版、2010年)も参照。

[7] 木原哲郎「平和条約国籍離脱者等入管特例法について」ジュリスト982号68頁(1991年7月)。

[8] 「ひとさし指の自由」編集委員会編『ひとさし指の自由』(社会評論社、1984年)。

[9] 法務省入国管理局外国人登録法令研究会編『Q&A 新しい外国人登録法』(日本加除出版、1993年)、山崎哲夫「決着をみた在日韓国人法的地位問題と外国人登録」外国人登録389号1頁(1991年6月)。

て、2000年4月には全外国人の指紋押なつ制度が全廃された（平成11年法律第134号）。

その後入管法は、2000年に不法残留罪の新設（平成11年法律第135号）、2001年にフーリガン対策や偽造変造文書作成に係る退去強制等の改正（平成13年法律第136号）、2004年に出国命令制度や在留資格取消制度の新設（平成16年法律第73号）などの改正を重ね、2005年には、原則60日であった難民認定申請期間を廃止し仮滞在許可や難民審査参与員制度を新設して（平成16年法律第73号）、難民認定制度の改善を図り、2007年には空港などに入国審査ゲートを導入した（平成18年法律第43号）[10]。

この間の外国人登録者総数は激増する。1990年約107万人、1995年約136万人（「韓国・朝鮮」約66万6000人でその内特別永住者は約55万8000人、「中国」約23万3000人、「ブラジル」17万6000人）、2000年約168万6000人（「韓国・朝鮮」約63万5000人、「中国」約33万6000人、「ブラジル」約25万4000人、「フィリピン」約14万5000人、「ペルー」約4万6000人）、2007年では約215万3000人で、その内訳は「中国」約60万7000人、「韓国・朝鮮」約59万3000人、「ブラジル」約31万7000人、「フィリピン」約20万3000人、「ペルー」約6万人、である。

また、2007年の国籍別・在留資格統計では、「中国」は「永住者」約12万9000人、「留学」約8万6000人、「特定活動」約7万3000人、「研修」約6万7000人であり、「韓国・朝鮮」は「特別永住者」約42万6000人、「永住者」約5万人、「ブラジル」は「定住者」約14万9000人、「永住者」約9万4000人、「日本人の配偶者等」約6万7000人、である。

(4) 改正の動きと2009年入管法等改正法・住基法改正法の制定

在留外国人の増加と多国籍化は日本社会に新たな対応を迫ることになった。とりわけ、ブラジル人などの集住地域を抱える自治体は、2001年に「外国人集住都市会議」を設立してその諸施策を模索しはじめる一方で[11]、総務省内に

10　平成18年改正は、出入国管理法令研究会編『Q&A　改正出入国管理及び難民認定法のポイント』（日本加除出版、2007年）参照。

11　外国人集住都市会議は2001年5月に浜松市で設立され、2009年現在、群馬、愛知、岐

1　外国人登録令・出入国管理令の制定から2009年入管法等改正法・住基法改正法の制定まで

2005年に設置された「多文化共生の推進に関する研究会」が外国人を地域社会の構成員ととらえて多文化共生に関わる諸施策の全体像を示す動きもみられ始めた[12]。

　そのような動きとは別に、法務省は外国人登録制度の抜本的見直しを始めた。2007年法務大臣の私的懇談会である「出入国管理政策懇談会」は2008年3月26日に「新たな在留管理制度に関する提言」を公表した。入管法と外国人登録法による現行の二元的管理を一元化し、在留カードの新設などを盛り込んだものであった。そのうえで、総務省と法務省は「適法な在留外国人の台帳制度についての基本構想」を2008年3月に策定した。それによると、新たな在留管理制度においては、「我が国に在留する外国人の在留管理に必要な情報を法務大臣が一元的に管理する」、「すべての市町村が在留外国人の正確な情報を把握し、住民行政の基礎とするため、適法な在留外国人の台帳制度を整備」することとされていた。

　その後、同年4月に総務省に設置された「外国人台帳制度に関する懇談会」は同年12月18日に報告書を公表した[13]。そこでは、外国人住民台帳制度の狙いを「居住関係の公証など住民行政の事務処理の基礎とするともに、住民に係る届出等の簡素化及び住民に関する記録の適正かつ統一的な管理を図ることで、外国人住民の利便を増進するとともに、国及び地方公共団体の行政の合理化に資することを目指す」としている。

　そのような経過を辿り[14]、外国人住民を住民基本台帳法に組み入れた「住民

阜、長野、滋賀、三重の県下27市町が参加している。
12　最近では、総務省内に設置された「多文化共生の推進に関する意見交換会」が2010年3月に「報告書」を公表している。
13　総務省・法務省が共同事務局となり設置され（座長藤原静雄）、計9回の議論をまとめて公表した。
14　制定経過における法務省・総務省間の軋轢は、井口泰「改正入管法・住基法と外国人政策の展望」ジュリスト1386号（2009年）79頁（81頁）、その他の制定経過等は多賀谷一照「新たな在留管理制度の導入と入管法制の在り方」法律のひろば62号（2009年）4頁、安東健太郎「住民基本台帳法改正の背景と概要」同上35頁、池本武広「住民基本台帳法の一部を改正する法律について─外国人住民制度の創設を中心に(一)(二・完)」自治研究

9

基本台帳法の一部を改正する法律案」(住基法改正法案)が2009年3月3日に国会に提出され、一部修正された後に、同年7月8日成立し、同年7月15日法律第77号として公布された。

他方、外登法の廃止、中長期在留者には「在留カード」を交付することを柱とする入管法の改正、特別永住者には「特別永住者証明書」を交付する入管特例法の改正を内容とする「出入国管理及び難民認定法及び日本国との平和条約に基づき日本の国籍を離脱した者等の出入国管理に関する特例法の一部を改正する等の法律案」(入管法等改正法案)が同年3月6日に国会に提出され、一部修正の後、同年7月8日成立し、同年7月15日法律第79号として公布された。

おわりに──施行に向けての動き

入管法等改正法の在留カードや特別永住者証明書の関連事項は、施行日を「公布の日から起算して3年を超えない範囲内において政令で定める日」からと定められ、住基法改正法の外国人住民に関連する条項は入管法等改正法の「施行の日」と定めていたので[15]、以後施行に向けた動きが始まった。

総務省は、住基法改正法の具体的な内容やその手続を検討するために2009年9月14日に移行実務研究会を設置し、入国管理局や地方自治体との調整を図りながら計13回（最終2011年6月28日）の会合を重ねた。

その検討途上の2010年12月27日、総務省は、「住民基本台帳法施行令の一部を改正する政令」(平成22年政令第253号)と「住民基本台帳法施行規則の一部を改正する省令」(平成22年総務省令第113号)を制定・公布している。

その後、法務省は、2011年10月に入管法等改正法施行に向けた政令案・規則案の意見募集を行い[16]、2011年12月26日には、市町村長が法務大臣に通知

85巻10号（2009年）108頁、同85巻12号（2009年）104頁を参照。
15 入管法等改正法附則1条本文、住基法改正法附則1条1号。
16 平成23年10月27日入管法等改正法整備及び経過措置政令及び省令の意見募集、その結果は12月26日に公表された。また、同年10月31日には中国人が使用する簡体字（繁体字）を正字に変換する漢字表記の意見募集が行われ、その結果は同年12月26日に公表された。

1　外国人登録令・出入国管理令の制定から2009年入管法等改正法・住基法改正法の制定まで

すべき内容や在留カードの記載事項などや経過規定を定めた入管法等改正法整備及び経過措置政令（平成23年政令第421号）と入管法等改正法整備及び経過措置省令（平成23年法務省令第43号）を制定・公布した。また、同日特別永住者に限っては入管特例法施行令（平成23年政令第420号）と入管特例法施行規則（平成23年法務省令第44号）を制定・公布した。さらに同日公布された入管法等改正法施行期日政令（平成23年政令第419号）で、入管法等改正法の施行日を2012年7月9日としている[17]。

他方、総務省は2011年11月に改正政令（平成22年政令第253号）・改正規則（平成22年総務省令第113号）の改正政令案・改正規則案の意見募集を行い[18]、2012年1月20日には、外国人住民票の記載事項に通称の記載に関連する条項などを盛り込んだ「住民基本台帳法施行令の一部を改正する政令の一部を改正する政令」（平成24年政令第3号）と[19]、「住民基本台帳法施行規則の一部を改正する省令の一部を改正する省令」（平成24年総務省令第4号）を制定・公布した。また、同日公布した住基法改正法施行期日政令（平成24年政令第3号）で、住基法改正法の施行期日を2012年7月9日とした[20]。

ここにおいて、入管法等改正法と住基法改正法の全容が明らかになった。今後は市町村窓口の取扱要領や入国管理局の窓口の取扱要領が示されることになろう。

（西山慶一）

---

[17]　この期日政令では、在留カードや特別永住者証明書の事前交付開始日（入管法等改正法附則1条4号）を2012年1月13日と定めている。
[18]　平成23年11月19日住基法改正政令規則の改正政令規則意見募集、その結果は翌年（2012年）1月21日に公表された。
[19]　この政令で、予定中長期在留者や予定特別永住者を対象に「仮住民票」を作成する「基準日」（住基法改正法附則3条）を2012年5月7日とした（附則1条の2）。
[20]　住基法改正法附則1条本文の施行期日。

2　入管法改正の概要——中長期在留者と在留カードの交付

⑴　これまでの在留外国人の管理

　日本の外国人に対する管理行政は、入管法と外登法による二元的な在留管理によって行われてきた。

　日本に入国する外国人は、上陸に際して入管法に基づくいずれかの在留資格に該当しなければ、上陸をすることができない。外国人は入国した後、在留資格に応じた活動を行い、必要に応じて、在留期間の更新等必要な許可手続を経て在留を継続することになる。これらの許可申請は、外国人本人が地方入国管理局に赴いて行い、その際、地方入国管理局は、その外国人の「氏名」「国籍」等の身分事項、「居住地」「所属先」等の必要な情報を取得している[1]。

　一方、日本に在留する外国人は、市町村が実施している外登法に基づく外国人登録をしなければならなかった（同法3条）。新規登録する外国人は、「氏名」「国籍等」「国籍国の住所又は居所」「出生地」等の登録事項を登録し（同法4条1項）、外国人登録証明書の交付を受けた（同法5条）。市町村の長は、外国人登録をした場合には、その情報を法務大臣に通知していた（同法4条2項）。

　このような外国人の二元的な管理制度に対しては、問題点が指摘されていた[2]。それは、日本に在留する外国人、とりわけ「ニューカマーの中には、

［2注］

1　山田利行＝中川潤一＝木川和広＝中本次昭＝本針和幸『新しい入管法　2009年改正の解説』12頁（有斐閣、2010年）参照。

2　山田ほか・前掲（注1）12頁・13頁は、「従来の在留管理制度は、法務大臣が、入管法により、外国人の入国時や在留資格の変更、在留期間の更新時等に外国人から必要な情報を取得して審査を行ういわゆる『点』の情報把握が中心であり、『点』と『点』の間の在留期間の途中における事情の変更は、外国人登録制度を通じて事後的・間接的に把握しているに過ぎなかった」とする。

日本国内の安定した生活基盤がないことから、より条件の良い働き口や生活環境を求め、頻繁に転職、転居を繰り返す者も出てきた。そして、このような者の中には、外国人登録に際して正確な申請を行わなかったり、申請自体を行わなかったり、あるいは再入国許可を受けても本国に帰国したまま長期間経過し」、日本に「再び入国するか否かが不明な者等も少なからず現れるようになってきた」からであるとし[3]、「市町村においては、居住実態がなく、住民でなくなっているにもかかわらず、外国人登録上は居住している記録のままになっている外国人について、国民健康保険証の未回収による医療機関からの過誤請求・未払金の発生、児童手当の過払い、市民税の未収といった問題が生じ」るとしている[4]。

その原因として、①外国人登録の情報について法務省に調査権がないこと、②法務省は上陸・在留に係る許可申請時の情報を取得するのみであること、③外登法上の申請義務違反が入管法の処分と結びついていないこと、④非正規在留者にも外国人登録証が交付され、在留継続を容易にしていること等が挙げられている[5]。

(2) 入管法等改正法の成立

これらの問題に対処するため、2007年2月1日法務大臣の私的懇談会である「出入国管理政策懇談会」（以下、「政策懇談会」という）が置かれ、その下に「在留管理専門部会」を設置することとなった。同専門部会は、最終報告書として「新たな在留管理制度に関する提言（案）」を作成し、政策懇談会の合同会合において報告した。政策懇談会は、最終報告書に修正を加えたうえで、2008年3月法務大臣に「新たな在留管理制度に関する提言」を提出した。

法務省は、政策懇談会の提言を踏まえて立法作業に入り、「出入国管理及び難民認定法及び日本国との平和条約に基づき日本の国籍を離脱した者等の出入国管理に関する特例法の一部を改正する等の法律案」（入管法等改正法案）を

---

[3] 山田ほか・前掲（注1）13頁参照。
[4] 山田ほか・前掲（注1）13頁参照。
[5] 山田ほか・前掲（注1）15頁参照。

2009年3月国会に提出した。同法案は、同年6月19日に衆議院本会議において可決され、同年7月8日に参議院本会議において可決され、成立した[6]。入管法等改正法は、同年7月15日に公布され（平成21年法律第79号）、施行日は2012年7月9日とされた（入管法等改正法施行期日政令）。

(3) 新たな在留管理制度の導入

(i) 中長期在留者に対する情報管理

法務大臣は、今回の入管法の改正により、在留資格をもって在留する外国人のうち[7]、①3カ月以下の在留期間が決定された者、②短期滞在の在留資格が決定された者、③外交または公用の在留資格が決定された者、④これらの外国人に準じたものとして法務省令で定める者[8]、を除いたものを「中長期在留者」と規定して、氏名等の身分事項、在留資格、在留期間等を記載した在留カードを交付する（入管法19条の3）。

中長期在留者は、日本に入国後に定めた住居地を一定期間内にその者の住居地の市町村の長を経由して法務大臣に届出なければならない（入管法19条の7第1項）。

また、中長期在留者は、在留カードの記載事項のほか、その在留資格に応じ所属機関や身分関係に変更があれば、法務大臣（住居地は市町村長を経由）に届出なければならない（入管法19条の16）。

一方、外部からの情報収集として、法務大臣は、外国人が活動する所属機関から、外国人に関する情報の提供を受けられる（入管法19条の17）。

法務大臣は、上記の情報収集以外にも中長期在留者に関する情報の把握の

---

[6]　山田ほか・前掲（注1）19頁・22頁・24頁参照。
[7]　山田ほか・前掲（注1）53頁は、「『在留』とは、外国人が適法、違法を問わず本邦に存在することを意味する」と説明している。
[8]　法務省令によれば、①特定活動の在留資格を決定された者であって亜東関係協会の日本事務所の職員または当該職員と同一の世帯に属する家族の構成員としての活動を指定されたもの、②特定活動の在留資格を決定された者であって駐日パレスチナ総代表部の職員または当該職員と同一の世帯に属する家族の構成員としての活動が指定されているものをいう（入管法施行規則19条の5）。

ため必要がある場合には、中長期在留者にかかる届出事項について事実の調査をすることができる（入管法19条の19）。

その他、虚偽の住居地を届け出たことや、正当な理由なく配偶者の身分を有する者としての活動を継続して6カ月以上行わないで在留していること等を在留資格取消事由に追加した（入管法22条の4第1項5号・7号〜10号）。また、在留カードの偽造行為等についての罰則・退去強制事由を強化するとともに、不法就労活動に対する罰則の強化もなされた（同法71条の2以下）。

(ii) 在留外国人の利便性を向上させる措置

中長期在留者の利便性を向上させるため在留期間を伸長し、その上限を5年に引き上げた（入管法2条の2第3項、入管法施行規則3条・別表第2）。それとともに再入国許可制度を見直し、みなし再入国制度を導入した。これにより旅券および在留カードを所持する外国人は、原則として1年以内の出国については、出国に際して入国審査官に再入国の意図を表明すれば、再入国許可を受けたものとみなされ、再入国許可を必要としないこととした（同法26条の2第1項・2項）。また、再入国の許可を必要とする場合でも、その有効期限を原則として3年から5年に伸長した（同法26条3項）。

(4) 在留カード

(i) 在留カードの交付

在留カードは、中長期在留者の上陸許可や、在留資格の変更許可、在留期間の更新許可等在留にかかる許可に伴って法務大臣から交付される[9]。

在留カードには、在留外国人の情報が記載され、記載事項に変更を生じた場合には、変更届出がなされなければならない（入管法19条の9・19条の10）。

在留カードは、在留外国人にとっては、就労活動を行う際や、各種行政サービスを受けるときに、それを提示することにより、適法な在留資格をもって日本に中長期間在留する者であることを証明できるとし、雇用する側においてもその者の就労資格の有無等が容易に判断できるとしている[10]。

---

9 山田ほか・前掲（注1）34頁参照。

〔第1部〕 第1章 「外国人住民票」の創設に至るまで

〔図1〕 在留カードの様式

入管法施行規則別記第29号の7様式（第19条の6関係）

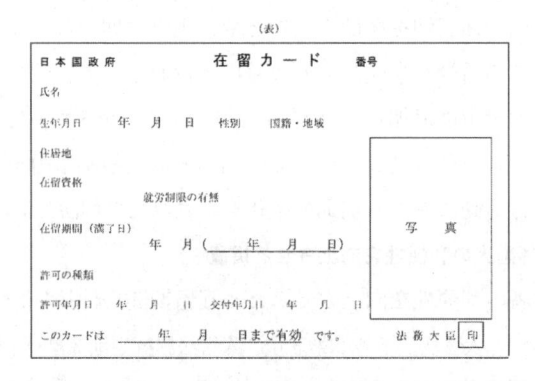

（表）

| 日本国政府 | 在留カード | 番号 |

氏名
生年月日　年　月　日　性別　国籍・地域
住居地
在留資格
　　　　　　就労制限の有無
在留期間（満了日）
　　　　　　年　月（　　　年　月　日）
許可の種類
許可年月日　年　月　日　交付年月日　年　月　日
このカードは　　年　月　日まで有効　です。　法務大臣　印

写真

（裏）

住居地記載欄
届出年月日　　住居地

資格外活動許可欄　　　　在留期間更新等許可申請欄

(注) 縦54.0ミリメートル、横85.6ミリメートルとする。

(ii) 在留カードの記載事項並びにICチップ（入管法19条の4）

在留カードの記載事項は次のとおりである（〔図1〕〔図2〕参照）。

① 氏名、生年月日、性別および国籍の属する国、または入管法2条5号

---

10 山田ほか・前掲（注1）34頁参照。また、同書35頁は在留カードの法的性格として、「在留カードの交付を受けた外国人について、法務大臣が日本に中長期滞在ができる在留資格及び在留期間をもって適法に在留する者であることを証明する、『証明書』としての性格を有する。また、旅券になされる許可の証印に替わる『許可証』としての性格を併せて有する」としている。

2 入管法改正の概要——中長期在留者と在留カードの交付

〔図 2 〕 在留カードのイメージ図

（表面）

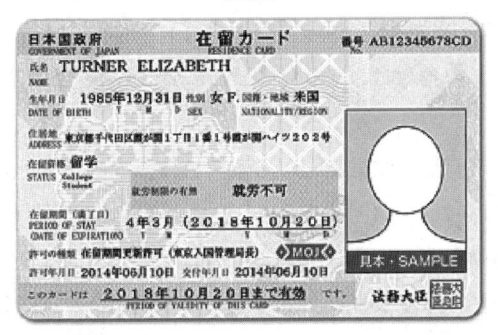

（裏面）

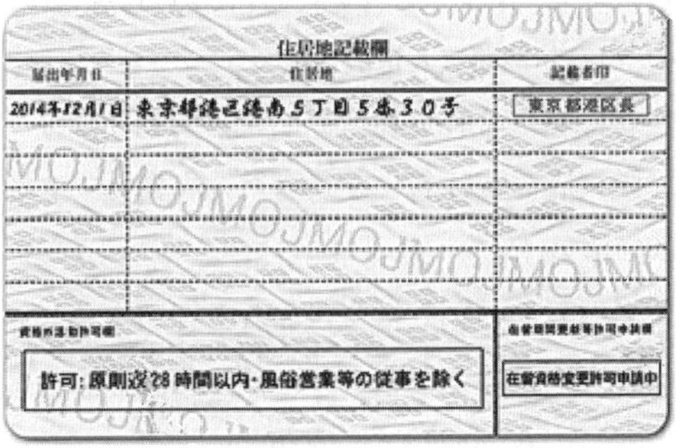

出典：法務省入国管理局ホームページ <http://www.immi-moj.go.jp/newimmiact_1/>

　　ロに規定する地域[11・12]（同法19条の 4 第 1 項 1 号）
　②　住居地（本邦における主たる住居の所在地）[13]（同項 2 号）

11　氏名はローマ字表記を原則とする（入管法施行規則19条の 6 第 1 項）。氏名に漢字表記を希望する中長期在留者は別に申出のうえローマ字表記の氏名に併せて「漢字」または「漢字及び仮名」を使用した氏名を表記できる（同規則19条の 7 第 1 項）。
12　「台湾並びにヨルダン川西岸地区及びガザ地区」で後者はパレスチナと表記する（入管法施行令 1 条、入管法施行規則19条の 6 第 3 項）。
13　山田ほか・前掲（注 1 ）38頁は、「総務省によれば、外国人については、住民基本台帳法上の『住所』は日本国内においてその有無が判断されるとのことであるので、日本に

17

③　在留資格、在留期間および在留期間の満了日（同項3号）
④　許可の種類および年月日（同項4号）
⑤　在留カードの番号、交付年月日および有効期間の満了の日（同項5号）。在留カードの番号は、その交付ごとに異なる番号が定められる（同条2項）
⑥　就労制限の有無、就労制限がある場合はその内容（同条1項6号、入管法施行規則19条の6第4項）
⑦　資格外活動の許可を受けているときはその旨（同法同条1項7号）
⑧　在留カードには中長期在留者の顔写真が表示され（同条3項）、搭載されるICチップ（同条5項）には、在留外国人の上記①～⑦の個人情報（顔写真を含む）が克明に記録される（入管法施行規則19条の6第10項）

(iii) 在留カードの有効期間（入管法19条の5）

　16歳以上の永住者に交付される在留カードの有効期間は7年（入管法19条の5第1項1号）、16歳未満の永住者に交付される在留カードの有効期間は16歳の誕生日である（同項2号）。

　16歳以上の永住者以外の外国人に交付される在留カードの有効期間は在留期間の満了日（入管法19条の5第1項3号）、16歳未満の永住者以外の外国人に交付される在留カードの有効期間は在留期間の満了日または16歳の誕生日のいずれか早い日である（同項4号）。

　なお、在留期間の満了日までに在留資格の変更または在留期間の更新申請をした在留外国人に対し、在留期間の満了日までにその申請に対する処分がなされないときは、その外国人は、在留期間満了後も処分がされるときまたは従前の満了日から2カ月を経過する日のいずれか早いときまでの間は、引

在留する外国人について、住民基本台帳法上の『住所』と入管法上の『住居地』の概念は事実上一致することとなる」とする。一方、山田鐐一＝黒木忠正『よくわかる入管法〔第2版〕』113頁（有斐閣、2010年）は、住基法の「住所と入管法に定める住居地の概念は、後者の方がやや広い概念であるので、外国人にかかる住民基本台帳法上の住所の認定について運用上混乱が生じないよう措置される必要」があるとする。

き続き在留資格をもって日本に在留することできることとなるので、この場合には、在留カードの有効期間も同様に伸長される（入管法19条の5第2項）。

(iv) **在留カードの交付の特例**

(ア) **在留カードの事前交付**

中長期在留者は、2012年1月13日から施行日（2012年7月9日）の前日まで在留カードの事前交付申請ができる（入管法附則13条1項、入管法等改正法施行期日政令）。この申請は、地方入国管理局で行うことになる（同法附則13条2項）。また、施行日の1カ月前から外登法に基づき、外国人登録証明書の汚損、居住地変更、在留資格の変更等により引替交付や切替交付の申請をした場合は、事前交付申請をしたものとみなされる（同条5項）。

(イ) **みなし在留カード**

入管法等改正法の施行日に中長期在留者である者は、その有する外国人登録証明書は在留カードとみなされる（入管法附則15条1項）。その有効期限は、施行日から3年を経過する日または在留期間満了日のいずれか早い日とする（同条2項）。

(ウ) **新規上陸の場合**

法務大臣は、入国審査官に上陸許可を受けて中長期在留者となった者に対し、法務省令で定めるところにより在留カードを交付させる（入管法19条の6）[14]。

(エ) **在留資格の変更等の場合**

法務大臣は、在留資格の変更許可（入管法20条4項1号）、在留期間の更新許可（同法21条4項）、永住許可（同法22条3項）、在留資格の取得許可（同法22条の2第3項・4項）等により引き続きまたは新たに中長期在留者となる外国

---

[14] 山田ほか・前掲（注1）46頁は、「原則として、上陸した海空港において、上陸許可に伴い在留カードを交付する」が、「在留カード発行の体制が整っていない海空港において中長期在留者が上陸した場合には、以下の暫定的な措置をとることとなる」として、「当該海空港において、入国審査官が、当該外国人の旅券に、上陸許可の証印をし、在留資格及び在留期間を明示し、『後日在留カードを交付する』旨の記載をする」取扱いとなるとする。

人に対し、入国審査官に在留カードを交付させる[15]。

　(エ)　その他の場合

　在留外国人に在留カードが交付される場合として上記の他に、住居地以外の記載事項の変更届出（入管法19条の10第 2 項）、在留カードの有効期間の更新申請（同法19条の11第 3 項）等が規定されている。

　(v)　在留カードの再交付

　中長期在留者が紛失、盗難等で在留カードを失った場合はそのことを知ってから14日以内に再交付の手続をしなければならず（入管法19条の12第 1 項）、毀損もしくは汚損等による場合も在留カードの再交付を受けることができる（同法19条の13第 1 項）。法務大臣は、毀損、汚損の程度が著しい場合は、再交付申請を命じることができ（同条 2 項）、再交付申請命令に違反した場合には罰則が科される（同法71条の 2 第 2 号）。

　(vi)　在留カードの失効

　在留カードは、次の場合に失効する（入管法19条の14）。

① 　中長期在留者が中長期在留者でなくなったとき（入管法19条の14第 1 号）。

② 　在留カードの有効期間が満了したとき（同条 2 号）。

③ 　中長期在留者が、出国港において、出国の確認を受けたとき（同条 3 号）。

④ 　再入国の許可の有効期間内に再入国しなかったとき（同条 4 号）。

⑤ 　新たな在留カードの交付を受けたとき（同条 5 号）。

⑥ 　中長期在留者が死亡したとき（同条 6 号）。

　(vii)　旅券、在留カード等の携帯義務等

　中長期在留者には在留カードの受領義務および携帯義務が課せられている[16]。ただし、在留カードを携帯する場合は旅券の携帯義務は課されない（入

15　入管法等改正法施行前は、旅券に証印をしていたものが、施行後は、中長期在留者にはされなくなる。山田ほか・前掲（注 1 ）46頁参照。

16　山田ほか・前掲（注 1 ）53頁は、「在留カードは、新たな在留管理制度の根幹をなすも

管法23条1項ただし書・2項)。また、16歳未満の外国人については、旅券、在留カードの携帯義務は課せられない(同条5項)。

入国審査官等から在留カード等の提示を求められた場合には、これを提示しなければならない(入管法23条1項・3項)。

中長期在留者の在留カードの受領義務違反(同法75条の2第1号)、携帯義務違反(同法75条の3)、提示義務違反(同法75条の2第2号)については刑事罰が科せられる。

(5) **中長期在留者に関する住居地等の届出**

(i) **住居地の届出**

日本に上陸した中長期在留者は、原則として上陸時に在留カードの交付を受けるが、その後、日本に住居地を定めてから14日以内に、住居地の市町村において、在留カードを提出したうえ、法務大臣に対する住居地の届出をしなければならない(入管法19条の7第1項・19条の4第5項、入管法施行規則19条の6第10項)。

住居地は、市町村の窓口で在留カードの裏面に記載され、ICチップにも記録される(入管法19条の7第2項)。中長期在留者が在留カードを提出して住基法30条の46の転入届を行った場合、その届出は入管法上の届出とみなされる(同法19条の7第3項)[17]。

在留外国人が住居地を変更した場合は、新住居地に移転した日から14日以内に新住居地の市町村において、法務大臣に対する住居地の届出をしなければならない(入管法19条の9第1項)。

在留資格変更等に伴い住居地を変更した場合、すなわち、①在留資格の変更(入管法20条3項)、②在留期間の更新の許可(同法21条3項)、③在留資格の取得の許可(同法22条の2第3項・22条の3)、④在留特別許可(同法50条1項)等を受けて新たに中長期在留者となった場合等には住居地を定めてから14日以内に在留カードを提出して住居地の市町村長経由で法務大臣に届出を

のであり、中長期在留者が在留カードを受領することが必要不可欠である」としている。
[17] 山田ほか・前掲(注1)60頁参照。

しなければならない（同法19条の 8 第 1 項）。

　住居地等について虚偽の届出を行った場合や住居地を定めてから14日以内に届出義務を履行しない場合には、刑事罰が科される（入管法71条の 2 第 1 号・71条の 3 第 1 号・ 2 号）。

　　(ii)　住居地以外の変更届出

　中長期在留者は、在留カードの記載事項のうち、氏名、生年月日、性別、国籍・地域の各項目に変更を生じた場合には、14日以内に、法務大臣に変更の届出をしなければならない（入管法19条の10第 1 項）。

　この届出がなされれば、新たに在留カードが交付される（入管法19条の10第 2 項）。氏名等の変更届について虚偽の届出を行った場合や氏名等の変更後14日以内に届出義務を履行しない場合は刑事罰が科せられる（同法71条の 2 第 1 号・71条の 3 第 3 号）。

　　(iii)　所属機関等に関する届出[18・19]

　教授、投資、経営、法律等の在留資格で在留する中長期在留者は、その所属機関の名称もしくは所在地の変更または所属機関からの離脱・移籍があったときは、14日以内に届出なければならない（入管法19条の16第 1 号）。

　研究、技術、人文知識・国際業務等の在留資格で在留する中長期在留者は、その契約の相手方である日本の公私の機関の名称もしくは所在地の変更または所属機関との契約の終了もしくは新たな契約の締結があったときは、14日以内に届出なければならない（入管法19条の16第 2 号）。

　「家族滞在」「特定活動」「日本人の配偶者」「永住者の配偶者」等の在留資格で在留する中長期在留者のうち、日本人または正規在留外国人の配偶者の身分を有する者は、その配偶者と離婚または死別した場合は、これも14日以内に、その旨および離婚日または死亡日等を届出なければならない（入管法19条の16第 3 号、入管法施行規則19条の15・別表第 3 の 3 ・ 3 ）。

---

[18]　届出事項は、入管法施行規則19条の15参照。
[19]　所属機関については、入管法施行規則19条の16参照。

所属機関等について虚偽の届出を行った場合、所属機関等について変更が生じたにもかかわらず、14日以内に届出義務の履行をしない場合には刑事罰が科せられる（入管法71条の2第1号・71条の3第3号）。

(6) **在留資格の取消し**

①在留外国人が偽りその他不正な手段により在留特別許可を受けた場合、②日本人または永住者等の配偶者の在留資格をもって在留する者がその活動を正当な理由なく継続して6カ月以上行わない場合[20]、③中長期在留者となった外国人が正当な理由なく90日以内に新住居地の届出をしない場合、④中長期在留者が旧住居地から新住居地に移転したときに、正当な理由なく90日以内に旧住居地から新住居地の届出をしない場合、⑤中長期在留者が虚偽の住居地の届出をした場合は、在留資格が取り消される（入管法22条の4第1項5号・7号〜10号）。

(7) **中長期在留者の情報を収集する制度**

法務大臣は、中長期在留者の情報を正確に把握するため、所属機関からの中長期在留者の受入年月日、氏名、活動内容等に関する届出を規定した（入管法19条の17、入管法施行規則19条の16）。

これは、中長期在留者本人からだけではなく、所属機関からの情報を確保することにより、在留外国人の正確な情報の収集をその目的とするものである。また、中長期在留者の最新の情報の継続的把握に努めるよう、法務大臣に対し、その旨を明文で規定している（入管法19条の18）。

外登法上、法務大臣は事実の調査について権限を有していないため、(1)で述べたような問題点が指摘されてきた。今回の改正によりこれらの問題に対処するため、法務大臣に事実の調査権を与えることによって、在留外国人の身分・住居・労務関係の正確な情報の収集・確保にあたることになる（入管法19条の19）。これにより、所属機関または中長期在留者からの届出内容が相違

---

[20] 山田ほか・前掲（注1）74頁は、正当理由について「例えば、日本国籍を有する子供の親権を争って離婚調停中の場合等」があるとしている。

する場合、法務大臣は、入国審査官または入国警備官等に中長期在留者に関する身分関係等に関する事実の調査をさせることができる（同条1項）[21]。また、事実の調査のためには、関係人に出頭、質問、文書の提示請求を求めたり、公務所または公私の団体に対する照会をすることができるとされた（同条2項・3項）[22]。

(8) 退去強制

今回の改正で不法滞在者の取締りが強化されたことに伴い、以下の退去強制条項の追加がなされた（入管法24条）。

① 他の外国人に不正に上陸の許可等を受けさせる目的での文書の偽変造もしくは虚偽文書の作成または偽変造文書もしくは虚偽文書の行使、所持もしくは提供の各行為の教唆もしくは幇助を行った場合（入管法24条3号）

② 不法就労活動の助長、その教唆もしくは幇助を行った場合（同条3号の4）

③ 在留カードもしくは特別永住者証明書の偽変造等またはその教唆もしくは幇助を行った場合（同条3号の5）

④ 入管法73条の罪により禁錮以上の刑に処せられたこと（同法24条4号へ）

⑤ 中長期在留者が入管法71条の2または75条の2の罪により懲役に処せられた場合（同法24条4号の4）

（高山駿二）

---

[21] 山田ほか・前掲（注1）68頁参照。
[22] 「公務所」および「公私の団体」については、山田・前掲（注1）69頁参照。

3　入管特例法改正の概要——特別永住者と特別永住者証明書の交付

(1)　はじめに——入管特例法の骨格——

「日本国との平和条約に基づき日本の国籍を離脱した者等の出入国管理に関する特例法」(入管特例法)は、平成3年法律第71号(1991年)として成立し同年11月1日から施行された。この法律の名称が指示する適用対象者である"平和条約日本国籍離脱者等"とは、概括的には、戦前から日本を生活の本拠地として居住している在日韓国・朝鮮人およびその子孫等のことである。戦前から現在進行形の日本居住にかかる在留資格が、漸く安定的に規定された特例法制定までには相当の紆余曲折があったが、まず入管特例法の骨格をみてみる。

外国人が日本への出入国や日本に在留して活動するには、入管法上の在留資格の許可を得なければならない。外国人は、入管法上の「在留資格」をもって「在留期間」内だけ日本に在留して在留資格により定められた種類の「活動」だけが可能であるとされている(在留資格は、「公用」「企業内転勤」「興業」「短期滞在」(観光など)「留学」「家族滞在」……等々27種ある)。

入管特例法は、上記のような入管法で定められた種類の在留資格とは別の範疇に属する「特別永住者」という、日本での永住権を認めることを規定した法律である。よって、特別永住者は、入管法以外の「他の法律に特別の規定がある場合」(入管法2条の2・1項)として入管特例法により定められた、ある種、特別の法的地位である。そして、在留期間や活動内容に何らの制限のない日本での永住資格である。

(2)　特別永住者——「平和条約国籍離脱者」「平和条約国籍離脱者の子孫」

入管特例法は、「平和条約国籍離脱者」および「平和条約国籍離脱者の子孫」の特例を定めることを目的とする(同法1条)。同法の2条1項が「平和条約国籍離脱者」を、同条2項が「平和条約国籍離脱者の子孫」を定めている。

25

そして、その次の3条から5条において、「特別永住者」が規定されている。

　(i)　**平和条約国籍離脱者**

おおよそでいえば、平和条約国籍離脱者とは、

① 戦前から日本を生活の本拠地として居住している韓国・朝鮮人（「昭和20年9月2日以前から引き続き本邦に在留する者」、入管特例法2条1項1号）、

② ①の子として1945年9月3日から「日本国との平和条約」（昭和27年条約第5号。以下、「平和条約」という）発効の日（1952年4月28日）までの間に日本で生まれ日本で生活している子（「本邦で出生し、引き続き本邦に在留する者」、同項2号）で、平和条約発効の日に「日本の国籍を離脱した者」（同号）である。

　(ii)　**平和条約国籍離脱者の子孫**

平和条約国籍離脱者の子孫とは、平和条約発効の日の翌日である1952年4月29日以降に平和条約国籍離脱者の直系卑属として日本で生まれ日本で生活している子および孫以降の世代の者である（入管特例法2条2項）。

　(iii)　**特別永住者**

特別永住者については、入管特例法3条から5条までに規定されている。

① 入管特例法3条が規定する者は、

　ⓐ 入管特例法附則10条の規定による改正前のポツダム宣言の受諾に伴い発する命令に関する件に基く外務省関係諸命令の措置に関する法律（昭和27年法律第126号）2条6項の規定により在留する者（入管特例法3条1号イ）

　ⓑ 入管特例法附則6条の規定による廃止前の日本国に居住する大韓民国国民の法的地位及び待遇に関する日本国と大韓民国との間の協定の実施に伴う出入国管理特別法（昭和40年法律第146号）に基づく永住の許可を受けている者（入管特例法3条1号ロ）

　ⓒ 入管特例法附則7条の規定による改正前の入管法（以下、「旧入管法」という）別表第2の上欄の永住者の在留資格をもって在留する者（入

管特例法3条1号ハ。以下「特例永住者」という）

　　ⓓ　旧入管法別表第2の上欄の平和条約関連国籍離脱者の子の在留資格をもって在留する者（入管特例法3条2項）

であり、これらの者は、申請が不要でかつ行政処分たる許可処分も不要で特別永住者であるとされる（宣言的付与）。

　②　入管特例法4条が規定する者は、入管特例法施行の日（1991年11月1日）以降に日本で出生した平和条約国籍離脱者の子孫（出生後60日以内に市町村役場を経由して法務大臣から特別永住の許可を得る[1]）である。この場合、法務大臣は、裁量的に判断することなく許可の所定の要件が整っていさえすれば許可をする（羈束的許可。以下、この許可を「4条許可」という）。

　③　入管特例法5条が規定する者は、平和条約国籍離脱者および平和条約国籍離脱者の子孫で、「日本人の配偶者」「永住者の配偶者等」「定住者」の在留資格で在留する者（地方入国管理局に出頭して法務大臣から特別永住の許可を得る）である。②と同様に羈束的許可である[2]（以下、この許可を「5条許可」という）。

特別永住者には、退去強制事由が内乱・外患・国交の罪・外交上または日本の重大利益侵害について法務大臣が認定したものに限定される特例措置（入管特例法22条）や、再入国許可の有効期間の特例措置（同法23条。改正により有効期間がさらに延長された。後述の(5)を参照）が規定されている。

(3)　**特別永住者——特別な法的地位——誕生にかかる入管特例法制定まで**

[3注]

1　入管特例法施行規則1条は、①特別永住許可申請書、②写真、③日本での出生を証する書面、④出生以外の事由で日本に在留するときはそれを証する書面、⑤平和条約国籍離脱者の子孫であることを証する書面を提出して許可申請をしなければならない、とする。

2　入管特例法施行規則2条は、①特別永住許可申請書、②写真、③平和条約国籍離脱者またはその子孫であることを証する書面を提出し、④在留カードを提示して許可申請をしなければならない、とする。

〔第1部〕 第1章 「外国人住民票」の創設に至るまで

の経緯

　特別永住者は、概括的に戦前から日本を生活の本拠地として居住している在日韓国・朝鮮人およびその子孫等のことであると冒頭に述べたが、ここでは、法律制度変遷の経緯や歴史的な背景の概略を述べる。

　およそ100余年前の「韓国併合ニ関スル条約」(1910〔明治43〕年8月29日効力発生)により、朝鮮人は日本国籍を(強制的に)付与された。そして、内地の日本人と同様に「一視同仁」皇国臣民であるとされたが、その後、多くの者が、苦労の多い生活を余儀なくされたことは周知の事実である。

　日本の韓国併合による支配と統治は、第2次世界大戦・太平洋戦争の敗戦により終わりを告げる(1945年8月14日ポツダム宣言受諾、1945年9月2日降伏文書調印)。その2年後、日本国憲法施行の前日に、最後のポツダム勅令とされる「外国人登録令」(1947年5月2日公布・施行。昭和22年勅令第207号)が出された。この外国人登録令において、日本在住の朝鮮人は日本国民(かつての皇国臣民)であるにもかかわらず、「この勅令の適用については、当分の間、これを外国人であるとみなす」(同勅令11条前段)とされ、外国人登録の申請義務が課された。その翌日に日本国憲法が施行されたのである。

　日本国憲法10条は「日本国民たる要件は、法律でこれを定める」とし、新国籍法は1950年7月1日施行されたが、ポツダム政令として、日本国民でない者の日本在留や入国を制限する「出入国管理令」(昭和26年政令第319号。1951年11月1日施行)が出され、これにより、日本在住の朝鮮人は、外国人として出入国管理体制に組み込まれることになった。

　戦後7年目にして、「日本国との平和条約」(1952年4月28日発効)により日本は、連合国から国家としての主権を回復した(同条約1条(b))。そして、朝鮮の支配権を放棄するのであるが(同条約2条(a))、その発効直前に出された、法律ではない「平和条約の発効に伴う朝鮮人、台湾人等に関する国籍及び戸籍事務の処理」(1952年4月19日民甲第438号民事局長通達)という一片の通達により、朝鮮人は日本の国籍を離脱する(剥奪する)とされた[3]。日本在住の朝鮮人が、勅令で当分の間外国人であるとみなされ、かつ、通達で日本国籍を離

脱したとされれば、政令ではあっても出入国管理令上、入国査証や日本での在留資格を有しない「不法滞在者」になってしまう。そこで、平和条約発効の同日に公布・施行された「ポツダム宣言の受諾に伴い発する命令に関する件に基づく外務省関係諸命令の措置に関する法律」（昭和27年法律第126号）の2条6項により、出入国管理令の規定にかかわらず、法律で在留資格や期間が決定されるまで、「引き続き在留資格を有することなく本邦に在留することができる」という、不安定な法的地位に置かれることになった（一般に、「法律126－2－6該当者」という）。なお、平和条約発効の同日に、外国人登録令は、「外国人登録法」（昭和27年法律第125号）の公布・施行により勅令から格上げされて法律となった。

その後、「日本国と大韓民国との間の基本関係に関する条約」（日韓条約、昭和40年条約第25号）、「日本国に居住する大韓民国国民の法的地位及び待遇に関する日本国と大韓民国との間の協定」（日韓法的地位協定、昭和40年条約第28号）に基づき、「日本国に居住する大韓民国国民の法的地位及び待遇に関する日本国と大韓民国との間の協定の実施に伴う出入国管理特別法」（出入国管理日韓特別法、昭和40年法律146号）により、永住資格として「協定永住」が新設された。

「難民の地位に関する条約」（難民条約、昭和56年条約第1号）および「難民の地位に関する議定書」（難民議定書、昭和57年条約第1号）（日本国効力発生は、ともに1982年1月1日）により、「難民の地位に関する条約等への加入に伴う出入国管理令その他関係法律の整備に関する法律」（出入国管理整備法、昭和56年法律第86号）により、出入国管理令が「出入国管理及び難民認定法」（入管法、法令番号は変更なし）に名称変更になり法律に昇格するとともに、永住資格と

3　この通達は別の項において、朝鮮人および台湾人は、日本国籍を取得するために、制定されたばかりの国籍法が規定する帰化手続（当時の同法5条・6条）の許可を得ようとする場合に、日本での居住年数の要件や生計維持能力の要件等に関して、有利な取扱いがされる「日本国民であった者」および「日本の国籍を失った者」には該当しないとする。あくまでも外国人扱いを徹底する、念には念を入れた通達であった。

して「特例永住」が新設された（旧入管法附則9項）。

1991年11月1日、日韓法的地位協定2条が規定する両国間の協議期間25年の経過後に、ようやく「日本国との平和条約に基づき日本の国籍を離脱した者等の出入国管理に関する特例法」（入管特例法、平成3年法律71号）が制定・施行され、永住資格として「特別永住」が規定されるに至ったのである。

この入管特例法について、今般入管法等改正法（平成21年法律第79号）により改正された内容について、その概要を次にみていく。

(4) 改正（その1）──外国人登録証明書から「特別永住者証明書」および「外国人住民票」に切り替わる

従来、在日外国人は、外国人登録証明書を自己の同一性を証明する公的文書として所持し、あらゆる場面で使用して社会生活を送ってきたが、外国人登録法が廃止されることに伴い（入管法等改正法4条）、特別永住者は、外国人登録証明書の常時携帯から、「特別永住者証明書」の交付を受けそれを所持することに切り替わることになった（入管特例法7条）。

従来、住民基本台帳の作成において、特別永住者や外国人一般は「日本の国籍を有しない者その他政令で定める者」（住基法改正法による改正前の住基法39条）に該当するとしてその適用から除外されていた。入管法等の改正と並行して、住民基本台帳法が改正され（住基法改正法）、特別永住者は、住民基本台帳の作成の適用対象の外国人である（その他、中長期在留者等の外国人が適用対象である）と規定され、外国人住民票が作成されることになった（住基法30条の45）。

なお、特別永住者証明書の交付申請や住居地の届出その他各種届出は法務大臣に対して行うのであるが、その窓口は居住地の市町村である。

ところで、従来の外国人登録証明書では常時携帯義務が課されていたが（外登法13条1項）、この改正では特別永住者証明書の常時携帯義務は削除され、提示義務だけがあるとされた[4]（入管特例法17条2項）。ただ、入国審査官、

---

[4] 衆議院法務委員会（2009年6月19日）において、「特別永住者については、その歴史的

警察官、税関職員、外国人住民票担当の市町村職員等[5]の求めに対して提示に応じなかった場合の罰則として提示拒否罪（同法31条4号）が規定されているが、これは従来と同様である[6]。

(5) 改正（その2）——「みなし再入国許可」制度の新設と有効期間の延長

現行の入管法（入管法等改正法による改正前）では、在留資格や特別永住者の資格を維持したまま出国する場合は、事前に入国管理局で再入国許可を受ける必要がある。改正により、「入国審査官に対し、再び入国する意図を表明して出国するときは、」[7]「再入国の許可を受けたものとみなす」とされ（入管法26条の2第1項・2項[8]）、特別永住者については、みなし再入国許可の有

経緯及び我が国における定着性にかんがみ、特段の配慮が必要であります」として、修正提案されたことにより削除されたものである。

修正提案者（桜井郁三・自民党）は、次のように修正の趣旨を説明した。

「現時点においては、特別永住者について、特別永住者証明書及び旅券の常時携帯義務を課す必要性が完全に否定されているわけではございません。しかしながら、（前記の歴史的経緯・定着性・特段の配慮の必要を述べる）。また、平成11年の外登法の改正における全会一致の附帯決議において、特に特別永住者に係る外国人登録証明書の常時携帯義務についての見直しが求められているところでございます。他方、特別永住者証明書の常時携帯義務を削除した場合に、特別永住者への成り済ましの危険性があるとの指摘については、当該外国人の身分関係、在留資格の有無等について迅速に把握する運用を徹底することにより対応することが可能ではないかと考えておるところでございます。したがって、今回の法改正において、特別永住者証明書及び特別永住者に係る旅券の常時携帯義務を削除することとしたものでございます」。

5　入管特例法施行規則15条が、特別永住者証明書の提示を求めることができる職種を規定する。
6　提示を拒否する意思を外形的に明確にした場合、合理的期間内に提示することをあえてしない場合等がこれに該当するとする（山田利行ほか『新しい入管法』119頁（有斐閣、2010年））。
7　入管特例法施行規則18条は、入国審査官に対して、所定の書式により、「再び入国する意図を有する旨の記載をした……書面の提出及び特別永住者証明書の提示によって行うものとする」と定める。
8　その1項ただし書で、「法務省令で定める者に該当する者」はみなし再入国制度の適用を認めないとされたが、入管特例法施行規則19条で、みなし再入国が認められず再入国の許可を要する者として、出国確認留保者（入管法25条の2第1項）・収容令書被発付者（入管法39条）・日本国の利益または公安を害するおそれある者（法務大臣が認定する）が列挙されている。

効期間は2年とされた（入管特例法23条2項）。短期の観光・視察・商用等のために外国を訪問する場合には、便利な制度である。

しかし、みなし再入国の2年内の予定で留学や海外勤務等で出国した場合に、万一その外国での不慮の病気や事故のために、予定どおりの再入国が現実に不可能になったとしても、在外公館で再入国期間延長の許可を求める制度は設けられていないので注意が肝要である（入管法26条の2第3項）。

再入国に関するもう一つの改正は、入管局で再入国の許可を受けた場合には、その有効期間が、特別永住者については4年から6年に伸長されたことである。もし外国での不慮の病気等が「相当と認める」という事由に該当し、在外公館で延長許可（1年を超えない範囲）を得ることができれば、最大で7年まで伸長されることになる（入管法26条、入管特例法23条1項）。

なお、入管特例法23条3項は、みなし再入国・再入国の許可・期間延長の許可についてのこれらの再入国に関する「規定の適用に当たっては、特別永住者の本邦における生活の安定に資するとのこの法律の趣旨を尊重するものとする」と規定する。再入国の規定の適用についての上記条項は、先述した歴史的背景を踏まえた一端であるといえる。

(6) 特別永住者証明書の記載事項、有効期間および各種申請・届出など

(i) 特別永住者証明書の記載事項

外国人登録証明書から特別永住者証明書に切り替わるのであるが、その記載事項は次のとおりである（入管特例法8条1項各号）（〔図3〕〔図4〕参照）。

① 氏名、生年月日、性別、国籍の属する国または入管法2条5号ロの地域
② 住居地
③ 特別永住者証明書の番号、交付年月日、有効期間満了日

そして、写真を表示し（入管特例法8条3項）、電磁的方式による記録ができるとされ（同条5項）、相当に簡素化されている。

氏名の表記は、ローマ字が原則であるとされた（入管特例法施行規則4条1項。なお、特別永住者証明書の番号はローマ字4文字と8桁の数字を組み合せて定

めるとされた（同条4項））。

　しかし、特別永住者について、「その歴史的経緯及び我が国における定着性にかんがみ」たのであると思われるが、その例外を認めた。

　法務大臣は、氏名に漢字を使用する特別永住者（かっこ内省略）から、漢字使用を証する資料1通を提出し申出があったときは、ローマ字に表記した氏名に併せて、当該漢字または当該漢字および仮名（氏名の一部が漢字でない場合にその部分を仮名表記する）を使用した氏名を表記することができるとした（入管特例法施行規則5条1項）。

　さらに、入管特例法施行規則5条4項で「法務大臣は、氏名に漢字を使用する特別永住者について、ローマ字により氏名を表記することにより当該特別永住者が著しい不利益を被るおそれがあることその他の特別の事情があると認めるときは、前条第1項の規定にかかわらず、ローマ字に代えて、当該漢字又は当該漢字及び仮名を使用した氏名を表記することができる」と規定した。ただ日本で生まれ育ち氏名に漢字を使用する特別永住者について、本来は漢字表記の原則のほうが自然で妥当ではないかと思う[9]。

　そして、外国人登録原票においては記載事項であった、下記のような、本国とのつながりを示す事項および家族関係に関する事項は、外国人住民票の記載事項とはされなかった。

ⓐ　国籍の属する国における住所または居所（外登法4条1項7号）
ⓑ　出生地（同項8号）
ⓒ　本邦にある父母および配偶者（申請に係る外国人が世帯主である場合には、

---

[9]　"著しい不利益"や"その他の特別の事情"は、旅券に記載された氏名のローマ字の綴り方を証明するべく遠隔の地にある領事館まで旅券申請するために時間と経費をかけて出向かなければならない、行動が不自由な高齢者・要介護者・病気療養者である、日本と国交がない北朝鮮籍である等が該当するものと想定される。
　なお、入管特例法施行規則5条5項は、漢字表記の用法や使用できる漢字等については法務大臣が告示をもって定めるとし、同条6項は、（婚姻等で）氏名変更があった場合等を除き、漢字併記の変更および中止はできないとする。この5項に基づき、「在留カード等に係る漢字氏名の表記等に関する告示」（法務省告示582号）が2011年12月26日にあった。

〔第1部〕 第1章 「外国人住民票」の創設に至るまで

〔図3〕 特別永住者証明書の様式

入管特例法施行規則別記第4号様式（第4条関係）

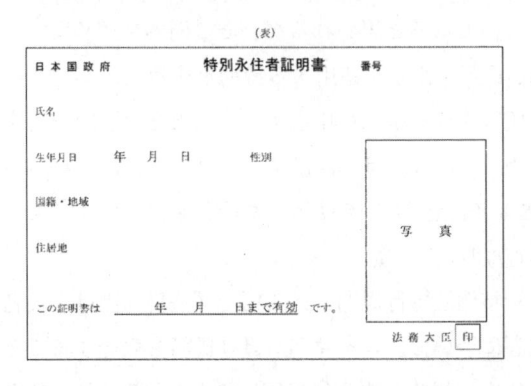

（表）

| 日本国政府 | 特別永住者証明書 | 番号 |

氏名
生年月日　　年　月　日　　性別
国籍・地域
住居地
この証明書は　　年　月　日まで有効です。
写真
法務大臣　印

（裏）

住居地記載欄
届出年月日　　住居地

交付年月日　　年　月　日

（注）縦54.0ミリメートル、横85.6ミリメートルとする。

その世帯を構成する者である父母および配偶者を除く）の氏名、出生の年月日および国籍（同項19号）

　住民票の記載事項を規定する住基法7条は、その14号で「政令で定める事項」を住民票に記載するとする。2012年1月20日公布された住基法施行令は、その30条の26で、申出による「通称」の記載を認めた。しかし、本国とのつながりを示す事項（ⓐⓑ）、家族関係に関する事項（ⓒ）は、住民票に記載すべき事項であるとはされなかった。

　もし、共生すべき隣人として遇しその人格と人生を尊重しようとするなら、

34

〔図4〕 特別永住者証明書のイメージ図

（表面）

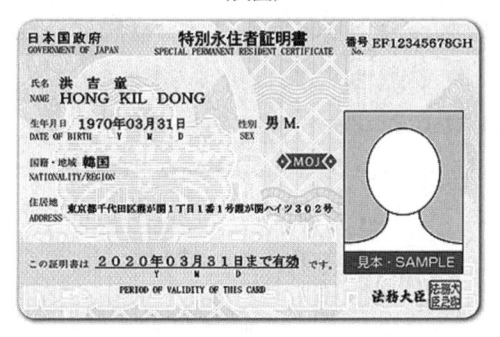

（裏面）

出典：法務省入国管理局ホームページ <http://www.immi-moj.go.jp/newimmiact_2/>

特別永住者のアイデンティティーの拠り所としてⓐⓑは必須であるし、日本で生まれ育っていく過程においてⓒは折々のライフステージの基礎資料としてこのうえもなく有用な事項であると考える（詳細については、第3章第1節「外国人住民票から除かれる事項の有用性」を参照されたい）。

(ii) **特別永住者証明書の有効期間**

特別永住者証明書の有効期間（入管特例法9条）は7回目の誕生日まで、16歳未満の者の場合は16歳の誕生日までである。有効期間満了の2カ月前から満了日までの間（これを「更新期間」という）に、市町村長を経由して有効期

間更新の申請をするが、やむを得ない事由により、更新期間内に更新することが困難である場合には、事前に更新請求することができる。

外国人登録証明書には有効期間というものはないが、外国人登録制度における切替交付の制度（外登法11条）に対応するものである。

(iii) **特別永住者証明書の紛失・汚損・失効・返納等**

特別永住者証明書の紛失・汚損等による再交付については、入管特例法13条・14条で規定されている。外国人登録制度における外国人登録証明書の再交付（外登法6条）、引替交付（同法7条）の制度に対応するものである。

特別永住者証明書の失効と返納については、入管特例法15条・16条で規定されている。失効する場合として、①特別永住者でなくなったとき、②有効期間満了のとき、③入国審査官から出国の確認を受けたとき、④再入国許可者が再入国許可有効期間内に再入国しなかったとき、⑤新たな特別永住者証明書の交付を受けたとき、⑥死亡したときがある[10]。失効した場合は特別永住者証明書を返納することになる。死亡の場合は、親族や同居者が死亡日から14日以内に返納をしなければならない。

なお、特別永住者証明書の受領義務が定められている（入管特例法17条1項）。

(iv) **住居地の届出等および本人出頭原則と代理人**

特別永住者は、住居地の届出をする（入管特例法10条）。住居地を定めた日から14日以内に、特別永住者証明書を提出して、住居地を届け出る。特別永住者証明書を提出して、住民基本台帳上の転入届・転居届をした場合は、入管特例法上の住居地の届出とみなす。住居地以外の届出（同法11条）、すなわち氏名、生年月日、性別、国籍の属する国または入管法2条5号ロの地域に変更があった場合は、14日以内に、届け出ることが必要である[11]。

---

[10] 入管特例法施行規則14条は、「法務大臣は、効力を失った特別永住者証明書の番号の情報をインターネットの利用その他の方法により提供することができる」と規定する。失効した特別永住者証明書が返納されなかった場合等において他人による"成り済まし"やその他の悪用を防止する意図なのだろうと思われるが、個人情報保護や個人の尊厳・人格権尊重等の観点から疑問である。

[11] 入管特例法施行規則7条は、届出書、写真1葉および住居地以外の変更事項を証する

申請と届出は本人の出頭が原則（入管特例法18条）である。16歳未満の者または疾病等の事由により自ら出頭できない場合は、配偶者、子、父または母、それ以外の親族関係の同居親族が代行しなければならない（同法19条1項・2項）。届出等で法務省令で定める場合は本人出頭を要しないとする（同条3項）[12]。住民基本台帳上の転入届・転居届等、親族関係にない世帯主等の同居者による代行をもって、本人出頭が免除される場合がある（入管特例法施行規則17条1項）。

(v) 罰　則

罰則について、特別永住者証明書の偽造・変造・行使・提供・収受・所持等、特別永住者証明書の偽造・変造のための機械・原料の準備、他人名義の特別永住者証明書の行使・提供・収受・所持等、自分名義の特別永住者証明書の提供、虚偽の届出・不受領・提示拒否等（入管特例法26条〜31条）、届出義務違反等（同法32条〜34条）に関する罰則の定めがある。

(7) 外国人登録証明書から特別永住者証明書へ切替えの日とその方法（施行日と経過措置）

上述の改正の施行日は、公布の日（2009年7月15日）から起算して3年を超えない範囲内において政令で定める日とされているが（入管法等改正法附則1条）、2012年7月9日（月曜日）と定められた（入管法等改正法施行期日政令）。ただ、その日を期して一斉に、外国人登録証明書から特別永住者証明書への新制度の切替えが行われるわけではない。そこで経過措置がとられる。

(i) 特別永住者証明書の事前の交付申請

まず、施行日前に「特別永住者証明書」の事前の交付申請ができるとする。入管法等改正法附則27条1項は、2年6カ月を超えない範囲内において政

　資料1通を提出し、そして旅券および特別永住者証明書を提示し、もし旅券提示が不可能の場合はその理由を記載した書面を提出しなけらばならない、と規定する。

[12] 入管特例法施行規則17条2項は、弁護士または行政書士で地方入国管理局長に届け出たものおよび法定代理人とするので、成年後見人が住居地の届出等に関しては代理できることになる。

令で定める日（2012年1月13日、入管法等改正法施行期日政令）から施行日の前日（2012年7月8日だが日曜日のため7月6日）までの間に、特別永住者は特別永住者証明書の交付申請ができると定める。そして、施行日の1カ月前から施行日前日まで（同年6月7日から7月6日まで。以下、「施行前1月間」という）の間に、外国人登録法上の引替交付や切替交付申請をしたときは、事前の特別永住者証明書の交付申請をしたものとみなされる（入管法等改正法附則27条4項）。

(ii) **一時的に外国人登録証明書が「みなし特別永住者証明書」となる**

そして、特別永住者証明書へ切り替わる前の、現に所持する外国人登録証明書は、「みなし特別永住者証明書」となる（入管法等改正法附則28条1項）。したがって、施行日後に直ちに特別永住者証明書の交付申請をしなくてもよいが、所持している外国人登録証明書が特別永住者証明書とみなされる「みなし特別永住者証明書」の有効期間があるので注意が必要である。

「みなし特別永住者証明書」の有効期間は、16歳未満の者については16歳の誕生日まで有効である（入管法等改正法附則28条2項1号）。16歳以上の者の者については、施行日から起算して3年経過する日までであるが（同項2号）、7回目までの誕生日まで有効の場合がある（同項3号）。[13]

この有効期間満了前に、いつでも、「みなし特別永住者証明書」から特別永住者証明書への切替えの申請が任意にできることになっている（入管法等改正法附則28条3項・4項）。

(iii) **「みなし特別永住者証明書」の意味や機能する場面**

みなし再入国許可（(5)参照）の場合、「有効な旅券及び特別永住者証明書を所持して」（入管特例法23条2項）という要件があるが、外国に出国するときに外国人登録証明書（有効期間満了前のものに限る。以下、同じ）を所持していて入国審査官に提示できれば、特別永住者証明書を所持しているとみなされ

---

[13] 前半部分は、外国人登録等を受けた日から7回目の誕生日が上記3年経過前に到来する場合のことである。後半部分は、外国人登録等を受けた日から7回目の誕生日が上記3年経過後に到来する場合のことで、その場合は7回目の誕生日まで有効である。

る意味である。

「特別永住者証明書を提出した上」住居地の変更届等をする（入管特例法10条2項）、汚損等で再交付を申請する（同法14条）等の場合も、特別永住者証明書の提出に替えて外国人登録証明書を提出すればよいのである。また、官憲に特別永住者証明書の提示を求められたときも、外国人登録証明書を提示すればよいという意味である。

(iv) その他

なお、特別永住者証明書は、前述した4条許可のときは市町村長、5条許可のときは入国審査官によって交付される（入管特例法7条）。

そして、入管特例法3条の宣言的許可の場合は、外国人登録証明書を特別永住者証明書とみなしたうえで、特別永住者証明書の交付申請を自ら希望して適宜に行う場合のほか、法で義務づけられた届出・申請等（住居地以外の氏名等の変更届出や紛失等による再交付申請など）のときに、特別永住者証明書に切り替えて交付される。

外国人登録証明書を所持していない場合については入管法等改正法附則29条で[14]、外国人登録上の居住地と実際の住居地が異なる場合については同法附則30条で[15,16]、外国人登録をしていない場合については同法附則31条で[17]、いかなる届出をなすべきか等の規定がされている。

（小西伸男）

---

[14] 外国人登録証明書を所持していない場合は、施行日（または入国）から14日以内に特別永住者証明書の交付申請をする必要がある。「施行前1月間」の外国人新規登録等は前記であるとみなされる。

[15] 居住地は路上や公園をも含む概念であり、住居地は生活の本拠である所在地の意義であって「住所」概念と一致するが、外国人は本国に住所があることが想定されるので、日本における住所という意味で「住居地」という用語が使用される。

[16] 施行日現在住居地がある場合は施行日から14日以内に、施行日後に住居地を定めた場合はその日から14日以内に届け出なければならない等である。

[17] 特別永住者証明書の交付を受けた日から14日以内に、住居地を届け出なければならない等である。

4 住基法改正の概要──「外国人住民票」の創設

はじめに

2009年、入管法・入管特例法の改正および住基法の改正により、外国人登録制度は廃止され、「外国人住民票」が創設されることとなった。ここでは、外国人住民票創設の背景とシステム、その記載事項等について検討する。

(1) 入管法および入管特例法の改正、住基法の改正

入管法および入管特例法は「出入国管理及び難民認定法及び日本国との平和条約に基づき日本の国籍を離脱した者等の出入国管理に関する特例法の一部を改正する等の法律」(入管法等改正法)(平成21年7月15日公布法律第79号)により改正された(同法1条・2条・3条)。この改正により「外国人登録法」は廃止されるので(入管法等改正法4条)、「外国人登録証明書」も廃止されることになる。これに伴い一定の範囲の外国人は「中長期在留者」とされ[1]、「在留カード」が交付される(入管法19条の3)。特別永住者[2]には「特別永住者証明書」が交付される(入管特例法7条)。

入管法等改正法の施行日は、一部を除き附則1条で「公布の日から起算して3年を超えない範囲内において政令で定める日」とされていたが、2012年7月9日とされた(入管法等改正法施行期日政令)。

一方、住基法は「住民基本台帳法の一部を改正する法律」(住基法改正法、平成21年7月15日公布法律第77号)により改正され、施行日は上記の入管法等

[3注]
1 改正入管法で新設された概念である。その対象者は、「3月以下の在留期間が決定された者」「短期滞在の在留資格が決定された者」「外交又は公用の在留資格が決定された者」、それら「準ずる者として法務省令で定めるもの」を除いた在留資格取得外国人である(入管法19条の3)。在留期限のない「永住者」も対象となるが、「仮放免」中の者や非正規滞在者などは対象とはならない。
2 入管法で定めている在留資格ではなく、別に入管特例法が定めている在留資格である。敗戦前後から日本に継続居住している韓国人、朝鮮人、台湾人などとその子孫が主な対象者である(入管特例法2条・3条)。

改正法と同様の規定であったが（住基法改正法附則1条1号）、入管法等改正法施行日と同日の2012年7月9日となった（住基法改正法施行期日政令）。この改正により「外国人住民」に係る住民票（以下、「外国人住民票」という）が創設された（住基法第4章の3）。

(2) 「外国人住民票」創設の背景

　外国人は上陸時に入管法に定める一定の在留資格が与えられ、その在留期間内は日本に在留が可能である。外登法は、日本に上陸した外国人に対し、上陸の日から90日以内に、日本で出生その他の事由で外国人となったものは60日以内にそれぞれ居住地の市町村長への外国人登録申請を義務づけ、記載事項を登録原票に登録した後、「外国人登録証明書」を交付し、居住地や登録事項に変更が生じた場合は14日以内に市町村長への変更申請を義務づけている（外登法3条・4条・8条・9条の2・9条の3）。市町村の外国人住民に対する行政サービスは上記の外国人登録のデータが利用されている[3]。

　しかし、平成元年の入管法の改正により来日したブラジル人やペルー人も含め、在留資格が「永住者」あるいは「定住者」であるいわゆる「ニューカマー」と呼ばれる外国人が増加し、日本国内での住所異動も増えた。住所を移しても外国人登録の変更をしない場合があり、外国人登録上の情報が正確性を欠くケースが増え、行政サービス事務に支障を引き起こしているとされている[4]。さらに、法務省（入管制度）と市町村（外国人登録制度）の在留外国人の情報二元的管理[5]、近年増加した国際結婚による外国人登録と住民基

---

[3] 池本武広「住民基本台帳法の一部を改正する法律について㈠──外国人住民制度の創設を中心に」自治研究85巻10号112頁（2009年）。

[4] 池本・前掲（注3）110頁・112頁参照。なお、池本・前掲（注3）112頁は「外国人登録は基本的に外国人本人が自ら適切に登録の申請を行うことを前提とした制度となっており、仮に市町村長が、登録事項が事実でないことを知ったとしても自ら職権で情報内容を変更することができない」、「住民基本台帳制度と異なり市町村長は外国人登録データーを職権で修正できない。このため、例えば、ある外国人住民が他市町村に転出したのが確実であるにもかかわらず、住所が変更されないまま元の市町村から児童手当の振り込みが継続している、という状況の下でも、当該市町村長が自ら調査した事実を基に情報を修正することができないのである」としている。

〔第1部〕 第1章 「外国人住民票」の創設に至るまで

本台帳に登録されたいわゆる「複数国籍世帯」の世帯状況把握の問題[6]、事務能率等の問題があるとされている[7]。とりわけブラジル人やペルー人などの外国人が多数居住する都市で構成される「外国人集住都市会議」は2007年「外国人住民の台帳制度の創設」に関する要望書をとりまとめ、国に対して「外国人住民の台帳制度を創設し、課題の抜本的な解決を図る」ことを求めたとしている[8]。これらの背景のもとで「外国人住民票」制度が創設された。

(3) 住基法改正の概要

(i) 外国人住民票の対象者

外国人住民票の対象者は、「中長期在留者」「特別永住者」「一時庇護許可者」[9]、「仮滞在許可者」[10]、「出生又は国籍喪失による経過滞在者」で[11]、市

---

5 池本・前掲（注3）112頁参照。
6 池本・前掲（注3）113頁は、「多くの住民サービスは世帯を単位として提供されているが……外国人登録は世帯ごとではなく個人ごとの編成になっており、世帯主が外国人である場合に限り、世帯主個人の外国人登録原票に世帯構成員全員の氏名と続柄が記載されるが、それ以外の場合は本邦にある父母及び配偶者が記載されるのみで、結局のところ住民基本台帳と突合をしなければ世帯の全体像は判明しない。一方、住民基本台帳には、住民票の備考欄に外国人の世帯構成員を記載する運用となっているが、実際には世帯主が外国人の場合でも、住民基本台帳には日本人である配偶者等を世帯主と記載するしかなく、両制度で世帯主が異なることとなる」としている。
7 住民基本台帳は磁気ディスクを原本としているが、外国人登録原票の原本は紙であることから、外国人登録の新規登録や変更登録の際、市町村と法務省のデータのやりとりが非効率だとし、電子自治体推進の観点から環境整備が必要としている。池本・前掲（注3）114頁参照。
8 「地方自治体が外国人への行政サービスを適切に行うことができるよう、国が現行の住民基本台帳制度を参考とし、外国人住民の台帳制度を創設し、課題の抜本的な解決を図る」ことを求めて関係機関に提言を行ったとしている。池本・前掲（注3）114頁・115頁参照。
9 一時庇護許可者とは、難民に該当する可能性があるとして一時的に6カ月を超えない範囲で上陸が許可された者である（入管法18条の2、入管法施行規則18条5項）。
10 仮滞在許可者とは、在留資格未取得外国人が難民認定申請をした場合に3カ月を超えない範囲で仮に日本に滞在することを許可された者である（入管法61条の2の4、入管法施行規則56条の2）。
11 出生または国籍喪失による経過滞在者とは、日本国籍の喪失または出生により日本に在留することとなった外国人のことで、国籍離脱または出生の日から60日以内は在留資格なし在留できるが、それを超えて在留する者は当該事由が生じた日から30日以内に在

42

町村の区域内に住所を有するものである（住基法30条の45）。そのため、施行日までの「基準日」に市町村の外国人登録原票に登録され、施行日に外国人住民の対象となる者に対して「仮住民票」を作成し記載事項を通知し、施行日に「外国人住民票」とするとした（住基法改正法附則3条・4条1項）。

また、今回の改正により外国人住民についても住民基本台帳のネットワークシステム等住民基本台帳カード（住基カード）に関する規定（住基法第4章の2）が適用されるが、適用時期については特例があり（住基法改正法附則9条）、2013年7月7日からである（住基法施行令改正令附則7条の2）。したがってその日以降は外国人住民票に住民票コードが記載され（住基法30条の2）、希望があれば日本人と同様に住基カードを発行するとされている（住基法30条の44）[12]。

(ⅱ) 外国人住民票の作成

(ア) 新たに日本の空港や港で上陸の許可を受けた外国人の場合

たとえば入国する外国人の在留資格が中長期在留者に該当する場合、入国審査官から在留カードが交付される（入管法19条の3・19条の6）。在留カードには氏名、生年月日、男女の別、国籍等、在留資格、在留期間等が記載される（同法19条の4）。その後住居地が決まれば、住居地を定めた日から14日以内にその市町村長に在留カードを提示し転入届を提出する（同法19条の7第1項・3項、住基法30条の46）。市町村長は外国人住民票を作成し世帯毎に編成する（住基法30条の46・6条）。また、転入届と同時に在留カードに住居地を記載し（入管法19条の7第2項）、その情報を法務大臣に通知する（入管法61条の8の2）。その後、在留資格、在留期間等の変更が生じた場合は法務大臣から市町村長に通知される（住基法30条の50）[13]。

(イ) 日本に永住もしくは在留している外国人の場合

留資格の取得申請をしなければならないとされている（入管法22条の2）。
[12] 池本武広「住民基本台帳法の一部を改正する法律について（二・完）——外国人住民制度の創設を中心に」自治研究85巻12号120頁〜122頁（2009年）参照。
[13] 池本・前掲（注3）128頁以下。

〔第1部〕 第1章 「外国人住民票」の創設に至るまで

　特別永住者や在留資格が「中長期在留者」に該当する外国人は、すでに外国人登録をしている。「外国人住民票」制度は外国人登録法廃止と同時に施行されるため、外国人登録上のデータを施行日までに外国人住民票に移行する作業が必要となる。そこで、施行日前の「基準日」に市町村の外国人登録原票に登録され施行日に外国人住民の対象となる者の仮住民票を作成しなければならない。仮住民票の記載事項は本人に通知し、施行日に外国人住民票とするとしている（住基法改正法附則3条・4条1項）。基準日は2012年5月7日である（住基法施行令改正令附則1条の2）。

　(ｳ)　複数国籍世帯の場合

　外国人と日本人が同一世帯の場合に外国人住民票が作成される場合は、仮住民票への世帯情報（世帯主についてはその旨、世帯主ではない者については世帯主との続柄）の記載を、原則として外国人登録原票に基づいて行うとし、世帯主が外国人の場合、外国人の登録原票と日本人の住民票の突合により、世帯情報の変更が生じたときは、施行日に世帯情報を修正するとしている（住基法改正法附則4条2項）[14]。

　(iii)　外国人住民票の記載事項（〔図5〕参照）

　(ｱ)　日本人住民票と同一の記載事項

　日本人住民と同一の記載事項は、次のとおりである（住基法30条の45）。

① 「氏名」（住基法7条1号）
② 「出生の年月日」（同条2号）
③ 「男女の別」（同条3号）
④ 「世帯主についてはその旨、世帯主ではない者については世帯主との続柄」（同条4号）
⑤ 「住所及び同一の市町村の区域内において新たに住所を変更した者についてはその住所を定めた年月日」（同条7号）
⑥ 「新たに市町村の区域内に住所を定めた者についてはその住所を定め

---

[14] 移行実務研究会第5回（2010年1月28日）資料1-①参照。

4　住基法改正の概要──「外国人住民票」の創設

〔図5〕　外国人住民に係る住民票の記載例

住　民　票						
氏名	LEE YIP-SAE	生年月日	1989年2月15日	性別 女	住民票コード	123…456
住所	東京都千代田区霞が関○丁目○番○号　○○マンション○○○号				外国人住民となった年月日	平成24年4月1日	
前住所	平成24年4月1日　○○県○○市○○丁目○番地　から転入				届出日	平成24年4月3日	
世帯主の氏名	山田　太郎	世帯主との続柄	妻		国籍等	韓国
第30条の45に規定する区分	中長期在留者		在留資格	日本人の配偶者等	在留カード等の番号	………
^	^		在留期間等	3年	在留期間等の満了の日	2012年3月29日
備　考						

	後期高齢者医療		国民年金	
	資格取得	資格喪失	記号　2468	番号　113355
国民健康保険			資格得喪・種別変更	
資格取得	資格喪失	年　月　日	年　月　日	平成24年4月1日 得・種変・喪 ①・任
平成24年4月1日	年　月　日	介　護　保　険		年　月　日 得・種変・喪 1・任
年　月　日	年　月　日	資格取得	資格喪失	児　童　手　当
退職被保険者又は被扶養者の別	非該当年月日	非該当年月日	年　月　日 年　月　日	支給開始	支給終了
退・被扶	年　月　日	年　月　日		年　月　日	年　月　日
退・被扶	年　月　日	年　月　日		年　月　日	年　月　日

色塗箇所：外国人特有の項目

㊟　上図は、移行実務研究会第2回（2009年10月1日）資料1・13頁を参照して作成した。

た旨の届出の年月日及び従前の住所」（同条8号）

⑦　国民健康保険の被保険者である者についてはその資格を取得し、または喪失した年月日（住基法7条10号、住基法施行令3条）

⑧　後期高齢者医療の被保険者である者についてはその資格を取得し、または喪失した年月日（住基法7条10号の2、住基法施行令3条の2）

⑨　介護保険の被保険者である者については介護保険の被保険者となり、または介護保険の被保険者でなくなった年月日（住基法7条10号の3、住基法施行令3条の3）

⑩　国民年金の被保険者である者については国民年金の被保険者となり、または被保険者でなくなった年月日、国民年金の被保険者の種別および

45

その変更があった年月日、基礎年金番号（住基法7条11号、住基法施行令4条・5条）
⑪　児童手当の支給を受けている者については、児童手当の支給が始まり、または終わった年月日（住基法7条11号の2、住基法施行令6条）
⑫　米穀の配給を受ける者についてはその米穀の配給に関する事項（住基法7条12号）
⑬　「住民票コード」（同条13号）
⑭　「前各号に掲げる事項のほか、政令で定める事項」（同条14号）

なお、⑭の政令で定める事項とは、「住民の福祉の増進に資する事項のうち、市町村長が住民に関する事務を管理し及び執行するために住民票に記載することが必要であると認めるもの」である（住基法施行令6条の2）。

　(イ)　外国人住民票の特別記載事項

外国人住民票の場合は、上記の記載事項のほかに、「国籍等」「外国人住民となった年月日」が記載され、さらに、中長期在留者の場合は、「中長期在留者である旨」、「在留資格、在留期間及び在留期間満了の日並びに在留カードの番号」、特別永住者の場合は、「特別永住者である旨」、「特別永住者証明書の番号」、一時庇護許可者および仮滞在許可者の場合は、「一時庇護許可者又は仮滞在許可者である旨」および「上陸期間又は……仮滞在許可書に記載されている仮滞在期間」、出生または国籍喪失による経過滞在者の場合は、「出生による経過滞在者又は国籍喪失による経過滞在者である旨」がそれぞれ追加して記載される（住基法30条の45）。また、外国人住民が住民票に記載を求める通称の記載および削除に関する事項は、日本人住民票と同一の記載事項ではない（住基法施行令30条の25〜30条の27）。

　(4)　外国人登録原票の記載事項と外国人住民票に記載されない記載事項

外国人住民票制度は、外国人登録法廃止と同時に施行され、外国人登録原票のデータは外国人住民票に移行されるが（住基法改正法附則3条）、外国人登録原票のすべての記載事項が移行するのではない。外国人登録原票のどの記載事項を移行し、また、移行しないのであろうか。

(i) 外国人登録原票の記載事項

まず、外登法上の記載事項は以下のとおりである（外登法4条1項各号）。

① 「登録番号」
② 「登録の年月日」
③ 「氏名」
④ 「出生の年月日」
⑤ 「男女の別」
⑥ 「国籍」
⑦ 「国籍の属する国における住所又は居所」
⑧ 「出生地」
⑨ 「職業」
⑩ 「旅券番号」
⑪ 「旅券発行の年月日」
⑫ 「上陸許可の年月日」
⑬ 「在留の資格（入管法に定める在留資格及び特別永住者として永住することができる資格をいう。）」
⑭ 「在留期間（入管法に定める在留期間をいう。）」
⑮ 「居住地」
⑯ 「世帯主の氏名」
⑰ 「世帯主との続柄」
⑱ 「申請に係る外国人が世帯主である場合には、世帯を構成する者（当該世帯主を除く。）の氏名、出生の年月日、国籍及び世帯主との続柄」
⑲ 「本邦にある父母及び配偶者（申請に係る外国人が世帯主である場合には、その世帯を構成する者である父母及び配偶者を除く。）の氏名、出生の年月日及び国籍」
⑳ 「勤務所又は事務所の名称及び所在地」

(ii) 外国人登録原票に記載されるが、外国人住民票に記載されない事項

上記の外国人登録原票の記載事項中、登録に関する①②を除くと、以下の

記載事項は外国人住民票には記載されない。

⑦　「国籍の属する国における住所又は居所」
⑧　「出生地」
⑨　「職業」
⑩　「旅券番号」
⑪　「旅券発行の年月日」
⑫　「上陸許可の年月日」
⑲　「本邦にある父母及び配偶者（申請に係る外国人が世帯主である場合には、その世帯を構成する者である父母及び配偶者を除く。）の氏名、出生の年月日及び国籍」
⑳　「勤務所又は事務所の名称及び所在地」
　（なお、⑱も記載事項ではないが、世帯全員の住民票（後掲〔図7〕参照）をみればこれらの事項は判明するため、ここでは割愛した）

(5)　外国人住民票の「氏名」「住所」の記載事項

では、「外国人住民票」には「氏名」「住所」はどのような記載がされるのであろうか。

(i)　氏　名

外国人住民票の氏名は在留カードや特別永住者証明書と同じく、当初、法務省ではアルファベットのみで表示するとの見解を示していたが[15]、ローマ字に併せて漢字または漢字および仮名氏名も併記可能とされ、ローマ字氏名表記により著しい不利益を被るおそれがあることその他特別の事情があると認められるときは、ローマ字に代えて漢字または漢字および仮名氏名も可能とされた（入管法施行規則19条の7、入管特例法施行規則5条）。

通称名については、外国人住民が申出書の提出と通称名が居住関係公証のため記載が必要であることを証する書面を提示して、住民票への記載を求める場合は記載される[16]（住基法30条の45、住基法7条14号、住基法施行令30条の25

---

[15]　西山慶一「『外国人住民票』──その記載事項についての問題点」月報司法書士457号69頁・75頁（2010年3月）参照。

第1号・30条の26)。

　また通称名の履歴についても、通称名を住民票に記載した市町村および年月日、通称名を住民票から削除した市町村および年月日、外国人住民が転出証明書を添付して転入届をした場合の転出証明書に記載された通称名の記載および削除に関する事項を記載する等としている（住基法30条の45・7条14号、住基法施行令30条の25第2号・30条の27)。なお、ローマ字氏名に対応するカタカナ併記名の記載については、規定はないが、後日取扱要領等で示されると思われる。

(ii) 住　所

　外国人登録原票は、外国人が新居住地の市町村へ変更登録申請すれば外国人登録原票が旧市町村から送られて、新居住地で保管されている外国人登録原票で居住地の変遷やその変更月日の沿革が辿れた（外登法8条4項・5項)。また、閉鎖登録原票でも辿ることが可能であった。

　しかし、新住所地で作成された外国人住民票には従前の住所が記載されるだけである（住基法30条の45・7条8号)。日本人は、同一の本籍地であれば戸籍の附票により住所の変遷とその変更年月日が辿れるが（住基法17条)、外国人にはそのような手段がない。なお、仮住民票では「住所を定めた年月日」「従前の住所」が空欄とされるため[17]、仮住民票から外国人住民票になった者の「前住所」や「住所を定めた年月日」は外国人住民票では確認できないことになる。

(6) 市町村長の職権調査、法務大臣と市町村長間の通知

(i) 市町村長の職権による記載と記載事項の調査等

---

[16] これまでの「通称名」の定義、取扱いについては入国管理局・平成18年3月外国人登録要領別冊107・108頁参照。「通称名」使用の沿革について「通称名使用の沿革は日本の植民地支配に辿ることができるが、敗戦後から現在に至るも当事者が通称名を使用していることは厳然たる事実であり、その遠因は日本社会の底流にある差別感情にある。また、時代が下るに従ってその使用を当然視している子孫には自己のアイデンティティとなっている場合も多い。さらに、『印鑑証明書』『運転免許証』などにも氏名とともに併記、括弧書きされ……その使用は日常化・一般化している」（西山・前掲（注15）69頁)。

[17] 移行実務研究会第11回（2011年2月28日）資料3。

〔第1部〕 第1章 「外国人住民票」の創設に至るまで

外国人登録原票の記載事項は原則として外国人に申請義務を課すことにより変更をしていたが（外登法8条・9条～9条の3）、外国人住民票は市町村長が定期的に調査し職権により記載ができるようになる（住基法8条・34条、住基法施行令12条）。

(ii) 記載修正等のための法務大臣から市町村長への通知

法務大臣は、外国人住民票の記載事項に変更または誤りがあることを知った時は遅滞なくその旨を市長村長に通知するとしている（住基法30条の50）。

(iii) 市町村長から法務大臣への記載等の通知義務

市町村長は出生、死亡などの「外国人住民票」の記載、削除等が生じた場合は直ちにその旨を法務大臣へ通知しなければならないとしている（入管法61条8の2）。

(7) 外登法と住基法の届出、保存期間の差異

外登法は外国人に登録事項に変更が生じた場合、14日以内に市町村長に変更申請を義務づけている（外登法8条・9条の2・9条の3）。

居住地変更の場合は新居住地の市町村長に変更登録申請をすると、旧居住地の市町村長から新居住地の市町村長宛に外国人登録原票が送付され、同時に外国人登録証明書の記載変更がされる（外登法8条3項～5項）。外国人登録原票は個人別に作成され、現居住地の市町村に保管され、出生から現在までの変更事項が記録された状態で保管され、外国人に死亡等の事由が生じた場合は外国人登録証明書の返納義務があり（外登法12条）、返納すれば外国人登録原票が閉鎖される（外登法施行令6条）。なお、閉鎖された外国人登録原票は市町村でしばらく保管され、その後に法務省に送付され保存されている[18]。

一方、外国人住民票の場合は、国外から転入してきた中長期在留者等や日本国籍を有しない者で市町村の区域内に住所を有する者が中長期在留者等になった場合は14日以内に一定の事項を届けなければならず、その際、在留

---

[18] 西山・前掲（注15）67頁。

カード、特別永住者証明書などを提示しなければならない（住基法30条の46・30条の47）。

　また、日本人住民と同様に転入届（新市町村の区域内に住所を定めること）、転居届（一の市町村の区域内住所の変更）、転出届（市町村の区域外に住所を移すこと）を行わなければならない（住基法22条〜24条）。なお、それに伴う在留カード・特別永住者証明書の記載事項の変更届は、新住居地の市町村経由で法務大臣に届け出たものとみなされる（入管法19条の9第1項・3項、入管特例法10条2項・5項）[19]。なお、住民票は転出、死亡等の事由などで消除されるが、消除された住民票の保存期間は消徐された日から5年とされている（住基法施行令34条）。

(8) 外国人住民票の開示

(i) 外国人登録原票の開示

　外登法では、外国人登録原票の写しまたは外国人登録原票記載事項証明書を本人、本人の代理人または同居の親族から市町村長に交付請求することができる（外登法4条の3第2項・3項）。また、弁護士、司法書士は法律の定める事務または業務の遂行のため必要と認める場合には同様に交付請求ができるとされている（外登法4条の3第5項、外登法施行令2条）。

(ii) 外国人住民票の開示（〔図6〕〔図7〕参照）

　住基法では、本人または本人と同一の世帯に属する者にかかわる住民票の写しまたは住民票記載事項証明書を市町村長に交付請求できるとされている（住基法12条1項）。外国人住民票についても同様に交付請求できるが、市町村長は、特別な請求がない限り、記載事項の中で、世帯事項、国籍・地域等、在留資格等を省略して、①氏名、②出生の年月日、③男女の別、④住所および転居の場合の住所を定めた年月日、⑤新たに住所を定めた年月日、従前の

---

[19] 西山・前掲（注15）67頁参照。なお、中長期在留者は、在留カードの記載事項で居住地以外の変更は、居住地の市町村経由ではなく法務大臣（入管局等）へ直接届け出る義務がある（入管法19条の10）。特別永住者は特別永住者証明書の記載事項で居住地以外の変更も、市町村経由で変更届けを行う（入管特例法11条）。西山・前掲（注15）74頁参照。

51

〔図6〕 外国人住民に係る住民票の写しの例

住　民　票						
氏名	LEE YIP-SAE	生年月日	1989年2月15日	性別 女	住民票コード	123…456
住所	東京都千代田区霞が関〇丁目〇番〇号　〇〇マンション〇〇〇号				外国人住民となった年月日	平成24年4月1日
前住所	平成24年4月1日　〇〇県〇〇市〇〇丁目〇番地　から転入				届出日	平成24年4月3日
世帯主の氏名	山田　太郎	世帯主との続柄	妻		国籍等	韓国
第30条の45に規定する区分	中長期在留者		在留資格	日本人の配偶者等	在留カード等の番号	………
^	^		在留期間等	3年	在留期間等の満了の日	2012年3月29日
備　考					

この写しは、住民票の原本と相違ないことを証明する。
　　平成　年　月　日

(注) 上図および〔図7〕は、移行実務研究会第2回（2009年10月1日）資料1・13頁〜14頁を参照して作成した。

住所のみが記載されたものを交付することができる（住基法30条の51・12条5項）。

　また、次の者（以下、「本人等以外の者」という）は、利用の目的等を明らかにして、申出により外国人住民票の写し等の交付請求ができる（住基法30条の51・12条の3第1項・4項）。

ⓐ　「自己の権利を行使し、又は自己の義務を履行するために住民票の記載事項を確認する必要がある者」（住基法12条の3第1項1号）

ⓑ　「国又は地方公共団体の機関に提出する必要がある者」（同項2号）

ⓒ　ⓐⓑ以外に「住民票の記載事項を利用する正当な理由がある者」（同項3号）

　この場合、市町村長は、上記の住基法上の記載事項①から⑤に「外国人住民となった年月日」を加えたもの並びに通称が記載されている場合には通称（以下、「基礎証明事項」という）に関するものが必要である旨の申出と、その申出が相当と認めるときは、本人等以外の者に基礎証明事項が記載された外

4 住基法改正の概要——「外国人住民票」の創設

〔図7〕 複数国籍世帯の世帯構成員が一葉に表示される住民票の写しの例

住 民 票						
氏名	山田　太郎	生年月日	昭和60年7月2日	性別 男	住民票コード	234…567
住所	東京都千代田区霞が関○丁目○番○号　○○マンション○○○号				住民となった年月日	平成24年4月1日	
前住所	平成24年4月1日　○○県○○市○○丁目○番地　から転入				届出日	平成24年4月3日	
世帯主の氏名	山田　太郎	世帯主との続柄	本人		＊＊＊＊	
本籍	○○県○○市○○丁目○番地				筆頭者	山田　太郎
＊＊＊＊			＊＊＊＊		＊＊＊＊	
備考						
氏名	LEE YIP-SAE	生年月日	1989年2月15日	性別 女	住民票コード	123…456
住所	東京都千代田区霞が関○丁目○番○号　○○マンション○○○号				外国人住民となった年月日	平成24年4月1日	
前住所	平成24年4月1日　○○県○○市○○丁目○番地　から転入				届出日	平成24年4月3日	
世帯主の氏名	山田　太郎	世帯主との続柄	妻		第30条45規定区分	中長期在留者
国籍等	韓国				在留カード等の番号	………
在留資格	日本人の配偶者等		在留期間	3年	在留期間等の満了の日	2012年3月29日
備考						

この写しは、住民票の原本と相違ないことを証明する。
　　平成　年　月　日

国人住民票の写しまたは住民票記載事項証明書を交付できるとしている（住基法30条の51・12条の3第1項・4項、住基法施行令30条の26第7項）。

　弁護士、司法書士等の「特定事務受任者」は、受任している事件、または事務の依頼者が上記の本人等以外の者に該当している場合に、利用の目的等を明らかにし、申出により外国人住民票の写し等の交付請求ができる。この場合、市町村長は、基礎証明事項の記載のある外国人住民票の写し等が必要である旨の申出と、その申出が相当と認めるときは、特定事務受任者に外国人住民票の写しまたは住民票記載事項証明書を交付できるとしている（住基法30条の51・12条の3第2項〜4項）。

　なお、本人等以外の者や特定事務受任者が利用の目的を達成するために基礎証明事項以外の記載事項を記載した外国人住民票の写し等が必要な場合は、市町村長にその旨を申し出ることができる（住基法30条の51・12条の3第7項）。

　おわりに

　今回の入管法・入管特例法・住基法の改正は、入国管理局が日本に居住する外国人に関する情報を一元的に管理し、日本に居住する外国人を地方自治体の住民として位置づけ、住民として暮らす外国人に対する行政サービスの向上を図るとしている。また、今回の改正に関しては、外国人からは日本人と外国人で区別のない同じ制度を望むという意見がなされたとしている[20]。住民サービス上の日本人と外国人で区別のない同じ制度に関しては一定の評価があると思われるが、外国人住民票の記載事項には、外国人に配慮した一定の区別が必要と考える。

　しかし、今回の立法は、国の入国管理行政の効率性と地方自治体の利便性が優先され、当事者である外国人の利便性や本国との関係性への配慮が欠けている。とりわけ外国人住民票の記載事項とされずに外国人登録上の「国籍の属する国における住所又は居所」や「出生地」がなくなったことは、外国人にとって不利益と負担を強いる面もあると考えられる。　　　　（姜　信潤）

20　池本・前掲（注3）132頁。

第2章　渉外家族関係の法実務

―〈本章の概要〉――――――――――――――――――――――――

　我々法律実務家は、法的事件の性質の如何にかかわらず、基本的にその法的解決に尽力する義務がある。

　しかし、その法的事件に何らかの渉外的要素があるときには、その法的解決の前提としていずれの国家または地域の法がその法的事件の「準拠法」であるかを確定しなければならない。渉外家族関係の法実務においてもその法理は同様である。

　そして、その準拠法決定の際に参考となる書面は何か、準拠法が決定したとしてもその身分関係を証する書面はどのように収集するのか、さらには登記申請や戸籍上の届出を行う際の手続上の書面とは何か、そして、その身分変動などが登記記録や戸籍にどのように表記されるか、それらが解明できなければ渉外家族実務は完結しない。

「1　**準拠法の決定に至るプロセス――渉外相続を中心に**」では、在留外国人の相続を事例に準拠法を決定する過程を述べることにする。

「2　**外国人の『登記情報』（不動産登記・商業登記）への記載・記録**」では、外国人の氏名や住所が不動産登記記録などにどのように表記されるかを整理することを試みた。

「3　**外国人の姓名の戸籍への記載・記録**」では、日本戸籍に外国人との婚姻や離婚等の身分変動事項の内容はどのように記載・記録されているかを整理した。

「4　**外国人住民票および印鑑証明書（サイン証明書）――不動産登記を中心として**」では、不動産登記手続に欠かせない情報となる外国人住民票の記載内容や印鑑証明書の記載内容等を整理したうえで、サイン証明書の取扱いにも触れ、それらを添付すべき必要性等に言及した。

「5　**外国人の身分関係証明書の収集**」では、外国人の身分関係を証するた

めに本国や日本の身分登録書面がどのような場合に必要となるか、必要となった場合に本国や日本の市町村にどのようにして取り寄せるかの概要を説明した。

本章では、以上の現行法下における解説や整理により、渉外家族関係の法実務の道筋についてその概要を明らかにし、第3章において述べる今般の改正に係る問題点の理解につなげるものとしたい。

1 準拠法の決定に至るプロセス
──渉外相続を中心に

はじめに──法適用通則法が定める渉外的家族関係の準拠法

日本の国際私法に関する成文法は「法の適用に関する通則法」（法適用通則法）である。日本の国際私法は、渉外的な法律関係を単位化しその単位化した法律関係ごとに最も密接と思われる法律を内外の法律から選び出して決定する（準拠法）、という方法を採用している。

渉外的な法律関係とは、当事者が外国人であったり、法律行為をした場所などに外国的要素がある法律関係をいう。日本人同士が日本の地で婚姻する場合では、婚姻が無効や取消しにならないかといった婚姻の実質的成立要件、婚姻は届出によるかそれとも誰かの面前で儀式を行えば婚姻が成立するかといった婚姻の形式的成立要件は、すべて日本の民法の規定に従う。しかし、日本人と外国人が日本で婚姻する際の婚姻の実質的な成立要件や日本人が外国で教会で行った儀式で婚姻が成立するかといった形式的な成立要件は、渉外的法律関係となり、法適用通則法が定める準拠法によってその法律関係の成立等を判断しなければならない。

法適用通則法は、渉外的家族関係について、自然人の行為能力（同法4条）、成年後見（同法5条）、失踪宣告（同法6条）、婚姻の成立および方式（同法24条）、婚姻の身分的効力（同法25条）、夫婦財産制（同法26条）、離婚（同法27条）、

嫡出親子関係の成立（同法28条）、非嫡出親子関係の成立（同法29条）、準正（同法30条）、養子縁組の成立等（同法31条）、成立した親子間の法律関係（同法32条）、その他の親族関係（同法33条）、同法25条から33条までの親族関係についての法律行為の方式（同法34条）、後見等（同法35条）、相続（同法36条）、遺言の形式的成立及び効力（同法37条）を単位関係に分けて準拠法を定めている。なお、「遺言の方式の準拠法に関する法律」や「扶養義務の準拠法に関する法律」という特別法があり、遺言の方式と扶養は原則としてそれら特別法で準拠法を決定する（法適用通則法43条1項・2項参照）。

さらに、準拠法が本国法である場合の特則として、法適用通則法38条3項が当該国が地域ごとに法を異にする国（地域的不統一法国）の本国法の決定を、同法38条1項が当事者が重国籍者の場合の本国法の決定を、さらに同法40条が当該国が当事者の信仰する宗教などを基準に適用する法を異にしている国（人的不統一法国）の本国法の決定を定めている。

そして、準拠法が本国法であってその本国の国際私法が直接日本法を指定しているときは日本法を適用するとする「反致」（法適用通則法41条）の規定がある。

(1) **渉外相続の準拠法の決定**

たとえば、甲国人が日本で死亡したとしよう。法適用通則法36条は「相続は、被相続人の本国法による」と定めている。そこで、ここでいう「相続」とはどのような法律関係を含むのかが問題になる。相続人は誰か、相続人の順位、代襲相続はあるか、その場合の代襲者は誰か、法定相続持分はどうなるのか、遺産分割の可否やその方法は定められているか、特別受益や寄与分、遺留分の規定はあるのか、その算定方法はどのようにされるのか、また相続放棄や限定承認制度は存在するのか、存在するとしてその方法はどのようにするのか、などが「相続」の適用範囲に含まれることに異論はみられない[1]。

[1注]
1 山田鐐一『国際私法〔新版〕』572頁以下（有斐閣、2003年）、溜池良夫『国際私法講義〔第3版〕』541頁以下（有斐閣、2005年）。

しかし、特別縁故者の分与や相続人不存在の処理方法に関しては、相続財産が所在する地の法を適用すべきとの考えが有力である[2]。また、死亡を擬制する失踪宣告などの手続は、法適用通則法6条で準拠法を決定し、その準拠法により死亡したとみなされれば相続人から除くか否かは同法36条の相続の適用範囲に含まれる[3]。

次に、「被相続人の本国法」とは被相続人の何時の本国法をいうのか。死亡当時の被相続人の本国法と考えるのが定説である。したがって、死亡前に国籍を変更していれば、準拠法は変更することになる。

相続の準拠法が本国法なので、その本国が地域的不統一法国であれば「その国の規則に従い指定される法（そのような規則がない場合にあっては、当事者に最も密接な関係がある地域の法）」（法適用通則法38条3項）が、その本国法となる。また、その本国が人的不統一法国の場合や当事者が重国籍の場合は、同法40条・38条1項でその適用すべき準拠法を探索しなければならない。

さらに、法適用通則法41条でいう「反致」の有無が重要である。「当事者の本国法によるべき場合において、その国の法に従えば日本法によるべきときは、日本法による」との規定である。同法36条の「相続」の準拠法は、本国法なので日本法に反致するかを決定しなければならない。この法文でいう「その国の法」とは、当該国の国際私法に関する規定のことである[4]。したがって、その本国の国際私法規定の法形式が成文・不文にかかわらず、当該国の渉外的相続関係を規律する国際私法を調査する必要がある。一般に家族関係に関する各国の国際私法規定の準拠法の制定方法は、「住所地法」「常居所地法」「所在地法」といった抽象的な文言で規定していたり、自国の国民の渉外的法律関係だけを規定していたりするので、その文言の解釈をしなければならない。その解釈は他国の法律であるので、他国の解釈どおりにしなければならない[5]。

2　山田・前掲（注1）580頁、溜池・前掲（注1）544頁。
3　山田・前掲（注1）199頁、溜池・前掲（注1）267頁。
4　山田・前掲（注1）71頁、溜池・前掲（注1）162頁。

(2) 渉外相続と各国の国際私法――反致の有無を中心に

(i) 被相続人の国籍が中国の場合

外国人登録原票上の国籍欄は、被相続人の本国が、「中華民国」（以下、「台湾」という）であれ「中華人民共和国」（以下、「中国」という）であれ、「中国」と表記される取扱いである[6]。

したがって、被相続人の本国法が台湾法、中国法いずれであるかを決定しなければならない。被相続人や親族の戸口簿がいずれにあるかなどを[7]、閉鎖された外国人登録原票の「国籍の属する国における住所又は居所」「出生地」などを手掛かりに本国法を決定することになる。台湾は現在日本とは正式な国交関係にはない未承認国であるが、国際私法の本国法を決定するのに未承認国であるかを問わないのが通説・判例の立場である[8]。

(ア) 本国法が中国法の場合

中華人民共和国「渉外民事関係法律適用法」（2010年10月28日公布、2011年4月1日施行）では、「第31条　法定相続については、被相続人の死亡時の常居所地の法律を適用する。ただし、不動産の法定相続については、不動産所在地の法律を適用する」と定めている[9]。本条ただし書によれば、日本に不動産

---

5 山田・前掲（注1）70頁、溜池・前掲（注1）165頁。
6 在留カードや特別永住者証明書には、入管法第2条5号ロに規定する地域が記載され（入管法19条の4第1項1号、入管特例法8条1項1号）、その地域には「台湾」が含まれる（入管法施行令1条）。入管法第2条5号ロに規定する地域は、外国人住民票の国籍等にも記載され（住基法30条の45本文）、「台湾」と表記されることになる（平成23年12月26日入管法等改正法整備経過措置政令及び省令の意見募集の結果65参照）。
7 府川恵子「戸口簿について――中華人民共和国の戸籍――」ケース研究239号175頁（1994年1月）、同「中華人民共和国における公証制度について」ケース研究240号189頁（1994年）、若杉英治「中華人民共和国の戸籍制度及び婚姻をめぐる諸問題について」戸籍時報560号28頁（2003年9月）、笠原俊宏＝徐瑞静「中華民国戸籍法の改正(上)(下)」戸籍時報632号22頁（2008年10月）、同634号34頁（2008年11月）、笠原俊宏＝徐瑞静「中華民国戸籍法施行細則の改正」戸籍時報639号43頁（2009年4月）。
8 山田・前掲（注1）75頁以下、溜池・前掲（注1）183頁以下、小出邦夫編著『逐条解説法の適用に関する通則法』376頁（商事法務、2009年）。
9 翻訳文は『平成24年版戸籍実務六法』1222頁（日本加除出版、2011年）（以下、「戸籍実務六法」という）による（以下、戸籍実務六法の引用は翻訳文の頁数である）。

に関する権利を所持する中国人が死亡すれば、不動産に関する相続の法律関係は日本に反致して、「不動産の所在」する日本の法律が適用されることになろう。しかし、本条本文の「死亡時の常居所地の法律」については検討が必要である。「常居所地」とは何かは中国の解釈によるからである[10]。つまり、不動産以外の相続財産は、被相続人の死亡時の常居所がいずれにあるかは基本的に中国の国際私法が常居所をどのようにとらえているかが要諦となる[11]。もし、中国国際私法の常居所概念から死亡当時の被相続人の常居所が日本にあると解することができれば、不動産以外の相続も日本法に反致することになろう。なお、同法附則51条によると、「中華人民共和国民法通則第146条、第147条、中華人民共和国継承法第第36条について、本法の規定と一致しないものは、本法を適用する」と規定しているので[12]、2011年3月31日以前の相続は旧国際私法規定を参照することになろう。

(イ) 本国法が台湾法の場合

中華民国「渉外民事法律適用法」（1953年6月6日公布、直近改正2010年5月26日公布、2011年5月26日施行）の58条では「相続は、被相続人の死亡の当時の本国法による。ただし、中華民国の法律によれば中華民国国民が相続人となるべきとき、その者は、中華民国に在る遺産につき、これを相続することができる」と定めている[13]。本文の規定は法適用通則法36条と同一内容なので日本法に反致することはなく、日本では台湾で施行されている相続関係の実体法が適用される[14]。ただし書の規定は、台湾内の遺産についての特則で

10　山田・前掲（注1）70頁、溜池・前掲（注1）165頁。
11　笠原俊宏「中華人民共和国の新しい国際私法『渉外民事関係法律適用法』の解説(3)」戸籍時報669号12頁（2011年6月）参照。
12　中華人民共和国継承法36条「中国公民が中華人民共和国の国外にある遺産を相続するか、又は中華人民共和国の国内にある外国人の遺産を相続するときは、動産については被相続人の住所地の法律を適用し、不動産については不動産所在地の法律を適用する。②外国人が中華人民共和国の国内にある遺産を相続するか、又は中華人民共和国の国外にある中国公民の遺産を相続するときは、動産については被相続人の住所地の法律を適用し、不動産については不動産所在地の法律を適用する」（戸籍実務六法1227頁）。
13　戸籍実務六法1246頁。

あるから、たとえば日本にも台湾にも相続財産があり日本法では相続人とならないが、台湾法によれば相続人となる場合は、相続準拠法が分裂することになろう。

(ii) **被相続人の国籍が韓国または朝鮮の場合**[15]

外国人登録原票では、その国籍が「朝鮮」であれば朝鮮半島地域の出身者を指すといわれ、「韓国」は国籍を示す取扱いである[16]。そこで、被相続人の本国法が、大韓民国（以下、「韓国」という）法か朝鮮民主主義人民共和国（以下、「北朝鮮」という）法かを決定しなければならない。被相続人の外国人登録原票の「国籍の属する国における住所又は居所」を手掛かりに「登録基準地」がどこか[17]、また「出生地」や親族との親疎関係などを斟酌していずれの国に密接かを判断して本国法を決定することになる[18]。なお、北朝鮮は、日本の未承認国であるが、国際私法では、適用すべき法が未承認国であるか否かを問わいないことは先に述べた。

(ア) **本国法が韓国法の場合**

韓国「国際私法」（2001年4月7日法律第6465号、2001年7月1日施行）49条1項は、「相続は死亡当時被相続人の本国法による」と規定している。そこで同条2項の適用がなければ、法適用通則法36条と同一内容なので被相続人の本国法が韓国法の場合は、韓国の相続関係の実体法が適用される[19]。

14　なお、相続財産の範囲につき中華民国民法改正法（2009年5月22日制定施行）の1148条2項で「相続人は、被相続人の債務につき、相続によって取得した遺産を限度として弁済の責任を負う」との限定相続の規定を設けている（笠原俊宏「中華民国相続編の改正」戸籍時報649号21頁（2009年12月）以下）。
15　「在日」の相続全般は、木棚照一監修『定住外国人と家族法』研究会編著『在日の家族法〔第3版〕』219頁（日本評論社、2010年）参照。
16　外国人登録事務協議会全国連合会法令研究会編著『外国人登録事務必携』31頁以下（日本加除出版、1985年）。
17　「登録基準地」概念を導入した韓国の「家族関係の登録等に関する法律」（2007年法律第8435号、2008年1月1日施行）は、木棚監修・前掲（注15）Q2－7（山池実執筆）80頁、Q2－9（高山駿二執筆）84頁参照。
18　趙慶済「研究ノート在日韓国・朝鮮人の属人法に関する論争」立命館法学308号211頁（2007年）参照。

61

しかし、韓国国際私法49条2項は「被相続人が遺言に適用される方式によって、明示的に次の各号の法中いずれかを指定するときは、相続は、第1項の規定に拘らずその法による」とし、その法として「1　指定当時被相続人の常居所地がある国家の法。ただし、その指定は、被相続人が死亡時まで、その国家で常居所を維持した場合に限り、その効力を有する。2　不動産に関する相続に対しては、その不動産の所在地法」と定めている[20]。

つまり、被相続人が遺言の方式に適用される準拠法に則って「遺言」で「明示的」に「遺言の指定時から死亡時まで継続している常居所の国の法」を指定していたときは、韓国国際私法49条1項が排除され相続については、常居所地の法が適用されることになる[21]。被相続人の常居所が、遺言指定時から死亡時まで日本にあれば、被相続人の相続関係法は日本法に反致することになる。なお、韓国国際私法の「常居所」概念は、外国で永住権等を取得していればその外国に常居所があると認定されよう[22]。

(イ)　本国法が北朝鮮法の場合

北朝鮮「対外民事関係法」(1995年9月6日制定、1998年12月10日修正) 45条は、「不動産相続には相続財産の所在する国の法を適用し、動産相続には被相続人の本国法を適用する。但し、外国に住所を有する共和国公民の動産相続には被相続人が最後に住所を有していた国の法を適用する」と定めている[23]。

北朝鮮対外民事関係法45条本文は、動産・不動産の相続準拠法が異なる定

19　なお、韓国の特別限定承認について、西山慶一「韓国改正民法の『特別限定承認』を在日韓国人の相続人が日本で行う場合の問題点」日本司法書士会連合会THINK102号135頁（2004年）。
20　戸籍実務六法1068頁。
21　西山慶一「在日韓国人の遺言による相続準拠法の指定」ジュリスト1210号164頁（2001年10月）。
22　韓国家族関係登録例規33号（2007年12月10日決裁）「身分関係を形成する国際身分行為をする際に身分行為の成立要件の証明手続に関する指針」「3　常居所の認定」参照、5年以上継続して居住していることが基準とされる。木棚照一監修・前掲（注15）387頁参照。
23　翻訳文は、木棚監修・前掲（注15）415頁。

め方をしている。このような定め方は動産・不動産異則主義といわれる。不動産相続には相続財産所在地法を適用し、動産相続には被相続人の本国法を適用するので、たとえば日本に在留する北朝鮮を本国とする被相続人が、日本に不動産の権利を所持していれば、その不動産の相続は日本法に反致するが、動産相続は法適用通則法36条と同一内容なので北朝鮮の相続関連の実体法が適用される。不動産・動産で準拠法が異なるので準拠法の分裂状態が生じる。

ただし、北朝鮮対外民事関係法45条ただし書が規定しているように被相続人の最後の住所が日本にあれば[24]、動産相続は日本法に反致して日本法が適用され、不動産相続も、不動産が日本にあれば日本法に反致するので準拠法の分裂は生ぜず、相続財産は統一的に処理できることになる。

(iii) 本国法がブラジル法の場合

外国人登録原票の国籍が「ブラジル」の場合はどうであろうか。

ブラジル「民法施行法」（1942年制定）では、その10条で「死亡又は失踪による相続は、財産の性質及び所在地にかかわらず、被相続人又は失踪者が住所を有した国の法に従う」とあり、さらに同条(1)で「ブラジルに所在する外国人の財産の相続は、ブラジル人の配偶者もしくはブラジル人の子又はこれらの者を代襲する者のために、これらの者にとって被相続人の属人法がより有利でないときは、ブラジル法により規律する」と定めている[25]。

ブラジル民法施行法10条本文は、相続の準拠法は被相続人の住所地法と定めているので、もし被相続人の住所がブラジル法上の住所概念からみて日本にあれば、相続関係の法律は法適用通則法41条により日本法に反致し日本法が適用される。なお、同条(1)は「外国に最後の住所を有するブラジル人相続にも適用される」との判例があるとのことである[26]。その前提に立って「ブ

---

[24] 大内憲昭「朝鮮民主主義人民共和国の国籍法・対外民事関係法に関する若干の解説」関東学院大学文学部紀要90号135頁以下、151頁（2000年）参照。
[25] 翻訳文は、林貴美「在日ブラジル人の相続をめぐる諸問題」野田愛子＝梶村太市編『新家族法実務体系第3巻相続［Ⅰ］』515頁（新日本法規、2008年）。

ラジル法が日本法より前記の者らを手厚く保護する場合には、在ブラジル財産の相続については反致せずブラジル法が適用され、他の財産の相続のみが日本法に反致することになる」との見解が示されている[27]。したがって、少なくとも日本に所在する財産の相続は、被相続人の住所地が日本にあれば日本法に反致し日本の相続関連の実体法が適用されよう。

おわりに

相続に適用される準拠法を決定する際に外国人登録原票の「国籍に属する国における住所又は居所」は重要な要素なることは本文で触れた。また被相続人に適用される相続関連実体法が明らかになっても、実務上は相続人らを証する身分関係を証する書面がなくては一歩も踏み出せない。

外国人登録原票の「国籍に属する国における住所又は居所」「出生地」、家族事項等は、それら身分関係書面の収集の有力な手掛かりである。外国人住民票にそれらの一部が記載されないのは、渉外相続手続にとっては致命的といえよう。

（西山慶一）

2 外国人の登記情報（不動産登記・商業登記）への記載・記録

はじめに

当事者または関係人の中に外国人（外国法人を含む）がいる場合（その外国人が日本に居住するか否かを問わない）、不動産登記・商業登記申請を行う際の申請情報・添付情報および登記記録に所有者等として記載される際の外国人

---

[26] 木棚照一「中南米人の相続問題」野田愛子ほか編『家事関係裁判例と実務245題』判例タイムズ1100号526頁（2002年）、林・前掲（注25）515頁519頁。
[27] 林・前掲（注25）515頁・519頁。それに対して、「このようなブラジル国際私法の原則からみて日本に最後の住所を有するブラジル人が日本に遺した財産の相続につき日本法に反致されるのは、原則としてブラジル人である相続人がいない場合に限られると考えられる」との見解もある（木棚・前掲（注26）526頁）。

の住所・氏名の表記方法についての実務上の取扱いについて述べる。

(1) 不動産登記の申請情報・添付情報・住所情報

(i) 申請情報

「登記の申請は、……不動産を識別するために必要な事項、申請人の氏名又は名称、登記の目的その他の登記の申請に必要な事項として政令で定める情報（以下「申請情報」という。）を登記所に提供してしなければならない」（不登法18条柱書）が、「申請書……その他の登記に関する書面に記載する文字は、字画を明確にしなければならない」（不登規則45条1項）としていることから、登記所に提供する申請書類等はすべて日本語によるべきであり[1]、日本で外国語を表示する場合の一般的慣例に従って、漢字と片仮名を用いて記載すべきであるとされている[2・3]。しかし、日本で外国語を表示する場合の一般的慣例については、明らかにされていない。一般の社会生活において現代の国語を書き表すための「外来語の表記」のよりどころを定めた内閣告示（平成3年6月28日内閣告示第2号）によると、外来語や外国の地名・人名を書き表すのに一般的に用いる仮名は、片仮名であるとされている[4]。

また、外国人が不動産に関する登記を申請する場合には、申請書に外国人の国籍を記載するが、登記簿には国籍の記載を要せず、国籍証明書の添付も要しないとする民事局長回答がある[5]。しかし、この回答は、現在は維持されていないと思われる[6]。

[2注]
1　昭和26年12月7日付民事甲第2339号法務総裁官房長事務代理回答（参考資料4(3)②）参照。
2　松井瑛郎「先例を中心とする渉外不動産登記事件の取扱いについて」登記研究254号56頁（1969年1月）参照。
3　「登記簿、申請書その他の登記に関する書面に記載する場合は、外国文字を使用してはならず、日本文字（漢字および仮名文字）を使用しなければならない」幾代通、浦野雄幸編『判例先例コンメンタール不動産登記法〔改訂版〕Ⅱ』370頁（三省堂、1987年）。
4　「登記簿」登記研究630号134頁（2000年7月）参照。
5　昭和23年9月16日付民事甲第3008号民事局長回答（参考資料4(1)①）参照。
6　筆者が、現に外国人が登記申請人となった所有権の保存または移転の登記申請を行った際に、申請書に国籍を記載したことはなく、登記所から記載するよう補正を命ぜられ

(ⅱ)　添付情報

　「登記の申請をする場合には、次に掲げる情報（筆者注・添付情報）をその申請情報と併せて登記所に提供しなければならない」（不登令7条）が、渉外事件の場合には、添付情報が外国文字をもって作成される場合が多い。申請書に添付する契約書等登記原因を証する書面の原本が外国文字を使用して作成されている場合には、その原本とともに日本語に翻訳した書面を提出すべきであるが、その日本語訳が正確な翻訳である旨の証明は不要とされている[7]。さらに、外国文字をもって表示されている書類の翻訳文は、登記申請代理人の作成したものでも差し支えないとされている[8]。

　(ⅲ)　住所情報
　(ア)　表題登記、所有権保存登記、所有権移転登記

　土地の表題登記（不登令別表4項添付情報ニ）、建物の表題登記（不登令別表12項添付情報ニ）、所有権の保存（不登令別表28項添付情報ニ）もしくは所有権の移転の登記（不登令別表30項添付情報ロ）の申請には、「表題部所有者又は登記名義人となる者の住所を証する市町村長、登記官その他の公務員が職務上作成した情報（公務員が職務上作成した情報がない場合にあっては、これに代わるべき情報）」を添付情報として提供すべきとされている。これは、虚無人名義の登記を防止する趣旨である[9]。

　申請人が日本人の場合の提供する住所を証する情報とは、住民票の写しまたは、住民票記載事項証明書等が該当する。

　申請人が日本に在留する外国人の場合の提供する住所を証する情報とは、外国人登録原票記載事項証明書（以下、「登録原票記載事項証明書」という）が該当し、また、当該外国人の所属国の在日大使または領事が発行する居住証明書は、これをもって登記令で規定する「公務員が職務上作成した情報がな

たことはない。
[7]　前掲（注1）回答参照。
[8]　昭和40年6月18日付民事甲第1096号民事局長回答（参考資料4(2)⑤）参照。
[9]　昭和32年3月27日付民事甲第598号民事局長通達（参考資料4(4)①）参照。

い場合にあっては、これに代わるべき情報」として提供することができるものと解されている。

　申請人が本国に居住する外国人の場合、たとえば、在米アメリカ人が、住所についてした宣誓口述に基づいてアメリカ公証人が署名した書面は、住所変更を証する情報になり得るとされている[10]。アメリカ人の住所を証する書面として、アメリカ合衆国公証人の証明に係るものが提供されたときは、便宜受理して差し支えないとされている[11]。また、在日アメリカ合衆国軍隊の軍人、軍属またはその家族にあっては、その軍人、軍属またはその家族が所属する軍当局の長（基地の軍司令官など）の地位にある者の作成にかかる証明書でも差し支えないとされている[12]。

　(イ)　登記名義人の住所変更・更正の登記

　登記名義人の住所変更・更正の登記の申請書には、「当該登記名義人の住所について変更又は錯誤若しくは遺漏があったことを証する市町村長、登記官その他の公務員が職務上作成した情報（公務員が職務上作成した情報がない場合にあっては、これに変わるべき情報）」（不登令別表23項）を添付情報として提供しなければならないと規定されている。

　申請人が日本人の場合の変更等があったことを証する情報とは、住民票の写しまたは戸籍の附票の写しが該当する。

　申請人が日本に在留する外国人の場合の変更等があったことを証する情報とは、登録原票記載事項証明書が該当する。

　登記名義人の住所の変更・更正登記の添付情報は、登記簿に記載された登記名義人の住所と関連づけられる証明書でなければならない。たとえば、日本人が登記名義人の住所が数回にわたって移転している場合には、数次の移転または変更をそれぞれ証する書面、すなわち、住所移転の経過を関連づけ

10　「実務の視点(23)」登記研究748号58頁（2010年6月）参照。
11　前掲（注8）民事局長回答参照。
12　昭和35年9月20日付民事三発第835号民事局第三課長事務代理回答（参考資料4(4)③）参照。

られる各旧住所地の除かれた住民票の写しまたは戸籍の附票等によって明らかにしなければならない。日本に在留する外国人の場合には、住所移転の経過を関連づける書面は、登録原票記載事項証明書であり、居住地の変更履歴を記載した登録原票記載事項証明書を受給しなければならない（詳細は、第2章4「外国人住民票および印鑑証明書（サイン証明書）」を参照）。

(2) 不動産登記の申請情報・登記情報への表記方法

登記申請をする場合に登記所に提供しなければならない不登法18条の申請情報の内容として、「申請人の氏名又は名称及び住所」（同法3条1号）、「申請人が法人であるときは、その代表者の氏名」（同条2号）が定められている。

では、登録原票記載事項証明書には、居住地や氏名はどのように表記され、それらを申請情報にどのように表示するのであろうか。表記方法を以下に例示する。

(i) 居住地

登録原票の居住地欄には「何県（都道府）何郡（市又は区）何町（村）字何何番地何某方（アパート名）何号室まで記入する」とされているので[13]、その居住地を申請情報の申請人の住所として記載することになる。

(ii) 氏 名

登録原票の氏名欄には「韓国・朝鮮人及び中国人については、原則漢字で記入される。中国簡略文字による氏名は、これに対応する正字が判明するものについては、その正字を括弧書きし、対応する正字が不明のときは、当該簡略文字の発音を付しておく。なお、当該簡略文字と現在日本で使用されている日本文字が同一のときは、その正字を記載する必要はない」とされている。

「韓国・朝鮮人及び中国人以外の者については、ローマ字（英字）でLast，First，Middleの順序で記入する」とされている[14]（詳細は、第3章2(1)「外国

13　入国管理局・平成12年3月外国人登録要領等110頁・111頁。
14　入国管理局・平成12年3月外国人登録要領等106頁・107頁。

人住民票の氏名」を参照）。

たとえば、「JOHN WINSTON LENNON」(ジョン・レノン)の場合、

　　Last Name は「LENNON」
　　First Name は「JOHN」
　　Middle Name は「WINSTON」

となるので、登録原票には、

「LENNON JOHN WINSTON」

と記載されることとなる。

　また、通称名については、「登録事項ではないが外国人の便宜を考慮して記入するものであり、外国人に登録申請義務はない」とし[15]、「通称名は、長年本邦で生活している外国人が、氏名（本名）とは別に日常使用している日本式の名前のことで、このような通称名は、氏名と同様に社会生活上の個人を特定、識別できる効用があると考えられること、及び外国人の社会生活上の利便を考慮して、行政上の運用として便宜的に原票の氏名欄に括弧書きで登録されてきているものである」とされている。

　併記名については、「(1)漢字圏の外国人（韓国・朝鮮人及び中国人）から登録された漢字氏名に対応する英字表記を併記してほしいとの申出があったとき、旅券等公的資料で英字表記を確認できる場合に限り、これを併記して登録して差し支えないとしている。(2)欧米人等の英字氏名について、氏名の読みをそのまま音読して片仮名で表記したものを併記して登録して差し支えないとしている」[16]。

　ここでは、登録原票の氏名欄の表示を例示して、その場合の申請情報の記載例を列挙してみる。

　　㋐　韓国・朝鮮人の場合

15　入国管理局・平成12年3月外国人登録要領等108頁（注3）。
16　入国管理局・平成18年3月外国人登録要領別冊107頁。

氏名欄表示例①	金　甲乙
氏名欄表示例②	金　甲乙 （山田　太郎）
氏名欄表示例③	金　甲乙 （山田）

氏名欄表示例①：「金　甲乙」と本国名が漢字で表記されている場合
　⇨　申請情報に「金　甲乙」と本国名（漢字名）を記載する。

氏名欄表示例②：登録原票の氏名欄に括弧書きで通称名が記載されている場合　⇨　「登録原票記載事項証明書に、本国における氏名と日本において使用している氏名（通称名）とが併記されているときには、日本において使用している氏名（通称名）を用いて登記の申請があったときには、登記をすることができる[17]」ので、通称名で登記するときは「山田太郎」と申請情報に記載する。

氏名欄表示例③：登録原票記載事項証明書に「氏」のみが通称名として記載されている場合　⇨　通称名で登記するときは、「山田甲乙」と申情報に記載する。

　(イ)　中国（台湾）人の場合

氏名欄表示例④	張　玉蓮 （張）　（蓮）

氏名欄表示例④：「張　玉蓮」の場合　⇨　氏名の「张」と「莲」が簡体字であり、対応する正字が括弧書きされているので、申請情報に「張　玉蓮」と記載する。

　(ウ)　上記以外の外国人の場合

---

[17] 昭和38年9月25日付民事三発第666号民事局第三課長回答（参考資料4(1)⑥）参照。

| 氏名欄表示⑤ | LENNON　JOHN　WINSTON |
| 氏名欄表示⑥ | LENNON　JOHN　WINSTON
（レノン　ジョン　ウィンストン）・・・併記名 |

氏名欄表示例⑤：「LENNON　JOHN　WINSTON」とローマ字（英字）のみで表記されている場合 ⇨ ローマ字で登記申請をすることはできないので、本人にその氏名を音読させてその発音を片仮名で申請情報に「レノン　ジョン　ウィンストン」と記載する。

氏名欄表示例⑥：ローマ字（英字）表記の読み方が片仮名で記載されている場合（併記名）⇨ 併記名の「レノン　ジョン　ウィンストン」を申請情報に記載する。

　(エ)　宣誓供述書等の住所氏名の場合

| Address | 1600 Pennsylvania Avenne, NW
Washington,DC 20500 U.S.A. |
| Name | John　Fitzgerald　Kennedy |

上記宣誓供述書を翻訳すれば、住所「アメリカ合衆国　ワシントンDC　ペンシルベニア通り　1600番地」氏名「ジョン　フィッツジェラルド　ケネディ」となる。

申請情報に氏名を記載する場合、前記のとおり漢字圏の国以外の者の登録原票の記載方法に倣い、「Last, First, Middle」の順序で記入することになるのか、あるいは、証明書どおり本国の表記方法により、「First, Middle, Last」の順序で記入することになるのか、先例通達等は見当たらなかった。

(3) **不動産登記の申請情報記載の問題点**

(i) **書面申請の場合**

登記申請書の記載において誤読を防止するため、次のとおり「氏」と「名」の間に空白（スペース）を設けたり、なかてん（「・」）を入れることが容認されており、登記簿にも同じように記載がなされていた。

〔第1部〕 第2章 渉外家族関係の法実務

【例】 「金□□□甲□乙」(□は空白(スペース)を表す。以下、同じ)
「山□田□太□郎」
「山田□甲乙」
「レノン・ジョン・ウィンストン」

しかし、登記のコンピューター化がなされ氏名の記載が自動的にレイアウトされることから、文字の間に空白(スペース)を入れることができなくなった[18]。

(ii) **オンライン申請の場合**

現行不動産登記法(平成16年6月18日法律第123号)の施行(平成17年3月7日)により、従来の書面による申請のほかに、インターネットを利用したオンラインによる申請が認められた。法務省のオンライン申請システムにおいては、申請情報を利用して登記情報に編集できる仕組みとなっており、申請情報を登記情報に編集するためには一定のルールに従う必要があるとして、大阪法務局民事行政部では、「オンラインで提供された申請情報を積極的に利用して登記情報を編集し、より適正・迅速な事務処理を推進するために、次のようなルールをとりまとめた[19]」として、次のような取扱い(抜粋)がなされている。

「1 各項目の表記(入力方法)について
(1) 基本的に空白や改行は使用しないでください。
氏名
例 (誤)× 法□務□太□郎(□は空白(スペース)を表します。)
(誤)× 法務□太郎
(正)○ 法務太郎
※カタカナで氏名を入力する場合も同様です。
例 (誤)× ジョン□スミス

---

[18] 「登記簿」登記研究630号135頁(2000年7月)参照。
[19] 平成23年6月30日付大阪司法書士会長あて大阪法務局民事行政部首席登記官(不動産担当)「オンライン申請における申請情報の作成方法について(依頼)」。

(正) 〇　ジョンスミス」

　上記のルールに従って、「氏」と「名」の間に空白（スペース）を設けることなく申請情報を作成し、そのまま登記情報に記載がなされると、漢字氏名は誤読を生じることは少ないと考えられるが、下記のように外国語を片仮名で表示した場合には、複数の文字列のうち「Last Name, First Name, Middle Name」の区別が明確でなく、正しく読み取ることができずに、誤読・誤解を生じるおそれがある。

　【例】「ケネディジョンフィッツジェラルド」（ジョン・F・ケネディ）の場合、次のように何通りにも読むことができる。
　　　　「ケネディ□ジョンフィッツ□ジェラルド」
　　　　「ケネディ□ジョン□フィッツジェラルド」
　　　　「ケネディジョン□フィッツ□ジェラルド」

　(iii) 外来語の表記

　「外来語の表記」の内閣告示（平成3年6月28日内閣告示第2号）においては、「複合した語であることを示すための、つなぎの符号の用い方については、それぞれの分野の慣用に従うものとし、ここでは取決めを行わない」として、次の例が挙げられており、慣例に委ねられている。

　【例】「ケースバイケース」
　　　　「ケース・バイ・ケース」
　　　　「ケース‐バイ‐ケース」
　　　　「マルコ・ポーロ」「マルコ＝ポーロ」

　また、戸籍事務の取扱いにおいては、「外国人の氏名の表記方法として、片仮名で記載する場合には、氏と名とはその間に読点を付して区別する」との通達がある[20]。

　さらに、商業登記においては、外国語を片仮名で表示したために生じる誤読を防止するため、商号中に「なかてん（「・」）」を用いて差し支えない取扱

---

[20] 昭和59年11月1日民二第5500号民事局長通達（参考資料6①）参照。

73

いとなっており[21]、商号に漢字や平仮名を用いる場合であっても「なかてん（「・」）」の使用を認める通達がある[22]。

不動産登記・商業登記のオンライン申請においても、外国語を片仮名で表示したために生じる誤読や誤解を防止するために、外国語を片仮名で表記する場合、コンピューター化により空白（スペース）が認められないのであれば、代わりに補助的符号の「なかてん（「・」）」または「読点（「、」）」等を用いて申請情報を作成するよう改善する必要があると考える。

(4) 商業登記の申請情報・登記情報への表記

商業登記（法人登記）においても、役員が外国人の場合、その役員の住所、氏名は不動産登記と同様に漢字または片仮名を用いて記載することとされており、役員の氏名に通称名を使用することについては、「株式会社設立の際の定款に、発起人たる朝鮮人の氏名が通称名と朝鮮名と併記してある場合、当該朝鮮人の役員としての氏名を日本において使用する通称名で表示している設立登記申請は、受理し登記して差し支えない[23]」と認められている。

また、会社の商号についても、従前「会社の商号の登記に、ローマ字を用いることはできないが、会社の商号にローマ字を使用することは差し支えなく、登記については外国会社の例により仮名で表示すべきである[24]」とされていた。しかし、社会経済の国際化や日本語表記の多様化に伴い、商号の表記にローマ字を用いる会社が多く見られるようになり、登記上の商号についても、ローマ字で表記したいという要望が増えてきたことを踏まえ、法務省民事局において国際化等の社会情勢の変化に対応すべく、商号の登記にローマ字その他の符号を用いることについて、検討の結果、2002年7月31日商業登記規則等の改正がされ、商号および名称の登記に、ローマ字、アラビヤ数字およびハイフン、ピリオド等の符号を用いることができることとされた[25・26]。

---

21 昭和54年2月9日付法務省民四第837号民事局第四課長回答（参考資料5(1)④）参照。
22 平成14年3月20日付法務省民商第687号民事局商事課長回答（参考資料5(1)⑤）参照。
23 昭和43年3月登記研究244号70頁（1968年3月）。
24 昭和24年12月1日付民事甲2806号民事局長回答（参考資料5(1)①）参照。

おわりに

　日本に在留する外国人が不動産登記申請をするにあたり、住所を証する添付情報として提供されてきた「外国人登録原票記載事項証明書」は、入管法等改正法の施行と同時に外登法が廃止され、今後は住基法に基づく外国人住民票が日本に在留する外国人の住所を証する添付情報となる。外国人登録原票と外国人住民票の記載事項の相違により登記申請をする際の添付情報の収集に支障を来すこと、さらに、保存期間の変更により過去の証明書の交付を受けられなくなることも予想される。外国人住民に過度の負担を強いらないよう柔軟な運用を図る必要があると考える。

(北田五十一)

3　外国人の姓名の戸籍への記載・記録

はじめに

　姓は、名と組み合わされ、個人の呼称としての機能を有している[1]。一方で姓は、家族共同体、血族共同体の呼称としての機能も有している。そして、その姓を持つ者の出自、すなわち、民族や母国を表象するものでもある。

　戸籍制度は、日本国民の国籍とその親族法上の身分関係を登録・公証することを目的とする（戸籍法6条・16条・23条）。したがって、戸籍は日本人についてのみ編製され、外国人について戸籍は編製されることはない。ただし、外国人が日本国内で出生、または死亡した場合には、届出義務が課せられている（出生について戸籍法49条2項3号、死亡について同法86条2項2号、戸籍法施行規則58条2号）[2]。また、日本における外国人の婚姻、離婚についても戸籍

25　大西さおり「商業登記規則等の一部を改正する省令等の施行に伴う登記事務の取扱いについて」登記研究661号176頁（2003年）。
26　平成14年7月31日法務省民商第1839号民事局長通達（参考資料5(1)⑥）参照。
［3注］
1　山田鐐一『国際私法〔新版〕』559頁（有斐閣、2003年）、溜池良夫『国際私法講義〔第3版〕』534頁以下（有斐閣、2005年）参照。

法の適用を受け、戸籍法の定める届出を行うことができる（婚姻について戸籍法74条2号、戸籍法施行規則56条1号、離婚について戸籍法76条2号、戸籍法施行規則57条2号）。

(1) **外国人の姓名が戸籍に記載・記録されるケース**

戸籍の身分事項欄に外国人の姓名はどのような場合に記載・記録されるのであろうか。

日本人が外国人と婚姻した場合、日本人についてその者を筆頭者とする戸籍が編製され、身分事項欄に婚姻および外国人配偶者の姓名並びに国籍に関する事項が記載・記録される（戸籍法16条3項本文、戸籍法施行規則39条4号）[3]。

⇨ 日本人女と外国人男との婚姻届による戸籍記載例73、74[4]。

番号	事件の種別	届出地	記載する戸籍	記載する欄	記　載　例
73	日本人女と外国人男との婚姻届	本籍地	日本人たる妻の新戸籍	戸籍事項欄	平成八年壱月拾七日編製㊞
74				妻の身分事項欄	平成八年壱月拾七日国籍アメリカ合衆国ファンデンボッシュ、ウェイン（西暦千九百六拾六年壱月壱日生）と婚姻届出東京都千代田区平河町一丁目四番地乙野忠治戸籍から入籍㊞

---

[2] 昭和24年3月23日民事甲第3961号民事局長回答参照。
[3] 昭和59年11月1日民事二第5500号民事局長通達第2の1(1)。
[4] 戸籍法施行規則附録第7号戸籍記載例。

3　外国人の姓名の戸籍への記載・記録

コンピュータシステムによる証明書記載例	備考
戸籍編製　【編製日】平成8年1月17日	
婚　　姻　【婚姻日】平成8年1月17日 　　　　　【配偶者氏名】ファンデンボッシュ，ウェイン 　　　　　【配偶者の国籍】アメリカ合衆国 　　　　　【配偶者の生年月日】西暦1966年1月1日 　　　　　【従前戸籍】東京都千代田区平河町一丁目4番地　乙野忠治	

　戸籍の筆頭者でない者が外国人との婚姻届と戸籍法107条2項の届出を同時にした場合、日本人配偶者についてその者を筆頭者とする戸籍が編製された後、外国人配偶者の姓は日本文字に引き直して記載・記録される（戸籍法施行規則34条2号・35条13号）[5]。

　なお、日本人配偶者から戸籍法107条2項の届出があった場合、日本人配偶者の戸籍に同籍者があるときは、日本人配偶者について新戸籍が編製されるが、このとき、日本人配偶者の子が氏変更前の戸籍にいれば、同籍する旨の入籍届により子も新戸籍に入籍し、外国人配偶者の姓を称することになる（戸籍法20条の2第1項）[6]。

(2)　戸籍に記載される外国人の姓名の表記

　外国人が戸籍の身分事項欄および父母欄にその姓名を記載するときは、姓名の順序によりカタカナで記載し、その外国人が本国において姓名を漢字で表記するものである場合には、正しい日本文字としての漢字に引き直したうえ、姓・名の順序により漢字で記載するが、カタカナで記載する場合には、姓と名の間に読点を付して区別して表記するのが戸籍実務の取扱いである。ただし、簡体字は、正しい日本文字ではないので戸籍に記載できないとする[7・8]。

5　前掲（注3）通達第2の4(1)オ（参考資料6①）参照。
6　前掲（注3）通達第2の4(1)カ（参考資料6①）参照。
7　「通達にいう正しい文字とは、いわゆる人名漢字には限定されず、日本において正しい

外国人配偶者の姓がその本国で結合姓になった場合、その結合姓を戸籍に記載するには、申出により、その外国人の本国官憲の証明書を提出すれば、その結合姓に変更できる[9]。

ところが、日本人と婚姻したブラジル人女性については、例外的な措置がとられている。ブラジル法では、婚姻時の合意により、妻の姓は夫の姓または結合姓に変更するが、日本で婚姻したブラジル人女性は、日本で姓を変更しなければブラジルで姓の変更ができない。そこで、ブラジル政府の要請に対処するため、日本における婚姻届時に申出書、または婚姻届の「その他」の欄に、ブラジル人妻の姓の変更後の妻の姓を記載させてこれに対応している[10]。

外国人と婚姻した日本人が外国人配偶者の姓に変更する場合、婚姻の日から6カ月以内であれば、家庭裁判所の許可を得なくとも届出だけで外国人の「氏」を称することができる（戸籍法107条2項）[11]。

この戸籍法107条2項の規定について戸籍実務は、同条1項の特則規定であるとして、「氏」の変更は戸籍法上の呼称の変更にとどまるにすぎず、逆に言えば日本人は婚姻の効果として外国人配偶者の姓を称することがないため

漢字であると評価されるものでよい。具体的には漢字字典（康熙字典）に正字として搭載されていればよいであろう。なお、戸籍によっては、外国人配偶者の氏を誤って誤字俗字又は中国の簡略体漢字で記載したものがあるかもしれない。このようなものは、いかなる意味においても正しい日本文字ではないから、これを変更後の氏とすることは許されるべきではなかろう」とする（法務省民事局内法務研究会編『改正国籍法・戸籍法の解説』155頁（金融財政事情研究会、1985年））。

8　前掲（注3）通達第4の3(1)参照。
9　結合姓の変更許可申立てについて戸籍法107条1項の「やむを得ない事由」があると認めた東京家審平成2年6月20日家月42巻12号56頁。佐藤やよひ＝道垣内正人編『渉外戸籍法リステイトメント』305頁以下（日本加除出版、2007年）参照。
10　平成8年12月26日民事二第2254号民事局第二課長通知（参考資料6③）、佐藤＝道垣内・前掲（注9）318頁参照。
11　「日本人は婚姻によって外国人配偶者の氏を称することはないから、その氏は婚姻の前後を通じて同一である。しかし、日本人配偶者は、外国人配偶者とともに夫婦としての社会生活を営むうえで、その氏を同一にする必要性があることは認めざるを得ない」としている（法務省民事局内法務研究会編・前掲（注7）148頁）。

に、単に呼称の変更手続を簡易ならしめたとする[12]。すなわち、日本人としての民法上の氏については、なんら変わることはなく、あくまでも戸籍の記載上の文字を変更することを認めたものにすぎないのである。なぜなら、戸籍に記載される氏は、日本人の氏としての公的登録であり、これによって法的な氏が確定するものである以上、氏は日本文字によるのは当然の理であり、外国人配偶者の姓は、外国語の文字であるから、日本人の氏が外国文字によることになり不自然であるとする。したがって戸籍法107条2項にいう外国人配偶者の称している「氏」とは、その本国における言語を日本文字に引き直した文字でなければならないとしている[13]。

このような戸籍実務の取扱いに対しては学説からの批判がある[14]。つまり、氏名の使用ないし変更に関する問題は、一般原則として、国際私法上の準拠法によるべきとの考えに立つものである。人の姓は、氏名権たる一種の人格権に関するものであるから、本人の属人法つまり本人の本国法によるものとする見解もある[15]。渉外的姓の問題について国際私法の枠外において、戸籍実務の側面からのみとらえるのはいかがなものかとの批判である。

おわりに

戸籍における外国人の姓名の記載は、原則としてカタカナ表記とされ、例外的に漢字圏内の外国人であれば漢字表記で記載される。先にみたように、姓を人格権の問題としてとらえ、本国表記文字を含め、外国人の姓の戸籍への記載の多角的な検討を求めるものである。

（高山駿二）

---

12 法務省民事局内法務研究会編・前掲（注7）148頁参照。
13 法務省民事局内法務研究会編・前掲（注7）150頁以下は日本文字の表記について、「外国人配偶者の氏それ自体は文字とすれば外国語なのであるから、直接の変更を認めれば、日本人の氏が外国文字によることになる。……法107条2項は、社会生活上の利便のため日本人配偶者の氏の呼称が外国人配偶者のそれと同一であるように、戸籍上氏の記載の変更を認めようとする規定に他ならないから」とする。大村芳昭「氏の変更」国際私法判例百選159頁（2007年）参照。
14 大村・前掲（注13）159頁参照。
15 山田・前掲（注1）559頁、溜池・前掲（注1）534頁以下参照。

4　外国人住民票および印鑑証明書（サイン証明書）
　　――不動産登記を中心として

はじめに

　住所証明書および印鑑証明書は、日本人はもとより外国人にとっても日本社会で生活するうえにおいて、その者を証明するために欠くことのできない重要な書類である。ここでは、司法書士が執務現場で取り扱う、住基法改正法による改正後の住基法施行による「外国人住民」にかかる住民票（以下、「外国人住民票」という）および印鑑証明書について述べる。

(1)　外国人住民票

　入管法等改正法の施行（2012年7月9日）により、外登法が廃止となり、改正入管法が施行され、同日に改正住基法が施行される。入管法等改正法施行後は、これまでの外国人登録原票はすべて市町村から法務局に送付されることになる（入管法等改正法附則33条）[1]。中長期在留者および特別永住者等（以下、「中長期在留者等」という）には外国人住民票が作成されることになる（住基法30条の45）。他方、中長期在留者等以外の在留者には外国人住民票は作成されず、印鑑登録もされない[2]。

　改正住基法施行前においては、外国人が登記申請人である場合には、添付情報として不登令が規定する市町村長が職務上作成した情報（不登令7条・別表29項添付情報ハ・30項添付情報ロ参照）は、外国人登録原票記載事項証明書が最も適切であるとされていた[3]。改正住基法施行後は、外国人住民票がそ

――――――――――――――――――――
[4注]
1　外国人登録619号16頁以下（2010年9月）参照。
2　「印鑑登録証明を行うためには、住民の現況を正確に把握していなければならないため、制度移行後は、住民票が作成される外国人については印鑑登録が可能であるもの。（不法滞在者、短期滞在者について、新規の印鑑登録や新規の印鑑登録証明書発行を行うことは、これらの者の住居の現況が分からないことからできないもの）」としている（移行実務研究会第11回（2011年2月28日））。

の情報となる。また、所有権登記名義人氏名・住所変更登記の変更証明書としても取り扱うことになろう。

それでは、外国人住民票の主な記載事項をみてみる。

(i) 氏　名

中長期在留者等の氏名は、外国人住民票に記載される（住基法30条の45・7条1号）。

外国人住民票の氏名表記は、在留カードもしくは特別永住者証明書に倣うので、原則としてローマ字表記になる（入管法施行規則19条の6第1項、入管特例法施行規則4条1項）。ただし、漢字圏の中長期在留者等は、申出により「漢字」または「漢字及び仮名」を併記することができる（入管法施行規則19条の7第1項、入管特例法施行規則5条1項）。「漢字及び仮名」の仮名とは、平仮名または片仮名をいい、名の一部で漢字ではない部分である。これらの申出をする場合、漢字を使用することを証する資料の提出を要する（入管法施行規則19条の7第2項、入管特例法施行規則5条2項）。

漢字を使用する中長期在留者がローマ字の氏名表記により著しい不利益を被るおそれがあることその他特別の事情があるときは、ローマ字に代えて漢字または漢字および仮名を表記することができる（入管法施行規則19条の7第4項、入管特例法施行規則5条4項）。

ただし、これまで外国人登録原票に記載が認められていた簡体字は、正字に置き換えられる（在留カード等に係る漢字氏名の表記等に関する告示（法務省告示第582号）第4第1号ロ・別表第三）。特別永住者の氏名も同様に取り扱われることになる（同告示第4第2号）。

(ii) 通　称

日本には社会生活を送るうえやむを得ず「通称」を名乗る在留外国人が数多く存在する。とりわけ在日韓国・朝鮮人の中には不動産を取得して通称で登記をするケースが多く見受けられる。この通称は外国人住民票の記載事項

3　「実務の視点(23)」登記研究748号57頁（2010年6月）参照。

とされた（住基法施行令30条の25）。

　中長期在留者等が外国人住民票に通称を記載しようとするには申出書を提出したうえ、その通称が居住関係の公証のために記載が必要であることを証するに足りる資料の提示をしなければならないとし、市町村長が必要であると認めれば外国人住民票に通称の記載をする（住基法施行令30条の26第1項・2項）。外国人住民票の写しには、氏名とともに通称も記載されることになる（住基法施行令30条の26第7項、住基法30条の51）。

(iii) 住　所

　外国人住民票の住所（住基法30条の45・7条7号）は、中長期在留者の日本における居住実態を総合的に勘案して生活の本拠があると判断して認定するとしている[4]。

(iv) 国籍・地域

　外国人住民票には、中長期在留者等の「国籍・地域」が記載される（住基法30条の45）。「地域」とは、入管法2条第5ロに規定する地域で、「パレスチナ」および「台湾」である（入管法施行令1条、入管法施行規則19条の6第3項）。

(v) 在留資格

　中長期在留者、特別永住者、一時庇護許可者または仮滞在許可者、出生または国籍喪失による経過滞在者の別を記載する（住基法30条の45）。

(vi) 在留カードおよび特別永住者証明書の番号

　在留カードおよび特別永住者証明書の番号は、いずれもローマ字4文字および8桁の数字を組み合わせたものになる（入管法施行規則19条の6第5項、入管特例法4条第1項）。

(vii) 問題点

　以上が外国人住民票の主な記載事項であるが、第3章で指摘するように、外国人住民票には、登録原票に登録されていた中長期在留者等の「国籍国の

---

[4] 池本武広「住民基本台帳法の一部を改正する法律について（二・完）——外国人住民票の創設を中心に」自治研究85巻12号110頁（2009年10月）参照。

住所又は居所」「出生地」「家族事項等」が記載されない等の問題は残る[5]。とりわけ相続登記において、被相続人の出生地が不明になる等、これらの記載がなされないことで相続人の特定等に及ぼす影響は大きいと思われる。

また、閉鎖された外国人住民票の保存期間は5年間で、期間経過後は廃棄されるので所有権登記名義人住所変更等実務上の煩雑さを招くことになろう。

(2) 印鑑証明書（サイン証明書）

印鑑証明書が必要な場合として、申請人が所有権登記名義人であるときにその登記名義人が、売買による所有権移転もしくは、抵当権設定等で登記義務者として登記を申請するケースが一般的である。

また、相続による登記を申請するときに遺産分割協議書を添付情報として提供するが、この場合も遺産分割協議者の印鑑証明書の添付を求められる[6]。これに関連し、相続による登記を申請する場合、添付情報として相続があったことを証する市町村長が職務上作成した情報を提供しなければならない（不登令7条5号イ）。しかし、上記情報としての戸籍謄本、除籍謄本等が廃棄処分または震災による焼失等によって滅失している場合は、「廃棄処分により除籍謄本を添付できない」旨の市町村長の証明書および「他に相続人はいない」旨の相続人全員の証明書（印鑑証明書付き）を添付する取扱いによっても差し支えないとしている[7]。

住基法改正法施行前の外国人が印鑑登録をする場合の取扱いを、印鑑登録証明事務処理要領（以下、「要領」という）によりみてみる。

① 印鑑登録を受けることのできる者は、住基法に基づき住民基本台帳に記録されている者、および外登法に基づき市町村の外国人登録原票に登録されている者である（要領第2・1(1)ア・イ）。

---

[5] 平成24年1月21日住基法改正政令規則の改正政令規則意見募集の結果参照。

[6] 昭和30年4月23日民事甲第742号民事局長通達参照。

[7] 「実務の視点(21)」登記研究746号80頁（2010年4月）参照。在日韓国・朝鮮人に係る相続登記申請の添付情報としての「他に相続人はいない」旨の相続人全員の上申書（印鑑証明書付き）も同様である。

②　外国人が印鑑登録をする場合、申請者が本人であることおよび申請が本人の意思に基づくかを確認することとされている（要領第2・3(1)）。

③　外国人が登録できる印鑑は、外国人登録原票に登録されている氏名、氏もしくは名または氏名の一部を組合わせたもので表していないものは登録できない（要領第2・4(2)ア）。

④　市町村長は、印鑑登録を受け付けた場合、印鑑登録原票を備えて、ⓐ登録番号、ⓑ登録年月日、ⓒ氏名、ⓓ出生年月日、ⓔ男女の別、ⓕ住所を登録する（要領第2・5(1)）。

⑤　外国人の通称については、氏名に該当し、登録できる取扱いになっている[8]。このことから、通称を有する外国人（在日）が交付を受ける印鑑証明書は、本名と通称が併記される[9]。

住基法改正法施行後の印鑑証明書の取扱いについては、2012年2月現在根拠規定が明らかになっていない。

---

[8]　通称名について、「（問）外国人が印鑑登録をする場合、通称名としての日本名の印鑑を登録できるか。（答）外国人登録原票に併記されている通称であれば、事務処理要領第2－4－(2)に規定する『外国人登録原票に登録されている氏名』に該当し、印鑑登録できる」としている（昭57年1月26日群馬県地方課あて電話回答）。また、通称名のみの記載について、「（問）通称としての日本名の印鑑を登録している外国人から、氏名欄が通称のみの印鑑登録証明書の交付を求められた場合、これに応じて差し支えないでしょうか。（答）通称名のみの印鑑登録証明書の交付をするのは適当でない」とする（昭58年2月3日東京都行政指導課あて電話回答）。

[9]　外国人登録を受けた外国人が、不動産の登記名義人である場合、その不動産を売却するときは、登記申請情報に印鑑証明書を添付情報として提供する。とりわけ戦前から日本の地に居住し、日本社会に定住している韓国・朝鮮人及びその子孫、いわゆる「在日」は、その多くが本名とは別に通称名を有している。したがって、不動産の登記名義人が通称名で記載されているケースが多くあると思われる。このようなケースで印鑑証明書に本名のみが表示され、通称名が併記されていなくても、外国人登録記載事項証明書等の記載から本名と通称名の関係にあることが判断できれば申請を受理して差し支えないとする（昭和40年11月6日民事甲第3182号）。また、在日のなかには本国との関係が希薄になり、出生、婚姻、離婚、養子縁組、死亡等の身分行為による届出が日本の市町村だけに行われ、本国には届出がなされないことから、その身分関係が必ずしも本国の家族関係登録簿等に正確に反映されているとは限らない。このような在日の、相続による登記の添付情報として、「他に相続人はいない」旨の相続人全員の上申書（印鑑証明書付き）を提供するケースは多くあるとみられる。

最後に住基法改正法の施行前の事案であるが、短期滞在等で外国人登録申請を行っていない等、印鑑証明書を発行することができない外国人が登記義務者である場合には、印鑑証明書に代え、その外国人の署名を証明する権限を有する外国官憲(在日公館)の署名証明書(サイン証明書)を提供させる[10]。印鑑登録制度のある外国人が登記義務者である場合であっても、申請書(または委任状)の署名について、当該外国人のものである旨の当該外国の官憲または在日本大使館若しくは領事館の署名証明(サイン証明)を受けていれば、印鑑証明書を添付する必要はないとする[11]。

おわりに

日本に在留する外国人にとって住所証明書や印鑑証明書は、日本社会で生活を営むうえで必要不可欠なものである。

同様に、外登法により外国人登録原票に記載される登録事項のいくつかは、本人の国籍国へのアプローチに際し、重要な役割を果たしてきた。

外国人住民票はあくまでも住民票としてその有する役割の範囲内でしか機能しない。新しい制度に変わって失われたものの大きさは、計りしれないかもしれない。

(高山駿二)

5 外国人の身分関係証明書の収集

はじめに

本節で論じる「身分関係証明書」とは、ある個人と一定の範囲にある別の個人がどのような身分関係にあるのかを公証する書面である。

身分関係証明書といわれて、日本人が真っ先に頭に思い浮かべるのは、戸

---

10 「実務の視点(19)」登記研究742号124頁(2009年12月)参照。
11 「質疑応答」登記研究605号165頁(1998年6月)参照。

籍であろう。戸籍では、その記載から夫婦や親子等の関係や身分変動の過程が公証されるので、それを記載した戸籍謄本が婚姻、親権、相続等における権利・義務を確定するのに広く用いられている。

　我が国に在留する外国人の渉外家族関係の成立の有無を判断するには、その外国人の身分関係の変動を証する書面が必要とされるので、それらが具体的にどのような書面を指すのか、またそれらの書面をどのようにして収集するのかということは、極めて重要な問題である。

⑴　本国における身分関係証明書

　外国人の身分変動は、原則的にその外国人の本国にある身分登録簿の記録により確かめられる。では、諸外国がどのような身分登録制度を採用し、いかなる身分関係証明書を発行しているのか。ここでは、日本における在留外国人の多い近隣諸国を中心に、その制度と身分関係証明書の取り寄せ方法を述べてみたい。

(i)　韓　国

　「韓国戸籍法」は、1960年に韓国民法とともに施行され、その後十数回の改正を経て2008年に廃止された。

　韓国の戸籍は、「戸主」を基準として「家」別に編成されており、戸主と家族の関係等の事項が記載され、婚姻や養子縁組によって新しい戸籍を編製する場合は新旧の戸籍に本籍地の表示を記載していたので、身分関係者間の親族関係の連結を容易に検索することができた。

　2008年に、従来の戸籍法に代わって「家族関係の登録等に関する法律」が施行された。

　家族関係登録簿は、従来の戸主を中心とした家単位の簿冊ではなく、国民個人別にそのデータが電算処理して編製され、また新たに「登録基準地」という概念を導入した[1]。

　家族関係登録簿の記載事項は、「登録基準地」「姓名・本・性別・出生年月日及び住民登録番号」「出生・婚姻・死亡など家族関係の発生及び変動に関する事項」「その他大法院規則で定める事項」であり、登録基準地の市・邑・面

の長は、その請求に応じて、必要事項のみを記載した5種類の登録事項別証明書（基本証明書、家族関係証明書、婚姻関係証明書、養子縁組関係証明書、特別養子縁組関係証明書）のいずれかの証明書を発行する[2]。

　請求権者は、本人または配偶者、直系血族、兄弟姉妹であり、代理人が請求する場合には、本人作成の委任状と印鑑証明書または身分証明書の写しを提出しなければならない。外国人は、登録事項別証明書の交付を請求することができないとされているが、過去に韓国人であったり韓国人と婚姻をしたこと等が除籍謄本や登録事項別証明書によって確認できる場合に限っては、外国人本人およびその直系血族は、登録事項別証明書の交付を請求することができる[3]。

　家族関係登録簿は、データが電算処理されているが、除籍簿も電算化が進められ、現在はオンラインの情報処理システムが設置された官公庁では、管轄区域と関係なく、登録事項別証明書や除籍謄本の取得が可能になった[4]。

(ii) **中華民国（台湾）**

　戸籍制度があり、管轄地の（日本の市役所に相当する）戸政事務所において、共同生活戸、共同事業戸または単独生活戸ごとに、戸籍簿が編製されている。戸籍の冒頭の「行政区画及び住址」（戸籍所在地）は、実際に居住する場所（日本の住民基本台帳上の住所に類似している）でもあるので、台湾の戸籍は住所証明書の役割をも果たしている。

［5注］
1　各種の身分変動記録の管理地、家族関係登録簿の検索基準地という必要性から導入した概念で、実際の生活場所とは関係なくてもよい。家族がすべて同一登録基準地をもたなければならないという制約はなく、当事者は任意に変更できる。ただ、最初の家族関係登録簿は、従前の電算戸籍に基づいて作成されたので、従前の戸籍を有していた者については、従前の戸籍の本籍が登録基準地とされた（家族関係の登録等に関する規則4条1項）。
2　申榮鎬、裵薫著『韓国家族関係登録法——戸籍に代わる身分登録法対応と実務——』18頁（日本加除出版、2009年）。
3　申榮鎬、裵薫・前掲（注2）30頁。
4　日本国内においても、東京の韓国大使館領事部、大阪と福岡の総領事館に出頭すれば、オンラインの情報処理システムを利用して証明書等を入手できる。

共同生活戸の場合には戸主、戸主の配偶者、直系尊属、傍系親族、その他の家族、寄居者の順に、共同事業戸の場合には、戸主、雇い人、寄居者の順に、構成員の姓名・性別・生年月日・出生地・住民番号・父・母・配偶者がそれぞれ記載される[5]。

台湾の戸籍謄本については、本人のほか利害関係人でない限り、直接、台湾の戸政事務所に交付請求できない。以下に、日本国内にいる相続人の一人から被相続人である台湾人の戸籍謄本を取得し、それを日本国内において使用するための手順を示す[6]。

① 申請者本人が台北駐日経済文化代表処に出頭し、印鑑証明書を提出して係官の面前で授権書に署名、実印を押印する。
② 授権書を台湾在住の代理人に送付する。
③ ②の代理人が戸政事務所で戸籍謄本を請求、取得する。
④ 台湾国内の法院内または民間の公証人に依頼し、認証を受ける。
⑤ 台湾の外交部(日本における外務省にあたる)において、認証を受ける。
⑥ 戸籍謄本を日本に送付してもらう。
⑦ 再度、申請者本人が台北駐日経済文化代表処に出頭し、戸籍謄本の認証を受ける。

(iii) 中華人民共和国

1958年制定の「戸口登記管理条例」に基づいて、一元的な国民の戸籍管理を実施している。戸籍の登録機関である都市および郷、鎮の人民委員会や公安局派出所において「戸口登記簿」が作成、管理されている。

また、「居民戸口簿」と呼ばれる冊子が、各世帯にも配布されており、そのトップページには、戸別・戸主の姓名・戸口番号・住所の記載、また各構成員のページには、姓名・戸主であるか否か(否の場合は戸主との関係)・性別・出生地・籍貫・民族・生年月日・居民身分証番号・婚姻状況・職業・勤務場

---

5 加藤文雄著『新版渉外家事事件整理ノート』335頁(新日本法規出版、2008年)。
6 民事渉外手続研究会編著『事例式民事渉外の実務』1188頁(新日本法規出版、2002年)。

所・前住所地等の記載がなされている。

戸口登記管理条例10条において「公民は、戸口管轄区より転出する際には、本人もしくは戸主が戸口登録機関に出頭し、移転証を受け取って戸口登記を抹消しなければならない」、また同条例13条において「公民は、転入地に到着してから、都市においては3日以内に、農村において10日以内に本人もしくは戸主が戸口登録機関に出頭し、移転証を提出して転入登記を行わなければならない」と規定されている[7]。このように、登録地や居住地の変動が反映されることから、戸口簿は、不完全ながらも日本における戸籍簿と住民基本台帳に似た働きを有すると考えられる。

この戸口簿の記載を日本における身分関係証明書として使用できるようにするためには、中国の当事者が、居民戸口簿と自らの居民身分証を持参のうえ、戸口登録機関である公安局派出所に出頭して証明書を取得し、その証明書の記載に基づき、公証員（日本の公証人に相当する）に出生証明書、住所証明書、親族関係証明書等を作成してもらう必要がある[8]。

(iv) **朝鮮民主主義人民共和国（北朝鮮）**

1997年に制定、その後何度か改正された公民登録法があるといわれている。また公民であることを確認する証書として、出生登録を行った者には「出生証」、17歳以上の者には「公民証」、ピョンヤン市に居住する17歳以上の者には「ピョンヤン市民証」が交付される[9]。しかし、日本との間で国交が樹立されていないため、原則的に本国政府の権限ある機関の発給する証明書を得ることはできない[10]。

---

7 『中華人民共和国戸口登記条例』中国法律出版社発行。
8 民事渉外手続研究会・前掲（注6）1181頁。
9 木棚照一監修「定住外国人と家族法」研究会編著『在日の家族法Q&A〔第3版〕』430頁以下（日本評論社、2010年）。
10 入国管理局・平成18年3月外国人登録要領別冊254頁。在日本朝鮮人総聯合会発行の「証明書」を提出のうえ、「世帯主との続柄」の訂正申立てがあった場合に、「権限ある機関（大使館又は領事館等）の文書ではなく、登録事項訂正の資料としては適当でない」と評価している。

(ⅴ) その他の国

　世界全体からみれば、日本の戸籍制度・住民基本台帳制度のように国家が国民すべての家族関係やその生死、身分変動事項等を連続的に記録し備置するような制度を採用しない国も少なくない。

　たとえば、アメリカ合衆国においては、国民の出生、婚姻、死亡等の事実を単な人口動態記録（RECORD OF VITAL STATISTICS）として把握し、郡の公的機関で、これらの事実を断片的に証明する方法があるにすぎない[11・12]。

(2) 日本における身分関係証明書

　日本の戸籍法は、属人的かつ属地的効力を有し、外国人についても日本国内に居住する限り適用されるので、在日外国人は、日本人と同様に、出生・死亡等の報告的届出をすることを要するし、婚姻・養子縁組等のような創設的届出もすることができる。

　特別永住者である在日韓国・朝鮮人の子孫等、長期にわたって日本に在留している外国人は、本国への届出義務があることを知らないか、また知っていても必要性や実益を感じていないため、自国への申告や届出をせず、本国の身分登録簿にその結果が反映されていないケースが少なくないと思われる。そうした場合には、日本における出生届や婚姻届、もしくは外国人登録原票等の記載をもって補強せざるを得ない。

おわりに

　在留外国人にとっての身分関係証明書は、原則的にその外国人の本国の官公庁が発行するもので、本国にあると考えられる[13]。しかし、各国の身分登

11　民事渉外手続研究会・前掲（注6）1157頁。
12　民事渉外手続研究会・前掲（注6）883頁。英米法系諸国の相続法制は管理清算主義が採られている。被相続人の遺産が直接相続人に帰属せず、遺言または裁判所で選任された遺産執行人または遺産管理人に一旦帰属し、負債等を管理清算した後、積極財産がある場合にのみ相続人もしくは受遺者等に帰属する。よって、相続人の捜索等を要する事案の割合は、日本に比べて高くない。
13　外国人登録623号24頁（2011年1月）。「入管法等改正及び住基法改正に係る質疑応答について」（質問22：世帯主との続柄の確認について）に対する総務省回答によれば、住基法30条の48および30条の49においては、世帯主でない外国人住民が、世帯主との続柄を

録制度は、それぞれ異なり一律ではなく、国によっては身分関係証明書の取得が困難な場合もある。また、日本で行った身分行為は、本国の身分登録簿には直接に反映しないのが通例である。

　したがって、在留外国人の渉外家族関係の成立の有無を判断するにあたっては、本国の官公庁が発行する身分関係証明書の記載に加えて、日本における出生届や婚姻届、もしくは外国人登録原票の記載を考慮し、慎重に検討しなければならない。

（大和田亮）

修正するにあたって「世帯主との続柄を証する文書を添えて」届出をすることを規定しているが、ここでは、日本で発行される文書として戸籍届出受理証明書・届書記載事項証明書（婚姻、離婚、出生、養子縁組、養子離縁等）、外国政府（駐日外国公館を含む）等が発行する文書として、戸籍に相当する家族関係を証する文書、身分変動（出生、婚姻等）があったことを証する文書が想定されている。そして、その「世帯主との続柄を証する文書」が外国語によって作成されたものについては、翻訳者を明らかにした訳文を添付しなければならない（住基法施行規則49条）。

第3章　渉外家族関係の法実務からみた外国人住民票の記載事項等の問題点

第1節　外国人住民票から除かれる記載事項の有用性

―〈本節の概要〉――

　外国人住民を対象とする外国人住民票の記載事項は、住基法30条の45に定められている。それによると「氏名」(住基法7条1号)、「出生の年月日」(同条2号)、「男女の別」(同条3号)、「世帯主についてはその旨、世帯主でない者については世帯主の氏名及び世帯主との続柄」(同条4号)、「住所及び一の市町村の区域内において新たに住所を変更した者については、その住所を定めた年月日」(同条7号)、「新たに市町村の区域内に住所を定めた者については、その住所を定めた旨の届出の年月日(職権で住民票の記載した者については、その年月日)及び従前の住所」(同条8号)、「国籍等」、「外国人住民となった年月日」などである。

　これまでは、在留外国人の外国人登録原票は居住地の市町村に備えられていたが、今回の改正で外国人登録原票の根拠法令である外国人登録法は廃止される。

　外国人登録原票の記載事項と先に述べた外国人住民票の記載事項を比較すると、外国人登録原票にあって外国人住民票ではなくなった主な記載事項は、①「国籍の属する国における住所又は居所」(外登法4条1項7号)、②「出生地」(同項8号)、③「申請に係る外国人が世帯主である場合には、世帯を構成する者(当該世帯主を除く。)の氏名、出生の年月日、国籍及び世帯主との続柄」(同項18号)、④「本邦にある父母及び配偶者(申請に係る外国人が世帯主である場合には、その世帯を構成する者である父母及び配偶者を除

く。)の氏名、出生の年月日及び国籍」(同項19号)である(以下本節では、①を「国籍国の住所または居所」、③④をまとめて「家族事項等」と略称する)。

なお、総務省内に設置された「外国人台帳制度に関する懇談会」の第4回会合(2008年6月30日)の配布資料3(「記載事項」の「外国人登録原票(外国人登録)における記載事項との比較検討」)では、①②④について「入管局においても不要としている。従前より各種行政サービスなどへの利活用の必要性は低い」と記述してあり、同懇談会平成20年12月の報告書の「外国人住民に係る台帳制度の基本的事項」でも法定記載事項(11頁・19頁)とされていない。

本節では、国籍国の住所または居所、出生地、家族事項等の記載事項がこれまでの渉外家族実務にとってなぜ有用であったか、その一部の消滅が渉外家族の法実務にどのような影響があるかを述べる。

---

1 国籍の属する国における住所または居所

はじめに

「国籍の属する国における住所又は居所」(国籍国の住所または居所)は外登法4条1項7号に定める記載事項である。在留外国人にとって、本国の身分関係証明書を入手する際の情報の指標を示し、さらに、外国人の相続については、被相続人の本国法が適用されるが(法適用通則法36条)、その際の相続準拠法を決定する一つの要素となる。

(1) 国籍国の住所または居所の具体的記載事項

外登法は、外国人が入国したときは90日以内に、日本において外国人となったときまたは出生その他の事由により日本に在留することとなったときは60日以内に新規登録申請を義務づけている(外登法3条)。

新規登録の際、国籍国の住所または居所欄には国籍の属する国における生活の本拠を記入し、無国籍者および国籍の属する国に住所を有しない者につ

いては「なし」と記入するとしている[1]。また、新たに入国して新規登録した外国人の子が日本で出生した場合、その子の新規登録の場合も「本国に帰る場合に帰住する場所」という意味で、申請に基づき父または母の国籍国における居住地を登録する取扱いとしている[2]。

しかし、終戦前から引き続き居住する韓国・朝鮮人、中国人の場合は、日本に長期間在留し、すでに生活基盤を築いており、日本以外には生活の本拠を全く有していない場合が少なくなく、本国にも住所または居所を有していない。また、本国に、日本の戸籍制度に類似した制度を有し、いわゆる本籍の概念によって本国の特定の地との間にそれぞれつながりをもっているので、登録実務においては、国籍国の住所または居所に該当するものを有しない者に限り、そこに本籍地を記載する扱いとしている[3]。

なお、外国人登録は、外国人登録令（1947年5月2日施行）から始まったが、国籍国の住所または居所は外国人登録法（昭和27年法律第125号）が施行された1952年から外国人登録原票の記載事項とされた。したがって、日本の敗戦前後から在留する韓国人、朝鮮人、中国人の場合は、本籍地（韓国では、現在「登録基準地」という）が記載されるので[4]、当事者が本国に備えられている身分関係証明書等を取り寄せる場合の有益な情報になる。同様に、国籍国の住所または居所は本国における生活の本拠地であることから[5]、中国人、ブラジル人、ペルー人、フイリピン人などの本国の身分関係証明書等を検索する

[第1節1注]
1　入国管理局・平成12年3月外国人登録要領等110頁。
2　入国管理局・平成18年3月外国人登録要領別冊136頁参照。
3　外国人登録事務協議会全国連合会法令研究会編著『改訂外国人登録事務必携』34頁（日本加除出版、1993年）参照。
4　2008年1月1日韓国の戸籍法廃止、家族関係登録法施行により法施行と同時に最初に家族関係登録簿を作成する場合において、従前の戸籍が存在する者については、従前の戸籍の本籍を登録基準地とした（家族関係登録規則4条1項）。これに関して、平成20年4月25日付け法務省管登第5857号通知および平成20年5月21日付け法務省入国管理局登録管理官事務連絡により国籍国の住所または居所の記載について「韓国人又は朝鮮人で本国に生活の本拠のないときは、本籍地又は登録基準地を記載する」とされた。
5　外国人登録事務協議会全国連合会法令研究会・前掲（注3）33頁。

〔第1節〕 1 国籍の属する国における住所または居所

際に極めて重要な情報となる[6]。

(2) **在日韓国・朝鮮人が身分関係証明書を取得する場合**

在日韓国・朝鮮人（以下、「在日」という）は敗戦前に朝鮮半島から渡ってきた人々およびその子孫である。外国人登録上の国籍欄は、「韓国」あるいは「朝鮮」となっている。北朝鮮を支持する人の多くはこの国籍欄を「朝鮮」としていると思われる[7]。しかし、在日のほとんどは、現在、韓国が実効支配する北緯38度線以南に属する地域からの出身者またはその子孫である。したがって、在日の国籍国の住所または居所である本籍地（韓国では登録基準地）は、そのほとんどが現在の韓国にある[8]。また、登録原票の国籍国の住所または居所である登録基準地の記載は一世から二世、三世へと引き継がれていったと思われる[9]。したがって、在日は本国の登録基準地を把握していない場合であっても、登録原票の国籍国の住所または居所を手懸かりに本国の身分関係証明書を登録基準地の市・邑・面長から取得することが可能である[10]。

(3) **外国人の本国法決定の場合**

被相続人が外国人の場合の準拠法は、被相続人の本国法（国籍所属国の法）が適用される（法適用通則法36条）。ただし、同法41条の「当事者の本国法によるべき場合において、その国の法に従えば日本法によるべきときは、日本

---

[6] 西山慶一「『外国人住民票』——その記載事項についての問題点」日本司法書士会連合会・月報司法書士457号71頁（2010年3月）。

[7] 外国人登録上の国籍欄の「韓国」の記載については、大韓民国の国籍を示し、国籍欄の「朝鮮」の記載については、かつて日本の領土であった朝鮮半島から来日した朝鮮人を示す用語であって、何ら国籍を表示するものではないとするのが、日本政府の見解であるとしている。外国人登録事務協議会全国連合会法令研究会・前掲（注3）31頁以下参照。

[8] 木棚照一監修「定住外国人と家族法研究会」編著『「在日」の家族法Q&A〔第3版〕』231頁（日本評論社、2010年）参照。

[9] 前掲（注2）144頁参照。なお、筆者は在日の相続登記の依頼を受け、韓国の家族関係登録法上の登録事項別証明書等を収集する機会があるが、登録原票の国籍国の住所または居所は、そのほとんどがほぼ本国の登録基準地に該当する。

[10] 日本人も具体的に本籍地を意識して生活している人はいないであろう。在日も同様である。まして帰化した在日が自分の父や、祖父の本国の本籍地（登録基準地）を把握していることはほとんどない。

法」(「その国の法」とはその国の国際私法)とする反致規定により結果的に日本法が適用される場合もある。

(ⅰ) **在日の相続、その本国法決定の場合**

在日の本国法については、本国が韓国、北朝鮮と南北二つになっていることから国際私法上どのように本国法を決定するかが問題になっている[11]。当事者の住所、居所、過去の住所や、親族が本国にいるとして南北いずれにいるか、本貫(始祖の発祥地)や本籍地が南北いずれにあるか等の客観的要素と当事者の意思(南北いずれの政府に帰属意識を有するか、南北に住所を選択するとすればいずれの地域を選択するか)の主観的要素を考慮して、「当事者に最も密接な関係のある」法律を本国法として決定する考え方が有力であるとされる[12]。したがって、当事者の本籍地が南北いずれにあるかの客観的要素を判断する材料の一つとして国籍国の住所または居所は重要な要素となる。

(ⅱ) **アメリカ人の相続、その本国法決定の場合**

日本に住むアメリカ人が亡くなり相続が開始した場合、被相続人の本国法はアメリカ法となるが(法適用通則法36条)、アメリカは50の州の地域ごとに内容の異なる法が並存している地域的不統一法国である。そこで、どの州の法律を被相続人の本国法とするのか判断しなければならない。

このような場合、地域的不統一法国の本国法を決定する法適用通則法38条3項は、まず、「その国の規則に従い指定される法」を適用し、「そのような

---

[11] 国際私法上諸説がある。第1は、日本は韓国だけを承認しているから在日はすべて韓国法だけを適用する考え方であるが、国際私法が渉外的法律関係について当事者に最も密接な法を適用するとしているから、国家の承認、未承認とは関係ないと批判される。第2は朝鮮半島の分立状態の2国と見て、在日の国籍は、二重国籍者の本国法決定の問題とする考え方である。しかし、二重国籍が政治的原因であるから法適用通則法38条1項の予定するところではないとされる。第3は、朝鮮半島の分立状態を1国内に2個の政府が存在するとみて法適用通則法38条3項を適用する見解と、同条同項を類推適用して本国法を決定する見解である。第4は、日本に定住する在日には、その国籍が、すでに連結点としての実効性をなくしているとして、本国法によらず常居所地である日本法を適用すべきとする考え方である。木棚・前掲(注8)4頁・5頁参照。

[12] 木棚・前掲(注8)32頁〜34頁参照。

〔第1節〕 1 国籍の属する国における住所または居所

規則」がない場合は、「当事者に最も密接な関係がある地域の法」を当事者の本国法とするとしている[13]。この「当事者に最も密接な関係がある地域」を判断する一つの材料となるのが国籍国の住所または居所である[14]。また、「当事者に最も密接な関係がある地域」を判断する際に英米法上の住所概念であるドミサイルが一つの材料となる場合もある[15]。この場合にドミサイルを探る一つの手懸かりになるのが本国における生活の本拠地である国籍国の住所または居所である[16]。

(iii) 被相続人の国籍が「中国」、「台湾」の場合の相続、身分関係証明書

日本に在留する中国人、台湾人の外国人登録上の国籍欄はいずれも「中国」とされていたが、台湾出身者については外国人住民票の国籍等の地域として

---

[13] 法適用通則法38条3項は、原則として間接指定（併存する複数の法域のうちどの法域の法によるべきか、その国の法律が定めるところに従う）によるとし、間接指定により得ない場合は直接指定（併存する複数の法域のうち一つを法廷地の国際私法が独自の立場で直接に指定する）によることを定めたものとしている。「その国の規則」とは、一般的に当該不統一法国の準国際私法を指すとされ、不統一法国において国全体を通じて準国際私法が同じときは、その準国際私法が、「その国の規則」に該当するが、各地域によって準国際私法が異なる場合は、どの地域の国際私法によるべきか問題であるとし、この場合は、「その国の規則」はないとして直接指定によるべきであるのが一般的とされる。神前禎＝早川吉尚＝元永和彦著『国際私法〔第2版〕』72頁～74頁（有斐閣、2006年）参照。

[14] この「当事者に最も密接な関係がある地域」を国籍国の住所または居所を判断材料の一つとした判例がある。横浜地判平成10年5月29日判例タイムズ1002号252頁（1999年）。

[15] 英米法上の住所にあたるドミサイルは一つの法域を指すものである。英国であれば、イングランドにあるか、また、米国であれば、ニューヨーク州にあるか、という形で問題になり、英米法からみて、ドミサイルが日本にあるか韓国にあるか問題となるが、東京にあるか、京都にあるかは問題にならないとされる。また、ドミサイルには、第1に、人が出生時に取得する住所で、嫡出子は父の住所を取得し、非嫡出子は母の住所を取得する「本源住所」(domicile of origin)、第2に、人が一定年齢（英国では16歳）に達した後、そこに現実に居住していることおよびそこを本居とする意思（永住意思）を要件とし、自ら選択し取得する「選択住所」(domicile of choice)、第3に未成年者の子の住所は親の住所に従う場合やかつて婚姻によって妻が夫の住所を取得された場合とされる等、法によって特定の人に指定される住所である「従属住所」(domicile of dependence)があるとされる。溜池良夫『国際私法講義〔第3版〕』120頁・121頁（有斐閣、2005年）参照。

[16] 外国人登録事務協議会全国連合会法令研究会・前掲（注3）33頁。

「台湾」と表記される（入管法施行令1条、住基法30条の45）。

　中国では、公安局が発行した身分証明書である戸口簿[17]を公証処（日本でいう公証人役場）において証明したものを相続証明書とすることができるとされている[18]。その際、公安局から発行される戸口簿を検索する情報となるのが被相続人の登録原票の国籍国の住所または居所である。

　台湾には、中華民国戸籍法（平成16年1月7日公布）が施行されており、戸籍謄本を請求できるとされている（同法65条）。国籍国の住所または居所が戸籍謄本を請求する際には重要な情報となる。

おわりに

　国籍国の住所または居所は、在留外国人にとって身分関係証明書を収集する際の貴重な情報となり、また、相続などの渉外家族実務にとって当事者の本国法を認定する際の貴重な指標となっている。したがって、外国人住民票にも国籍国の住所または居所の情報を把握できるよう記載すべきである。

（姜　信潤）

2　出生地

(1)　外登法上の記載事項——出生地の意義

　出生地は、1947年外国人登録令（昭和22年勅令第207号）が施行された時からの登録事項であり[1]、現行外登法の外国人登録原票の記載事項である（外登法4条1項8号）。出生地は、当該外国人の出生した場所の所在地であるが、その地名は出生当時の地名であり、登録後において行政区画などの変更が

---

[17]　府川惠子「『戸口簿』について——中華人民共和国の戸籍——」ケース研究239号177頁以下（1994年）参照。
[18]　西山国顕『在日韓国　台湾　中国　北朝鮮人の渉外相続登記の理論と実務』300頁・355頁以下（テイハン、2003年）参照。

［第1節2注］
[1]　外国人登録事務協議会全国連合会法令研究会編『改訂外国人登録事務必携』144頁以下（日本加除出版、1993年）。

あっても変更登録をする必要がなく、また、その表示も、実務運用で最小行政区画までを表示する取扱いである[2]。

出生地について、欧米では、日本における本籍概念に相当するものがない代わりに、出生、婚姻、死亡等の事由が発生した地に、それぞれの記録が保存されるのが一般的な制度であるから、それら身分関係記録の所在地の一つとして出生地が意味をもつとされている[3]。出生地は本国の場合もあれば、日本の場合もまたその他の国の場合もあり、欧米諸国では、出生地は身分関係の把握には欠かせない指標である。当事者の身分上の変動記録が出生地に集積される例が多く、さらに、出生地が本国であれ日本であれ、出生地は出生届等の身分変動行為に関する届出地になるケースが多く、その点でも身分関係の成立・変動の情報として有益である[4]。

(2) 戸籍法上の「出生届」の意義

(i) 届出義務

戸籍法は、日本の領域内において生じた人の生死および家族関係に関する事項等に適用されるとされ[5]、日本における外国人の出生については戸籍法上届出義務がある（同法49条2項3号）としている。また、外国人であっても、届出義務を負う場合には、届出を懈怠すると過料に処せられる（同法135条）[6]。

(ii) 出生届証明書の意義

外国人登録の実務では、出生地に関して、外国人登録令が施行された1947年5月2日以降に日本で生まれ、外国人登録した特別永住者である韓国人が、本国の戸籍謄本を提出して外国人登録上の出生地の訂正申立てをしたケースで、名については本国の戸籍を優先して訂正できるが、出生地については出

---

[2] 田村満著＝重見一崇補訂『新版外国人登録法逐条解説』82頁（日本加除出版、1993年）。
[3] 外国人登録事務協議会全国連合会法令研究会・前掲（注1）34頁以下参照。
[4] 西山慶一「『外国人住民票』——その記載事項についての問題点」日本司法書士会連合会・月報司法書士457号71頁（2010年3月）。
[5] 佐藤やよい＝道垣内正人編『渉外戸籍法リステイトメント』1頁（日本加除出版、2007年）。
[6] 昭和24・11・10民事甲第2616号通達「朝鮮人の戸籍届出違反に関する件」。

生届証明書によるのが原則であり、戸籍謄本上の記載には疑義があるので、訂正は認めないとする実務取扱基準がある[7]。この意味するところは、身分登録は原則本国優先であるにもかかわらず、出生地に関しては原則的に日本の出生届証明書を優先させ出生届証明書を公的証明書として認定しているといえる。

したがって、出生地である日本の最小行政区画の市町村に保管されている出生届証明書は親子関係を証明する貴重な資料であるといえる。

たとえば、在日韓国・朝鮮人が親子関係を証明する書面を官公書等に提出しなければならない場合、本人の身分関係が、身分関係証明書（韓国では現在、家族関係登録簿）に記載されていない場合がある[8]。そのような場合、日本国内の出生地所在の市町村で出生届記載事項証明書（戸籍法48条）を取得すれば、それにより、親子関係は証明することができる。また、他の外国人の場合も日本に出生地があれば同様である。

(3) **出生による外国人住民票の記載**

市町村長は、外国人の出生届がなされた場合（戸籍法49条2項3号）は、出生届が住所地以外の市町村で行われ、住民票記載事項の通知が住所地の市町村になされた場合（住基法9条2項）も含めて、日本人と同様に外国人住民票に作成するとしている（住基法施行令12条2項1号）。そして、この出生届は、直ちにその旨が法務大臣に通知される（入管法61条8の2）[9]。ところが、外国人住民票にはこの「出生地」が記載事項から除外される。

おわりに

日本人の場合は、出生届をすれば出生地が戸籍に記載されることになるが、

---

[7] 入国管理局・平成18年3月外国人登録要領別冊250頁・251頁参照。
[8] 在日韓国・朝鮮人の場合、日本の戸籍法の適用を受けて、日本の役場へは出生届や死亡届等は当然のように提出しているが、韓国人として韓国法上の申請義務があるということを理解していないのが一般的であろう。木棚照一監修「定住外国人と家族法研究会」編著『「在日」の家族法Q&A〔第3版〕』230頁（日本評論社、2010年）。また、「朝鮮」籍の在日朝鮮人の場合は本国へ身分登録申請をすることは事実上困難であろう。
[9] 移行実務研究会第13回（2011年6月28日）資料3。

外国人の場合は、改正住基法の施行により外国人登録上の記載事項であった出生地は、外国人住民票に記載されないことになった。したがって、外国人が出生地から親子関係を証明する資料である出生届証明書を取り寄せる場合や、本国の出生地を検索する場合などに支障を来す結果となるであろう。

（姜　信潤）

3　家族事項

はじめに

家族事項は、平成4年法律第66号の外登法の一部改正により、永住者および特別永住者についての指紋押捺に代わる同一人性確認手段の一つとして、「写真」および「署名」とともに導入されたものである[1]。

その後、写真、署名および家族事項の登録による同一人性確認手段は定着し、さらに他の先進諸国において外国人のみに指紋押捺制度を採用している国はアメリカ等ごく一部に限られていたため、平成11年の法改正により、これらの代替手段を導入することで指紋押捺制度は全廃された。

(1)　家族事項登録に関する基本事項

(i)　家族事項登録の対象者（外登法4条1項）

外国人登録の対象となる外国人のうち、1年未満在留者を除いたすべての者が、対象となる。

(ii)　登録すべき家族事項登録の範囲（外登法4条1項18号・19号）

申請に係る外国人が世帯主であるか否かによって異なる。

［第1節3注］
1　法務省入国管理局外国人登録法令研究会編『Q&A 新しい外国人登録法』31頁（日本加除出版、1993年）。我が国社会への定着性を有し、家族、親族、友人、知人等の人的情報源が豊富な場合には、それらの者に照会することによって写真および署名における不十分さが補えるというのが基本的な考え方であったため、平成4年の導入時は、我が国に長年在留し、我が国社会への定着性が認められる永住者および特別永住者に限定して適用された。

① 申請に係る外国人が世帯主である場合　「世帯を構成する者（当該世帯主を除く。）の氏名、出生の年月日、国籍及び世帯主との続柄」および「本邦にある父母及び配偶者（世帯を構成する者を除く。）の氏名、出生の年月日及び国籍」

② 世帯主でない場合　「本邦にある父母及び配偶者の氏名、出生の年月日及び国籍」

(iii)　家族事項に係る変更登録申請の時期

　家族事項に変更が生じた場合（登録されている個々の者に係る氏名等の項目に変更が生じた場合のほか、世帯を構成する者に変動が生じた場合も含まれる）には、その変更が生じた日後における最初の申請のときまでに変更登録の申請を行わなければならないとした（外登法9条2項）。これは、家族事項については、父、母、配偶者が本邦から出国したり、出生、同居、別居等があったり頻繁に世帯の構成が変わることも想定されるので、本人や市町村の事務の負担を考慮し、変更事由が発生したごとに申請を行うことを義務づけるのでなく、他の申請のときまでに行えば足りるとしたものである[3]。

(iv)　疎明資料

① 家族事項を最初に登録する場合　申請書の記載に基づき登録する。申請書、旅券および写真のみを提出することとされており、家族事項は本人の申告に基づいて登録される[4]。

② 家族事項に係る変更登録をする場合　原則として変更を生じたことを裏付ける文書を提出しなければならない（外登法9条2項）。ただし、市町村長において、婚姻、離婚等の届出事実や、その他の世帯・家族状況に関連する行政上の資料の内容等から変更があった場合等、申請の内

---

[3] 伊藤行紀「外国人登録法の一部改正」法律のひろば45巻9号4頁（1992年）。
[4] 「家族事項の登録は、原則として本人の申告に基づいて行われるため、事実に反することを疑うに足りる相当な理由があるときは、市町村の長は、職員に事実の調査をさせることができ、その際、申請をした外国人に出頭を求め、その外国人その他の関係者に対し質問をし、又は文書の提示を求めることができる等の措置がなされている」（法務省入国管理局外国人登録法令研究会・前掲（注1）69頁）。

容に特段の疑いがない場合は、文書の提出を省略して差し支えない[5]。

(2) **家族事項の効用**

　在留外国人が、代理権の存在や相続などの法律関係において必要とする身分関係証明書は、原則的に、その外国人の本国の官公庁が発行するもので、本国にあるものと考えられる。そこで、当該外国人やその親族が身分関係情報を本国のどの機関に登録しているか、もしくは身分関係証明書を本国のどの官公庁に請求すればよいかを知っている場合には、あまり問題とはならない。しかし、たとえば、外国人本人が死亡していたり、特別永住者である在日韓国・朝鮮人の子孫が祖先の出身地を知らなかったりして、上記の登録機関や請求先が不明な場合には、国籍国の住所または居所、出生地等を手掛かりに、本国の身分関係証明書を検索することになる。

　その場合でも、国籍国の住所または居所や出生地に身分関係情報があるとは限らないし、在留外国人の身分変動行為が日本で行われ、変動記録が本国に届出されていないことが少なくない。本国へ届出されなくても日本の市町村に届出がなされれば基本的に効力を生ずるケースが多いので[6]、日本の市町村から身分関係証明書を収集して代理権の存在を立証したり、相続手続を行ったりすることが可能な場合もある。

　たとえば、母子関係や父子関係の成立を確認するには、出生届記載事項証明書の取得が必要であるが、外登法4条1項8号の「出生地」の情報からそれらを取得できる可能性がある。また、婚姻・離婚や養子縁組・離縁、認知等の行為の有無を確かめるには、同様に婚姻届や養子縁組届、認知届の記載

5　入国管理局・平成12年3月外国人登録要領等131頁。
6　在日韓国人が日本で婚姻をした場合に効力を生じるかという問題点について、日本の法適用通則法24条2項によれば、婚姻の方式は婚姻挙行地の法律によるとされているので、日本の民法および戸籍法（日本民法739条、日本戸籍法74条）に従い、日本の役所に婚姻届を提出し受理されれば、婚姻が有効に成立する。また、韓国国際私法36条2項も同様に婚姻の方式について婚姻挙行地の法律によることを原則しているので、在日同士の婚姻、在日と日本人の婚姻のいずれの場合であっても、韓国においても有効な婚姻とされる。

事項証明書等の取得が必要であるため、外登法4条1項15号の「居住地」の変遷から、その住所地や近辺の住所地の市町村窓口に照会をするという作業が必要になる場合もある。

　上記の方法によっても必要な身分関係証明書が収集できない場合や身分関係証明書を収集する前に、当事者の一定の範囲の親族関係を確かめる方法が必要なときもある。そのような場合に有用となる情報の一つが、家族事項である。

　家族事項の記載は、平成4年の導入当初は「外国人登録は、原則として本人の申請に基づいて行われ、これは家族事項の登録についても同じである。家族事項として登録された父母や配偶者の氏名等の内容も、基本的には、本人の申請したものを登録したものに過ぎず、登録済証明書も申請に基づき登録されている内容を証明しているものに過ぎない。したがって、家族事項の登録が身分関係そのものを公証するものでないことに留意する必要がある」という扱いであった[7]。

　導入当初の市町村側の申請内容に対する疑義の判断や疎明資料の提出要求がどの程度のものであったかは不明であるが、外国人登録事務協議会の資料等によれば、近年、家族事項の記載は、申請者に対して十分な疎明資料を提出させたうえで、慎重に行われていると推察される[8]。

　したがって、必要な身分関係証明書が本国において収集できない場合や日本で行った身分行為の結果が、本国の身分変動記録に反映されていない場合には、家族事項の記載は、身分関係を推認させる情報の一つとして重要である。

おわりに

　在留外国人の身分関係証明書は、原則的に、その外国人の本国官公庁が発

---

[7] 法務省入国管理局外国人登録法令研究会・前掲（注1）69頁・71頁（平成22年度外国人登録事務協議会全国連合会研究会資料）。
[8] 「平成22年度外国人登録事務協議会全国研究会（研究問題、ポイント整理、解説）」外国人登録625号35頁（2011年3月）。

行するもので、本国にあると考えられる。しかし、その所在が不明である場合や在留外国人の身分変動行為が日本で行われ、本国の記録簿にその情報が反映されていない場合には、日本の市町村から出生届記載事項証明書や婚姻届記載事項証明書を取得することが必要とされる。

また、家族事項の記載は、「基本的には、本人の申請によるものであるため、身分関係を公証するものではない」という原則的な取扱いは現在も変わっていない[9]。

それでも、必要な身分関係証明書の全部あるいは一部が収集できない場合に身分関係を推認させる情報として、また身分関係証明書を収集する前の親族関係を確かめる一手段として、家族事項の記載は、一定の効用を果たしてきたのである。

（大和田亮）

---

[9] 「新制度移行後も登録原票に記載された家族事項の記載が直接に親族関係を公証するものでないことに変わりはない」という法務省の回答につき、「外国人登録事務従事市町村職員第55回中央研修（質疑応答）（第1回）」外国人登録619号26頁（2010年9月）参照。

[第1部] 第3章 渉外家族の法実務からみた外国人住民票の記載事項等の問題点

第2節　外国人住民票で検討すべき諸点

─〈本節の概要〉────────────────────────────

　外国人住民を対象とする外国人住民票の記載事項は、住基法30条の45に定められている。

　それによると、①「氏名」（住基法7条1号）、②「出生の年月日」（同条2号）、③「男女の別」（同条3号）、④「世帯主についてはその旨、世帯主ではない者については世帯主の氏名及び世帯主との続柄」（同条4号）、⑤「住所及び一の市町村の区域内において新たに住所を変更した者については、その住所を定めた年月日」（同条7号）、⑥「新たに市町村の区域内に住所を定めた者については、その住所を定めた旨の届出の年月日（職権で住民票の記載した者については、その年月日）及び従前の住所」（同条8号）、⑦「国籍等」、⑧「外国人住民となった年月日」、などである。

「1　外国人住民票の『氏名』」では、外国人登録原票では氏名欄に外国人氏名はどのように表記されていたか、外国人住民票の氏名表記の検討経過を述べる。

「2　外国人住民票の『通称名』」では、外国人登録原票で氏名欄に括弧書きされていた通称名はなぜ記載されていたのかや外国人住民票ではいかに扱うべきかを述べる。

「3　外国人住民票の『併記名』」では、外国人登録原票で氏名欄に併記名がなぜ記載されていたのか、外国人住民票ではいかに扱うべきかを述べる。

「4　外国人住民票の『住所』」では、外国人登録原票の居住地と入管法等改正法の住居地、住基法の住所の相違を述べた後に、外国人住民票の住所履歴などの問題点を述べる。

「5　外国人住民票の『世帯主についてはその旨』、『世帯主でない者については世帯主の氏名及び世帯主との続柄』」では、外国人登録原票のそれらの記載が一定の効用をもたらしていたことや外国人住民票のそれらの記載について述べる。

「6　閉鎖外国人登録原票の開示・保存期間、消除外国人住民票の開示・保存期間」では、改正法施行後法務省に送付される外国人登録原票の開示や保存期間、消除または改製された住民票の開示や保存期間を整理し、その問題点を指摘する。

1　外国人住民票の「氏名」

はじめに

　総務省内に設置された「外国人住民に係る住民基本台帳制度への移行等に関する実務研究会」(移行実務研究会)は、外国人住民票の記載事項である「氏名」(住基法30条の45・7条1号)の取扱いについて、在留カード(特別永住者証明書を含む)の表記に倣うとしながら、氏名を表記する文字言語をどのようにするかをめぐって検討を重ねてきた。

　ここでは、まず外登法において氏名はどのように取り扱われてきたのか簡潔に述べ、移行実務研究会の議論の経過を辿りながら、その結論に孕む問題点を指摘することにしたい。

(1)　外登法4条1項3号の「氏名」

(i)　氏名を証する文書とその記載順序

　外国人登録原票(以下、「登録原票」という)の氏名とは、「その所属国の身分登録簿に登載され、公の機関によって表示される法律上の呼称すなわち本名のことであり」、「旅券等に記載されている氏名を指す」とされ[1,2]、氏名の記載順序は「国によってまちまちであるので、登録原票上に表示するとき

[第2節1注]
1　外国人登録事務協議会全国連合会法令研究会編著『外国人登録事務必携』28頁(日本加除出版、1985年)。
2　田村満『外国人登録法逐条解説』68頁(日本加除出版、1988年)。

は、『氏』にあたるもの（Family Name）を冒頭に掲げ、『名』の部分（Given Name）は後に書かなければならない」とされていた[3]。また、「二つ以上からなる氏名については、日本人の氏に相当する『FAMILY NAME』、『SURNAME』又は『LAST NAME』を第1番目に表示し、他の名を『FIRST NAME』、『MIDDLE NAME』と順次表示する取扱いである」[4]。しかし、「ただ、どれが『氏』であり、どれが『名』であるかの判断は、諸外国の事情に通じていない限り大変むずかしいものであり、結局は、旅券等その国の公的機関の発給に係る資料を第一とし、それがない場合は本人の申立てその他を参考にして、個別的、具体的に判断する以外にない」とのことであった[5]。

新規登録申請で、旅券を所持しない者にあっては、旅券に代わる身分を証明する資料の提出または提示を求められるが、1952年4月28日以降本邦において出生した者については、「出生届証明書又は医師等の出産証明書」が資料とされ、「特に身分を証明する資料の提出を求める必要はない」とされている[6]。

(ii) **氏名の表記文字**

新規登録の際の申請書には（外登法3条）、氏名の表記は「ア　韓国・朝鮮人及び中国人　(ｱ)　原則として漢字で記入する。(ｲ)　漢字名はないが、ローマ字（英字）による氏名が旅券等により明らかな場合は、当該ローマ字（英字）氏名を記入しておく。(ｳ)　漢字又はローマ字（英字）が不明な場合は、その者の本国文字等による氏名を記入させるとともにその氏名を音読させてその発音を片仮名で氏名欄に併記する」とのことである[7]。さらに、「中国簡略文字による氏名は、これに対応する正字が判明するものについては、その正字を括弧書きすることとし、対応する正字が不明のときは、当該簡略文字

3　外国人登録事務協議会全国連合会法令研究会・前掲（注1）29頁。
4　田村・前掲（注2）68頁。
5　外国人登録事務協議会全国連合会法令研究会・前掲（注1）29〜30頁。
6　入国管理局・平成12年3月外国人登録要領等112〜113頁では、「また、日本国籍を離脱又は喪失した者は官報告示写しなど」を提出または提示するとされている。
7　入国管理局・平成12年3月外国人登録要領等106頁。

の発音を付しておく。なお、当該簡略文字と現在日本で使用している日本文字が同一のときは、その正字を記載する必要はない」とし[8]、「イ　韓国・朝鮮人及び中国人以外の者　ローマ字（英字）で Last, First, Middle の順序で記入する」としている[9]。また登録原票に記入する際は「(ア)　原則として漢字及び片仮名により記載すること。(イ)　韓国・朝鮮人及び中国人以外の場合は、『氏名』『国籍の属する国における住所又は居所』又は『世帯主の氏名』については、ローマ字（英字）（ブロック体）によって記載すること。……(エ)　氏名等について漢字又はローマ字（英字）以外の外国文字によって申請書が記載されている場合であっても、原票には、その読み方を片仮名で記載すること」としている[10]。

外登法上の氏名の表記文字の言語は、漢字圏国の出身者は、原則として漢字で表記するが、漢字名のない者はローマ字（英字）で表記し、それも不明な場合は本国文字による氏名の表記を許容し、本国文字で表記するときは音読させてその発音を片仮名で氏名欄に併記することになるといえよう。また、漢字圏国以外の出身者はローマ字（英字）で表記し、原票にはその読み方を片仮名で記載するのである。なお、中国の簡体字等の氏名の表記も許容しており、正字が判明するものは括弧書きで表記する処置を施すというものである[11]。

(iii)　氏名の変更（外登法9条、外登法施行規則11条）

---

[8]　入国管理局・平成12年3月外国人登録要領等107頁。
[9]　入国管理局・平成12年3月外国人登録要領等106～107頁。
[10]　入国管理局・平成12年3月外国人登録要領等116頁。
[11]　「【95】1　中国簡体字については、新規登録に際し、その所持する旅券の氏名が簡体字であるときは、登録原票氏名欄にそのまま登録し、対応する正字が判明するものは、その正字を括弧書きで併記する取扱いとなる（……）。2　他方、新規登録に際して所持していた旅券上の氏名は簡体字であったが、新たに発給された旅券には正字で記載されていた（又は逆）場合、その正字と簡体字の関係が明らかであれば、両文字の字形は異なっているが同一文字であり、氏名の変更があったわけでもないことから、特に氏名の変更登録及び引替交付申請の必要はなく、……」（入国管理局・平成18年3月外国人登録要領別冊102頁）。

〔第1部〕 第3章 渉外家族の法実務からみた外国人住民票の記載事項等の問題点

　登録原票の氏名の変更は、「……変更を生じた日から14日以内に、居住地の市町村の長に対し、変更登録申請書及びその変更を生じたことを証する文書を提出して、その記載事項の変更の登録を申請しなければならない」が、その変更を生じたことを証する文書とは「権限ある機関が発給する『改名を許可した』旨の証明書、戸籍謄本。また、氏名が婚姻、認知、養子縁組、離婚などによって変更した場合は、その届出があった旨の市区町村長又は駐日外交公館の証明書」であり[12]、「(外国人の)氏名や国籍については旅券が通常立証資料であるが、ときには家庭裁判所の改名許可決定書のこともある」とされている[13]。

　外国人に係る渉外的氏名の準拠法は、外国人本人が自ら氏名の変更を望むときは本人の本国法であり[14]、その氏名変更の国際管轄は本国管轄が原則である[15]。しかし、例外的に本国で承認される蓋然性が高い場合や[16]、本国に身分登録簿が存在しない場合などの例外的な事例で名の変更を日本の家庭裁判所で行った例もある[17]。そこで、日本の家庭裁判所で改名を許可した旨の審判書があれば外登法9条1項の変更を生じたことを証する文書として取り扱われることになろう[18]。

　また、身分変動に係る氏名の準拠法については、身分変動効力説、本国法説、氏名公法説、に大別されるが[19・20]、日本の戸籍実務は本国法説に立脚し

12　外国人登録事務協議会全国連合会法令研究会・前掲（注1）104頁。同趣旨の記述は、入国管理局・平成12年3月外国人登録要領等200頁。
13　田村・前掲（注2）104頁。
14　山田鐐一『国際私法〔新版〕』557頁（有斐閣、2003年）以下。
15　山田・前掲（注14）561頁、昭和47年11月15日民事甲第4679号民事局長回答。
16　横浜家審平成3年11月28日家月44巻8号50頁、千葉市川出審平成8年5月23日家月48巻10号170頁。
17　横浜家川崎支審平成8年7月3日家月48巻12号69頁、東京高決平成19年5月29日家月59巻10号54頁。
18　司法研修所編『渉外家事・人事訴訟事件の審理に関する研究』178頁（法曹会、2010年）。
19　溜池良夫『国際私法講義〔第3版〕』444頁・468頁・516頁・534頁（有斐閣、2005年）。
20　道垣内正人『国際私法入門〔第6版〕』162頁（有斐閣、2006年）。

て運用されている[21]。身分変動効力説によれば、婚姻による夫婦の氏名は婚姻の身分的効力の準拠法（法適用通則法25条）により定まり、離婚による夫婦の氏名は離婚の準拠法（同法27条）によるが、親子関係が成立した場合の子の氏名の準拠法（認知・養子縁組などによる子の氏名の変更も含む）は、法適用通則法32条により定まることになる。

(iv) 帰化後の氏名、本籍地の原票記載

外国人が帰化した場合には登録原票は閉鎖されるが、その際に帰化後の氏名や本籍地を登録原票に記載するかについて、「市区町村長における事務処理上必要があると認める場合は、登録原票に閉鎖に係る記載とともに帰化後の氏名・本籍を参考事項として記載しても差し支えない」との実例がある[22]。

(2) 外国人住民票（住基法30条の45・7条1号）の「氏名」をめぐる検討経緯

(i) 氏名の表記文字

改正法が審議されていた参議院法務委員会の席上で、総務省の政府参考人は「基本的に在留カード等の記載に倣い、……原則としてアルファベット表示で表記される」と答弁し[23]、他方、法務省の政府参考人は、「漢字圏の方々の氏名をどのように記録するか、あるいは在留カードにどのように記載していくかにつきましては、……アルファベットの記載が原則とは考えておりますが」としながら「総務省と協力して検討したい」と答弁していた[24]。

その後、改正法が公布され、総務省内に移行実務研究会が設置され、氏名の表記文字についての検討が行われた。

第4回移行実務研究会（2009年12月17日）では、法務省は「在留カード等に係る氏名の表記について（案）」の中で「漢字表記」について、「1　アルファ

21　昭和55年8月27日民二第5218号民事局長通達、南敏文「渉外的身分関係と氏」戸籍時報652号2頁。ただし例外的にブラジル人と婚姻した日本人妻の氏をブラジル人夫の姓の変更を認めたものがある（平成8年12月26日民二第2254号通知）。
22　入国管理局・平成18年3月外国人登録要領別冊292頁【270】。
23　平成21年6月30日参議院法務委員会久本政府参考人答弁（磯崎）。
24　平成21年6月30日参議院法務委員会髙宅政府参考人答弁（磯崎）。

ベットの氏名表記を原則としつつ、新制度における市区町村との連携を考慮し、併せて、漢字氏名を入管DBで扱うこととし、在留カード等に記載(原則としてアルファベットとの併記)できることとする。2 在留カード等に漢字表記(原則としてアルファベットとの併記とし、正字で記載する。)された場合、アルファベットと同様に入管法上の氏名として扱う。したがって、表記された漢字氏名に変更が生じた場合も変更届出の義務が生じる」との基本方針を資料として提出した[25]。

つまり、在留カード等には漢字表記を認めるが、それはアルファベットと併記するものであり、中国人などの氏名に使用されている簡体字表記等は認めない、との方針であった。

また、同委員会の事務局から提出された資料「住民票に係る氏名の表記について」の「住民票の氏名の漢字の取扱いについて(案)」で、「原則として、在留カード等(特別永住者証明書を含む。以下同じ。)の記載に倣う」としつつ、「住民票の氏名の漢字表記に関する基本方針」では「漢字圏の外国人の氏名表記については、在留カード等の記載に倣い、住民票においても、原則としてアルファベットで表記するが、漢字での表記(アルファベットとの併記)を認める。在留カード等の記載に倣い、漢字については、正字で記載する。在留カード等に漢字表記(原則としてアルファベットとの併記)された場合は、いずれも入管法上の氏名として扱うことから、住民票上も、アルファベット表記及び漢字表記のいずれも氏名として取り扱うこと」を示した。さらに、「仮住民票作成に当たって、現行の外国人登録で使われている簡体字の取扱いは、今後検討」するとのことであった[26]。

つまり、外国人住民票の氏名の表記は、在留カード等に倣うこと、原則としてアルファベットであること、アルファベットを併記した漢字表記は認めるが、表記される文字が漢字であっても簡体字は認めず正字だけであること、

---

[25] 移行実務研究会第4回(2009年年12月17日)資料2-①。
[26] 移行実務研究会第4回資料2-②。

〔第2節〕 1 外国人住民票の「氏名」

アルファベット氏名も漢字氏名も住民票の氏名である、との基本方針を提示したのである。

その後の第6回移行実務研究会（2010年3月18日）で、法務省は資料「在留カード等に係る氏名の表記について」を提出した[27]。そこでは、「各論1 漢字圏の外国人の氏名の在留カード等への記載方法」は、「旅券を有しないなどアルファベット氏名の取得が困難な者等（本邦出生者等）は、漢字氏名のみの表記」でよく、「特別永住者（旅券あり）の者は、アルファベット氏名と漢字氏名を併記」するとし、「旅券を有する中国人及び台湾人（特別永住者を除く。）はアルファベット氏名と漢字氏名を併記」し、「旅券を有する韓国人（特別永住者を除く。）は原則としてアルファベット氏名のみを表記」するが「韓国人が、在留カードの交付を伴う申請において公的機関の発行した疎明資料を提示し[28]、漢字表記を希望した場合には、アルファベット氏名と漢字氏名を併記」するとしていた。

つまり、漢字圏の者で旅券等によってアルファベット氏名が判明しない者は、やむを得ず漢字氏名のみの表記も認めるが、旅券等によってアルファベット氏名が判明するものは漢字氏名とアルファベット氏名の併記を行い、特別永住者以外の漢字圏の者はアルファベット氏名のみを表記し、特に公的資料で漢字氏名を希望しなければアルファベット氏名だけで表記する、ということであろう。

さらに、法務省は、第6回移行実務研究会に提出した上記の資料の中で、「各論2 簡体字等の取扱いについて」を示した。そこでは「在留カード等の券面には、簡体字等（中国簡体字、台湾繁体字等であって日本の正字でないもの

---

27 移行実務研究会第6回（2010年3月18日）資料1。
28 なお、「改正法施行後、外国人登録証明書は、一定期間特別永住者証明書とみなされるところ、漢字氏名のみなし特別永住者証明書を所持していた方が、1回目の有効期間の更新（みなし特別永住者証明書から特別永住者証明書への切替）をする場合には、所持する証明書を該当する漢字氏名に係る疎明資料として取扱い、負担を軽減する運用を検討したいと考えている」（「入管法等改正質問箱（第5回）」（質問6に対する回答）外国人登録630号26頁～27頁（2011年8月））。

をいう。）を扱わないことにする」、「簡体字等をOCR等により取得して入管DBに取り込むと同時に、正字へ変換して在留カード等の券面に記載する」との基本方針を示した[29]。

これによって、特別永住者・永住者を含む中国（台湾）人の住民票には、簡体字等を表記しないとしたのである[30]。

また、第13回移行実務研究会（2011年6月28日）に提出された「戸籍と住民基本台帳との連携について」の「戸籍法上の届出等により判明した情報を住民基本台帳へ反映することについて（案）」では[31]、「住民票に記載等が必要となる戸籍の届出については、住民票の氏名の記載及び氏名による同一性確認の観点から、戸籍の届書に、カナ氏名又は漢字氏名（日本の正字に限る）に加え、アルファベット氏名の付記をするように届出人に協力を求めることとする（住基法第9条第2項通知には届書に付記されたアルファベット氏名を含めることとする）。また、氏名による同一性確認が必要となる場合においては、届書におけるアルファベット氏名は在留カード、特別永住者証明書の記載に倣うこととする」とし[32]、戸籍上の届出を行う際にも届出人等の漢字氏名（正字）

---

[29] なお、「氏名の表記方法について1　（法務省回答）在留カード等に漢字を表記する場合は、簡体字等は扱わないこととし、簡体字等については正字の範囲の文字に変換することとなる」、「氏名の表記方法について2　（法務省回答）簡体字等に対応する正字が存在しない場合には、類似の候補から外国人の希望も踏まえ字を決定する取扱いを検討しているところである。……簡体字等に対応する正字が複数ある場合については、常用漢字を優先する等の変換の原則を設けることとしている」「外国人登録事務従事市町村職員等第55回中央研修（質疑応答）（第1回）」外国人登録619号（2010年9月）14頁・15頁）。

[30] 「質問8　漢字の正字化について　（法務省回答）2　在留カード等に漢字氏名を併記する場合、簡体字等については、今後明らかにする予定の変換ルールに基づいて正字に変換することを想定している。（総務省回答）　住民票の氏名表記については、在留カード及び特別永住者証明書の記載に基づき行うことを予定している」「入管法等改正質問箱（第1回）」外国人登録626号47頁～48頁（2011年4月））。

[31] 移行実務研究会第13回（2011年6月28日）資料3。

[32] 同委員会の資料「出生届があった際の住民票の記載について（案）」「国籍喪失届があった際の住民票の記載について（案）」「国籍喪失報告があった際の住民票の記載について（案）」では、職権で新たな住民票の記載をするとともに、従来の住民票は消除するとしたうえで、「①住民票上の氏名表記の基本方針（案）」で同旨の内容が記されている（「入

またはカナ氏名にはアルファベット表記を付記させるように努め、外国人の出生届や国籍喪失届・国籍喪失報告があり住民票を作成する場合（住基法30条の45でいう「出生による経過滞在者」「国籍喪失による経過滞在者」）にはその付記されたアルファベットを氏名として表記するとのことである。

(ii) 仮住民票の氏名

仮住民票は、政令で定める基準日（2012年5月7日——住基法施行令改正令附則1条の2）現在、外国人登録原票に登録している者で住基法改正法施行日（2012年7月9日）に外国人住民と見込まれる者について作成され（住基法改正法附則3条1項）、その記載事項は作成対象者に通知されることになっている（同条5項）。

その仮住民票は、外国人登録原票等と法務大臣から提供された情報に基づいて作成され（住基法改正法附則3条3・4項）、仮住民票は住基法改正法の施行日に住民票となる（同法附則4条1項）。

仮住民票の氏名は「原則として、外国人登録原票に記載された氏名情報等」によるとされているが[33]、中国人が使用する簡体字等は仮住民票作成の時に正字に変換するとのことである[34]。

(3) 外国人住民票の「氏名」

(i) 原則ローマ字、申出による漢字併記

在留カードや特別永住者証明書の氏名の表記文字は「ローマ字」とされた（入管法施行規則19条の6第1項、入管特例法施行規則4条1項）。検討経緯で示されていた「アルファベット表記」という文言は見当たらない[35]。

管法等改正及び住基法改正に係る質疑応答について」（質問18に対する回答）外国人登録623号21頁（2011年1月）も同旨）。

[33] 移行実務研究会第11回（2011年2月28日）資料3参照。
[34] 移行実務研究会第11回資料4「住民票の氏名の表記について（案）」の最下部「なお、仮住民票作成時においては、外国人登録原票に基づいて、アルファベット表記・漢字（正字）表記を記載する」。
[35] 平成23年12月26日入管法等改正法整備経過措置政令及び省令の意見募集の結果22「在留カードに記載する氏名はローマ字表記かアルファベット表記かで、記載方法に違いは生じるか」との質問に「記載方法に実質的な違いは生じません」との考え方を法務省は

115

ローマ字を原則としたうえで、氏名に漢字を使用する者が「申出」を行ったときは「ローマ字により表記した氏名に併せて」「当該漢字又は当該漢字及び仮名」を使用した氏名を表記することができるとしたのである（入管法施行規則19条の7第1項、入管特例法施行規則5条1項）[36]。

そして、①「申出」は氏名に漢字を使用することを証する資料1通を提出し法定された届出や申請と併せて行うこと[37]、②「漢字の範囲、用法その他の漢字を使用した氏名の表記に関し」必要な事項は法務大臣の告示で定めること、③一度表記された「漢字又は漢字及び仮名」を表記した氏名の変更（表記しないことを含む）は、住居地以外の記載事項の変更届出の手続によること（入管法19条の10第1項、入管特例法11条1項）などである（以上、入管法施行規則19条の7第2項・3項・5項・6項、入管特例法施行規則5条2項・3項・5項・6項）。

②の法務大臣の告示は、平成23年12月26日法務省告示582号で公布され、簡体字等の正字への置き換えルールなどを示した。これにより中国（台湾）人が使用する簡体字（繁体字を含む）は在留カードや特別永住者証明書に記載されないことになった。

なお、2012年1月13日から開始されている在留カードや特別永住者の事前交付申請を行う場合にも、上記の申出を行うことができる（入管法等改正法整備及び経過措置省令附則15条、入管特例法施行規則附則6条）。

ところで、平成23年10月27日入管法等改正法整備経過措置政令及び省令の意見募集で示された案に付加された条項に次のような条項がある。「法務大

示しているが、疑問である。
[36] 平成23年10月27日入管法等改正法整備経過措置政令及び省令の意見募集で示された案には「当該漢字及び仮名」という文言は見当たらなかった。仮名とは「平仮名又は片仮名」で、氏名の一部に漢字を使用しない場合における当該部分を表記したものに限る」としている。たとえば、韓国人の氏名の「名」の部分がハングル名でしか表記できないときには、「名」に限り平仮名または片仮名で表記することを想定しているのであろう。
[37] なお、法定されている申請や届出には旅券と在留カード（特別永住者証明書）の提示が求められ、旅券が提示できないときは「その理由を記載した書面」の提出が義務づけられている（たとえば、入管法施行規則19条の10第2項、入管特例法施行規則8条2項）。

臣は、氏名に漢字を使用する……について、ローマ字により氏名を表記することにより……著しい不利益を被るおそれがあることその他の特別の事情があると認めるときは、前条第１項の規定にかかわらず、ローマ字に代えて、当該漢字又は当該漢字及び仮名を使用した氏名を表記することができる」（入管法施行規則19条の７第４項、入管特例法施行規則５条４項）とある。これは、旅券を提示できないか本国機関が発給する身分登録書面などでは使用漢字を確認する手段がなく現に漢字を使用している永住者等（特別永住者を含む）を想定したものと考えられる。しかし、これまで漢字を使用して社会生活を営んでいた永住者等（特別永住者を含む）も不利益を被るおそれがあると考えられよう。

外国人住民票の氏名欄に表示される氏名は在留カードや特別永住者証明書の表記に倣うとされているので、外国人住民票の氏名欄には、ローマ字またはローマ字と漢字（一部仮名）で表記されることになる。それにあわせて通称が表記されることもありうることになった[38]。

(ii) 氏名の変更

在留カードに表記されている氏名の変更が生じたときは、中長期在留者は、その変更を生じた日から14日以内に、法務省令で定める手続により[39]、「法務大臣に対し」変更の届出をしなければならないが（入管法19条の10）、特別永住者は、法務省令に定める手続により[40]、「居住地の市町村の長を経由して、法務大臣に対し」変更の届出をしなければならない（入管特例法11条１項）。いずれの場合も在留カードや特別永住者証明書を提出し、氏名の記載変更がなされた後に、新たな在留カードや特別永住者証明書が交付される（入管法19条

---

38 住基法施行令30条の25以下。この点は、第２節２を参照。
39 届出書１通、写真１葉、変更を生じたことを証する資料１通を提出し、旅券および在留カードを提示、旅券を提示できないときはその理由書１通を提出（入管法施行規則19条の９）
40 届出書１通、写真１葉、変更を生じたことを証する資料１通を提出し、旅券および特別永住者証明書を提示、旅券を提示できないときはその理由書１通を提出（入管特例法施行規則７条）。

の10第2項、入管特例法11条2項)。

　なお、氏名に漢字を使用した者がその表記された漢字の変更やその記載を抹消するには、入管法19条の10または入管特例法11条1項の手続によってのみ、その変更や抹消が可能である(入管法施行規則19条の7第6項、入管特例法施行規則5条6項)。

　在留カード等の氏名の変更届出が法務大臣に行われれば、法務大臣は市町村に通知する義務があり(住基法30条の50)、市町村長はその通知に基づき職権で外国人住民票の記載を行うことになる(住基法8条)。市町村長は、外国人住民票に記載をしたときは法務大臣に所定の事項を通知しなければならないが、住基法30条の50の規定による通知の場合は法務大臣への通知はしなくてもよい(入管法61条の8の2、入管法施行令6条1項2項)。

(4)　外国人住民票の「氏名」に関する問題点

(i)　氏名の表記文字

　氏名の表記はローマ字表記を原則とすることが決定された。

　旅券等が発行されずローマ字表記ができない場合でかつ漢字使用国出身の者で「ローマ字により氏名を表記することにより……著しい不利益を被るおそれがあることその他の特別の事情があると認めるとき」に限り、当該漢字または当該漢字および仮名を使用した氏名の表記を許容し、漢字使用国出身者であっても旅券等でローマ字表記が確認できれば極力ローマ字で表記させることとし、漢字使用国出身者であって当初ローマ字表記であれば、申出により資料を提出させて漢字または漢字および仮名を併記することにしたのである。漢字使用国出身者の者のみの特則を設けたが、氏名の表記文字はローマ字とする原則である。

　ところで、氏は名と一体となって自己を識別させるもので、社会生活上欠くべからざるものであり自らの人格と切り離すことはできない。氏名を正確に呼称させる利益、氏名を正確に表示させる利益は、憲法13条にいう幸福追求権の一種であり「個人の人格的生存に不可欠な利益を内容とする権利」である人格権の一態様である[41]。最高裁は、在日韓国人の氏名を日本語読みし

たことの違法性を審理した事案で、「氏名は、社会的にみれば、個人を他人から識別し特定する機能を有するものであるが、同時に、その個人からみれば、人が個人として尊重される基礎であり、その個人の人格の象徴であって、人格権の一内容を構成するものというべきであるから、人は、他人からその氏名を正確に呼称されることについて、不法行為法上の保護を受けうる人格的な利益を有するものというべきである」と判示している[42]。

　氏名権が人格権の一種であり正確に呼称される利益や正確に表記される利益があるとすれば、外国人住民票の氏名は原則として本国文字により表記されなければならない。外登法上の取扱いでは本国文字による取扱いが認められていたことは先にみたとおりであり、技術的には不可能なことではないことを例証している。外国人に人格があることはいうまでもない。日本の社会生活を営むうえで、在留カード等や外国人住民票に本国文字により表記され呼称されるべきは当然の法理である。ただ、在留外国人の出身地国が現在191カ国に達しその本国言語による表記が困難であるとすれば、少なくともローマ字表記を本国文字の読みに倣って正確に表示する取扱いが望まれる。

　なお、通称は外国人住民票の記載事項とされているが、法務省は在留カードや特別永住者証明書の氏名欄には記載しない取扱いであり、市町村長から法務大臣に通知すべき事項とはしないとのことである[43]。

(ⅱ) 外国人住民票の氏名変更履歴

41　芦部信喜＝高橋和之補訂『憲法第5版』119頁・123頁（岩波書店、2011年）。
42　最三小判昭和63年2月16日民集42巻2号27頁。その第一審では「氏名は表記上も表音上も一個であるといわざるをえないのであって、これを表音についていえば、人は社会生活上自己の氏名を正しい呼び方に従い正確に呼称されねばならず、又これを正確に呼称される利益を有するというべきである」と判示している（昭和52年7月1日福岡地小倉支判民集42巻2号39頁（49頁）。
43　「通称名は市町村との情報連携上必要な項目であると認められないことから、法務省に対し、通知の必要はない」（「平成22年度外国人登録事務従事市町村職員中央実務研修会質疑応答」（質問5に対する法務省回答）外国人登録621号20頁～22頁（2010年11月）、移行実務研究会第11回（2011年2月28日）資料1－①「通称名について　法務省との情報のやりとりに当たって通知事項としない」）。

氏名変更の届出は、中長期在留者は直接法務大臣に、特別永住者は居住地の市町村経由で法務大臣に、法務省令に定める手続により行うことになるが、その情報は法務大臣から市町村に通知されることになる（住基法30条の50）。市町村長は、氏名に関する、変更前の氏名、変更後の氏名、変更が生じた年月日の通知情報に則って職権で外国人住民票に所要の記載を行うことになろう（住基法施行令12条2項1号、同30条の32の読み替え）[44]。氏名を変更した旨の記載は、既存の外国人住民票の修正にとどまるのか、それとも外国人住民票を改製して改製後の外国人住民票に移記するのかは定かではない（住基法施行令16条）。

なお、外国人住民が死亡したり転出したりして消除された外国人住民票または改製されたときの改製前の外国人住民票はそれぞれ5年間市町村に保存される（住基法施行令34条1項）。日本人の場合は戸籍に氏名の履歴が公示されているが、外国人の場合は日本における官公署発行の書面は外国人住民票の記載事項証明書またはその写しだけである（住基法12条以下）。外国人住民票の氏名に関する変更履歴（変更年月日を含む）を把握できるように、外国人住民票の保存期間についての特則を設けて伸長すべきである[45]。

(iii) 法務省に保存される登録原票の氏名変更履歴

登録原票は、法施行後は法務大臣に送付される（入管法等改正法附則33条）。

---

[44] 在留カード記載事項変更届出書（入管法施行規則19条の9、別記第29号の9様式）では、8変更を生じた日、9変更の内容に「変更前　変更後」の欄がある。特別永住者証明書記載事項変更届出書（入管特例法施行規則7条、別記第6号様式）も同様である。

[45] 平成23年1月21日住法改正政令規則の改正政令規則意見募集の結果「21意見　在留外国人の身分関係が本国の身分登録簿に直ちに反映されないばかりか、氏名欄に記載される通称や住所の変遷などは本国の身分登録簿の記載事項ではない。……そこで住基令34条2項の『在外者等』の保存期間の80年に準じて、消除又は改製された『外国人住民票』の保存期間を80年以上とすべきである」に対して、総務省は「住民基本台帳法施行令第34条第2項は、在外選挙制度における国内における最終住所の確認のため消除又は改製された戸籍の附票の保存期間を延長したものであり、消除された外国人住民に係る住民票については、消除された日本人に係る住民票と同様、5年の保存期間とすることとしています」との考え方を示した。外国人住民の利便性に配慮しない姿勢がみてとれる。

中長期在留者や特別永住者は、自らの法施行前の氏名変更の履歴の情報を住所地市町村では知りえないことになる。それらの開示の必要性は、多言を要しないであろう。住所地市町村経由の安価で迅速な開示が求められる。

　なお、登録原票は閉鎖されて原則30年間保存されるとのことであるが[46]、その保存年限の伸長も求められよう。

（西山慶一）

2　外国人住民票の「通称名」

(1)　通称名とは——身近な芸名等との比較の考察から始める——

　「通称」は、広辞苑によれば、「一般に通用している名前。とおりな。また、正式な名称ではないが、世間で普通に呼んでいる名」という意味である。芸名や筆名・雅号も通称と似ているが、芸能活動・作家活動以外の場では本名を使用している。

　ここで考察するのは、当該個人の社会生活の全分野において（町内・学校・職場・役所等）、そして結婚等で相手方の姓（通称名を含む）を称する場合を除き継続して使用される「通称名」についてである。

(2)　通称名の記載を許容する外国人登録実務および不動産登記実務

　芸能人が売れっ子になって蓄財し御殿を建てたときには本名で登記をする。

　しかし、「本邦に在留する外国人の登録を実施することによって外国人の居住関係及び身分関係を明確ならしめ、もって在留外国人の公正な管理に資することを目的とする」[1]外国人登録実務においては、本名のほかに通称名を

46　「法務省行政文書管理規定に基づき定められた標準文書保存期間基準によると、登録原票の保存期間は30年とされており、また、職務の遂行上必要があると認めるときは保存期間の延長を行うことができるとされている」（「入管法等改正質問箱（第6回）」（質問5に対する回答）外国人登録631号39頁（2011年9月））。

［第2節2注］
1　外登法1条。旧外国人登録令1条は、「この勅令は、外国人の入国に関する措置を適切

記載することが次のように認められている。

「なお、通称名(本名以外のいわゆる別名)は、本来の登録事項ではないが、在留外国人の多くは本国名以外の日本名を使用して社会生活を営んでいる事実があること及び在留外国人の実態把握という制度の趣旨を考慮して、行政運用で登録することを認めている。したがって、本名以外で実際に日常生活において使用している氏名(ただし、必ずしも日本式氏名であることを要しない。)であり、原則としてこれから使用する通称名の登録は認められない。また、通称名の登録は一つに限られ、それも登録原票等の氏名欄に括弧書きして表示する取扱いである」[2・3]。

不動産登記実務においても通達で、通称名による登記名義が許容されている。「登記手続で住所証明書として添付する外国人登録済証明書[4]に上記のように本国氏名と通称名が併記されているときは、本国の氏名を表示するのが相当であるが、通称名をもって、便宜登記名義とすることが許される。これは、講和条約発効前から日本に在留している場合と否とにかかわりない」[5](要約)。

通称名をもって国家が設営する公的な帳簿である外国人登録原票や不動産登記簿への登載が可能とされ認容されるには、"相当に強い根拠である"とい

に実施し、且つ、外国人に対する諸般の取扱の適正を期することを目的とする」と規定する。
2 例外があることについては後述する。
3 田村満『外国人登録法逐条解説』68頁(日本加除出版、1988年)。なお同書全訂版(2000年)では98頁。
4 (注5)の通達当時の表記である。現行では「外国人登録原票記載事項証明書」。
5 昭和38年9月25日民三第666号民事局第三課長回答(参考資料4(1)⑥)参照。吉野衛『注釈不動産登記法総論〔新版〕下』149頁(金融財政事情研究会、1982年)。商業登記実務では、役員就任の就任承諾書に添付された印鑑証明書に通称名が併記してある場合や、印鑑証明書には併記がなくても通称名併記の外国人登録済証明書をあわせて添付した場合には、本名による登記が原則であるが例外的に通称名による役員氏名の登記は可能であるとする(法務省民事局第四課監修・亀田哲『外国会社/外資系会社 登記の実務』184頁(商事法務研究会、1989年)。なお、通称名であることが判明しない印鑑証明書添付不要の役員就任によりその氏名を登記する登記手続類型は多々ある。

い得るような事情とか理由がなければならない。そうでなければ、国家がこれを認容するはずがないと思われるからである[6]。

(3) **通称名の由来──通称名使用の必要性をもたらしたもの──**

外国人登録実務が本来の登録事項ではないのに通称名を許容する理由づけとして記述された、上記「在留外国人の多くは本国名以外の日本名を使用して社会生活を営んでいる事実があること」[7]という現実社会の実体や、通称名義の登記が許容される在留外国人の在留の始期の問題が、「講和条約発効前から日本に在留している場合と否とにかかわりない」[8,9]という、講和条約発効時が基準となるか否かが命題となっていることから、通称名の由来は歴史的経緯によるものであることが垣間見えるのではないかと思う。講和条約の意義やその発効前後の歴史的経緯を概略にしても辿ることは、通称名を外国人住民票に記載することの可否やその必要性とあり方等を判断するうえで必須の作業ではあるまいかと考える。

(i) **在日韓国・朝鮮人の通称名の由来──オールドカマーの典型として**

いうまでもなく講和条約（「日本国との平和条約」）は、第2次世界大戦＝太平洋戦争における日本の敗戦処理のために日本が連合国側と締結した条約で

---

[6] たとえば、離婚した母親とその子の氏が異なる場合に子が母親の氏を称しようとするときでさえ家庭裁判所の許可が必要であり（民法791条1項）、「やむを得ない事由」による氏の変更（戸籍法107条1項）や、「正当な事由」による名の変更（戸籍法107条の2。たとえば、父祖伝来の家業の歴代の当主の名を襲名する場合もこの範疇に入る）につき、いずれも当該事由、すなわち"相当に強い根拠である"と言い得るものの存否につき家庭裁判所の判断を求めて許可を得なければならない。

[7] この記述がされた田村・前掲（注3）の初版発行の年＝1988年末の外国人登録者総数は94万1005人、そのうち韓国・朝鮮人が67万7140人で約72パーセントを占める（木棚照一監修「定住外国人と家族法」研究会編著『「在日」の家族法Q&A〔第3版〕』70頁（日本評論社、2010年））。

[8] 講和条約は、正式には「日本国との平和条約」。署名がなされた地の地名から、一般的にサンフランシスコ平和条約という。

[9] この通達当時＝1963年末の外国人登録者総数は65万1574人、そのうち韓国・朝鮮人が57万3284人で実に約88パーセントを占める。敗戦の年＝1945年当時は、正確な統計がないが200万人を超える朝鮮人が日本で生活をしていたと推測されている（木棚監修・前掲（注7）70頁）。

ある。その発効の日は、日本の敗戦から7年後の1952年4月28日であるが、それに先立って、同年4月19日、「平和条約の発効に伴う朝鮮人、台湾人等に関する国籍及び戸籍事務の処理」に関する通達が出され[10]、朝鮮人は内地に在住する者を含めてすべて日本国籍を喪失するとされた。

朝鮮人は「韓国併合ニ関スル条約」(1910年8月29日発効)により日本帝国の臣民となったが、1952年4月28日に上記通達によって日本国籍を喪失させられ同日公布された外登法の対象となった[11]。

日本統治時代、朝鮮総督府は、朝鮮人の皇国臣民化の徹底のため、「皇国臣民ノ誓詞」を教育宣伝するとともに「創氏改名」を実行した。その方法は、朝鮮人の親族・相続については内地民法によらず慣習によるとしていたものを、「朝鮮民事令」[12]を改正して、「氏」は戸主が定めるとし、内地民法746条「戸主及び家族は、その家の氏を称する」という条項を適用させたものである。創氏改名は、だから、日本式の氏名とともに日本式の家制度の導入を図った(強制した)のである[13]。例をあげると次のようになる[14]。

戸主・李圭徹（咸興） 戸主の母・劉彩鳳（江陵） 戸主の妻・朴春子（密陽） 子・李容鎮（咸興） 　　（以下の括弧内は本貫）	戸主・木村圭徹（咸興李） 戸主の母・木村彩鳳（江陵劉） 戸主の妻・木村春子（密陽朴） 子・木村容鎮（咸興李） 　　（以下の括弧内は姓及び本貫）

⇨ (arrow between the two boxes)

10　昭和27年4月19日民事甲第438号民事局長通達。この通達を違憲であるとする有力な学説がある――大沼保昭「在日朝鮮人の法的地位に関する一考察」同『在日韓国・朝鮮人の国籍と人権』(東信堂、2004年)(初出・法学協会雑誌96巻3・5・8号(1979年)、97巻2・3・4号(1980年))。

11　朝鮮人は、外国人登録令(昭和22年5月2日勅令207号)では外国人とみなされて、すでに適用対象とされていた。

12　制令第19号、1940年2月11日施行。

13　民法は強行規定であることを想起されたい。夫婦別姓を選択したくても、現行民法750条「夫婦は、婚姻の際に定めるところに従い、夫又は妻の氏を称する」は、それを許さないのである。

14　宮田節子＝金英達＝梁泰昊『創氏改名』64頁(明石書店。1992年)。

これは、朝鮮人にとっては、氏名を有するという人権（後掲（注24）参照）の否定であり、家族制度の態様にかかる民族の文化の否定であるから、屈辱以外のなにものでもなかったろうと思われる（抗議の自殺者もいた）。
　しかし、創氏改名による氏名で不動産の登記名義を得た者もあるだろう。
　要約して紹介した前記通達における法務省への照会文の原文では、「講和条約発効前より永住している者（当時日本において使用している氏名を用い、既に他の不動産につき登記をされている者、またされたことのある者を含む）と発効後日本に在留する者とを区別して……」という表現がある。当事者や社会全般の意識からみれば、発効前は日本式氏名は本名であり発効後にそれが失効させられ通称名になったといえようし[15]、こうした歴史的経緯がこの通達から読み取れる。

　(ⅱ)　**在日ブラジル人の通称名の由来──ニューカマーの典型として──**
　1908年6月18日サンパウロ州サントス港に到着した「笠戸丸」がブラジル移民第1号である。それから100年近くが経過しようとしている1988年に入管法が改正され（1990年施行）、就労制限のない「定住者」[16]という在留資格が新設され、日系ブラジル人や日系ペルー人が単純労働者の「デカセギ」[17]として日本に入国するようになった[18]。

---

[15] 「朝鮮姓名復旧令」（1946年10月23日在朝鮮米国陸軍司令部政庁法令第112号）により日本式氏名は失効した（ただし、日本式氏名によって為された法律行為は何ら影響を受けないとする）が、当時は日本国籍を有して日本で生活していたのであるし周囲の社会も日本式氏名を本名とする意識のほうが強かったのではないか。

[16] 「出入国管理及び難民認定法第7条第1項第2号の規定に基づき同法別表第2の定住者の項の下欄に掲げる地位を定める件」（平成2年5月24日法務省告示第132号）において、「3　日本人の子として出生した者の実子（括弧内略）であって素行が善良であるものに係るもの　4　日本人の子として出生した者でかつて日本国民として本邦に本籍を有したことがあるものの実子の実子（括弧内略）であって素行が善良であるものに係るもの」とする規定により、ブラジル移民の日系二世・三世が該当する。素行善良要件は2006〔平成18〕年に追加された。在留資格「定住者」は、「永住者」等と同様に生活保護法1条の「国民」に準ずる対象とされる。

[17] 本間圭一『南米日系人の光と影』（随想舎、1998年）の副題「デカセギから見たニッポン」の表現を借用した。

[18] 1989年末の外国人登録者総数は98万4455人、そのうち日系ブラジル人は1万4528人で

125

〔第1部〕 第3章 渉外家族の法実務からみた外国人住民票の記載事項等の問題点

ブラジル人の氏名の表記方法について、外国人登録実務における家族事項の原票記入要領の見本例をみてみる（結合氏でかつ名が二つある）[19]。

YAMAGUTI DIEGO KENDI DA SILVA（本人の子・男性）
YAMAGUTI ELIANE JUNKO DA SILVA（本人の子・未婚女性）
YAMAGUTI MARIA FABIANA DA SILVA（本人の妻・既婚女性）

日系一世と思われる本邦にある父は YAMAGUTI NOBUHIRO で、日系二世と思われる本邦にある母は YAMGUTI TOMIKO TAMURA と表記してある。

このように四つもある氏名は日本では珍しい。John Fitzgerald Kennedy や Sir Winston Leonard Spencer Churchill も、ジョン　F　ケネディ、ウィンストン　チャーチルと、ほぼ二つで呼び慣わしてしまう。

もし、山口信弘氏（漢字は筆者が当て字した。以下同じ）が、日本国政府の強力な移民政策によりブラジル移民にならなかったとしたら、その孫に当たる者に、命名されたであろう氏名が山口賢治であり山口淳子である。日本において、日本式氏名の部分だけでも「一般に通用している名前」そして「正式な名称ではないが、世間で普通に呼んでいる名」として落ち着いていくのは至極当然ではないかと思われる。

外国人登録実務は、新規登録時に本名の一部である日本式氏名部分を通称名として登録することを認めている（後述参照）。

ここにも通称名の由来に歴史的経緯のあることがみてとれる。多文化共生社会[20]を目指す場合に日本社会のあり方を含めその是非を論ずることは必要

　　わずか1.4パーセント強に過ぎないが、2007年末には215万2973人中31万6967人で15.4パーセント弱を占めるにいたる。その後は、日本経済の悪化等により減少傾向にある（西山慶一氏作成資料から）。
19　入国管理局・平成12年3月外国人登録事務取扱要領等137頁。
20　総務省は、2010年3月「多文化共生の推進に関する意見交換会報告書（案）」を公表した。そのなかで、「集住」「非集住」「オールドカマー」「ニューカマー」「南米系ニューカマー」「アジア系ニューカマー」等の用語が使用されている。法務省は、平成22年1月報告書「今後の出入国管理行政の在り方」（第5次出入国管理政策懇談会）を公表し、そのなかで検討課題として、「ア　適正な在留管理の実現」とともに「イ　外国人との共生社

であるが、ひとまず、交わされた議論を振り返ってみたい。

(4) **在留カード・特別永住者証明書には通称名の記載がされない**

　法務省は、通称名を在留カード・特別永住者証明書（以下、「在留カード等」という）に記載すべきであるとの意見につき、次のように回答している[21]。

　「公正な在留管理のために通称名は必要な情報ではないこと及び住民の行政サービスに必要な情報は、新たに導入される外国人住民票にかかる住民基本台帳制度において保有されることを考慮し、在留カード等への記載することを含めて法務省では通称名を管理しないことを予定している。当省の所管ではないが、新・外国人住民票には備考欄で扱われることになるものと承知している」（要約）。

(5) **外国人住民票の仕様や記載方法等の検討経過**

　外国人住民票を所管する総務省は、その仕様や記載方法等について、外国人住民票の導入に伴い廃止される外国人登録制度から「外国人住民にかかる住民基本台帳制度への移行等に関する実務研究会」（以下、「移行実務研究会」という）を開催しその検討を重ねた。

　移行実務研究会第2回（2009年10月1日）において、「通称名が日常生活上用いられていること、実務上、外国人登録原票記載事項証明書には通称名を原則記載している現在の事務処理等を踏まえ、住民票の写しに通称名を記載する取扱いを原則とするかについて検討する必要があるのではないか」が論点の一として意見交換があった。

　移行実務研究会第6回（2010年3月18日）が、論点として、「外国人登録制度における実務上の取扱いを基本としたらどうか」と取り上げた。そこでは、外国人登録実務上の本名に併記しての通称名登録可能について、前述のとおり、前掲（注3）の田村68頁を要約して紹介するとともに、立証資料および例外事例（（注2）で後述するとしたもの）の実務を、以下のように紹介してい

会実現のための基盤の整備」について記述している。
21　平成22年8月31日「『在留カード及び特別永住者証明書の仕様について』に関する意見募集の結果について」。

る[22]。

「通称名の登録・変更登録の立証資料として、不動産登記簿謄本、勤務先または学校等の発行する身分証明書、通称名で受領している郵便物等で、社会生活上日常的な使用実態を確認する取扱いとなる。

使用実績のない場合でも通称名登録が認められる例外として、三つの事例がある。

① 通称名を有する外国人の子として出生した場合
② 日系人の氏名の日本式氏名部分を登録する場合
③ 婚姻等の身分行為により相手側日本人の氏（通称名を有する外国人の通称名氏を含む）を登録する場合

これらは、所持する旅券、父等の戸籍謄本、出生・婚姻等の届出証明書等により通称名が確認されれば、今後通称名が使用されることについて特段の疑義はない。新規入国者で、三つの事例に該当しない場合は、創設的通称名の登録は適当でない」（以上要約）。

「ただし、現行の取扱いにおいて、課題となる点を修正したらどうか。（例）他の市町村から転入と同時に郵便物により通称名を頻繁に繰り返すケース」として懸念も表明された。

そして、移行実務研究会第11回（2011年2月28日）で、上記のような通称名の登録にかかる外国人登録実務を、外国人住民票の実務（仮住民票の作成にあたっても）においても、ほぼ踏襲する方向に議論が収束していった。ただし、通称名の使用実績を厳格に求める（複数の立証資料が必要、通称名使用の動機の理由書や通称名使用実態の陳述書の提出を求める、手書きの郵便物は立証資料として認めない）との留保が付された。また通称名による印鑑登録を認めることも議論された。

移行実務研究会第12回（2011年3月25日）は、通称名の履歴の取扱いが論点とされた[23]。

---

22 入国管理局・平成18年3月外国人登録事務取扱要領別冊107頁・108頁。

〔第2節〕 2 外国人住民票の「通称名」

(6) 検討すべき諸点

(i) 在留カード・特別永住者証明書へ通称名の記載をすべきと考えた――外国人住民票に記載されることとなった――

入管法等改正法により改正された入管法・入管特例法につき2011年12月26日公布されたその新しい施行令および施行規則では、在留カード・特別永住者証明書には通称名は記載されないことになったが（氏名はローマ字表記が原則で、氏名に漢字を使用する者は申出により漢字等併記ができるとされた。入管法施行規則19条の6・19条の7、入管特例法施行規則4条・5条）、外国人住民票には申出により「通称」が記載されることになった（住基法施行令30条の25・30条の26。政令上は「通称」という用語が使用されているが「通称名」と同じ概念である）。以下に、少し詳しく述べたい。

(ii) 通称名の履歴の公証ができるように配慮すべきである――外国人住民票が一定の役割を担うことになった

(ア) 通称名の履歴があることの必然性――氏名変更の国際私法の考え方と戸籍実務の相違――

人は出生により氏名を取得するが[24]、その生涯の過程で、結婚・離婚、養子縁組・離縁等の身分行為を通じて氏の変更のあることが想定される。

日本とある外国の国際結婚夫婦の氏は、多数の学説および裁判例は国際私法が解決すべき渉外私法上の法律関係であるとの考え方に立っているが、氏の変更が身分変動により当然に生ずる場合はその身分変動の効果法説（この例では婚姻効果法説）と、氏名という人格権の問題として各当事者の本国法によるべきとする本国法説（氏名権説）がある[25]。

---

23 新住民基本台帳法施行令で、外国人住民票に通称を記載する取扱いがなされることになったが、その詳細は本文で後述する。
24 市民的及び政治的権利に関する国際規約（自由権規約、国際人権B規約）24条2項は、「すべての児童は、出生の後直ちに登録され、かつ氏名を有する」と規定し、児童の権利に関する条約は7条において、「児童は、出生の後直ちに登録される。児童は、出生の時から氏名を有する権利及び国籍を取得する権利を有する」等と規定している。よって、氏名を取得し氏名を有することは人権である。

戸籍実務は、日本式の氏は日本人しか称することができないとする。かかる戸籍実務により、仮に、婚姻効果法説に基づき、または、人格権説に基づき、国際結婚夫婦のいずれの本国法も夫婦の氏の変動を認める内容の法律であったとしても、外国人妻は日本人夫の氏を称することはできないという結論になる。

ところで、日本人妻の場合は、1985年に至り、結婚により外国人夫の氏を称することが、新設された戸籍法107条2項の規定により届出だけで可能となったが[26]、これは「呼称上の氏」であり飽くまで日本式の氏＝「民法上の氏」は保有しているという取扱いである[27]。

この規定が設けられる前に、旧戸籍法107条1項に基づき、日本人妻が「やむを得ない事由によって」外国人夫の氏に変更することの申立てについて許可をした家庭裁判所の審判例がある[28]。先に、「創氏改名」は民族の屈辱であると述べたが、日本社会においては「家族すべてが同氏」こそが至上命令となる。

日本人妻が在日韓国人夫の本名を称することは前記戸籍法107条2項で可能であるが、在日韓国人夫の通称名を称するには、やはり「やむを得ない事由に」よる家庭裁判所の許可を求めなければならないが、家庭裁判所が、日本社会のあり様を配慮してこれを許可した審判例は多い。また、在日韓国人妻が日本人夫の氏を称したいと望んだとしても、現実的には無理であるが[29]。

---

[25] 清水響「夫婦の氏」国際私法判例百選〔新法対応補正版〕162頁・163頁（2008年）。山田鐐一『国際私法〔第3版〕』428頁・559頁（有斐閣、2004年）は身分効果法説、溜池良雄『国際私法講義〔第2版〕』420頁（有斐閣、1999年）は人格権説を採る。その他氏名は公簿に登録されるから国際私法関係から離れて考えるべきだとする氏名公法説がある。

[26] 「女子に対するあらゆる形態の差別の撤廃に関する条約」（日本1985年7月25日効力発生。昭和60年条約第7号）批准に伴い、昭和59年法律第45号により、国籍法につき父系優先血統主義から父母両系血統主義に改められたのと軌を一にして、戸籍法につき改正・新設された規定である。

[27] 通達や戸籍実務については、西堀英夫＝都竹秀雄『新版　渉外戸籍の理論と実務』（第3章　国際的身分関係の変動と氏の変更）69頁以下（日本加除出版、1994年）を参照。

[28] 東京家審昭和43年2月5日家裁月報20巻9号116頁。

[29] 木棚監修・前掲（注7）の「在日の姓に適用される法律」（308頁）、「日本人男性と婚

日本人夫の氏を通称名として称することは可能である。

　通称名を有する在日外国人同士の結婚でも、在日韓国人妻が在日韓国人夫の姓を称するには通称名でしかあり得ないし、在日ブラジル人であればやはり通称名でしかないのである。

　2012年1月20日公布された住基法施行令の改正は、氏名・住所・性別等の基礎的な住民票の記載事項のほか、「政令で定める事項」（住基法7条14号）として、同施行令30条の25において通称を記載事項とすると規定した。

　住基法施行令30条の26第1項は、通称の記載を求めようとするときは申出書の提出とともに記載の必要性を証するに足りる資料を提示しなければならないと定め、そのなかで通称の意義を「氏名以外の呼称であって、国内における社会生活上通用していることその他の事由により居住関係の公証のために住民票に記載することが必要であると認められるものをいう」と定義する。

　この定義の意味するところの解釈について、先に述べた、通称名にかかる外国人登録実務や移行実務研究会の議論が参考になると思われる。

　そして、申出書には、通称の必要性の事由（社会生活上通用またはその他の事由による居住関係公証の必要性）を記載しなければならない（住基法施行規則45条1項）。

　こうして居住関係の公証のために必要であると認められるときは通称が記載される（住基法施行令30条の26第2項）。

　住基法施行令30条の26第3項は、転出証明書に記載された通称や住基カードの交付を受けた者の転出届の場合における市町村間で送信される通称を、新住居地の外国人住民票に記載しなければならないと定める。

　住基法施行令30条の26第4項は、通称の削除について規定する。離婚して旧姓に復する場合を想定して考えてみる（日本民法767条1項「離婚による復氏」が該当する）。自己の通称としていた婚氏（相手方の氏または通称）を、通称と

姻する韓国人女性の姓の変更」（312頁）、「日本人妻は韓国人夫の姓に変更できるか」（320頁）を参照。

しての記載から削除を求める申出書を提出すればよく、離婚等の事由の説明や証明する資料の提示は必要ではない（住基法施行規則45条2項）。

　日本社会で通称で生きていくことをやめにして、これからは正々堂々本名で生きていこうと決意した場合も同じである。

　ただ、離婚の場合では、復氏する旧姓が本名である場合と、従来の通称に復したい場合があり、取扱いが異なることになる。前者は、通称の削除の申出だけで足りるが、後者の場合は、通称の削除の申出および証明資料の提示とともになすあらためて実家の通称の記載を求める申出（必要性の事由を記載しなければならない）の両方の申出の手続をしなければならない。

　かかる通称の「削除」と「記載」という仕組みをとったのは、あくまで日本国内における居住関係の公証のための必要性を認めて許容されるものであり、よって、「変更」という用語を使用するのは相当ではないとされたと考えられる。

　住基法施行令30条の27は、通称の記載や通称の削除をした場合は、その市町村名と年月日を記載するとの記載方法等の定めを規定した。

　こうして、外国人住民票により通称の履歴の公証が一定程度（除票の保存期間の制約があるが）できることとなった。

　なお、仮住民票は、外国人登録原票・その他の記録（国民健康保険等）および法務大臣からの情報に基づき作成されるが（住基法改正法附則3条3号、仮住民票は施行時に住民票になる。同附則4条1号）、このとき外国人登録原票に通称の記載があれば仮住民票に通称が記載されることになるものと思われる（第9回移行実務研究会（2010年9月10日）において仮住民票作成時に通称を仮住民票記載事項通知書に記載したらどうかと議論がなされ、その第11回（2011年2月28日）で、仮住民票作成にあたって氏名欄に括弧書きで通称名を記載し引き続き認めるとされた）。

　　(イ)　保存期間の延長をする──除票の保存期間5年の延長の規定はなかった

　日本人については戸籍により氏名変更の履歴の公証ができるが、通称につ

いて本国の身分関係登録機関に登録されるわけではなく、外国人住民票が唯一の通称の履歴を公証できる手段であるから、除票の保存期間を5年ではなく延長すべきであると考えたが、その旨の規定は制定されなかった。

　(ｳ)　他の市町村との連携を図る——通称が他市町村に連絡・通知される

　前述のとおり住基法施行令30条の26第3項により、通称が転出元・先の市町村間で連絡・通知されることになった。よって転出証明書等の通称・その履歴の記載に不明確さがある場合に問い合わせて確認する照会権は当然に発生する。

　(iii)　通称名使用の動機の理由書や通称名使用実態の陳述書の提出（移行実務研究会の提案）に対する市町村の対応はどうあるべきか——通称記載の申出書にその事由を記載すべきことになったが、その認定方法は今後の検討課題である

　通称名使用の由来は歴史的経緯および婚姻等の身分変動によるものが大きいと思われるが、通称名使用が許されることを奇貨として通称名を頻繁に変える事例があるようである。これらを防止するために、移行実務研究会が通称名使用の動機の理由書や通称名使用実態の陳述書の提出を求めることを提案したがこれについて異論はなく、新規の通称名やその変更については厳格にすべきであると考える。しかし、外国人住民票の記載事項にかかわる市町村の行政担当者が、どのような基準で対応するのか等については今後十分な検討が必要であると思われる。

　住基法施行令30条の26第2項は、「市町村長は」、通称記載の申出につき、「居住関係の公証のために必要であると認められるときは」、外国人「住民票に通称として記載しなけらばならない」と定める。認定方法についての細目の規定はなく今後の検討課題であるが、申出書の"事由"の記載が稚拙であったり過不足があったりした場合等に、少なくとも内外人平等の根本理念に立脚し人格尊重を旨として冷静・客観的な（横柄ではない）応対を願いたい。

（小西伸男）

3　外国人住民票の「併記名」

(1)　併記名とは――この名前は何と読むのか――

　最近の子供の命名の傾向は、ふりがなでも振ってもらわないと何と読むのか見当が付かないものが多い（例：快貴、聖南、恵怜⇒かいら、せな、えれん。ある地方新聞の愛児紹介コーナーから）。先祖代々続く「氏」にしても、「東」さんが、あずま・ひがし、「茂木」さんが、もぎ・もてぎ、「神戸」さんが、かんべ・ごうど、といろいろな読みがあり、また、難読の氏もそう珍しくはない。住民基本台帳への記載について、「氏名には、できるだけふりがなを付すことが適当であるが、その場合には、住民の確認を得る等の方法により、誤りのないように留意しなければならない」とする[1]。

　外国人の場合はなおさら難しいと思われる。欧米人では、ドイツの文豪のGoetheについて"ギョエテとは俺のことかとゲーテ言い"なる川柳があったり、ヘボン式ローマ字のジェームス・カーティス・「ヘボン」氏と美人女優のオードリー・「ヘップバーン」が同じ綴りのHepburnであったりする。（併記名は、いわば片仮名によるあるいはローマ字・英文字によるふりがなのようなものであるととりあえず考えてよいだろう）。

(2)　外国人登録実務における併記名と戸籍実務および不動産登記実務

　新規の外国人登録申請における「氏名」の申請書記載要領は、韓国・朝鮮人および中国人の場合は、①原則として漢字、②漢字名がないときは旅券等にあるローマ字（英字）、③両方不明のときは本国文字等を記入させかつ音読させて片仮名を併記する、それ以外の外国人の場合はローマ字（英字）でLast, First, Middleの順序で記入するとしている[2]（詳細は、2(1)「外国人住民票の『氏名』」を参照）。

[第2節3注]
1　住民基本台帳事務処理要領172頁。
2　入国管理局・平成12年3月外国人登録事務取扱要領106頁・107頁。

戸籍実務では、「外国人の氏名の表記方法」として、氏、名の順により片仮名で記載し、氏と名の間に読点「、」を付して区別する、としている[3]（詳細は、第2章3「外国人の戸籍への記載・記録」を参照）。

そして、外国人登録実務の併記名は、「(1) 漢字圏の外国人（韓国・朝鮮人及び中国人）から、登録された漢字氏名に対応する英字表記をしてほしいとの申出があったとき、旅券等公的資料で英字表記を確認できる場合に限り、これを併記して登録して差し支えないないとしているものである。(2) 欧米人等の英字氏名について、氏名の読みをそのまま音読して片仮名で表記したものを併記して登録して差支えないとしているものである」として、併記名の記載を許容している[4]。見本事例によれば、香港出身の中国旅券等の氏名が漢字表記では「林　海峰」、英字表記では「LAM HOI-FUNG EDGAR」のときは、漢字氏名の読みに対応する部分、「LAM HOI-FUNG」のみを併記名として登録する、としている[5]。

不動産登記実務では、旧不動産登記法77条1項が、登記申請書や登記添付書面は「字画明瞭ナルコトヲ要ス」とし、同条2項が数字について「壱弐参拾ノ字ヲ用キルコトヲ要ス」としていることから、登記関係書面はすべて日本語によるものと解される。また、たとえば、住所の方書が「××市営住宅Ⅲ－Ｂ棟123号」のように、日本で一般に慣用されている外国文字を、外国語を表すためではなく使用することは差支えないとしている通達[6]や、登記添付書面が外国文で表記されているときは翻訳文を付さなければならないとする通達[7]があることから、登記申請の関係書類も登記記載・記録そのもの自体

---

[3] 戸籍法及び戸籍法施行規則の一部改正に伴う戸籍事務の取扱いについて（昭和59年11月1日民二第5500号民事局長通達）のうち、第4「その他」3「外国人の氏名の表記方法」(1)。

[4] 入国管理局・平成18年3月外国人登録事務取扱要領別冊107頁・108頁。

[5] 入国管理局・平成12年3月外国人登録事務取扱要領109頁。

[6] 昭和25年11月21日民事甲第3026号民事局長通達（参考資料4(1)②）。船舶登記事務取扱方について、船舶の名称「CP8」を日本文字に引き直さずにそのまま登記簿に記載してさしつかえない、とするもの。

[7] 昭和33年8月27日民事甲第1738号民事局長心得通達（参考資料4(2)②）。アメリカ合衆

もすべて日本語によるべきであると解釈される（詳細は、第2章2「外国人の登記情報（不動産登記・商号登記）への記載・記録」を参照）。

　よって、漢字氏名を有している韓国・朝鮮人および中国人が登記名義人等になる登記手続の場合以外は、外国人である英字氏名の読みを、日本語の片仮名にして登記申請書等に記載することになる[8]。外国人登録原票記載事項証明書に、英字氏名について片仮名氏名が併記して記載してある場合には、その併記名に依拠することになる。しかし、英字氏名のみである場合は、登記代理人となる司法書士が、当該外国人に「音読させて」それを聞き取り片仮名に引き直すという作業をすることになる。登記の時期を異にして別の司法書士が担当した等の事由により、同一の外国人の登記名義人である氏名の片仮名表記が不動産毎に微妙に違ってしまう可能性は大いにあり得る。また、氏と名の記載の順序や氏と名の間の区切りをどうするか（空白「・」「、」「－」「＝」）について必ずしも統一的取扱いが定められていないようである[9]。よって、氏名の片仮名表記、記載順、間の区切りについて、混乱が生ずるおそれなしとしない。

(3)　在留カード・特別永住者証明書の氏名の表記

　入管法等改正法に対応した入管法施行規則・入管特例法施行規則が制定される前、法務省は、在留カード・特別永住者証明書（以下、「在留カード等」という）の氏名の表記を原則アルファベット（英字）とし漢字（正字）の併記を可能とすることを予定している、簡体字については正字に変換して記載する（正字変換に時間がかかるから空港等での在留カード発行時には英字のみとする）、としていた[10]。その後各施行規則が制定され、氏名の表記は、ローマ字

　　国の公証人（notary public）作成の宣誓供述書（affidavit）委任状（Power of attorney）等をもってする登記義務者の同一性確認の可否について回答する文の末尾において、訳文を記載した書面を添付すべきことを念のため申し添える、とするもの。

[8]　「外来語の表記」（平成3年6月29日内閣告示第2号）。
[9]　「登記簿」登記研究630号135頁（2000年）。先輩登記官が後輩登記官の質問に答えるなかで、「区切りの符号として慣用となっているようなものはないね」「登記では、必ずしも氏、名の順で記載することとはなっていないよね」と回答する。

が原則であるとされた（入管特例法施行規則4条1項）が細目は後述する。

(4) **外国人住民票の仕様や記載方法等の検討経過**

　外国人住民票を所管する総務省は、その仕様や記載方法等について、外国人住民票の導入に伴い廃止される外国人登録制度から「外国人住民にかかる住民基本台帳制度への移行等に関する実務研究会」（以下、「移行実務研究会」という）を開催しその検討を重ねた。

　その移行実務研究会第2回（2009年10月1日）で、例示によりイメージされた外国人住民に係る住民票では、その氏名欄は「**LEE YIP-SAE**」とアルファベットのみであった。

　移行実務研究会第4回（2009年12月17日）で在留カード等の法務省の前記取扱いについて、漢字表記への一定の配慮を求める意見等が出てきていることが紹介された。アルファベットのみであると今後支障が生じる、さまざまな問題が起こるのではないか、中国人は漢字併記が理想、最近の韓国人は漢字名を持ってない人もいるから原則アルファベットでもよい、中国人は漢字がないと違和感があるしそのほうが正確である[11]。

　そして、住民票の氏名の漢字表記の基本方針として、アルファベットと漢字（正字）の併記を認め、いずれも氏名として取り扱うこととされた。また、オールドカマーである在日韓国・朝鮮人等の氏名表記については、「在留カード等の漢字表記に関する基本方針」（法務省提供資料）のなかで、次のように例示されて説明されている。

　「（ケース1）　日本で出生した者等で有効な旅券を有しない場合は本国大使館へ旅券の発給申請するよう指導するのが大原則。（ケース2）　特別永住者・永住者で日本出生者や朝鮮籍の者等種々の理由で旅券を提示し得ない場

10　「在留カード・特別永住者証明書の仕様について」3頁。法務省から、「在留カード及び特別永住者証明書の漢字表記について（意見募集）」として、平成23年10月31日「簡体字等を正字に置換する場合の基本的考え方（案）」（法務省入国管理局）が公表された。
11　2009年4月9日静岡県浜松市での説明会と2009年5月26日東京都港区での説明会での意見、日中交流研究所所長段躍中氏および龍谷大学教授李洙任氏の意見。

合は公的機関の疎明資料を提示して漢字のみの在留カード等に表記する。有効な旅券を所持する以上は、特別永住者であってもアルファベット表記を維持したうえで漢字を併記できるものとする」（要約）[12]。

移行実務研究会第7回（2010年4月21日）で例示された住民票の写しのイメージでは、世帯主の氏名欄の上段が「**KIM PARKSON**」その下段に「金博聖」と並列に記載され、妻の氏名欄には同様に「**ZHANG YULIAN**」「張玉蓮」と並列記載されている。

移行実務研究会第9回（2010年9月10日）において、「ふりがなについては、日本人と同様、住民票の氏名にできるだけふりがなを付すことが適当であることから、外国人登録において英字氏名に対応するカタカナ併記名が記載されている場合は、仮住民票の作成に当たって、ふりがなとして記載してはどうか。（なお、併記名がない場合は記載しないことにしてはどうか。）」が議論された。

移行実務研究会第11回（2011年2月28日）では、「ふりがな」ではなく、「英字圏の外国人については、外国人登録においてカタカナ併記名が認められた経緯及び印鑑登録の便宜を踏まえ、住民票の備考欄に記載することとする。なお、当該備考欄の記載により印鑑登録を認める」との取扱案が示された。関連する論点で、転出証明書、住基ネット、住基カードおよび法務省への通知に関しては、記載しないおよび通知しないとされた。また、印鑑登録について、上記の「当該備考欄の記載によって印鑑登録を認める（併記名で彫刻されたハンコの字形＝印影、を指していると思われる）」、「簡体字等による印鑑（前記同）での登録を認める」取扱案が示された。

移行実務研究会第12回（2011年3月25日）は、上記の再認とともに、「印鑑証明書におけるカタカナ表記の記載について」として、この場合の印鑑登録証明書は、印影がカタカナでありその氏名欄にはアルファベット氏名が記載

---

[12] 入管法施行規則19条の7および入管特例法施行施行規則5条において、申出によりローマ字に漢字を併記することができる、この場合は、漢字表記を証する資料1通を提出すべきこと、氏名変更の場合を除き漢字氏名の変更・中止はできない等が規定された。

されるから、「両者の対応関係を明確にするため、印鑑登録証明書において印影で表されているカタカナを記載することとする。(氏名欄ではなく別途記載欄を設けることとする。)」とされた。

(5) 検討すべき諸点
(i) 漢字氏名につきローマ字氏名の強要をするべきでないと考えた──少し緩和する規定が定めれらた

　外国人登録制度(法務省からの法定受託事務)と住民基本台帳制度(行政サービスのための市区町村の自治事務)との間に法制度としての連続性はなく大量の事務事業やデータの移管が行われるのはまれであるとされるが[13]、しかし、対象となる当事者からすれば、縦割り行政ではなく連続性をもって行政事務が進められるものと期待するのは当然の事理である。まして、外国人登録制度と入国管理制度は法務省の所管であるにかかわらず、特別永住者証明書にローマ字氏名を記載するために、わざわざ"本国大使館へ旅券の発給申請する"ように指導されなければならないのが大原則だとしたら、全く筋違いである。

　歴史的経緯により日本で一生涯を過ごすこととなった者に対して、無反省にもまた、高々旅券の取得でないかというかもしれないが、遠隔地在住者が大使館(または領事館)所在地まで出向くことを強要することは許されないと知るべきである。

　住民としての利益の観点からいえば、漢字氏名のみの特別永住者証明書および外国人住民票でもって、外国に旅行等をする必要性がないのであれば、国民健康保険・後期高齢者医療・介護保険・児童手当・生活保護・国民年金等の行政サービスを受ける適用対象となることに関して何の支障もないのである。

　このように考えたところ、入管特例法施行規則5条1項は、「法務大臣は、

---

[13] 池本武広「住民基本台帳法の一部を改正する法律について(二・完)──外国人住民票制度の創設を中心に」自治研究85巻12号124頁(2009年10月)。

氏名に漢字を使用する特別永住者（かっこ内省略）から申出があったときは、前条第1項の規定にかかわらず、ローマ字により表記した氏名に併せて、当該漢字又は当該漢字及び仮名（氏名の一部が漢字でない場合にその部分を仮名表記する、かっこ内を要訳した。）を使用した氏名を表記することができる」（漢字併記の場合は漢字使用を証する資料1通の提出が必要。同条2項）と規定されると同時に、同条4項で「法務大臣は、氏名に漢字を使用する特別永住者について、ローマ字により氏名を表記することにより当該特別永住者が著しい不利益を被るおそれがあることその他の特別の事情があると認めるときは、前条第1項の規定にかかわらず、ローマ字に代えて、当該漢字又は当該漢字及び仮名を使用した氏名を表記することができる」と規定され、漢字のみの特別永住者証明書があり得ることを認めた。"著しい不利益"や"その他特別の事情"という限定条件があるが、歓迎したいと思う（なお、第1章3を参照）。

(ii) 解決しない問題

住基法改正法に対応して2012年1月20日公布された住基法施行令・施行規則では、カタカナ併記名を、外国人住民票への記載事項とする旨の明文の規定は設けられなかった。通称は記載事項とされた（2を参照）。

ただ、外国人登録実務での併記名は、(2)で述べたように当事者から「申出」があったときには、漢字に対する英文字そして英文字に対するカタカナを併記して登録して差支えないとする行政の運用であった。パブリックコメントの時点では、総務省は、外国人登録原票上のカタカナ併記名を仮住民票に移記することは予定していないとしているが（ただし、移行実務研究会第11回・第12回の議論では仮住民票の備考欄に記載するとしていた）、住基法の施行日に備えて、住民基本台帳事務処理要領等が早晩改訂されることが想定される。その改訂において、当事者の「申出」に対応してカタカナ併記名が許容されることとなる行政の運用を強く期待したいと思う。

なぜなら、次のような事例や問題が容易に想定されるからである。

たとえば、代表取締役の氏名がカタカナ名で記載された株式会社の設立登記がなされた場合、金融機関は会社登記事項証明書に依拠して銀行口座の開

140

設を認めると思われる。当該代表者個人の預金口座は、外国人住民票等に依拠してローマ字であるかもしれない。カタカナ名で登記された不動産を担保にとってその不動産所有者に融資する場合に、抵当権設定登記における債務者の記載事項はやはりカタカナ名になる。当該債務者個人の融資金返済の預金口座はローマ字とカタカナのいずれが管理のうえで便宜であるのだろうか。

　印影がカタカナで彫られた印鑑登録は認めれるのか。従来は認められていたし、かつ移行実務研究会での結論も認める方向で収束していったのであるから、行政の運用として印鑑登録証明事務処理要領等の改訂において、今後も認められるべきであると考える。この印影のカタカナがさまざまな社会生活の根拠になると思われるし、日本社会では外来語や外国人氏名のカタカナ表記が原則であるから自然の流れもそれを促すものと思われる。

　ローマ字による印影の印鑑登録しか認められないとすると、当事者からみると首尾一貫しない取扱いになるし、ローマ字氏名とカタカナ氏名が統一された基準がない状態で併存する事例が、枚挙にいとまないような頻度で現出し、社会の取引秩序や国際的家族関係に混乱を招きかねないことになると思われる（現にそうでもある）。

　当事者にとっても、統一された基準がある方が、変に誤解を受けずに済み（何種類かの読みの氏名を自己に都合のいいように場面に応じて使い分ける等）、また外国人に対する偏見を助長しないという意味で好ましいと考えられる。

　今後の検討課題であると思うが、行政の運用で統一的なカタカナ併記名が記載されることを期待したい。

（小西伸男）

4　外国人住民票の「住所」

はじめに

ここでは、外国人登録原票の「居住地」、入管法等改正法の「住居地」、そして外国人住民票の「住所」の意義を述べ、外国人登録原票の「居住地」変更と外国人住民票の「住所」変更手続の違いを記して、外国人住民票の「住所」についていくつかの問題点を指摘することにしたい。

(1)　**外国人登録原票の「居住地」の意義**（外登法4条1項15号）

居住地とは、「外国人登録法に特有の用語であって、住所のほか居所も含み、場合によっては一時的な滞在地であることもある。……外国人登録法の取扱いにおいては、必ずしも本邦内に生活の本拠を有しなくても、滞在の事実を明らかにするという観点から登録の対象としている。……したがって、一外国人につき住所・居所、一時的滞在地が併存するときは、その中で結合関係の最も強い場所すなわち生活の本拠である『住所』をもって『居住地』とするべきであり、また、数個の住所が存在するとき（数個の居所が存在するとき）は、客観的な事実関係及び本人の意思などを総合判断して、外国人登録関係において一番関係の深いと思われるものをその中から選択する。……居住地は、……法律上は、住居番号又は地番まで表示すれば足りるのであるが、居住関係をより明確にするという目的から、運用上は、更に細かくアパート名・室番号とか何某方などを付記する扱いとなっている」としている[1]。つまり、

[第2節4注]

1　外国人登録事務協議会全国連合会法令研究会編著『外国人登録事務必携』44～46頁（日本加除出版、1985年）。また、田村満『外国人登録法逐条解説』（日本加除出版、1988年）では、「居住地とは、民法上の住所（同法第21条（現行22条）『各人の生活の本拠をその者の住所とする。』）に当る場合もあり、また住所に該当するものがないときは、居所や現在地がここにいう居住地に該当することがある。逆に、一定の居住地がないからといって、登録の申請義務がないとはいえないことである」（61頁）として、「いずれにしても、都道府県市町村等大小の行政区画及びその地番や字名があれば、これを含むことは勿論であり、『住居表示に関する法律』……が施行されている地域にあっては、同法

〔第2節〕 4 外国人住民票の「住所」

居住地という概念は客観的主観的要素が混在しつつ極めて曖昧なものである。

ところで、外登法8条では居住地の変更登録が義務づけられているが、その変更後の新居住地は最初の居住地とは異なるとの見解もある。新居住地とは、「そこに当該外国人の生活の本拠が定まったという客観的事実があること及び当該外国人がそこに居住するという意思があることの二つの条件が備わなければならない」とのことであり[2]、居住地の意味が変化するというのである[3]。

(2) 入管法等改正法上の「住居地」の意義（入管法19条の4第1項2号、入管特例法8条1項2号）

改正法の審議の際に政府参考人は、「居住地」を「住居地」に改めた理由を「外国人の在留管理上、届出事項とした上で、在留カードに記載すべき居住関係情報としては、住居と評価できないような場所を含まない住居地の概念がより適切である」と答弁している[4]。また立法担当者は「適正な在留管理を実施するためには、当該外国人の生活の本拠が海外にあると認められる場合であっても、本邦における生活の中心たる場所を届け出させる必要があるため、海外を含む生活の本拠を意味する『住所』という用語を用いるのは適切ではなく、本邦における住居の所在地を意味する『住居地』を届出事項とすることとした」と述べている[5]。つまり、住居地は外国人の場合には海外に生活の本拠がある場合が想定されるので日本における生活の本拠という意味に解されよう。

(3) 外国人住民票の「住所」の意義（住基法30条の45・7条7号）

住基法改正法の立法担当者は、住民票の住所は「地方自治法10条の住民と

に従った住居の表示がこれに該当する」(73〜74頁)。
2 田村・前掲（注1）95頁。
3 入国管理局・平成12年3月外国人登録要領等184頁では「申請受理に際しての留意点」として、「(1) 一時的な滞在のためではなく、相当の長期間にわたって現実にその主たる日常生活を営む場所に移転した事実を確認する」とある。
4 平成21年4月28日衆議院法務委員会西川政府参考人答弁（矢野）。
5 山田利行ほか『新しい入管法』38頁（有斐閣、2010年）。

143

しての住所と同一であり、民法第22条と同様に各人の生活の本拠をいうものである（住基法4条）」が、「外国人登録制度の登録事項である『居住地』は、住所のほか、いわゆる居所又は現在地である場合もあるが、住民基本台帳法においては、その制度趣旨から、住所を有する場合に限り当該住所を記載事項としている」と述べている[6]。民法22条は「各人の生活の本拠をその者の住所とする」と定めているが、それは「実質的な生活関係に基づいて住所を認定する実質主義」を採用したといわれ、通説は、「その人・その時における全生活を観察し、その生活及び活動の中心点を客観的に定め、これをもって住所となすべし……（客観説）」という[7]。

そこで、住所の認定は「これまでの行政実例の中で、二か所以上起居する場所を有し、いずれを住所と認定すべきか疑義がある場合には、1年間安定的に居住しているかどうかに注目しているケースがある。しかし、基本的に住所の認定は居住の実態を総合的に勘案して行うものであり、運用上は必ずしも一定期間以上居住しているといった実績等を求めている訳ではない」とし、外国人については、「家族が海外に居住しているケースや、海外にも別途起居する場所があるケースが日本人に比べて相対的に多いと考えられるが、いずれにしても国内の居住実態を綜合的に勘案して生活の本拠があると判断できれば、日本人と同じ住所の概念の下で住所を認定することができると考えられる」と述べる[8]。

---

[6] 池本武広「住民基本台帳法の一部を改正する法律について——外国人住民制度の創設を中心に（二・完）」自治研究85巻109頁（2009年）。

[7] 谷口知平ほか『新版 注釈民法(1) 総則(1)〔改訂版〕』402頁以下（有斐閣、2002年）。

[8] 池本・前掲（注6）109頁。また、住民基本台帳事務処理要領167頁では、「3 住所の意義及び認定 住民基本台帳法上の住民の住所は、地方自治法第10条の住民としての住所と同一であり、各人の生活の本拠をいうものである（法4条）。住所の認定に当たっては、客観的居住の事実を基礎とし、これに当該居住者の主観的居住意思を綜合して決定する。住所の認定に疑義または争いがあるときは、事実の調査を行い、関係市町村とも協議の上、その真実の発見に努めるものとする。なお、認定しがたいときは、法第31条の規定による助言または勧告を求めることができる。この場合において、他の市町村と意見を異にし、その協議がととのわないときは、法第33条の規定による決定を求める旨を申し出るものとする」としている。

〔第2節〕 4 外国人住民票の「住所」

　ところで、中長期在留者や特別永住者が、在留カードや特別永住者証明書を提出して住基法上義務づけられている住所の届出や転入届・転居届を市町村長に行った場合は、入管法または入管特例法上の住居地の届出や変更届出を行ったとみなす規定がある（入管法19条の7第3項・19条の8第3項・19条の9第3項、入管特例法10条4項5項）。その場合、市町村長は所要の確認を経たうえで在留カードや特別永住者証明書の券面に住居地情報を裏書きして返却する（入管法19条の7第2項等、入管特例法10条3項）[9]。

　その際に、市町村長は、在留カードや特別永住者証明書の裏面にそれらを「提出してした届出の年月日」を記載するとともに（入管法施行令3条、入管特例法施行令4条）、届出をした中長期在留者や特別永住者の氏名、生年月日、性別、国籍・地域、住居地、在留カード・特別永住者証明書の番号などに併せて、変更後の住居地、変更年月日や直前の住居地などを法務大臣に電気通信回線等により伝達しなければならない（入管法施行令2条、入管特例法施行令3条）。

　なお、住所の届出等が住居地の届出等にみなされる点について、入管法等改正法の立法担当者は、「総務省によれば、外国人については、住民基本台帳法上の『住所』は日本国内においてその有無が判断されるとのことであるので、日本に在留する外国人について、住民基本台帳法上の『住所』と入管法上の『住居地』の概念は事実上一致することになる」と述べ[10]、入管法または入管特例法の住居地が住基法上の住所と一致するとの見解を示している。

(4) 外登法上の「居住地」変更手続と住基法上の「住所」変更手続

---

[9] 移行実務研究会第13回（2011年6月28日）資料9「住居地の届出等に係る市町村窓口の運用について」で、「在留カード等の券面への住居地記載（裏書き）に係る事務の流れ（イメージ）　①申請者と在留カード等の券面顔写真を確認　本人確認②在留カード等の券面情報とICチップの情報を確認　偽変造確認③在留カード等の券面に住居地情報を記載（裏書き）　裏書きの上返却」とあり、また、移行実務研究会第10回（2010年12月17日）資料1－①では、「市町村における住居地情報のICチップの書き込みは当分の間行わない、平成25年度を目途に実情を踏まえて調整・決定する」とある。

[10] 山田ほか・前掲（注5）38頁。

〔第1部〕 第3章 渉外家族の法実務からみた外国人住民票の記載事項等の問題点

　外登法では、居住地を変更したときは、新居住地に移転した日から14日以内に新居住地の市町村長に登録申請をしなければならない（外登法8条1項）。登録申請があると新居住地の市町村長は旧居住地の市町村長に「登録原票」の送付を請求し（同法同条4項）、請求を受けた市町村長は新居住地の市町村長に「登録原票」を送付し「登録原票」は新居住地の市町村に備え置かれる。

　他方、住基法では、外国人住民はあらかじめ市町村長に市町村の区域外に住所を移す「転出届」を行い（住基法24条）、当該市町村長から「転出証明書」の交付を受けて（住基法施行令24条1項）、新住所地の市町村長に「転出証明書」を添付して「転入届」を行わなければならない（住基法22条1項2項、住基法施行令23条）。新住所地の市町村では、新たに住民票を作成して記載し、その旨を旧住所地の市町村長に通知する（住基法8条9条）。その通知がなされると旧住所地市町村長は当該転出者の住民票を消除することになる（住基法施行令8条）。

　「登録原票」のように「住民票」の原簿が旧住所地市町村から新住所地市町村に送付されることはない（〔図8〕参照）。

(5) 外国人住民票の「住所」情報に関する問題点

　在留外国人にとっても、住所情報（その履歴を含む）は社会生活上欠かせないものである。日本人の場合には、同一本籍地であれば転入・転居を繰り返しても、戸籍の附票にその住所の履歴が記載されるが、外国人にはそのような記録はない。たとえば、不動産登記や商業登記には人的事項として記載・記録されるのは「住所」と氏名である。同一人物であるとの同定手続には住所の履歴が欠かせない。そのことは、各種行政手続においても同様である。

(i) 仮住民票の「住所」情報の不備

　仮住民票は、基準日現在（2012年5月7日）外国人登録をしている者で住基法改正法の施行日（2012年7月9日。以下、同日である入管法改正法の施行日と併せ「法施行日」という）に外国人住民と見込まれる者について作成され（住基法改正法附則3条1項・2項）、作成された仮住民票は法施行日に外国人住民票になる（同法附則4条）。

〔第2節〕 4 外国人住民票の「住所」

〔図8〕 外登法上の居住地および住基法上の住所の変更手続

外国人登録法上の居住地の変更手続

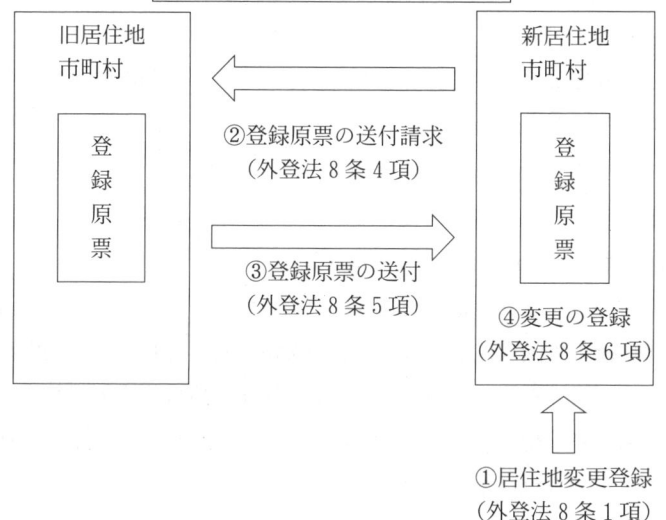

旧居住地市町村　登録原票

新居住地市町村　登録原票

②登録原票の送付請求（外登法8条4項）

③登録原票の送付（外登法8条5項）

④変更の登録（外登法8条6項）

①居住地変更登録（外登法8条1項）

住民基本台帳法上の住所の変更手続

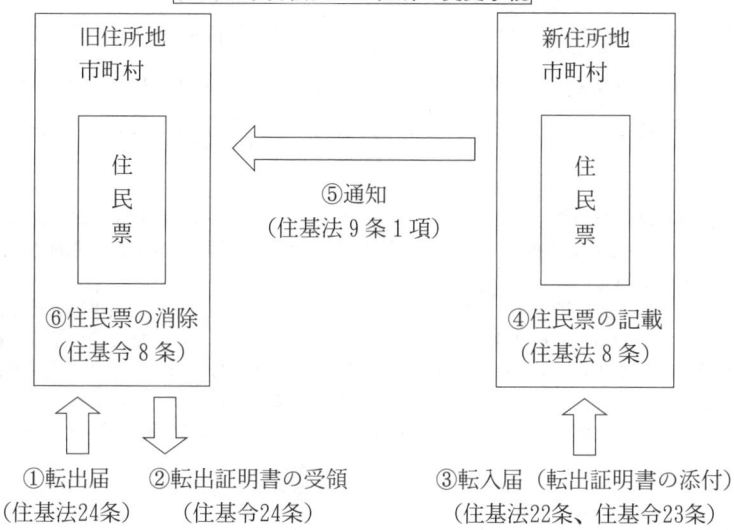

旧住所地市町村　住民票

新住所地市町村　住民票

⑤通知（住基法9条1項）

⑥住民票の消除（住基令8条）

④住民票の記載（住基法8条）

①転出届（住基法24条）　②転出証明書の受領（住基令24条）　③転入届（転出証明書の添付）（住基法22条、住基令23条）

（作成者：西山慶一）

147

仮住民票は、外国人登録原票等と法務大臣から提供を受けた情報に基づき作成されるが（住基法改正法附則3条3項・4項）、その住所は、基本的に外国人登録原票の「居住地」欄の情報により記載される[11]。

しかし、仮住民票の「住所を定めた年月日」や「従前の住所」は空欄とされ、法施行日に仮住民票が住民票となった際には「住所を定めた年月日」欄には法施行日を記載するとのことである[12・13]。また、仮住民票が住民票になったときの「外国人の住民となった年月日」（住基法30条の45）には、法施行日が記載される（住基法改正法附則6条）。

以上の運用がなされると、法施行日前から日本に居住している在留外国人の法施行日後の外国人住民票には「住所を定めた年月日」欄は法施行日である「2012年7月9日」と記載され「従前の住所」欄は空白の記載がなされることになる。それでは、法施行日前の居住地（住所）やその変更年月日を確認することができないことになる。

その理由が、外登法上の「居住地」は住基法上の「住所」と異なり外国人「住民」となるのは法施行日以降であるというのであれば、住民票の「住所」が外登法上の「居住地」に基づき作成されるという事実をどのように理由づけるのであろうか。「外国人住民票」に「住所を定めた年月日」や「従前の住所」は外登法上の「居住地」欄から移記したと付記すればよいのである。

---

[11] 移行事務研究会第11回（2011年2月28日）資料3「仮住民票の記載事項と情報入手元（案）について」「記載事項⑥住所　情報入手元（案）　外国人登録原票に記載された住所情報記載事項」。

[12] 移行事務研究会第11回（2011年2月28日）資料3「仮住民票の記載事項と情報入手元（案）について」「記載事項⑦住所を定めた旨の届出の年月日（職権で住民票の記載をした者についてはその年月日）　情報入手元（案）仮住民票は施行日において住民票になることから、施行日において職権記載したものとして、施行日を一律に記載する。欄外※1「住所を定めた年月日」及び「従前の住所」については、空欄とする（外国人住民については、施行日において住民票が職権記載されるものであり、改正住基法の施行日前のことについて、住民票において記載しない。欄外※2仮住民票作成対象者について、仮住民票の記載事項は作成日の状態を記載する」。

[13] 平成24年1月21日住基法改正政令規則の改正政令規則意見募集の結果では、仮住民票の「届出年月日」「従前の住所」については触れられていない。

(ii) 外国人登録原票の「居住地」情報の開示

　これまでは、在留外国人の日本での「居住地」の履歴は、現居住地の市町村に保存されている外国人登録原票の記載により確認できた。

　法施行後は市町村に備えられていた外国人登録原票は、速やかに法務大臣に送付される（入管法等改正法附則33条）。そこで、法施行日前の「居住地」を確認して各種行政手続に利用しようとすれば、法務省に送付された閉鎖された外国人登録原票の開示請求を行う方法をとらざるを得ない[14]。個人情報保護に配慮しつつ、迅速で安価な開示請求手続が用意されるべきである。

　なお、外国人登録原票の保存年限は、「30年とされており、また、その職務の遂行上必要があると認めるときは保存期間の延長を行うことができる」とのことである[15]。

(iii) 外国人住民票の「住所」情報の不完全性

　外国人住民票の住所履歴情報の問題も指摘しなければならない。在留外国人が法の施行日後に転出してその転出前の住所を確認したり、法施行日後に出生した在留外国人がその住所の履歴を確認しようとするのに、現行の住民票の保存期間5年はあまりにも短すぎる。

　先述したように、在留外国人の日本における住所情報は本国の行政機関では保有していない。日本人の場合は、同一本籍地であれば転入・転居を繰り返しても、戸籍の附票にその住所の履歴が記載されるが、在留外国人にはそ

---

[14] 「外国人登録法廃止後、原票は法務省に回収され、その後の原票記載内容に係る開示請求は、『行政機関の保有する個人情報の保護に関する法律』に基づき、直接、法務省に対して行われ、その請求方法は、窓口（法務省）への来所又は郵送となり（回答文書の受け取りについても来所又は郵送のいずれか）、電話、FAX及びインターネットからの請求には応じることはできない」（「外国人登録事務従事市町村職員第55回中央研修（質疑応答）（第1回）」（質問6　住所の履歴についてに対する法務省回答）外国人登録619号（2010年9月）17頁）。

[15] 「法務省行政文書管理規則に基づき定められた標準文書保存期間基準によると30年とされており、また、その職務の遂行上必要があると認めるときは保存期間の延長を行うことができる」（「入管法等改正質問箱（第6回）」（質問5　外国人登録原票の保存年限についての回答）外国人登録631号39頁（2011年9月））。

のような方法はない。

　住民票の保存期間は消除または改製されてから5年である（住基法施行令34条）。新住所に移転すれば、転出市町村の住民票は消除され、その消除された住民票は5年間しか保存されず、前々住所を確認する手段が無くなる。また、住民票が改製され5年が経過すると、改製前の住民票は5年間しか保存されないので、改製前の従前の住所や変更年月日等の確認が困難になる。外国人住民票については保存期間の特則を設けて大幅に伸長すべきである。

（西山慶一）

5　外国人住民票の「世帯主についてはその旨」「世帯主でない者については世帯主の氏名及び世帯主との続柄」

(1)　外登法上の「世帯主の氏名」「世帯主との続柄」

　現行の外登法では、「世帯主の氏名」「世帯主との続柄」は登録原票の登録事項である（外登法4条16号・17号）。世帯とは、居住と生計を中心に考えた社会生活上の単位をいい、世帯主とは、世帯構成員中その世帯を主宰する者をいう。世帯主は、必ずしも複数構成員を前提にする者ではなく単身者もまた世帯主たり得るし、外国人登録上の世帯主といえども外国人でない世帯主も記載を必要とするとされている[1]。

　また、世帯主との続柄は、同一世帯内における世帯主と世帯員との身分上の関係である。この関係は、世帯主を基準にしてその何に当たるかという形で表示する扱いとなっている。たとえば、法律上の婚姻関係にある夫婦とその間に生まれた子で構成される世帯にあっては、それぞれ「本人」「妻」「長男」「長女」「二男」と記載され、内縁関係にある夫婦とその内婦の連れ子と

［第2節5注］
1　外国人登録事務協議会全国連合会法令研究会編著『改訂外国人登録事務必携』42頁（日本加除出版、1993年）。

からなる世帯は「本人」「妻（未届）」「妻（未届）の子」などと記載される。

なお、世帯主の嫡出子に係る続柄の表示は、父の先妻の子と後妻の子が併存するような場合には、年長の子から順次「長男」「二男」と表示するのが登録上の取扱で、住民基本台帳法上の扱いと一致しているとされる[2]。

また、世帯主の氏名、世帯主との続柄に変更が生じた場合は、外登法上他の記載事項である氏名、国籍、職業、在留資格、在留期間等の記載事項に変更が生じた場合は、14日以内にその記載の変更登録申請が義務づけられているのと異なり（外登法9条1項）、たとえ変更が生じても、変更を生じた日以後の登録証明書の引替交付申請もしくは再交付申請、居住地変更申請または確認（切替交付）申請のいずれかを行う時までに[3]、変更を生じたことを証する文書を提出して[4]、居住地の地町村長に変更登録申請義務を課している（同法9条2項）。したがって、変更が生じてもすぐに変更登録申請をしなくてよいのである。

この「世帯主の氏名」「世帯主との続柄」についての変遷記録は、登録原票に記載され、本国から身分関係証明書等を取得できない在留外国人にとって、それが夫婦関係あるいは親子関係などの身分関係を証明あるいは推認させる貴重な資料となっている。

(2) 住基法上の「世帯主の氏名」「世帯主との続柄」

(i) 世帯主との続柄を証する書面の添付義務

改正住基法では、「世帯主についてはその旨、世帯主でない者については世帯主の氏名、及び世帯主との続柄」が「外国人住民票」の記載事項とされた（住基法30条の45）。外国人住民の世帯主との続柄変更があった場合には、その変更のあった日から14日以内に、世帯主との続柄を証する書面を添えて、その

---

[2] 法令研究会・前掲（注1）42頁・43頁。
[3] 入国管理局・平成12年3月外国人登録要領等205頁参照。
[4] 世帯主との続柄に変更を生じたこと証する文書としては、戸籍謄本、市区町村長または駐日外国公館が発給する婚姻、認知、養子縁組の届出があったことを証する文書とされていた（入国管理局・前掲（注3）201頁）。

氏名、世帯主との続柄および変更があった年月日を市町村長に届け出なければならないとしている（住基法30条の48）。ただし、世帯主でない外国人住民とその世帯主との親族関係に変更がない場合や日本で外国人が身分的法律行為の届出をした場合等で親族関係の変更に係る戸籍に関する届書等の書類が市町村長に受理されている場合等は届け出なくともよいとしている（住基法30条の48、住基法施行令30条の28）。

世帯主との続柄変更があった場合、世帯主、世帯員が外国人の場合は、日本の戸籍からはその続柄の判断が困難であるとの理由から転入、転居、世帯変更、世帯主との続柄変更を届出する場合や国外から転入した場合（住基法30条の49・30条の46）、あるいは、市町村の区域内で住所を有するものが「中長期在留者等」となった場合には（住基法30条の49、30条の47）、原則的に世帯主との続柄を証する書面添付を義務づけ、その文書が外国語によって作成されたものであれば、翻訳者を明らかにした訳文を添付しなければならないとしている（住基法30条の48・30条の49、住基法施行規則49条）。

(ii) 世帯主との続柄を証する書面の添付を要しない場合

ただし、以下の場合は世帯主との続柄が把握できるとして世帯主との続柄を証する書面の添付を要しないとしている。

① 世帯主でない外国人住民とその世帯主との間に親族関係がない場合や、世帯主でない外国人住民が、世帯主を変更することなく、世帯主の転出届や転居届と同時にその転出届や転居届等をする場合（住基法30条の49、住基法施行令30条の29第2号・3号）

② 世帯主でない外国人住民が世帯主になる場合で、その世帯に属する他の外国人住民に関する転入届や転居届と同時に転入届や転居届をする場合、また、世帯変更届出をする場合（住基法30条の49、住基法施行令30条の29第4号、住基法施行規則50条1号）

③ 外国人住民票の全部または一部が消除された場合等で、世帯主でない外国人住民とその世帯主との親族関係を明らかにすることができる書類等を住所地市町村長が保存している場合等で、市町村長が親族関係を確

認できる場合（住基法30条の49、住基法施行令30条の29第4号、住基法施行規則50条2号）

おわりに

以上のことから、外国人住民票の「世帯主についてはその旨」「世帯主でない者については世帯主の氏名及び世帯主との続柄」の記載は正確性を増すと思われる。

（姜　信潤）

6　閉鎖外国人登録原票の開示・保存期間、消除・改製外国人住民票の開示・保存期間

はじめに

ここでは、入管法等改正法の施行により外国人登録法が廃止された場合に、それら登録原票の開示請求はどのようになるのか、また外国人住民票が閉鎖・改製された際の開示はどのようになるのか、それらの概要を述べ、それらの保存期間についても記述することにする。

(1)　外国人登録原票の開示・保存期間

(i)　登録原票の開示

外国人登録原票については、もともと開示に関する根拠規定がなく、原則非公開であった。証明書等の交付は、自己情報開示請求権の確保として位置づけられているにすぎず、わずかに本人から請求があったときに、通達等に基づき「外国人登録済証明書」として交付されていた。しかし、国際社会の進展によって証明を必要とする場合が増大したこと、また外国人登録事務が法定受託事務とされたこと等を受けて、平成11年の外国人登録法の改正で、「登録原票の開示等」を定めた4条の3が新設され、市町村長が「登録原票の写し」または「登録原票記載事項証明書」を交付することになったのである[1,2]。

外国人登録原票の写し等の交付を請求できるのは、下記の者とされている

(外登法4条の3第2項〜5項)。

① 外国人本人
② 外国人の代理人または同居の親族(婚姻の届出をしていないが、事実上当該外国人と婚姻関係と同様の事情にある者を含む)
③ 国の機関または地方公共団体：法律の定める事務の遂行のため必要があると認める場合
④ 弁護士、司法書士(簡易裁判所訴訟代理認定司法書士)、その他政令の別表で定める日本赤十字社等の28団体：法律の定める事務または業務の遂行のため必要があると認める場合(外登法施行令2条)

上記の④の「法律の定める事務の遂行のため必要があると認める場合」の具体例としては、「訴訟の相手方について事実を調査するため、弁護士が当該相手方の登録原票記載事項証明書を必要とする場合」が挙げられている[3]。

(ii) 閉鎖登録原票の開示

また、本人の出国や死亡、帰化等の事由が生じた場合は、外国人登録原票は市町村長が閉鎖し法務省に送付していたが、死亡した外国人の閉鎖登録原票の写しについても、上記(i)の趣旨に準じた取扱いがなされていて、「死亡時における同居の親族」と「死亡していなければ同居していた蓋然性の高い親族」から請求があった場合に、開示請求に応じているのである[4・5・6]。

(iii) 外国人登録廃止後の登録原票の開示——行政機関個人情報保護法

[第2節6注]
1 入国管理局・平成12年3月外国人登録要領等38頁以下。
2 東京都特別区戸籍実務研究会・日本加除出版株式会社企画部共編『最新行政証明の実務と参考書式集——戸籍・住基・戸籍の附票・印鑑・外国人登録関係——』381頁以下(日本加除出版、2009年)。
3 外国人台帳制度懇談会・平成20年12月報告書46頁。
4 入国管理局・平成12年3月外国人登録要領等55頁では、「『死亡時における同居の親族』と『死亡していなければ同居していた蓋然性の高い親族』であることの確認は、原票または戸籍謄本等の資料によって行う」とされている。
5 入国管理局・平成18年3月外国人登録要領別冊70頁以下。
6 外国人登録620号19頁(2010年10月)。

〔第2節〕 6 閉鎖外国人登録原票の開示・保存期間、消除・改製外国人住民票の開示・保存期間

入管法等改正法4条によって、外国人登録法は廃止される。それにより、改正法の施行後は、すべての登録原票は市町村から法務大臣に送付され（入管法等改正法附則33条）、施行後は「行政機関の保有する個人情報の保護に関する法律」（平成15年法律第58号）（以下、「行政機関個人情報保護法」という）に基づき、外国人本人（または法定代理人）から法務省に登録原票の開示請求を行うことになる[7]。

行政機関個人情報保護法12条1項では「何人も、この法律の定めるところにより、行政機関の長に対し、当該行政機関の保有する自己を本人とする保有個人情報の開示を請求することができる」と定め、同条2項では「未成年者又は成年被後見人の法定代理人は、本人に代わって前項の規定による開示の請求をすることができる」と規定されている。

この「何人も」とは、国籍を問わず、日本に在住していることも要件ではなく、外国に住む外国人も請求することができると解されている。また「自己を本人とする」とされていることから、単に妻であるというのみで夫の個人情報の開示請求をすることはできないことになる[8]。

さらに、行政機関個人情報保護法2条2項で、個人情報とは、「生存する個人に関する情報であって」とされており、死者に関する個人情報は含まれないが、死者に関する情報が、死者の遺族の個人情報となる場合には、当該遺族が自己の個人情報として開示請求を行うことができるとされている[9]（具体的な開示請求の手続は行政機関個人情報保護法13条および法務省のホームページを参照）。

今回の入管法等改正法の施行および外登法の廃止による問題点は、在留外国人が自らの従前の氏名変更や住所移転の情報を住所地の市町村において知ることができなくなることや、従前のように簡単な手続で、しかも短い期間で開示してもらえるか懸念されることであると思われる。

---

[7] 外国人登録619号17頁（2010年9月）。
[8] 宇賀克也著『個人情報保護法の逐条解説〔第2版〕』278頁（有斐閣、2007年）。
[9] 宇賀克也・前掲（注8）232頁。

特に後者の「簡単な手続」という点については、入管法等改正法の施行後も市町村等の窓口における丁寧な対応があるかという点である[10]。「短い期間で」という点は、すべての登録原票が閉鎖・回収されると膨大な数量になることが想像されることから、相当数の開示請求が集中した場合に法務省が迅速に対応できるかという心配である。

(iv) 閉鎖登録原票の保存期間

入管法等改正法施行前に法務省に送付された外国人登録原票や施行後に法務省に送付される外国人登録原票の保存期間は30年間とされ、職務の遂行上必要があると認めるときは保存期間の延長を行うことができることとされている[11]。しかし、外国人登録原票に記載された情報が、当事者の身分関係の把握に一定の効用をもたらしていることを考慮すると、外国人登録原票の保存期間を伸長することが望まれる。

(2) 消除・改製外国人住民票の開示・保存期間

(i) 外国人住民票の開示

今回の外国人住民票の創設にあたって、住基法、住基法施行令および住基法施行規則の大幅な改正が行われた。しかし、写し等の交付請求手続（住基法12条）や閉鎖後の保存（住基法施行令34条）に関する規定については、実質的な改正点はみられない。

まず、住民票の写しまたは住民票に記載をした事項に関する証明書（以下、「住民票の写し等」という）の交付請求手続について検討してみる。

---

10 移行実務研究会第4回（2009年12月17日）資料1の72頁のヒアリング調査結果によれば、外国人住民が来庁する場合には、本人が日本語が話せる場合か、日本語を話せるコーディネーター、職場の同僚、友人等と一緒に来庁する場合がほとんどなので、通訳や窓口同一化に対する問題は少ないということであった。

11 外国人登録631号39頁（2011年）の記載による。ちなみに、公文書の管理に関する法律（平成21年法律第66号）10条1項の規定に従い定められた法務省行政文書管理規則16条によれば、「文書管理者は、別表第1に基づき、標準文書保存管理基準を定めなければならない」とされており、その別表第1の備考欄5に「本表が適用されない行政文書については、文書管理者は本表の規定を参ający し、当該文書管理者が所掌する事務及び事業の性質、内容等に応じた保存期間基準を定めるものとする」と規定されている。

〔第2節〕 6 閉鎖外国人登録原票の開示・保存期間、消除・改製外国人住民票の開示・保存期間

住民票の写し等の交付を請求できるのは、下記の者とされている。
① 自己または自己と同一世帯に属する者（住基法12条）
② 国・地方公共団体の機関（同法12条の2）
③ ①②以外の者で次に掲げる者。ただし、市町村長が相当と認めるとき（同法12条の3第1項）
　ⓐ 自己の権利を行使し、または自己の義務を履行するために住民票の記載事項を確認する必要がある者
　ⓑ 国または地方公共団体の機関に提出する必要がある者
　ⓒ ⓐⓑに掲げる者のほか、住民票の記載事項を利用する正当な理由がある者
④ ①〜③以外の弁護士、司法書士等の「特定事務受任者」。ただし、受任している事件または事務の依頼者が、③ⓐⓑⓒに掲げる者に該当することを理由として、住民票の写し等が必要である旨の申出があった場合で、市町村長が相当と認めるとき（住基法12条の3第2項）[12]

上記における④の「市町村長が相当と認めるとき」とは、「住民の居住関係を公証する制度趣旨と共に個人情報保護に鑑み、請求権者、請求事由を権利・義務の蓋然性、その他社会通念上期待・許容されているかという観点から市町村長が認めるとき」に限定されており、具体例としては、「債務者（生命保険会社等）が債務の履行（満期となった生命保険金）のため債権者本人の住民票の写しを必要とする場合」「相続手続、訴訟手続等に当たり、法令に基づき関係人の住民票の写し等を必要とする場合」「刑事に関する事件における弁護のために必要のある場合」が挙げられている[13]。

(ii) 消除・改製外国人住民票の保存期間

現行では、世帯構成員の全部について消除された住民票の保存期間は、消

---

[12] 戸籍法10条の2第3項による戸籍謄本の請求、住基法12条の3第2項による住民票の写し等の請求および住基法20条4項による戸籍の附票の写しの請求は、いずれも職務上請求書によって行うことができる。
[13] 外国人台帳制度懇談会・平成20年12月報告書46頁。

除された戸籍の附票と同じく消除された日から5年間とされており、改製された場合の改製前の住民票の保存期間も同様である（住基法施行令34条）。したがって、外国人が他の市町村へ転出した場合、転出前の市町村の住民票は5年経過すれば消除され、前々住所を確認できない。また改製された場合にも、改製前の住民票は5年経過すれば同様に消除され、従前の住所や変更年月日の確認ができなくなる場合が生じる。

そうすると、たとえば、外国人が以前に購入した不動産を処分しようとする場合に、その不動産登記簿の所有者の住所・氏名と現在の外国人住民票の住所・氏名が一致せず、氏名変更や住所移転の履歴も確認できないために、当該外国人が所有者であるかを容易に判断できないというような不具合が発生するおそれがある。

一方、日本人であれば、"在外選挙制度における国内の最終住所の確認のため"という目的で、「戸籍の附票に住所の記載の修正によって国内における住所の記載をしていない者」（在外者等）の「消除された戸籍の附票は、その消除された日から80年間保存するものとする」（住基法施行令34条2項）という特別な規定がある[14]。

今日の長寿高齢社会の到来は、在留外国人にとっても同様であり、（制度の目的は異なるにしても）在留外国人に関して同様に保存期間を伸長する規定を設けるべきである。

おわりに

在留外国人は、本国に居住していないので、日本における身分変動事項が自動的に本国の身分登録簿に反映されることはないし、国によっては、国民の家族関係や身分変動事項を連続的に記録し備置するような制度を採用しない国も少なくない。したがって、在留外国人にとって、今後は「外国人住民票」の記載が自らの身分変動事項を記録する唯一の資料になるといっても過

---

[14] 「平成24年1月21日住基法改正政令規則の改正政令規則意見募集の結果：番号21の御意見に対する総務省の考え方」

〔第2節〕 6 閉鎖外国人登録原票の開示・保存期間、消除・改製外国人住民票の開示・保存期間

言でない。また、入管法等改正法の施行によって法務省に送付、保管されることになる登録原票は、在留外国人の身分情報や住所・氏名の履歴を記録する重要な記録として、一定の効用をもたらすことが期待される。

　閉鎖登録原票や消除または改製された外国人住民票が十分な期間保存されること、また、個人情報の保護に留意しつつ、在留外国人の負担とならない請求方法で閉鎖登録原票や消除・閉鎖外国人住民票が速やかに開示される制度の実施を切望する。

(大和田亮)

[第1部] 第4章 「外国人住民票」、何が問題なのか

第4章 「外国人住民票」、何が問題なのか

はじめに

　今回の住民基本台帳法の改正（住基法改正法）により、「外国人に係る住民票」（以下、「外国人住民票」という）が創設され、一定の「外国人」は日本の法体系の下で「住民」（以下、「外国人住民」という）と位置づけられた。

　住民基本台帳法は、その1条でその目的を次のように定めている。「この法律は、市町村（特別区を含む。以下同じ。）において、住民の居住関係の公証、選挙人名簿の登録その他の住民に関する事務の処理の基礎とするとともに住民の住所に関する届出等の簡素化を図り、あわせて住民に関する記録の適正な管理を図るため、住民に関する記録を正確かつ統一的に行う住民基本台帳の制度を定め、もって住民の利便を増進するとともに、国及び地方公共団体の行政の合理化に資することを目的とする」と。国及び地方公共団体の「行政の合理化に資する」だけでなく、「住民の利便を増進する」こともその目的規定の眼目である。

　住基法改正法は、住基法の対象者に外国人住民を組み入れたことにより、住民サービスの提供それ自体を目的として、外国人住民が社会生活を営むうえの「利便」の増進に資することも、住基法の目的の一つとして数えられることに至った。

　外国人住民は日本に生活の本拠を有する「住民」であるとともに、いずれかの外国国籍を有する「外国人」でもある。2012年7月9日から作成される外国人住民票は、これまでの「外国人登録原票」（外登法4条1項。以下、「登録原票」という）に代わって、日本に在留する外国人（以下、「在留外国人」という）の社会生活の営みに欠かすことができないものである。本章では、

「住民」としての外国人の「利便を増進する」観点から外国人住民票の何が問題なのかを述べることにする。

1 在留外国人の現状

　在留外国人は、2010年末現在の外国人登録統計によれば213万4151人である（参考資料2参照）。その国籍（出身地）は191であり、日本の総人口1億2806万人に占める割合は、1.67％である。その国籍別内訳は「中国」68万7156人、「韓国・朝鮮」56万5989人、「ブラジル」23万552人、「フィリピン」21万181人であり、以下「ペルー」「米国」「ベトナム」と続く。なお、外国人登録統計には、「外交」「公用」の在留資格を有する者、日本国籍と外国国籍を併有する者、米軍人・軍属の者は含まれていない。

　また、2010年末現在の国籍別・在留資格（入管法別表1および2の在留資格）別の統計によれば（参考資料3参照）、「中国」人は、「永住者」16万9484人・「留学」13万4483人・「家族滞在」5万9567人・「日本人の配偶者等」5万3697人とその在留資格は区々にわたる。「韓国・朝鮮」人は、「特別永住者」39万5234人・「永住者」5万8082人で、日本が朝鮮を植民地統治していた当時から在留する子孫が保有する入管特例法上の在留資格「特別永住者」が圧倒的に多い。また、「ブラジル」人は「永住者」11万7760人・「定住者」7万7359人で、1990年改正入管法で創設された在留資格「定住者」（日系2・3世）が多く、在留資格「定住者」から永住の許可を得た者が多いという特徴がみられる。

　また、就労資格に制限のない入管法別表2「身分又は地位に基づく在留資格」である「永住者」は56万5089人、「永住者の配偶者等」は2万251人、「日本人の配偶者等」は19万6248人、「定住者」は19万4602人で、その総計は97万6190人である。また、入管特例法上の在留資格「特別永住者」は39万9106人で、それらを合計すると、全在留外国人の64.4％に当たる137万5296人に達し、在留外国人がいかに日本社会に定着定住しているかがよくわかる。

次に、国籍法 4 条以下の「帰化」手続によって日本国籍を取得した者は2010年 1 年間で 1 万3072人であり、その原国籍（地域）の内訳は「韓国・朝鮮」6668人、「中国」4816人、「その他」1588人である[1]。また、戸籍法上の届出ベースでは、「帰化」は 1 万5132件、国籍法 3 条等の「国籍取得」2331件、国外で産まれ外国国籍を取得した日本国籍保有者で国籍法12条で定める「国籍留保」をした件数は 2 万8263件、国籍法14条の「国籍選択」をした件数は3061件、「国籍喪失」をした件数は1843件である[2]。他方で、海外に 3 カ月以上長期在留する日本人は、2010年10月末現在で114万3357人であり、その内の永住者数は38万4569人で、海外に長期在留する邦人数の33.6％である[3]。

2　日本の出入国管理法制の大転換

これまで、外国人の入国から出国までの在留管理法制は、入管法と入管特例法が定め、在留外国人の居住関係の記録等は外登法に委ねられていた。

今回の住基法改正法の前提となる入管法等改正法制定の最大の目的は、在留外国人の入国から出国までの情報に加えて在留外国人の滞在情報（居住・就労・在学など）を法務省に一元化することにある。その端的な例が、市町村長が外国人住民票に記載・消除・修正した際に義務づけられた市町村長から法務大臣への通知であり（入管法61条の 8 の 2 ）、法務大臣が入管法・入管特例法の管理などにあたり外国人住民票に関する記載事項に変更等があったことを知った際の法務大臣から市町村長への通知義務である（住基法30条の50）。

ここでは、外登法の登録原票の記載事項の概要を述べた後に、住基法改正法により創設された外国人住民票の対象者やその記載事項、それら記載事項の変更の手続の概要を述べた後に、市町村長から法務大臣に通知すべき事項の概略を説明することにする。

1　法務省ホームページ〔帰化の許可申請者数等の推移〕。
2　平成22年法務年鑑。
3　平成23年速報版外務省海外在留法人数調査統計。

2 日本の出入国管理法制の大転換

(1) 外登法の概要——記載事項を中心に

外国人は、日本に入国してから90日以内に居住地市町村長に外国人登録をする義務があり（外登法3条）、それにより居住地市町村長は登録原票を作成する（外登法4条1項）。登録原票に基づいて作成された「外国人登録証明書」は、在留外国人に交付される（同法5条）。

登録原票の記載事項は法定されている（外登法4条1項）。記載事項の中で、同法4条1項9号の「職業」と同項20号の「勤務所等」は「永住者」「特別永住者」には記載されず、同項18号「（世帯主である場合）世帯構成員の氏名、出生の年月日、国籍及び世帯主との続柄」、同項19号「本邦にある父母及び配偶者（申請に係る外国人が世帯主である場合には、その世帯を構成するものである父母及び配偶者を除く。）の氏名、出生の年月日及び国籍」（以下、同項18号・19号を併せて「家族事項等」という）は1年未満在留者には記載されない。また、外国人登録証明書には登録原票の記載事項中の家族事項は記載されない（同法5条1項）。なお、登録原票の記載事項は一定の者の請求があれば、「登録原票記載事項証明書」として交付される（同法4条の3）。

居住地を変更したときは、新居住地に移転した日から14日以内に新居

（表1） 外国人登録原票記載事項
（外登法4条1項）

1　登録番号
2　登録の年月日
3　氏名
4　出生の年月日
5　男女の別
6　国籍
7　国籍の属する国における住所または居所
8　出生地
9　職業（永住者、特別永住者不要）
10　旅券番号
11　旅券発行の年月日
12　上陸許可の年月日
13　在留資格
14　在留期間
15　居住地
16　世帯主の氏名
17　世帯主との続柄
18　（世帯主である場合）世帯構成員の氏名、出生の年月日、国籍及び世帯主との続柄（1年未満在留者不要）
19　本邦にある父母及び配偶者の氏名、出生の年月日及び国籍（1年未満在留者不要）
20　勤務所等の名称及び所在地（永住者、特別永住者不要）

住地の市町村長に登録申請をしなければならない（外登法8条1項）。登録申請があると新居住地の市町村長は旧居住地の市町村長に登録原票の送付を請求し（同条4項）、請求を受けた市町村長は新居住地の市町村長に登録原票を送付し、登録原票は新居住地の市町村に備え置かれる。

　居住地以外の変更で、氏名（外登法4条1項3号）、国籍（同項6号）、職業（同項9号）、在留資格（同項14号）、勤務所等（同項20号）の変更の場合は、変更を生じた日から14日以内に変更証明書を提出して変更登録をする義務があり、それ以外の変更の場合で、同項7号の「国籍の属する国における住所又は居所」（以下、「国籍国の住所または居所」という）、旅券番号と発行年月日（同項10号・11号）、同項16号「世帯主の氏名」、同項17号「世帯主との続柄」（以下、同項16号・17号を併せて「世帯事項等」という）や家族事項等（同項18号・19号）の変更は、登録証明書の引替交付や切替交付申請などの最初の申請の際に、変更証明書を提出して変更登録をする義務がある（同法9条）。

　在留外国人には、16歳未満の者を除いて外国人登録証を常に携帯する義務があり（外登法18条の2第4号）、携帯義務に違反した者には20万円以下の罰金に処せられるが（同法18条の2）、特別永住者に限っては10万円以下の過料に処せられる（同法10条）。また16歳以上の在留外国人は登録証明書の新規登録や引替交付・切替交付申請のときには、登録原票と署名原紙に署名をする義務があり（同法14条）、それら署名をしなかった者には1年以下の懲役または20万円以下の罰金に処せられる（同法18条8号）。

(2)　住基法改正法の概要——記載事項を中心に

　(i)　外国人住民票の対象者

　住基法改正法では、外国人住民票の対象者を限定した。その対象者とは、在留外国人中の「中長期在留者」「特別永住者」「一時庇護許可者又は仮滞在許可者」「出生による経過滞在者又は国籍喪失による経過滞在者」であり（住基法30条の45）、これまで外国人登録が認められていた不法滞在者や仮放免中の者（入管法54条以下）などは除かれた。

　「中長期在留者」とは、入管法等改正法で創設された概念で、在留期間が3

カ月以下の者、入管法別表第1の3の「短期滞在」の在留資格の者、入管法別表第1の1の「外交」「公用」の在留資格の者、その他法務省令で定める者（入管法施行規則15条の5）、以外の者をいう（入管法19条の3）。中長期在留者には一定の事項が券面に記載された「在留カード」が交付され（同法19条の3・19条の4第1項～3項）、在留カードには券面事項を記録したICチップが組み込まれる（同法19条の4第5項）。

「特別永住者」とは、入管特例法3条の「法定特別永住者」と同法4条・5条により特別永住者として許可された者をいう。特別永住者には一定の事項が券面に記載された「特別永住者証明書」が交付され（入管特例法7条1項～3項）、特別永住者証明書には券面事項を記録したICチップが組み込まれる（同法8条5項）。

「一時庇護許可者」とは、入管法18条の2第1項の許可を受けた者で、「仮滞在許可者」とは、

（表2）　外国人住民票の記載事項
（住基法30条の45・7条）

1　氏名
2　出生の年月日
3　男女の別
4　世帯主についてはその旨、世帯主でない者については世帯主の氏名および世帯主との続柄
7　住所（および転居した場合はその住所を定めた年月日）
8　転入届の年月日および従前の住所
10　国民健康保険の資格に関する事項
10の2　後期高齢者医療の資格に関する事項
10の3　介護保険の資格に関する事項
11　国民年金の資格に関する事項
11の2　児童手当の受給資格に関する事項
12　米穀の配給に関する事項
13　住民票コード
14　その他政令で定める事項
・国籍等
・外国人住民となった年月日
（以下の事項）
・中長期在留者（中長期在留者である旨、在留資格、在留期間および在留期間の満了の日並びに在留カードの番号）
・特別永住者（特別永住者である旨、特別永住者証明書の番号）
・一時庇護許可者または仮滞在許可者（一時庇護許可者または仮滞在許可者である旨、上陸期間または仮滞在期間）
・出生による経過滞在者又は国籍喪失による経過滞在者（出生による経過滞在者又は国籍喪失による経過滞在者である旨）

同法61条の2の4第1項の許可を受けた者である。

「出生による経過滞在者」とは、国内において出生した外国人で入管法22条の2第1項の規定により在留できる者であり、「国籍喪失による経過滞在者」とは、日本の国籍を離脱して外国人となった者で同法22条の2第1項により日本に在留できる者である。

(ii) 外国人住民票の記載事項

外国人住民票には、日本人の住民票と同様の事項も記載されるが、日本人の住民票に記載されている「戸籍の表示」「住民となった年月日」「選挙人名簿の登録事項」は記載されず、別に「国籍・地域」「外国人住民となった年月日」と、対象者別に特別に記載する事項として、中長期在留者には「その旨、在留カードに記載されている在留資格、在留期間、その番号」が記載され、特別永住者には「その旨、特別永住者証明書の番号」が記載され、一時庇護許可者または仮滞在許可者には「その旨、一時庇護許可者は上陸期間、仮滞在許可者は仮滞在期間」が記載され、出生による経過滞在者または国籍喪失による経過滞在者には「その旨」が記載される（住基法30条の45）。

(iii) 外国人住民票の記載事項の変更手続

(ア) 住所の変更手続

住基法では、外国人住民はあらかじめ市町村長に市町村の区域外に住所を移す「転出届」を行い（住基法24条）、市町村長から「転出証明書」の交付を受けて（住基令24条1項）、新住所地の市町村長に転出証明書を添付して「転入届」を行なわなければならない（住基法22条1項2項、住基令23条）。新住所地の市町村では新たに住民票を作成して記載し、その旨を旧住所地の市町村長に通知する（住基法8条・9条）。登録原票のように住民票の原簿が旧住所地市町村から新住所地市町村に送付されることはない（第3章第2節4〔図8〕参照）。

なお、中長期在留者や特別永住者は、住居地を変更したときは、新住居地に移転したときから14日以内に新住居地の市町村長に在留カードや特別永住者証明書を提出して市町村長経由で法務大臣に、新住居地を届けなければな

らないが（入管法19条の9第1項、入管特例法10条2項）、上記で述べた住基法上の転入届を行えば、中長期在留者や特別永住者に課せられている住居地の変更手続は行ったものとみなされる（入管法19条の9第3項、入管特例法10条5項）。

　外国人住民が、正当な理由がなく上記の届出をしないと住基法上の行政罰として5万円以下の過料に処せられるのは日本人住民と同様であるが（住基法53条2項）、中長期在留者や特別永住者が住居地の変更届をしないと刑事罰として20万円以下の罰金に処せられる（入管法71条の3第2号、入管特例法32条1号）。また、中長期在留者は、住居地から退去した場合に退去の日から90日以内に法務大臣に正当な理由なく新居住地の届出をしないときは在留資格が取り消されることがある（入管法22条の4第1項9号）。

　(イ)　住所以外の変更手続

　外国人住民票の記載事項で、住所以外の事項に変更があったときは次のような手続になる。

　中長期在留者は、「氏名」「生年月日」「性別」「国籍・地域」に変更を生じたときは、変更を生じた日から14日以内に、旅券および在留カードを提示し、変更証明書と写真を提出して「直接」法務大臣に変更届出を行わなければならない（入管法19条の10第1項、入管法規則19条の9）。また、特別永住者は、「居住地の市町村長経由」で法務大臣に上記の変更の届出を行わなければならない（入管特例法11条、入管特例法規則7条）。法務大臣に届け出られた事項は、法務大臣から遅滞なく市町村長に通知され（住基法30条の50）、その通知に基づいて市町村長は外国人住民票にそれら変更事項を職権で記載する（同法8条）。

　ただし、外国人住民票の世帯事項（住基法7条4号）中の「世帯主でない外国人住民で世帯主との続柄に変更」があった者は、その変更があった日から14日以内に「世帯主との続柄を証する文書」を添付して市町村長に届け出なければならない（住基法30条の48、届出が不要の場合については、住基法施行令30条の28を参照）。また、「世帯主でない外国人住民で世帯主が外国人住民で

ある者」が転入届等をする場合にも「世帯主との続柄を証する文書」を添付しなければならない（住基法30条の49、文書添付が不要の場合については、住基法施行令30条の26）。

中長期在留者の在留資格や在留期間または在留カードの番号や特別永住者証明書の番号等に変更があったときは、法務大臣は市町村長に遅滞なく通知し（住基法30条の50）、その通知に基づき市町村長は外国人住民票にそれら変更事項を職権で記載する（住基法8条）。

(3) 市町村長から法務大臣に通知すべき事項

今回の住基法改正法の前提となる入管法等改正法制定の最大の目的は、在留外国人の入国から出国までの情報に加えて在留外国人の滞在情報（居住・就労・在学など）を法務省に一元化することにある。居住情報の一元化の代表的な例は、下記の市町村長から法務大臣への通知義務である（入管法61条の8の2）。

(i) 仮住民票の作成に関する通知（入管法等改正法整備及び経過措置政令20条・21条）

市町村長は、仮住民票を作成したときは、「氏名」「生年月日」「性別」「国籍・地域」「住所」と「外国人登録証明書の番号」を法務大臣に通知し、改正法施行日に仮住民票が住民票になったときは、上記事項を法務大臣に通知する。

(ii) 住民票の記載・消除または記載の修正をしたときの通知（入管法61条の8の2）

市町村長が法務大臣に通知するときとは、外国人住民票に関して、市町村長が届出により記載・消除または記載の修正をしたとき（住基法施行令11条）、または他の市町村長からの通知を含めて職権により外国人住民票に記載等をしたとき（住基法施行令12条）、である（入管法施行令6条1項）。

通知すべき内容は、入管法施行令6条2項に定められ、それら通知は電気通信回線を通じて直ちに行わなければならない（入管法60条の8の2、入管法施行令6条3項）。入管法施行令6条2項に定める事項は、

① 外国人住民の「氏名」「生年月日」「性別」、国籍国または地域、「住所」（同項1号）
② 中長期在留者か特別永住者かなどの別（同項2号）
③ 中長期在留者であればその在留カードの番号、特別永住者であれば特別永住者証明書の番号（同項3号・4号）
④ 記載、消除または修正の別（同項5号）
⑤ ①～③の修正の場合はその別、住所の修正の場合は修正前の住所（同項6号）
⑥ 転入・転居・転出などの届出により外国人住民票に記載したときは、それら記載がいずれの規定による記載かと届出の年月日、転出届により消除したときはその転出予定年月日（同項7号）
⑦ 職権による記載または戸籍の届出書などの記載か他の市町村長が戸籍の届出書を受理したときの通知または法務大臣からの通知に基づいて職権による記載をしたときは、それらの規定によることと当該記載等をした年月日（同項8号）

などである。

(iii) 中長期在留者が新規上陸したときに住居地届出があったき（入管法19条の7第1項）、在留資格を変更して住居地の届出があったとき（同法19条の8第1項）、住居地を変更して新住居地で届出があったとき（同法19条の9第1項）の通知（入管法施行令2条）

この通知においても、「届出の年月日」「住居地を定めた年月日」「移転した年月日」「届出の直前に定めていた住居地」が通知内容に含まれている。

(iv) 特別永住者が住居地を住居地市町村長に届け出たとき（入管特例法10条1項）、住居地を変更して新住居地の市町村長に届け出があったとき（同法10条2項）の通知（入管特例法施行令3条）

この通知においても、「届出の年月日」「住居地を定めた年月日」「移転した年月日」「届出の直前に定めていた住居地」が通知内容に含まれている。

3 外国人住民票の問題点(1)
——準拠法決定機能からみて

　外国人が日本で何らかの民事上の権利・義務（債権・債務）を発生させる法律行為を行う場合には、それらは渉外的法律関係であり、それら法律行為に関しては法適用通則法が定める準拠法によって規律される。婚姻、離婚や相続などの渉外的家族関係についてもその考え方は異ならない。ここでは、準拠法決定機能の観点から外国人住民票の問題点を述べることにする。

(1) 渉外的家族関係の準拠法

　法適用通則法は、渉外的家族関係について、その4条から6条で、自然人の行為能力（同法4条）、成年後見（同法5条）、失踪宣告（同法6条）の準拠法を定め、その24条から37条で婚姻の成立および方式（同法24条）から相続（同法36条）、遺言の形式的成立および効力（同法37条）までの単位法律関係に区分してそれらの準拠法を定めている。

　なお、「遺言の方式の準拠法に関する法律」や「扶養義務の準拠法に関する法律」という特別法があり、遺言の方式と扶養は原則として特別法で準拠法が決定される（法適用通則法43条1項2項）。

　さらに、準拠法が本国法である場合の特則として、法適用通則法38条3項が当該国が地域ごとに法を異にする国（地域的不統一法国）の本国法の決定を、同法38条1項が当事者が重国籍者の場合の本国法の決定を、さらに同法40条が当該国が当事者の信仰する宗教などを基準に適用する法を異にしている国（人的不統一法国）の本国法の決定を定めている。

　そして、準拠法が本国法であってその本国の国際私法が直接日本法を指定しているときは日本法を適用するとの「反致」（法適用通則法41条）の規定がある。

　法適用通則法によって定められた準拠法が外国法である場合や日本法に反致する前提となる本国の国際私法は外国法であるから、それら外国法は当該外国で解釈されているように解釈する必要があり、それら外国法の内容を入

手し当該外国の判例等を斟酌して外国法の内容を確認しなければならない。

(2) **本国法が準拠法となる場合**

法適用通則法で、渉外家族関係の準拠法の連結点が本国法となる法律関係は数多くみられる。

自然人の行為能力の準拠法（法適用通則法4条）、婚姻の実質的成立要件（同法24条1項）、婚姻の身分的効力の第1段階の準拠法（同法25条）、夫婦財産制の準拠法で当事者が選択しない場合の第1段階の準拠法（同法26条1項）、離婚の第1段階の準拠法（同法27条本文）、嫡出親子関係の成立要件に関する準拠法（同法28条）、非嫡出親子関係の成立要件に関する父または母の準拠法（同法29条1項本文）、非嫡出親子関係の成立要件中の認知の成立に関する父または母の本国法、認知当時の認知者または子の本国法（同条2項本文）、養子縁組成立に関する縁組当時の養親の本国法（同法31条本文）、成立した親子間の法律関係の子の本国法（同法32条）、後見等は被後見人等の本国法（同法35条1項）、相続に関する被相続人の本国法（同法36条）などである。

また非嫡出子の成立要件や認知、養子縁組に関するセーフガード条項（法適用通則法29条1項後段・2項後段・31条後段）の連結点にも本国法が準拠法となる場合がある。

これら本国法の決定は、これまでは、「外国人登録法」7条1項6号の「国籍」欄に記載されている「国籍」によって基本的に判断していた。今回の住基法改正法施行後は、外国人住民票の記載事項である「国籍・地域」（住基法30条の45本文）欄の「国籍・地域」で決定することなる。

外国人住民票の「地域」とは、「台湾並びにヨルダン川西岸地区及びガザ地区」（住基法30条の50本文、入管法2条5号ロ、入管法施行令1条）であり、「ヨルダン川西岸地区及びガザ地区」は在留カードや特別永住者証明書には「パレスチナ」と表記されるので（入管法規則19条の6第3項、入管特例法施行規則4条3項）、外国人住民票の地域として「台湾」「パレスチナ」が表記されることになる。また、日本国籍以外の国籍を併有する重国籍者の国籍をどのように記載するかについて、これまでは法文上は「最近に発給した機関の属す

る国の国籍」(外登法2条2項)であったが、在留カードや特別永住者証明書の「国籍・地域」欄の記載は中長期在留者・特別永住者に区分して詳細に規定されたので(入管法施行規則19条の6第2項、入管特例法施行規則4条2項)、外国人住民票にもそのように表記されるであろう。

(i) 分裂国家の本国法決定の場合

　連結点が本国法で、その本国が日本の国際私法上でいう分裂国家である場合に、その本国法はどのように決定するのであろうか。在日韓国・朝鮮人、在日中国・台湾人の本国法決定の問題である。その前提として、その本国が日本の未承認国家であるときにその当該国の法を適用してよいかが問題になるが、その法が当該国で実効性を有している限り適用することに異論はないといわれる[4]。

　そこで、在日韓国・朝鮮人の本国法とは、朝鮮半島に分立する大韓民国(以下、「韓国」という)、朝鮮民主主義人民共和国(以下、「北朝鮮」という)いずれの本国の法かが問題になる。

　在日韓国・朝鮮人の登録原票上の「国籍」欄には「韓国」または「朝鮮」と表記されていた。国籍欄の「韓国」は国籍を示し「朝鮮」は朝鮮半島地域からの出身者といわれるが[5]、外国人住民票の「国籍・地域」欄の表記も同様と思われる。ただし、ここでいう本国法決定を考慮すべき在日韓国・朝鮮人とは、敗戦前から日本に在留する在日韓国・朝鮮人とその子孫、つまり入管特例法上の「特別永住者」の在留資格を有する在日「韓国・朝鮮」人である[6]。

　また、中華民国(以下、「台湾」という)、中華人民共和国(以下、「中国」という)のいずれの本国法を適用すべきかが問題となる場合も同様と解される。しかし、これまでは、在日中国・台湾人の登録原票上の「国籍」欄はすべて

4　小出邦夫『逐条解説　法の適用に関する通則法』376頁以下(商事法務、2009年)。
5　昭和40年10月26日政府見解。
6　趙慶済「研究ノート在日韓国・朝鮮人の属人法に関する論争」立命館法学312号249頁(2007年8月)。

「中国」と表記されていたが[7]、外国人住民票の「国籍・地域」欄の表記は、「国籍」として「中国」が表記され「地域」として「台湾」が表記されることがある（住基法30条の45本文、入管法2条五ロ、入管法施行令1条、入管法19条の4第1項1号、入管特例法8条1項1号など）。

分裂国家の本国法の決定について、学説・判例は、重国籍者の本国法決定に関する法適用通則法38条1項を適用するか、地域的不統一法国の本国法決定に関する同法38条3項を適用するか、に大別される[8]。法適用通則法38条1項を適用すれば、いずれの国家にも第1段階である常居所がないので第2段階の最密接関係地法が本国法となり、同法38条3項を適用しても第2段階である最密接関係地法が本国法となる。

いずれの本国により密接かは、登録原票の「国籍」欄の表記や「外国人登録法」4条1項7号の「国籍国の住所又は居所」、親族がいずれの本国にいるか、出身地はいずれの本国か、客観的に示された帰属意思、などを総合的に判断して決定していた[9]。

なお、外国人登録原票上の国籍が「韓国・朝鮮」「中国」の在留外国人は、2010年末現在総計で約125万人であり、在留資格「特別永住者」の対象者は、同日現在計約39万8000人である。

(ii) 地域的不統一法国の本国法決定の場合

準拠法が本国法でその本国の法域が複数あるとき、本国法はどのように決定すべきであろうか。アメリカ合衆国やイギリスが本国の場合の本国法決定の問題である。法適用通則法38条3項は、第1段階として「その国の規則」を適用して決定するが「その国の規則」がないときは、最密接関係地法を適用すると定めている。

アメリカ合衆国を例にとれば、いずれの州法を適用するかとという規則があるとする見解と規則がないとする見解に大別されるが、規則がないとする

---

7 田村満『外国人登録法逐条解説』70頁（日本加除出版、1988年）。
8 櫻田嘉章『国際私法〔第5版〕』98頁以下（有斐閣、2006年）。
9 溜池良夫『国際私法講義〔第3版〕』192頁以下（有斐閣、2005年193頁）。

見解が現在では有力といわれる[10]。その場合には「最密接地関係地法」を探索することになるが、その一つの指標が英米法上の住所である「ドミサイル」である。ドミサイルは日本でいう住所のように生活の本拠の変更に伴い変化するのではなく父母等のドミサイルの変更に伴い変化する場合や選択住所といわれるものがあり、日本の住所概念とは異にするものである[11]。

ドミサイルは最密接関係地法探索の一つの有用な指標である。その指標を手掛かりにして、最密接関係地法を探索し本国法を決定することになる[12]。外登法4条1項7号の国籍国の住所または居所や同法4条1項8号の出生地はドミサイルを確かめる一つの手掛かりになろう。

(3) 準拠法決定機能からみた問題点

以上のように、分裂国家の本国法を決定する場面や地域的不統一法国の本国法の決定の場面で「最密接関係地法」を決定することがある。その際に、登録原票の「国籍国の住所又は居所」や「出生地」が有力な手掛かりとなる。それら手掛かりとなる「国籍国の住所又は居所」や「出生地」は外国人住民票の記載事項とはされていない。住基法改正法施行後は、一定の外国人の本国法決定に必須である「最密接関係地法」の決定に支障をもたらすことは必定である。

4 外国人住民票の問題点(2)
──身分関係検索機能からみて

準拠すべき法を決定し、それが外国法であり、その外国法をいかに解釈するかが判明したとしても、渉外的家族関係の成立の有無は在留外国人の身分関係書面の収集が欠かせない。ここでは、身分関係検索機能から外国人住民

---

[10] 櫻田・前掲（注8）93頁など。
[11] 山田鐐一「英米国際私法における住所」同『国際私法の研究』40頁（有斐閣、1969年）。
[12] 司法研修所編『渉外家事・人事訴訟事件の審理に関する研究』38頁（法曹会、2010年）参照。

票の問題点を指摘したい。

(1) **身分関係書面の収集**

(i) **本国等からの収集**

在留外国人の身分関係書面は、基本的には当該外国（以下、「本国」という）が作成している身分関係の記録簿に記載・記録されていることが予定されている（身分関係証明書の収集は、第2章5を参照）。

外登法上の登録原票の「国籍国の住所又は居所」欄には、本国の生活の本拠を記載されたので、その本国の地に何らかの身分関係書面が備えられている確率は高い（「国籍国の住所又は居所」の意義は、第3章第1節1を参照）。

また、韓国・朝鮮人や中国人の一部には本国に生活の本拠がないという理由で日本人の本籍地に類するものを登録する取扱いであった[13]。具体的には、韓国・朝鮮人の場合は、本籍地か家族関係登録法に定める登録基準地であり[14]、中国人の一部の場合は戸口本（戸籍）の所在地である。しかし、無国籍者や本国に生活の本拠のない外国人には「なし」と記入する取扱いであった[15]。そこで、韓国・朝鮮人の場合には、韓国の本籍地や登録基準地の韓国の市・面・邑の長若しくは在日領事館（東京・大阪・福岡）に証明書等の交付申請をして、除籍謄本や家族関係登録証明書を取り寄せることができた。

ところが、外国人住民票の記載事項には「国籍国の住所又は居所」欄はないので、本国の身分関係書面を取り寄せる貴重な手掛かりを失うことになった。

次に登録原票の記載事項であった「出生地」も外国人住民票の記載事項にはない（「出生地」の意義は、第3章第1節2を参照）。「出生地」は、その地が在留外国人の本国であれ本国以外の外国であれ、本人の「出生届」類似の書面が存する可能性があり、在留外国人の身分登録情報を集積している地であ

---

[13] 田村・前掲（注7）70頁。
[14] 平成20年4月25日法務省管登5857号「大韓民国家族関係の登録等に関する法律の施行に伴う外国人登録事務上の取扱いについて」。
[15] 入国管理局・平成12年3月外国人登録事務取扱要領110頁。

〔第1部〕 第4章 「外国人住民票」、何が問題なのか

る可能性も高い[16]。

外国人住民票に「出生地」欄がなくなったので、本人の一定の身分関係書面収集の手掛かりを失うことになった。

(ii) 日本の市町村からの収集

在留外国人の中には、本国の身分関係の記録簿にその出生・婚姻・離婚・死亡等を速やかに届けていないケースがあり、全く届け出ていないケースも少なくない。身分変動の法律行為が成立する各種届出を日本の地で行ったり、身分関係の成立に国家機関による許可等が必要な場合でも日本の裁判所等の許可等で終える場合もある。また、出生届や死亡届も日本の市町村に届ける場合が多い。そこで、日本の地で家族関係が営まれていれば当面の家族生活に支障を来さないので、本国の身分登録の記録簿にそれら身分変動の成立事項や事実行為を報告しないことが生じる。

そのような場合には、これまでは、外登法上の登録原票の「出生地」欄の地を手掛かりに出生届受理証明書を取り寄せ父子関係や父母関係を確認していた。また婚姻・離婚や養子縁組や離縁等の身分変動行為の有無を確かめるために、在留外国人の居住地の変遷を辿ってその居住地近辺の市町村にそれら届書の有無を確かめなどの方法をとることもあった。

しかし、外国人住民票の記載事項に「出生地」欄はなくなり、外国人住民票の住所は、外国人住民票が消除・改製されたときから5年間しか保存されない（住基法施行令34条1項）。

(iii) 身分関係を推認させる情報

(i)(ii)の方法によっても身分関係書面が収集できない場合や、身分関係書面の収集が一部にとどまる場合がある。また、身分関係書面を収集する前に当事者の一定の範囲の親族関係を確かめる方法も必要である。

その際の情報として有用であったのは、第1に外登法7条1項16号・17号

---

[16] たとえば、平田陽一「フランスの身分登録制度」時の法令1285号53頁（1986年7月15日）。

の世帯事項等であり（世帯事項等は、第3章第2節5を参照）、第2は外登法7条1項18号・19号の家族事項等である（家族事項等は、第3章第1節3を参照）。

外国人登録証明書には世帯事項等は記載されるが家族事項等は記載されない（外登法5条1項）。家族事項等を入手するためには、登録原票記載事項証明書の交付を請求しなければならない（同法4条の3）。

外国人住民票の世帯事項等は法定記載事項である。その内容は「世帯主についてはその旨、世帯主ではない者については世帯主の氏名及び世帯主との続柄」（住基法30条の45・7条4号）である。また、世帯主との続柄の変更に際しては世帯主との続柄を証する文書の添付が法律上の義務となったことにより（住基法30条の48・30条の49）、従前に比して世帯主と世帯構成員との身分関係は正確に記載されることになろう。

また、家族事項等中の「世帯を構成する者の氏名、出生の年月日、国籍及び世帯主との続柄」（外登法7条1項18号）は、世帯全員の住民票で明らかとなり（住基法6条2項）、その住民票の写しの交付を受けることが可能である（住基法12条など）。その点は、世帯構成員である「本邦にある父母及び配偶者の氏名、出生の年月日及び国籍」（外登法7条1項19号のカッコ書）も同様である。

しかし、世帯を構成しない「本邦にある父母及び配偶者の氏名、出生の年月日及び国籍」（外登法7条1項19号。以下、「家族事項」という）は、外国人住民票の記載事項とはされていない。

(2) 身分関係検索機能からみた問題点

以上のように、在留外国人の身分関係書面を収集する手掛かりとなる情報であった登録原票上の「国籍国の住所又は居所」や「出生地」は外国人住民票には記載されず、身分変動事項を推認させる情報として有用であった「家族事項」も外国人住民票の記載事項とはされていない。

また、外国人住民票の保存期間が消除・改製されてから5年では、身分関係の成立や消滅を証する書面が備置されている可能性のある在留外国人の過去の「住所」（居住地）の変遷を辿るには、不十分である。

5　外国人住民票の問題点(3)
　　——識別・同定機能からみて

　在留外国人が日本で日常生活を営むうえで、自己が自己であることを立証する手段が必要となることはいうまでもない。高度情報化社会にあってはその必要性はより高まる。ただし、自己が自己であることの証明、いわゆるIDカード（自己証明書）の中には私人のプライバシーに属する情報が含まれるのでその取扱いには慎重さが要求される。在留外国人に交付される顔写真付きの在留カードや特別永住者証明書はその一種であり、外国人本国の関係機関が発行する旅券や身分関係書面もその一種である。

　自己を証明するときの基本的指標は、「氏名」「住所」「男女の別」「生年月日」である。性別の変更は極めて稀であり、生年月日は誤って記載されることはあっても本来不変なものである。しかし、氏名の変更は身分の変動があると生じる可能性があり、住所の変更はしばしば行われている。

　ところで、平成23年4月1日制定された法務省行政管理文書規則では「職員は、常用漢字表（平成22年内閣告示第2号）、現代仮名遣い（昭和61年内閣告示第1号）、送り仮名の付け方（昭和48年内閣告示第2号）及び外来語の表記（平成3年内閣告示第2号）等により、分かりやすい用字用語で的確かつ簡潔な文書を作成しなければならない」（同規則13条2項）と定め、平成3年内閣告示第2号では「外来語や外国の地名・人名を書き表すのに一般的に用いる仮名は、片仮名」であるとされている。

(1)　戸籍における外国人の氏名の表記

　日本人が外国人と婚姻や離婚、養子縁組や離縁などの渉外的家族関係に関する身分変動行為を行えば、それら創設的届出や報告的届出の内容が戸籍に記載される。戸籍に記載される事項は、どのような身分変動行為か、その成立年月日および相手方外国人の氏名と身分変動行為が行われた場所（行為地）といえるものである。

　ここでは、外国人の氏名の表記が戸籍にどのように記載されるかに絞って

述べてみたい（詳細は第2章3を参照）。

　たとえば、日本人女が戸籍謄本を添付し、外国人男が本国領事館等発行の婚姻要件具備証明書等を添付して、日本の届出人所在地の市町村長に婚姻届を提出したとする。その場合、市町村長はそれら届出書の副本を日本人女の本籍所在地の市町村長に送付し、日本人女の本籍所在地の市町村長は、日本人女を筆頭者とする新戸籍を編成して、婚姻事項を記載することになる（戸籍法16条3項、戸籍法施行規則24条）。

　昭和59年11月1日民二第5500号民事局長通達（参考資料6①）は、「戸籍の身分事項欄や父母欄に外国人の氏名を記載するには、氏、名の順序により片仮名で記載する」（第4の3(1)）との原則を述べたうえで、「その外国人が本国において氏名を漢字で表記するものである場合には、正しい日本文字としての漢字を用いるときに限り、氏、名の順序により漢字で記載して差し支えない」とし、正字による漢字表記であれば許されるとしている。また、片仮名で記載する場合は「氏と名とはその間に読点を付して区別する」と氏名の片仮名記載の表記方法を示している。氏と名の間には「、」を付すのである（コンピュータ化された戸籍では「,」が付されている）。

　また、戸籍法107条2項では「外国人と婚姻をした者がその氏を配偶者の称している氏に変更しようとするときは」婚姻から6カ月以内に限り家庭裁判所の許可を得ないで、その旨を届け出ることができる、と規定している。この場合の「配偶者の称している氏」はどのように表記されるのであろうか。

　前掲通達によれば「変更後の日本人配偶者の氏は、片仮名によって記載するが、配偶者が本国において漢字で表記する場合において、正しい日本文字としての漢字により日本人配偶者の身分事項欄にその氏が記載されているときは、その漢字で記載して差し支えない」（第2の4(1)ウ）としている。つまり片仮名表記が原則であるが、漢字を使用する場合は正字に限るのである。日本人配偶者の氏は上記の表記方法に従って「外国人の氏」を称するに過ぎず、外国人配偶者本来の本国文字表記の「氏」（姓）を戸籍に表記することはできない。

(2) 登記における外国人の氏名・住所の表記

不動産登記では、自然人の登記名義人は「氏名」「住所」で記録され、法人が登記名義人であれは「商号（名称）」と「本店（主たる事務所）」で記録される（詳細は、第2章2を参照）。また、担保権等の債務者も同様である。自然人が登記名義人になる場合は、住所証明書の添付が求められ、法人であれば商業・法人登記記録証明書の添付が求められる（不登令7条1項6号別表26）。

住所証明書の一般的な例は日本人であれば住民票の写しまたは記載事項証明書であり、それに記載されている氏名・住所が登記記録の氏名・住所になる。在留外国人の場合は登録原票記載事項証明書であり、それに記載されている「氏名」「居住地」が登記記録の氏名・住所になり、住基法改正法施行後は、外国人住民票の「氏名」「住所」がそれになる。また、不動産登記の債務者の氏名（商号など）・住所（本店など）を登記するのに住所証明書は添付書類とはされていないが、実務上は融資をする金融機関や登記手続を代理する司法書士が住所証明書等によってそれらを確認している。

登記における外国人の氏名表記は、日本文字である漢字と片仮名で記載するものとされているが、統一的な運用が示されていないと思われる。ただし、漢字は正字と考えられ、自然人の氏名は「必ずしも姓、名の順で記載することにはなっていない」という見解もある[17]。また、商号の誤読を防止するため片仮名で表示する際に区切りとして「・」を使用してもよいとの商業登記の先例がある[18]が、近年の登記のコンピュータ化に伴って、氏と名の文字の間に空白は挿入できないとのことである。また2002年の商業登記規則等の改正に伴って発出された不動産登記の先例[19]では、登記名義人や債務者等の法人等の商号にローマ字、アラビヤ数字、符号（「・」など）の使用が許容されている。

なお、在留外国人は、「通称名」で登記名義人となることが可能である。登

---

[17] 「登記簿 外国人の氏名の表記について」登記研究630号133頁（135頁）（2000年7月）。
[18] 昭和54年2月9日民四第837号民事局第四課長回答（参考資料5④）。
[19] 平成14年10月29日民二第2551号民事局第二課長依命通知。

録原票記載事項証明書に記載してあるかまたは印鑑証明書に通称名が記載されていることが必要である[20]。

(3) 登録原票の氏名・住所の表記

登録原票の法定記載事項は、先に2(1)で述べた。氏名・居住地は記載事項なので、登記において登録原票記載事項証明書を添付することで登記記録の氏名・住所となり得た。なお、住所地の市町村長が発行する「印鑑証明書」は、外国人登録を申請し外国人登録原票に記載されている在留外国人も対象者である[21]。

(i) 登録原票の氏名表記の取扱い

登録原票の氏名欄の取扱いの概要は、①漢字圏の者であれば漢字を記載するが、漢字が簡体字(繁体字)であれば簡体字(繁体字)に括弧書きして正字を記載する、②それ以外の者はローマ字(英字)で記載する。ローマ字では判読が困難な場合は、片仮名を併記する、③韓国・朝鮮人、日系人などの通称名は氏名に括弧書きして併記する、とされる[22]。

通称名の併記は、韓国・朝鮮人が必要に迫られて通称名を使用している現実を踏まえたものであり、1990年以降急増したブラジル等の日系人に配慮したものである(通称名は、第3章第2節2を参照)。また、簡体字(繁体字)に正字を併せて記載するのも中国人に配慮した措置であったと思われる。

また、漢字圏の外国人の申出により氏名に併せて表記される英字氏名や欧米人等の英字氏名について氏名の読みを音読して片仮名で表記したものあわせて表記する「併記名」も氏名に併記されることがあった(併記名の意義は、第3章第2節3を参照)。

(ii) 登録原票の氏名・住所の変遷の取扱い

すでに、2(1)で述べたように、在留外国人が居住地を移転すると、登録原票は新居住地の市町村に送付され新居住地の市町村に備置されるので、移転

---

20 昭和38年9月25日民三第666号民事局第三課長回答など(参考資料4(1)⑥⑦)。
21 印鑑登録事務処理要領第2・3(3)。
22 入国管理局・平成12年3月外国人登録要領等106頁以下。

前に登録原票に記載されていた事項も新居住地の市町村で登録原票記載事項証明書に記載することが可能であった。即ち、現居住地の市町村長は、氏名を変更した場合は元の氏名・新氏名やその変更年月日、居住地を転々と移転した場合はそれら居住地の変遷履歴や変更年月日、を記載した登録原票記載事項証明書を発行することが可能であった。

たとえば、在留外国人が登記記録の登記名義人でありその氏名や住所が過去のものである場合は、現在の氏名・居住地が記載されている登録原票記載事項証明書や印鑑証明書だけでは登記記録上の人物と同一人であるとの識別・同定がなされない。そこで、氏名もしくは居住地の変遷履歴を記載した登録原票記載事項証明書を取り寄せて、同一人であることを証明することが可能であった。

(4) 外国人住民票の氏名・住所の表記

(i) 仮住民票の氏名・住所

仮住民票は、市町村長にその作成が義務づけられている（住基法改正法附則3条）。「基準日」（2012年5月7日、住基法施行令附則1条の2）現在、当該市町村に外国人登録原票に登録され法施行日に外国人住民と見込まれる者や基準日から法施行日に登録され外国人住民となる者を対象に作成するものである。

その記載は、登録原票などや法務大臣からの情報に基づいて作成され（住基法改正法附則3条3項・4項）、市町村長は作成後直ちに作成対象者に通知しなけれはならないとされている（同法附則3条5項）。仮住民票は法施行日（2012年7月9日、住基法改正法附則1条1号、入管法等改正法施行期日政令）に住民票となる（同法附則4条1項）。

仮住民票の記載事項中の中長期在留者等（特別永住者を含む）の在留資格等は、外国人登録原票のそれらを記載し（住基法施行令附則3条）、市町村長は記載事項について調査することが可能である（同附則6条、住基法34条3項4項）。

仮住民票の氏名・住所欄には、登録原票の氏名・居住地欄に記載されているすべての事項が移記されるのであろうか。

移行実務研究会では、登録原票の氏名欄に記載されている中国人の簡体字（繁体字）は、仮住民票作成時に正字に変換するとし[23]、通称名は仮住民票の氏名欄にかっこ書きで記載し引き続き認めること、併記名中の英字氏名に対応する片仮名併記名も備考欄に記載し引き続き認める、との方針を示していた[24]。「氏名欄に括弧書きされた氏名のカタカナ表記については、仮住民票の氏名として記載することは予定しておりません」との考えを示しているので[25]、仮住民票の備考欄に記載するというのであろうか。また、印鑑登録証明事務は、外国人住民も対象者にするとの方針を示し、通称名やアルファベット氏名の印鑑登録、それにアルファベット氏名（備考欄）に対応するカタカナ表記による印鑑登録を認めるとの方針を示していた[26]。

　しかし、登録原票の前居住地は、仮住民票には移記されない。「従前の住所」や「住所を定めた年月日」は空欄とし、施行日に外国人住民票となった際に「住所を定めた年月日」には法の施行日（2012年7月9日）を記載するとのことである[27]。

　(ii)　**外国人住民票の氏名・住所**

　(ア)　**外国人住民票の氏名**

　外国人住民票の氏名欄の表記は、在留カードや特別永住者証明書の氏名の表記に倣うとされているので、外国人住民票の氏名欄は下記のように表記されることになる（氏名は、第3章第2節1を参照）。

　在留カードや特別永住者証明書の氏名の表記文字は、原則ローマ字により表記すると定められた（入管法施行規則19条の6第1項、入管特例法施行規則4条1項）。そのうえで、氏名に漢字を使用する者が資料等を提出して「申出」をすれば、ローマ字にあわせて「漢字」または「漢字及び仮名」を氏名に表記

23　移行実務研究会第11回（2011年2月28日）。
24　移行実務研究会第11回（2011年2月28日）。
25　平成23年1月21日住基法改正政令規則の改正政令規則の意見募集の結果整理番号20考え方。
26　移行実務研究会第11回（2011年2月28日）。
27　移行実務研究会第11回（2011年2月28日）。

できることになった。(入管法施行規則19条の7第1項・2項、入管特例法施行規則5条1項・2項)。それとともに、「特別な事情があると認めるときは」ローマ字に代えて、漢字または漢字および仮名だけで氏名を表記することとした(入管法施行規則19条の7第4項、入管特例法施行規則5条4項)。

　漢字の「範囲、用法その他の漢字を使用した氏名の表記」は法務大臣の告示で定めるとし(入管法施行規則19条の7第5項、入管特例法施行規則5条5項)、入管法施行令・施行規則などの制定公布の日と同日の平成24年1月20日に、法務省告示582号「在留カード等に係る漢字氏名の表記等に関する告示」が制定された。これにより簡体字等の正字表記への変換ルールが示され、仮住民票作成時に登録原票の簡体字等を正字に置き換えるときのルールも同様とされた。

　これにより、外国人住民票の氏名の表記は、ローマ字のみの表記、ローマ字と漢字(または漢字および仮名、漢字は正字)の表記、特別な事情があるときの漢字(または漢字および仮名、漢字は正字)のみの表記、となった。

　(イ)　外国人住民票での通称名の扱い

　外国人住民票に通称名はどのように表記されるのであろうか。

　住基法改正法では、通称名は「通称」と言い換えられ、住基法7条14号で定める「政令で定める事項」に「通称」と「通称の記載及び削除に関する事項」を加え(住基法施行令30条の25)、同時に通称を表記する手続も定めた(同施行令30条の26)。

　それによると、通称とは「氏名以外の呼称であって、国内における社会生活上通用していることその他の事由により居住関係の公証のために住民票に記載することが必要であると認められるもの」であり、外国人住民が申出書を提出し「居住関係の公証のために住民票に記載されることが必要であること」を証する資料を提示し、住所地市町村長が「記載することが居住関係の公証のために必要」と認めるときに外国人住民票に記載されるというものである(住基法施行令30条の26第1項・2項)。転出証明書に記載されていた場合などは、市町村長は通称を記載しなければならない(同条3項)。また外国人

住民票の写しまたは記載事項証明書を発行する場合や、2013年7月7日から外国人住民に発行される住民基本台帳カードには（住基法施行令改正令附則7条の2）、氏名にあわせて通称も表記することになっている（同施行令30条の26第7項）。

そして、住所地市町村長は、通称を記載した場合は外国人住民票に通称を記載した市町村名と年月日、削除したときはその通称と削除した市町村名と年月日を記載しなければならず（住基法施行令30条の27第1項）、住所地市町村長の外国人住民票には通称の記載と削除の履歴が記載されることになる（同条2項）。

しかし、通称を氏名欄にかっこ書きするかについては法文上では触れられていない。詳細は、後日発出される取扱要領で示されるのであろう。

なお、法務省は、在留カードや特別永住者証明書には通称を表記せず入管行政上も必要ないとのとの姿勢を一貫して堅持し（移行実務研究会第11回（2011年2月28日））、法令上も通称は市町村長から法務大臣への通知事項とはされていない（入管法61条の8の2、入管法施行令6条）。

　(ウ)　外国人住民票での併記名等の扱い

併記名に関する規定は法文上では見当たらない。ローマ字氏名に対応するカタカナを備考欄に記載する取扱いは、後日発出される取扱要領で示されるのではないか。また、印鑑証明の事務についても新たな印鑑証明事務処理要領で明らかにされるのであろう。

　(エ)　外国人住民票の住所

住基法改正法施行後は、外国人住民は、他の市町村に住所を変更するときは、現在地の市町村長に転出届を行い、受領した転出証明書を添付して新住所市町村長に転入届を行う。新住所地市町村長は新たな住民票を作成するとともに、転出市町村長にその旨を通知する。それにより転出市町村長は、転出した外国人住民の外国住民票を消除することとなる（詳細は、第3章第2節4を参照）。

その場合に消除された外国人住民票は消除された日から5年間保存され、

市町村長が「必要があると認めた」ときに改製された改製前の外国人住民票の保存期間も同様である（住基法施行令16条・34条、消除・改製外国人住民票の開示・保存期間は、第3章第2節6を参照）。

(5) 識別・同定機能からみた問題点

ここでは、外国人住民票が、外国人の登記や外国人の身分情報との関係でその同一性を確認するときに抱える問題点を指摘することにする。

第1は、登記名義人や戸籍との同一性確認の問題である。登記では登記名義人は住所・氏名で表記される。その外国人氏名の表記文字は、漢字の場合は正字であり漢字で表記できないときは片仮名である。また、戸籍の表記も同様といえよう。しかし、外国人住民票では、ローマ字が原則であり、漢字（または漢字および仮名）は申出により表記される。ローマ字表記であれば、ローマ字に対応する片仮名併記名がなければ、音読して片仮名で表記する以外にない。音読した片仮名表記は音読する者によって異なって表記される懸念が生じ、登記名義人との同定に困難をもたらしかねない。

第2は、登記名義人表示変更に関連した同一性確認の問題である。まず、氏名の変更は本国の身分登録書面によって確認するとして、その身分登録書面は本国文字によって表記されるので、その本国文字で表記された氏名とローマ字表記や漢字（または漢字および仮名）氏名の同一性確認に困難をもたらしかねない。次に、在留外国人が住所を変更したり、日本の家庭裁判所で「氏名」変更等の審判により氏名の変更を行った場合、その変更履歴を辿る書面が備えられているかという問題がある。外国人住民票の保存期間は、消除・改製されてから5年間なので、その変更履歴書面の収集が難しくなる。特に、仮住民票から作成される外国人住民票には、「従前の住所」が記載されない点はその収集の困難に拍車をかけよう。「通称の記載と削除に関する事項」が転出市町村に次々と引き継がれることとは対照的である（住基法施行令30条の27第1項2項）。

第3は、第2とも関係するが、保存期間の問題である。外国人住民が売買を行うときや外国人が死亡したときに登記名義人の同一性の確認が必要にな

るのは、当初の登記がなされてから数十年が経過する場合が多い。ところが、先述したように、消除・改製住民票の保存期間は5年と短く、住基法改正法施行後に法務省に送付される「登録原票」の保存期間は30年である（閉鎖登録原票の開示・保存期間は、第3章第2節6を参照）。これでは、氏名・住所の同定が極めて困難になろう。

6　外国人住民票の問題点(4)
　　──個人情報保護の観点からみて

　外国人住民票には在留外国人の個人情報が記録されている。個人情報保護の観点からみてその開示についてどのように規定されているのであろうか。ここでは、登録原票の開示からみてみよう。

(1)　登録原票の開示請求

　登録原票は非開示を原則としている（外登法4条の3第1項）。そこで、外国人本人とその代理人および同居の親族は登録原票記載事項証明書等の交付請求ができるが（同条2項3項）、国の機関または地方公共団体は、「法律の定める事務の遂行のため登録原票の記載を利用する必要があると認めた場合」にのみ交付請求ができる（同条4項）。さらに、弁護士、司法書士（簡易裁判所代理業務に従事する場合）と一定の法人は、「法律の定める事務又は業務の遂行のため登録原票の記載を利用する必要があると認めた場合」にのみ交付請求が可能である（同条5項、外登法施行令2条）。

　いずれの請求の場合も、「請求を必要とする理由」「請求資格並びに氏名・住所等」「請求に係る外国人の氏名、居住地等の当該外国人を特定するに足りる事項」を明らかにしなければならない（外登法4条の3第6項、外登法施行規則3条）。弁護士や司法書士等が交付請求する際は、「氏名」「出生の年月日」「男女の別」「国籍」「国籍国の住所又は居所」「居住地」「世帯主の氏名」「世帯主との続柄」は開示されるが、それ以外の事項の開示は「特に必要とする場合に限る」と定めている（同法4条の3第5項ただし書）。

(2) 外国人住民票の写し等の交付

外国人住民票の写し等の交付については、読み替え規定が新設されただけで特段の開示制限規定は設けられていない。

本人等の請求による住民票の写し等の交付では、市町村長は「特別請求がない限り」、「氏名（通称を含む）」「出生の年月日」「男女の別」「住所（転居をした場合はその住所を定めた年月日）」「転入届の年月日及び従前の住所」「外国人住民となった年月日」が記載された写し等が交付される（住基法30条の51・12条5項、住基法施行令30条の26第7項）。

本人等以外の者の申出による写し等の交付では、市町村長は「氏名（通称を含む）」「出生の年月日」「男女の別」「住所（転居をした場合はその住所を定めた年月日）」「転入届の年月日及び従前の住所」「外国人住民となった年月日」が記載された写しを基礎証明事項として、一定の者や「特定事務従事者」からの交付申出に応じることとし（住基法30条の51・12条の3第1項・2項・3項）、その申出には一定の事項を明らかにさせるとともに、「申出の任に当たっている者」は本人であることなどを明らかにするための書類の提示・提出しなければならない（住基法12条の3第4項5項6項）。なお、基礎証明事項以外の事項（住基票コードを除く）が必要な場合はその旨を市町村長に申し出ることができる（同法12条の3第7項）。

(3) 個人情報保護の観点からみた問題点

外国人住民票には個人の識別・同定機能に必要な情報以外の個人情報が記載されている。中長期在留者の在留資格・在留期間等や在留カードの番号、特別永住者証明書の番号や在留外国人の身分情報を表す世帯事項等の開示については特段の規定を設けるべきではなかろうか。

7　日本司法書士会連合会の意見書と総務省の考え方

(1) 日本司法書士会連合会の意見書（2011年12月16日付け）

7　日本司法書士会連合会の意見書と総務省の考え方

　日本司法書士会連合会（以下、「日司連」という）は、2011年12月16日、総務省が公表した「平成23年11月19日『住民基本台帳法施行令の一部を改正する政令の一部を改正する政令案』及び『住民基本台帳法施行規則の一部を改正する省令の一部を改正する省令案』に対する意見の募集」に応じて、下記の意見書（以下、「日司連意見書」という）をその理由を付して提出した（詳細は、参考資料7を参照）。

1　外国人登録法第4条1項の「外国人登録原票」（以下、「登録原票」という）の記載事項である①「国籍の属する国における住所又は居所」（以下、「国籍国の住所又は居所」という）（7号）、②「出生地」（8号）、③「申請に係る外国人が世帯主である場合には、世帯を構成する者（当該世帯主を除く。）の氏名、出生の年月日、国籍及び世帯主との続柄」（18号）「本邦にある父母及び配偶者（申請に係る外国人が世帯主である場合には、その世帯を構成する者である父母及び配偶者を除く。）の氏名、出生の年月日及び国籍」（19号）（以下、18号と19号を合わせて、「家族事項」という）を、外国人住民票の記載事項とすべきである。
2　「国籍国の住所又は居所」「出生地」「家族事項」は「仮住民票」作成時に「登録原票」から移記すべきである。
3　氏名欄の「氏名」の文字はローマ字（アルファベット）で表記し、本人の希望があれば「本国文字」表記、「漢字」表記、「本国文字・漢字のカタカナ読み」表記を併記する。
4　本人の希望があれば、氏名欄に通称名を併記すべきである。
5　「登録原票」の氏名欄に記載されている事項は、すべて「登録原票」から「仮住民票」に移記し、本人に通知した上で、法施行後に当事者の申出により変更すべきである。
6　「仮住民票」の「転入をした年月日」「前住所」欄を空欄とする運用は撤回し、「登録原票」に記載されている「前居住地」とその変更年月日を移記し、法施行時の「外国人住民票」に記載すべきである。

7　消除又は改製された「外国人住民票」の保存期間は、消除又は改製された日から80年以上とすべきである。
8　法務省に送付された「登録原票」の保存期間を150年とすべきである。
9　「外国人住民票」の記載事項の開示については、記載事項を再度精査して原則非開示とすべき事項を明定すべきである。

(2)　総務省の考え方

　総務省は、2012年1月21日、「平成23年11月19日『住民基本台帳法施行令の一部を改正する政令の一部を改正する政令案』及び『住民基本台帳法施行規則の一部を改正する省令の一部を改正する省令案』に対する意見の募集」の結果を公表した。その中で日司連意見書に触れた個所（理由も含む）と総務省の考え方を整理番号順に記せば次のとおりである。

(i)　整理番号2

　日司連意見書4「＜通称について＞……日本の各種公簿（登記、登録など）で一般化していることや外国人の識別・同定にも欠かせないので、本人の希望を前提に通称名の氏名欄への併記は賛成である。その場合に、婚姻・離婚や養子縁組・離縁などにより、配偶者や親の通称名を使用することは当然に許容すべきであるが、その他の理由による通称名の使用は厳格に対処すべきである」（総務省、日司連意見書に付した理由から引用）。

　総務省の考え方「外国人住民から住民票への通称の記載についての申出があった場合、当該申出に係る呼称を住民票に記載することが国内における社会生活上通用していることその他の事由により居住関係の公証のために必要であると認められるときに、市町村長は当該呼称を通称として、外国人住民の住民票に記載することとなります。住民票に通称の記載を求める旨の申出書の記載事項として、「通称として記載を求める呼称が国内における社会生活上通用しているこ

とその他の居住関係の公証のために住民票に記載されることが必要であると認められる事由の説明」を省令案で規定しており、市町村長は、当該記載の内容とともに、併せて提示される資料を確認して、通称の住民票への記載の必要性を判断することとなります」。

(ii) 整理番号15

日司連意見書1、2「＜政令案について：第30条の25＞外国人登録法第4条1項の「外国人登録原票」（以下、「登録原票」という）の記載事項である①「国籍の属する国における住所又は居所」（以下、「国籍国の住所又は居所」という）（7号）、②「出生地」（8号）、③「申請に係る外国人が世帯主である場合には、世帯を構成する者（当該世帯主を除く。）の氏名、出生の年月日、国籍及び世帯主との続柄」（18号）「本邦にある父母及び配偶者（申請に係る外国人が世帯主である場合には、その世帯を構成する者である父母及び配偶者を除く。）の氏名、出生の年月日及び国籍」（19号）（以下、18号と19号を合わせて、「家族事項」という）を、外国人住民票の記載事項とすべきである。」「「国籍国の住所又は居所」「出生地」「家族事項」は「仮住民票」作成時に「登録原票」から移記すべきである」。

総務省の考え方「住民票には、住民に関する事務の処理の基礎とするという住民基本台帳制度の趣旨に照らし、個人情報の適切な取扱いの観点も踏まえつつ、市町村が住民に関する各種の行政事務の処理のために必要な事項を記載するものであり、このような考え方に基づいて、改正住民基本台帳法及び本政令案において、外国人住民に係る住民票の記載事項を規定しているものです」。

(iii) 整理番号19

日司連意見書3「＜住民票の氏名欄の表記について＞氏名欄の「氏名」の文字はローマ字（アルファベット）で表記し、本人の希望があれば「本国文字」表記、「漢字」表記、「本国文字・漢字のカタカナ読み」表記を氏名欄に併記すべきである」。

総務省の考え方「外国人住民に係る住民票の氏名の表記については、原則として在留カード又は特別永住者証明書の記載に倣うこととしております」。

(iv) 整理番号20

日司連意見書5「＜その他＞「外国人登録原票」の氏名欄に記載されている事項は、通称も含めてすべて「外国人登録原票」から「仮住民票」に移記し、本人に通知した上で、法施行後に当事者の申出により変更すべきである」。

総務省の考え方「仮住民票の氏名又は通称の記載は、外国人登録原票に記載された氏名又は通称名に基づいて行うこととしております。また、施行日後において、住民票に記載された氏名又は通称に変更がある場合には、それぞれ法務大臣への届出又は住所地市町村長への申出等、所要の手続きに基づいて、住民票の記載の修正が行われることとなります。

なお、外国人登録原票の氏名欄に括弧書きされた氏名のカタカナ表記については、仮住民票の氏名として記載することは予定しておりません」。

(v) 整理番号21

日司連意見書5「＜その他＞……在留外国人の身分関係が本国の身分登録簿に直ちに反映されることがないばかりか、氏名欄に記載される通称や住所の変遷などは本国の身分登録簿の記載事項ではない。今日の長寿高齢化社会の到来は、在留外国人とて同様である。そこで、住基令34条2項の「在外者等」の保存期間の80年に準じて、消除又は改製された「外国人住民票」の保存期間を80年以上とすべきである」（総務省、日司連意見書に付した理由から引用）。

総務省の考え方「住民基本台帳法施行令第34条第2項は、在外選挙制度における国内における最終住所の確認のため消除又は改製された戸籍の附票の保存期間を延長したものであり、消除された外国人住

> 民に係る住民票については、消除された日本人に係る住民票と同様、5年の保存期間とすることとしています」。

(3) 総務省の考え方に対する評価と疑問

　第1に、渉外的な法実務を遂行するうえで外国人住民票に不可欠な事項を要望した日司連の意見書1、2について、総務省は「市町村が住民に関する各種の行政事務の処理のために必要な事項を記載するもので」あると述べるだけで、日司連意見書を一蹴した。

　第2に、本国文字等も当事者の希望に応じて記載すべきとした日司連意見書3について、外国人住民票の氏名欄にどのように表記するかは在留カードや特別永住者証明書に倣うとのスタンスを示すのみで、総務省自身の考え方を示していない。

　第3に、本人の希望があれば通称名を記載すべきとした日司連意見書4については、総務省は新設した住基法施行令30条の25以下の説明を行った。

　第4に、仮住民票の氏名・通称は登録原票の氏名欄に基づき移記すべきとした日司連意見書5について、総務省は仮住民票の氏名と通称は登録原票のそれを移記するとしたが、仮住民票の氏名欄に括弧書きされた氏名のカタカナ表記は記載しないと明言した。

　第5に、消除または改製された外国人住民票の保存期間を80年とすべきとした日司連意見書7については、総務省はその当否に正面から答えずに住基法施行令34条2項の立法趣旨を示したに過ぎない。

　第6に、日司連意見書6、8、9については総務省は考え方を示さなかった。とりわけ仮住民票の「転入をした年月日」「従前の住所」欄を空白にしてはいけないとの日司連意見書6に対して所管官庁としてその考え方を示さなかったのは疑問である。

おわりに代えて

　外国人住民票を創設する住基法改正法は、入管法等改正法の施行日である2012年7月9日より施行される。全国の市町村では外国人住民票の記載事項の基になる「仮住民票」を2012年5月7日（基準日）を期して作成し（住基法改正法附則3条1項）、作成後「直ちに」外国人住民票対象者となる中長期在留者や特別永住者などに通知しなければならない（住基法附則3条5項）。

　当事者である中長期在留者や特別永住者は、その「仮住民票」をみてどのように思うだろうか。初めてみる「住民票」とはこんなものかと得心する者、「登録原票」と何かが違うなと訝る者、私の名前が違うと怒る者、そんな様子が想像できる。

　我々は、渉外家族関係の法実務の観点から、「国籍国の住所又は居所」「出生地」「家族事項」を外国人住民票の記載事項に加えるべきと要望し、氏名欄に「通称」の記載と「本国文字の表記」を記載可能にすることなどや、住所や氏名などの変遷履歴を市町村で確認する方途として保存期間を伸長をすべきことを主張した。

　しかし、申出による氏名欄の「通称」の記載と「漢字」表記は除き、2011年12月26日制定・公布の入管法（入管特例法）施行令・入管法（入管特例法）施行規則や2012年1月20日制定・公布の住基法施行令・住基法施行規則にも、それらは盛り込まれなかった。

　住基法改正法と連動する入管法等改正法は、附則で「政府は、この法律の施行後3年を目途として、新入管法及び新特例法の施行の状況を勘案し、必要があると認めるときは、これらの法律の規定について検討を加え、その結果に基づいて必要な措置を講ずるものとする」（附則61条）としている。

　外国人住民票の再検討を強く要望するものである。

（西山慶一）

第 2 部

【ワークショップ】

渉外家族実務
──日本の官公署発行の書面を手掛かりにして

〔第2部〕 第1回ワークショップ【大阪】2011年8月26日

―〈第2部の概要〉―

　日本司法書士会連合会「外国人住民票」検討委員会（以下、「検討委員会」という）は、〔第1回〕2011年8月26日（大阪）、〔第2回〕9月16日（京都）、〔第3回〕10月7日（愛知）、「渉外家族実務――日本の官公署発行の書面を手掛かりにして」と題するワークショップを開催した。

　このワークショップは、検討委員会が今次の改正法の施行が渉外家族の法実務にどのような影響があるのかを明らかにするための検討作業の第一歩として、各地で日々渉外家族の法実務に奮闘している司法書士からその実践体験報告を聞くために開催したものである。

　いずれのワークショップにおいても、検討委員会から今回の改正法の概要を説明し、その後に各司法書士の報告を聞き、委員および参加者からの質疑応答の機会を設けた。

　報告された司法書士のいずれもが、在留外国人である依頼者との面談から始まり、その依頼者が抱える渉外家族事件の解決に向け、法的整序を行いつつ実務上の困難に果敢に挑んでいる道筋を詳らかにしている。

　その内容は、委員会の検討に資するだけでなく、全国の司法書士の実務にも役立つ貴重なものものと考えられたため、報告の要旨および質疑応答を本書に収録することとした。

　各回のワークショップには、40名から50名の司法書士が参加し、近県だけでなく広島・熊本・札幌から馳せ参じる熱心な参加者もいた。

　ワークショップに登壇した6名の司法書士は、依頼してから報告までの期間が短いにもかかわらず快く報告を引き受けていただいた。検討委員会を代表して感謝の意を表する次第である。

　なお、各回ごとに日本司法書士会連合会に寄せられた外国人住民票に関する意見もあわせて掲載し、ワークショップの反響の一端を紹介した。

（検討委員会委員長　西山慶一）

第1回ワークショップ
【大阪】2011年8月26日

於　大阪司法書士会館
進行：姜　信潤委員

〔第1講〕　アメリカ人の相続～地域的不統一法国における住所の意義～

司法書士　櫻井　惠子（大阪会）

(1)　はじめに

「アメリカ人の日本に所有する不動産に関する相続については、反致条項により日本の法律が適用される」（昭和41年1月20日民事甲第274号民事局長回答）という先例が確立されている。したがって、アメリカ人が被相続人の場合、相続開始の時期および原因、相続人、相続分、相続開始の効力、相続財産の構成および移転、遺留分など被相続人につき相続が開始してから遺産が最終的に相続人に帰属するまでに生ずる相続問題のすべてについて原則として日本法に基づき処理すればよいことになる（国際家族法実務研究会編『問答式　国際家族法の実務』849頁（新日本法規出版、加除式））。

しかし、アメリカ人が被相続人の場合でも、18歳の米国籍の相続人は遺産分割協議書に署名できるかという行為能力の問題、利益相反に伴う未成年者の特別代理人選任手続の準拠法の問題、今回取り上げた事例の中でも、遺言者の遺言作成能力の問題、ニューヨーク州法に基づき作成された遺言書の有効性の問題、ニューヨーク州の裁判所でした遺言書の検認の有効性の問題、アメリカ人の遺言執行者は日本で登記申請できるか遺言執行者の権限の問題等については、アメリカの法律を調べる必要がある。その際、アメリカ人のドミサイルが問題となる。なぜなら、アメリカは地域的不統一法国で州によ

り法律が異なるので、どこの州に被相続人のドミサイルがあったのかが重要な意味をもつからある。

「ドミサイル」は国により、州により概念が異なり定義が非常に難しい。しかし、アメリカにおいて「ドミサイルは特に、裁判管轄権と法選択において重要な意味を持っている」。アメリカではドミサイルとはある者の「極めて明らかに判断できる中心地」のことである。「ある者がドミサイルを有するとされるために必要なことは、その法域内に物理的所在を有すること、および、『少なくともしばらくの間、その地を本拠とする』意思を有することである」とされている。「ドミサイルは一般的には所得や財産に課税する基礎となるほか、無遺言相続の準拠法を決定する基礎となるものである」（ウィリアム・M・リッチマン／ウィリアム・L・レイノルズ（松岡博ほか訳）『アメリカ抵触法（上巻）―管轄権編―』（レクシスネクシス・ジャパン出版、2008年））。

このドミサイルは、日本の戸籍や住民票とは異なり官が把握しているわけではないので、アメリカ人は自分のドミサイルを納税証明書、公共料金の請求書、不動産の売買契約書、選挙権の登録、銀行の口座、雇用主の証明書等により自分で証明しなければならない。

よって、もはや本人から事情を聴くことができない状況にあって、日本に長く住んでいたアメリカ人のドミサイルを調べることは容易ではない。

(2) 事 例

① 被相続人甲（2006年10月死亡、73歳）は米国籍。

　　死亡時の住所：日本

　　在留資格：永住

　　出生地：NEW YORK U.S.A.

　　国籍の属する国における住所または居所：

　　　　ニューヨーク州ニューヨーク〇〇通〇番

② 相続人乙は甲の後妻で、日本国籍。日本在住。

③ 相続人A（22歳）、B（18歳）は甲の先妻丙（米国籍）との間の子供で、米国籍。米国在住。

④　甲はニューヨーク州で1997年1月19日に遺言書作成。遺言執行者にX（米国籍）を指名。
⑤　2007年9月18日ニューヨーク州のSurrogate Courtで遺言書の検認済。
⑥　甲は日本にある不動産を乙に遺贈。
⑦　甲はY法人の債務につき連帯保証人となっていた。債務者と債権者は現在係争中。
⑧　乙、A、Bは、相続の承認・放棄の期間伸張の申立てをした。

(3)　**地域的不統一法国に属する者の本国法の決定方法**

アメリカは州ごとに内容の異なる法が並存している地域的不統一法国である。「相続は、被相続人の本国法による」（法適用通則法36条）ので本国法、つまり国籍のある国の法を準拠法として指定するが、地域的不統一法国の国民の本国法の決定は法適用通則法38条3項により「当事者が地域により法を異にする国の国籍を有する場合には、その国の規則に従い指定される法（そのような規則がない場合にあっては、当事者に最も密接な関係のある地域の法）を当事者の本国法とする」ことになっている。「規則」とはいわゆる準国際私法（国内における異法地域間の地域的な法の抵触を解決するための規範）であるが、「米国は、実質法のみならず抵触法についても各州ごとに相違しており、統一的な準国際私法の規則も存在しない」（横浜地判平成10年5月29日判タ1002号249頁）。

したがって、次に「最も密接な関係のある地域の法」を探求しなければならないことになるが、その地域は「当事者の出生地、常居所地、過去の常居所地、親族の居住地などの要素を考慮し、属人法の趣旨に合致するよう決定すべき」とされている（澤木敬郎＝南敏文『新しい国際私法―改正法例と基本通達―』31頁（日本加除出版、1990年））。前掲・横浜地判では米国に居住したことがない子について「子の国籍が米国である以上、子の本国法としては、米国内のいずれかの法秩序を選択せざるを得ない」として、外国人登録原票上の国籍の属する国における住所または居所であったオハイオ州の法律を子の本国法とした（北坂尚洋「地域的不統一法国」国際私法判例百選〔新法対応補正

199

版〕17頁（有斐閣、2007年）参照）。

　本事例でも、相続の承認・放棄の期間伸張の申立てを家庭裁判所にしたとき、被相続人のドミサイルのある州の法律の提出を求められた。「家庭裁判所に渉外相続事件の申立てをする場合、被相続人が英米人の場合は、ドミサイルを記載するよう要求するのが実務上の取扱い」である。「申立ての際のドミサイルの記載の要求におけるドミサイルとは、『ドミサイル　オヴ　オリジン』（本源住所）とするのが実務のようです」、「『ドミサイル　オヴ　オリジン』は出生の時に有する『ドミサイル』である」（野田愛子監修『国際相続法の実務』56頁・65頁（日本加除出版、1997年））。「実務上、被相続人のパスポート又は外国人登録原票記載事項証明書に出生地が記載されていることからその出生地をドミサイルとして記載しているものが多いのではないかと推測する」（渉外登記等の実務入門講座（平成22年8月28日日本司法書士会館）山北英仁講師レジュメ）。

(4)　アメリカの相続法

　アメリカに統一的な相続法はないが、どの州も相続準拠法の決定方法については「相続分割主義」をとっている。相続分割主義とは、動産と不動産を区別し、動産遺産については被相続人の属人法により、不動産遺産については所在地法によるとするものである。実質法においては「管理清算主義」をとり、相続財産は被相続人から相続人に直接移転するのではなく、いったん人格代表者（personal representative）に帰属し、人格代表者による管理および清算を経た後に、残った積極財産についてのみ相続人に分配・移転するとされている。したがって、相続放棄という概念はない。

　遺言は州により異なるが、多数の州では遺言書を作成できるのは18歳以上の健全な意思能力のある者で、原則がタイプ打ちである。遺言者が死亡すると遺言の検認手続（Probate）が行われる。この検認は法定の方式に従い遺言能力のある遺言者によって当該遺言が作成されたかどうかを検証する作業で、検認手続が行われない限り遺言の法的効力は生じない。

(5)　遺言に関する国際私法

〔第1講〕 アメリカ人の相続〜地域的不統一法国における住所の意義〜

　遺言に関する国際私法は法適用通則法37条と遺言の方式の準拠法に関する法律である。本事例について、遺言の成立および効力は、その成立の当時における遺言者の本国法によることになり、遺言の方式の有効性は遺言の成立当時国籍を有した国の法に適合するか否かということになるので、ドミサイルのあったニューヨーク州法を調べなければならないことになる。

(6)　アメリカ人の相続を証する書面

　アメリカ人が日本に住所をおいている（いた）場合、日本の市町村役場で（閉鎖）外国人登録原票記載事項証明書を取得できる。また、日本で出生していれば出生証明書、婚姻していれば婚姻証明書も取得できる。外国人登録原票記載事項証明書から居住歴と世帯構成がわかり、「国籍」「国籍の属する国における住所又は居所」「出生地」からドミサイルが推察できる。

　アメリカ人が本国にいる（いた）場合、アメリカで取得できる書面は出生証明書、婚姻証明書、死亡証明書だけである。アメリカには国家が国民すべての親族・家族関係やその生死、身分の移動事項をすべて管理するような制度は存在せず、出生、死亡、婚姻の事実の発生した地で断片的証明しかとれない。それらの断片的な事実を相互に結びつける証明資料はない。発行する官公署により異なるが、「出生証明書」で父母の氏名、満年齢、出生地、人種、職業や母の出産歴（生存者・出産後の死亡数・死産数）が、「婚姻証明書」で両配偶者の父母の氏名が、「死亡証明書」で出生地、父母の氏名、父母の出生地や配偶者のこと（氏名、生死、離婚の事実等）がわかることがある。出生証明書は出生したところでしか取得できないので、外国人登録原票記載事項証明書の「出生地」の記載は重要である。アメリカ人の場合、親子の関係は証明できても、子供の人数がこれですべてかどうかは証明できず、結局とれるだけの証明書類を取得して、最後は相続人全員に相続人はこれですべてである旨を宣誓供述してもらうことになる。

(7)　むすび

　以上述べてきたように、アメリカ人の相続手続においても、ドミサイルのある州の法律を調べないといけないケースがある。その手掛かりとなるのは

201

〔第2部〕 第1回ワークショップ【大阪】2011年8月26日

外国人登録原票記載事項証明書の「出生地」や「国籍の属する国における住所又は居所」の記載である。それらがなくなってしまうと、実務において非常に困ることになるのは明白である。

(8) 質疑応答

(質問) 事例のところで出ている閉鎖外国人登録原票記載事項証明書には、出生地がワシントン、その下の国籍の属する国における住所または居所は NEW YORK となっていますが、この特定は具体的にはどの程度役に立ちましたか。

(櫻井) この方の場合は、相続の熟慮期間の伸長の申立てをするときにドミサイルを証明するように言われて、提出しました。この方の場合はニューヨークにドミサイルがあり、ニューヨーク州法ではこうなっているということを裁判所に説明しました。

(質問) 現地に行って実際に証明書か何かをとられたのですか。

(櫻井) 特にとってはいないです。

(質問) この方は奥さんと共有関係だったと思うのですけれど、登記簿上はおそらくアメリカ人であるご主人はカタカナで書いてあったと思うのですが、登記簿上は氏名の間に中点といいますか、読点などはあったのでしょうか。

(櫻井) なかったと思います。

(質問) この場合はアメリカ人で下に通称名があったのですが、登記簿上はあくまでも本名で書いてあったということでよろしいでしょうか。

(櫻井) 外国人登録原票記載事項証明書はアルファベットになっていまして、それをカタカナで登記されていた、アルファベットでは登記できないですよね、氏名は。

(質問) 記載事項のアルファベットからカタカナに読み替えるわけですけれども、この場合、読み替えに苦労したり悩んだりしたことはありましたか。

(櫻井) 外国人の場合はかなり悩むケースが多いですね。たとえばその人が

いくつか不動産を持っていて、ミドルネームなどがあった場合、全部順番が違うことなどがありますので、結局上申書で全部同一人物である、と書くケースは多いですね。それこそ中点があったりなかったりとか、拗音や促音、たとえば「ヨ」が小さかったり大きかったりとかする場合はかなりあります。

(質問) 国籍の属する国における住所または居所というのがドミサイルである、という認定は櫻井先生がされたのですか、裁判所がされたのですか。ドミサイルは誰が認定したのですか。

(櫻井) この方もお父様も宣教師で、アメリカをかなり転々としていたのですね。それで奥さんから聞いて、一番長く住んでいたところがニューヨークで、日本に住所を置かれてからもアメリカに帰られるときはニューヨークにいらしたということで、ワシントンは出生地ではあったのですがそれほど生活の本拠にはなっていなかったようですので、私がニューヨークです、と裁判所には説明しました。

(質問) それに関連して、僕らも上申書というものをよく使うのですが、上申書の自署・押印は誰がするのか、あるいは櫻井先生が、たとえば先ほどのドミサイルなどに「私はこのような観点からここがドミサイルだと考える」というような説明書を付けたりされているのでしょうか。

(櫻井) 書いてないですね。相続人全員から上申書をもらうときにその中に書いてまして、私は資料とかを付けることはありますけれども、私の名前で書いたことはないです。

〔第2講〕 北朝鮮を本国法とする者の相続

司法書士　和田眞実（大阪会）

(1) 事 例

① 金明華から、母である被相続人河潤喜名義の不動産相続登記の依頼であった。

不動産の登記名義は、住所大阪市〇〇区〇〇　所有者河潤喜であった。

② 所有者亡河潤喜の家族関係

河潤喜は、1997年3月死亡、夫金啓成は1990年3月死亡、相続人長女金明華は日本在住、二女金文華は、1960年北朝鮮へ帰国した。帰国後、河潤喜は北朝鮮を訪問したことがあるが、40年以上連絡は途絶えている。

③ 被相続人および相続人らの外国人登録原票の記載と事案の概要は以下のとおりであった。

ⓐ 被相続人　河潤喜　女（1997年3月　79歳で死亡）

登録原票の記載事項
- 死亡時点の居住地：日本国大阪市〇〇区〇〇
- 国籍　朝鮮　・出生地：済州道北済州郡朝天面
- 国籍の属する国における住所又は居所：済州道北済州郡朝天面中洞

ⓑ 相続人　金明華は河潤喜の長女で登録原票の国籍は韓国、大阪市在住。

ⓒ 相続人　金文華（1938年生）は、河潤喜の二女で1960年北朝鮮へ出国により登録原票閉鎖

ⓓ 相続人金明華と金文華は40年以上音信不通

ⓔ 金明華は、金文華について不在者財産管理人の選任と、金明華と不在者財産管理人を交えた遺産分割協議の許可審判申立を家庭裁判所に行った。

なお、上記当事者の登録原票の記載事項については、下記登録原票記載事

[第2講] 北朝鮮を本国法とする者の相続

項証明書のうち、河潤喜は（別紙1）、金啓成は（別紙2）、金明華は（別紙3）、金文華は（別紙4）、を参照のこと。

登 録 原 票 記 載 事 項 証 明 書 　（別紙1）

国　籍	朝鮮				
氏　名	河 潤喜				
生年月日	1917 年 10 月 11 日	性　別	女		
登録番号	Ⓑ第0999 11111号				
職　業		旅券発行年月日	年　月　日		
旅券番号		上陸許可年月日	年　月　日		
在留期間	年　月　日から　　　年　月　日まで				
出生地	済州道北済州郡朝天面				
国籍の属する国における住所又は居所	済州道北済州郡朝天面中洞				
居住地	大阪市〇〇区〇〇				
世帯主の氏名	河 潤喜				
世帯主との続柄	本人				
勤務所又は事務所名称及び所在地					
家族事項	世帯構成員	続柄	氏　名	生年月日	国　籍
		子	金 明華	1936 年 9 月 30 日生	韓国
		子の子	朴 日星	1965 年 8 月 21 日生	朝鮮
		子の子	朴 正星	1968 年 8 月 2 日生	朝鮮
	本邦にある父、母、配偶者	続　柄	氏　名	生年月日	国　籍
		父			
		母			
		配偶者			
	（注）家族事項欄の記載内容は、　　　　　　　　までの登録又は確認に基づくものである。				
備考	登録原票閉鎖　平成9年3月7日死亡により平成9年3月10日付登録原票閉鎖 世帯主及び続柄　平成2.4.3付 世帯主及び続柄『金啓成、妻』を『河潤喜、本人』に変更				

〔第2部〕 第1回ワークショップ【大阪】2011年8月26日

登録原票記載事項証明書　（別紙2）

国　　籍	朝鮮			
氏　　名	金　啓成			
生年月日	1913 年 6 月 18 日	性別	男	
登録番号	⑭第5410111号			
職　　業		旅券発行年月日	年　　月　　日	
旅券番号		上陸許可年月日	年　　月　　日	
在留期間	1982 年 4 月 16 日から		年　　月　　日まで	
出 生 地	済州道北済州郡旧左面			
国籍の属する国における住所又は居所	済州道北済州郡旧左面徳泉里			
居 住 地	大阪市〇〇区〇〇			
世帯主の氏名	金　啓成			
世帯主との続柄	本人			
勤務所又は事務所名称及び所在地				

家族事項		続柄	氏名	生年月日	国籍
	世帯構成員				
		続柄	氏名	生年月日	国籍
	本邦にある父、母、配偶者	父			
		母			
		配偶者			
	（注）家族事項欄の記載内容は、　　　　　までの登録又は確認に基づくものである。				

備考	在留の資格 4－1－14 登録原票閉鎖　平成2年3月28日死亡により平成2年4月3日付登録原票閉鎖

[第2講] 北朝鮮を本国法とする者の相続

登録原票記載事項証明書　(別紙3)

国　　籍	韓国			
氏　　名	金　明華			
生年月日	1936 年 9 月 30 日	性　別	女	
登録番号	省略			
職　　業		旅券発行年月日	年　月　日	
旅券番号		上陸許可年月日	年　月　日	
在留期間	年　月　日から　年　月　日まで			
出　生　地	大阪市〇〇区			
国籍の属する国における住所又は居所	済州道北済州郡済州邑三徒里100			
居　住　地	大阪市〇〇区〇〇			
世帯主の氏名	朴　日　星			
世帯主との続柄	母			
勤務所又は事務所名称及び所在地				

家族事項	世帯構成員	続　柄	氏　　名	生年月日	国　籍
	本邦にある父、母、配偶者	続　柄	氏　　名	生年月日	国　籍
		父			
		母			
		配偶者			

(注) 家族事項欄の記載内容は、　　　までの登録又は確認に基づくものである。

備考	現在の世帯主氏名及び続柄への変更年月日：平成18年7月12日 従前の世帯主氏名：金　明　華　従前の続柄：本人 (昭和61年2月13日変更) 従前の世帯主氏名：朴　錫　石　従前の続柄：妻 (昭和39年5月11日変更) 従前の世帯主氏名：金　啓　成　従前の続柄：長女 (昭和22年8月31日新規登録時)

[第2部] 第1回ワークショップ【大阪】2011年8月26日

登 録 原 票 記 載 事 項 証 明 書　　(別紙4)

国　　籍	朝鮮				
氏　　名	金　文華				
生 年 月 日	1938 年 10 月 22 日	性　別	女		
登 録 番 号					
職　　業		旅券発行年月日		年　　月　　日	
旅 券 番 号		上陸許可年月日		年　　月　　日	
在 留 期 間	年　　月　　日から　　　年　　月　　日まで				
出 生 地	大阪市〇〇区				
国籍の属する国における住所又は居所	済州道北済州郡旧左面徳泉里				
居 住 地	大阪市〇〇区〇〇				
世帯主の氏名	金　啓成				
世帯主との続柄	二女				
勤務所又は事務所名称及び所在地					

家族事項	世帯構成員	続　柄	氏　名	生年月日	国　籍
		続　柄	氏　名	生年月日	国　籍
	本邦にある父、母、配偶者	父			
		母			
		配偶者			

(注) 家族事項欄の記載内容は、　　　　　　　　までの登録又は確認に基づくものである。

備　考	登録原票閉鎖　昭和35年3月11日出国により昭和35年3月17日付登録原票閉鎖

〔第2講〕 北朝鮮を本国法とする者の相続

(2) 被相続人河潤喜の本国法の決定

　被相続人が外国人の場合の準拠法決定は、被相続人の本国法が適用される（法適用通則法36条）。在日韓国・朝鮮人（以下、「在日」という）の本国法決定については国際私法上諸説があるが、民事判例や、家事審判例では、当事者の現在および過去の住所、常居所・居所・本貫、親族の住所・常居所のほか、当事者の意思等を基準に、当事者が帰国するとすればいずれの国か、帰属意識がいずれの国にあるかという形で当事者の意思を基準に判断されているものが多いとされる（木棚照一監修「定住外国人と家族法」研究会編著『「在日」の家族法Q&A〔第3版〕』5頁（日本評論社、2010年）参照）。

　そこで、相続人金明華から河潤喜について上記の基準について聞き取ったところ、河潤喜は、死亡するまで北朝鮮系の民族団体に所属し活動していた。夫亡金啓成も死亡するまで北朝鮮系の民族団体で活動しており、いわゆる北朝鮮系の民族金融機関創設にも尽力した。また、被相続人は、次女金文華を北朝鮮に帰国させた後も数回北朝鮮を訪問していた。これらの事実とともに「母は今の韓国の済州道に生まれ、本籍地も済州道ですが、一度も行ったことがなく、親戚とのつきあいもほとんどありませんでした。母が帰国しようとすれば、韓国ではなく、次女金文華の住む北朝鮮に帰ったはずです。だから、帰属意識は北朝鮮にあったはずです」との相続人金明華の発言により、被相続人河潤喜の本国法は北朝鮮法ではないかと考えた。被相続人の本国法が北朝鮮法とされた場合、不動産相続については法適用通則法41条の反致により北朝鮮の国際私法である朝鮮民主主義人民共和国対外民事関係法45条が適用され、結果的に日本法が適用されることになる。

　そこで、本事案に関して所轄法務局に行き被相続人の本国法について協議したところ、法務局の見解は、被相続人の登録原票の本籍地の記載が韓国済州道であること。北朝鮮の公的証明がないこと。日本と北朝鮮との国交もないとのこと等から韓国法と理解すべきであろうとされた。

(3) 身分関係証明書の収集

　さて、被相続人河潤喜の相続手続であるが、法務局あるいは裁判所に、被

209

〔第2部〕 第1回ワークショップ【大阪】2011年8月26日

相続人河潤喜の相続人を特定するための身分関係証明書を提出する必要がある。

そこで、身分関係証明書を収集することになり、まず相続人金明華より上記外国人登録原票記載事項証明書を取得した。被相続人河潤喜の登録原票の「国籍の属する国における住所又は居所」が現在の韓国の済州道北済州郡朝天面中洞であり、それが本籍地であることから、それを手懸かりに金明華に韓国からの戸籍謄本収集を指示した。なお、金明華は現在韓国籍であることから、戸籍謄本等の収集は可能であるとのことであった。

(4) 韓国戸籍謄本と登録原票記載事項の相違

金明華より韓国の戸籍謄本を入手し、登録原票の記載事項とを確認したところ、氏名について下記の相違点があった。

被相続人河潤喜は韓国戸籍上「河允喜」、相続人金明華は韓国戸籍上「金文子」、相続人金文華は韓国戸籍上「金秀子」となっていた。そこで、金明華に事情を確認したところ、「母河潤喜の記載相違についてはわからないが、相続人である自分たちは幼い頃から登録原票記載の氏名が本名であり、ずっと使用していて韓国戸籍上の氏名は全く知らなかった」とのことであった。

思うに、父金啓成が長女金明華と二女金文華の出生申告をしたのが韓国戸籍上1941年であった。その当時、朝鮮半島は日本の植民地下にあり、1940年から「創氏改名」が実施され、それにより父金啓成は日本式の名である「文子」「秀子」で出生申告をした。その後、金啓成の一家は「朝鮮籍」であったため、韓国戸籍上の氏名の記載を訂正することができなかったのではなかろうか。

また、被相続人の河潤喜が「河允喜」と記載されていることについては、「潤」と「允」がハングルの発音では共に「ユン」と発音することから、河潤喜が外国人登録申請する際に間違えたと思われる。また、河潤喜の登録原票の「家族事項」の記載をみると続柄子「金明華　1936年9月30日生　国籍韓国」となっており、「世帯主及び続柄」が「『金啓成、妻』を『河潤喜、本人』に変更」となっていた。したがって、登録原票の記載からは金啓成と河潤喜

の夫婦関係、河潤喜と金明華の親子関係が読みとれるのである。

(5) まとめ

　日本人の場合は戸籍と住民票は整合している。在日の場合は、韓国の戸籍と外国人登録原票は一致していないこともある。とりわけ朝鮮籍の在日の場合は、現在の韓国に本籍地がある場合でも、戸籍整理の申告がなされていないのが実情である。しかし、韓国の戸籍を整理し、外国人登録原票との整合を求めることは現実的ではない。「朝鮮籍」から「韓国籍」に変更しなければならないことや、手続に時間がかかること、とりわけ、不動産売却を近くに控えている相続登記の場合などは間に合わないこともある。したがって、韓国戸籍と外国人登録原票との全体考案から同一性を判断しているのが実情である。韓国戸籍の補完を外国人登録原票がしている場合もあるし、上記事例のように韓国戸籍の氏名が間違いで、外国人登録原票上の氏名が正しい本名の場合もある。外国人登録原票の「国籍の属する国における住所又は居所」は本籍地として身分関係証明書等の収集の際の貴重な情報源であり、家族事項・世帯主およびその続柄は、本国における身分登録が正確にされていない場合などには、それが身分関係を把握する際の貴重な判断資料となって機能しているのである。

(6) 質疑応答

（質問）　本国法を決めるのは、登録原票に記載されている「国籍」「出生地」と本国の本籍地である「国籍の属する国における住所又は居所」等が考える材料になると思いますが、和田先生は、依頼者の帰属意識が北朝鮮だということで、その辺が一番悩まれたのですか。

（和田）　そうです。登録原票の国籍欄が朝鮮というのは朝鮮半島を意味する地名であり、国籍を意味するものではないのだと了解しておりましたが、依頼者に会いますと、最初から被相続人は北朝鮮の国民というような感じでした。しかし証明するものは何もない、だから帰属意識なのですけれども。

（質問）　地元の法務局の登記官の見解は、この資料でいくと韓国法に則って

手続をするべきである、ということなのですよね。

(和田)　そうですね。ただ、北朝鮮の関係の証明書が出てくればまた考えます、というニュアンスでした。持っていった資料だったら韓国籍でしょう、ということですけれど。

(質問)　和田先生、韓国の戸籍謄本を取り寄せましたよね。取り寄せる際に、韓国の本籍地である「国籍の属する国における住所又は居所」というのを参考にしてとったのですか。韓国の本籍地の特定をどうされたかのでしょうか。

(和田)　河潤喜の登録原票の本籍地を参考に、そこから辿ってもらったと理解しています。

(質問)　河潤喜の「国籍の属する国における住所又は居所」には韓国の本籍地が具体的に何番地までは出てないですが、それでもとれたのですね。

(和田)　そうです。

(質問)　被相続人の河潤喜が記載された夫である金啓成の韓国の戸籍謄本をとらないといけないですけど、夫である金啓成の登録原票の本籍地の記載をみますと具体的に何番地までの記載がされていないので、結局、北済州郡旧左面徳泉里までの記載事項でとったということですか。

(和田)　そうだと思います。韓国戸籍における金啓成の婚姻の届出と子供の出生届は1941年の11月に申告しておりまして、戦争が始まったときですね、そして戦後、外国人登録制度ができて、そのときは登録原票に記載されているこういった本名というかたちで申請しているということですね。

(質問)　とういことは、最終的に残っていた金啓成の韓国の戸籍は、もともと戦前につくられていて、1940年実施された「創氏改名」時の氏名が韓国戸籍にそのまま残っていて、1947年に外国人登録制度ができたときに本名で登録申請をして、本名が外国人登録原票の記載になったということですね。

(和田)　そういうふうに理解しております。

(質問) 北朝鮮系の団体に相続証明書の発給申請はされたのですか。

(和田) していません。そこにはどういう書類があれば証明書を出してもらえるのか、ということで一般的なお話をうかがっただけです。

(質問) 地元の区役所で外国人の閉鎖された登録原票をコピーして保管している、ということですが、この情報というのはどこから聞かれたのでしょうか。

(和田) これは当該区役所の方に確認をしました。当該区役所は、非常にその請求が多いものですから、昭和54年頃からそういう体制にしているということで、法務省へ移管する前に、そこの時点からコピーをとっているそうです。

(質問) 移管する前ということは、移管しているかもしれない、ある一定の年限だけコピーして保存しているということでしょうか。普通は、死亡されたらある一定の期間だけ登録原票を保管して、その後登録原票を法務省に送りますよね、コピーということはあり得ないですよね。だけどコピーしているということはかなり長期間それを保管しているのですか。情報があれば教えていただきたいです。

(和田) 詳しいところまではわかりませんが、昭和54年以降の分についてはかなり早く閉鎖された登録原票記載事項証明書が出てきます。コピーの保管期間の情報についてはわかりません。

(質問) 被相続人の本国法決定についてですけど、本人の帰属意識は北朝鮮だと理解したが、結局地元の法務局の登記官の見解に沿って、結局は被相続人の本国法は韓国法で処理する、というふうに方向を転換したと私は受け止めたのですが、よろしいですか。

　法務局に登記申請した際に、上申書あるいは説明書等で、登録原票記載事項証明書と韓国の戸籍謄本の記載事項の相違点等を示し、また、被相続人の本国法を確定してこういう相続になりますということを法務局に伝えたと思いますが、そのときの書面は当人たちの上申書なのか、あるいは、上申書プラス司法書士名での説明も加えたものでしょ

うか。
（和田）　日本における外国人の登録原票と韓国の戸籍謄本の記載、どちらが正しいかということではなく、私はどちらもいける、使い分けているということから、整合性については、きっちりした整合性はないけども、子供の数等で同一人物、そういう対応ができるというふうに考えて、外国人の登録原票記載事項証明書が正しいものとして処理していただきたい、というかたちで上申書を出しました。どちらの法律を使うかということまでは書きませんでしたが、結局全体をみれば、韓国の相続しかあり得ないということで、そこについては触れませんでした。

（質問）　その上申書の名義は誰ですか。司法書士ですか。本人ですか。

（和田）　相続人である本人金明華です。

（質問）　北朝鮮に帰国した金文華は、40年以上前に日本から出国して音信がとれないということで、家庭裁判所に不在者財産管理人の選任申立てをされたのですね。その際、家庭裁判所の審判書に不在者は韓国の戸籍の氏名で記載されたのか、外国人登録原票記載事項証明書の氏名で記載されたのか、どちらですか。

（和田）　相続関係説明図がありますが、この記載で日本における証明書で対応していただきたいということで、家庭裁判所にも対応は外国人登録原票の氏名でしました。

◎「外国人住民票」についての意見・感想等◎

- 外国人住民票が導入された経緯(背景)について、自分は情報に疎く、外国人住民票の不都合についてもいまひとつピンときておりませんでした。今回ワークショップに参加してすべてがわかったわけではなく、むしろ触りだけですが、実務上重大な問題があるらしいことが認識できました。(大阪会)
- 改正によって我々の業務にも大きな影響を及ぼしかねないということがよくわかりました。一方、何を目的とした改正なのかが、よくわかりませんでした。当事者である外国人の方の意見を聞いてみたかった気がします。(大阪会)
- 「外国人登録原票」から「外国人住民票」に変更されると世帯主との続柄等身分関係が削除されるので、今後本国に未登録の在日韓国・朝鮮人の相続や帰化に少なからず影響があると思われます。(愛知県会)
- 外国人住民票に関する実務上の影響を考えると、司法書士全体の意見として声をあげる必要があると思います。委員の先生方の間では、かなり明確になっていると思いますが、①まず外国人住民票の問題を簡潔に提示(例:記載事項、徴求方法、保存期間)し、②次にこの影響を具体的に示す(例:名変資料の収集困難)ことで、司法書士内部および対行政に理解を共有する必要があると思います。(大阪会)
- 本人の確認のための書類のはずが、本人の確認の用をなさなくなる気がします。本籍地の記載のない住民票あるいは、印鑑証明としての役割しか果たさず、かえって混乱するのでは。(熊本県会)
- 全体的に時間不足で十分にお話を聞くことができなかったのは残念です。外国人住民票はもちろんの事渉外登記手続についてももっと時間をとって研修をしていただけるようお願いします。(大阪会)

(第1回ワークショップのアンケートより)

第2回ワークショップ
【京都】2011年9月16日

於　京都司法書士会館

進行　高山駿二委員

〔第1講〕　帰化許可申請手続

司法書士　大西松子（大阪会）

⑴　帰化許可の要件

　帰化による国籍の取得については、国籍法4条に、「日本国民でない者は、帰化によって、日本の国籍を取得することができる」、「帰化をするには、法務大臣の許可を得なければならない」と規定されている。法務大臣の帰化の許可は自由裁量であり、国籍法5条の帰化の条件をクリアしても帰化が許可されるとは限らず、不服申立ての方法もない。帰化許可については、標準処理期間についても公表されていない。国籍法10条に、「法務大臣は、帰化を許可したときは、官報にその旨を告示しなければならない」、「帰化は、前項の告示の日から効力を生ずる」と規定されている。帰化が許可されると日本人として戸籍がつくられるので戸籍をつくるための資料——家族関係、親兄弟、両親が結婚しているか否か等は、戸籍の上での記載も変わるので、そのあたりは特に明確にしていく必要がある。

　国籍法5条1項に普通帰化の条件が規定されている。

① 　国籍法5条1項1号の居住条件は、「引き続き5年以上日本に住所を有すること」。2年間日本にいて、本国に帰国しまた新たに日本に入国して、足して5年というのはダメであるが出国のときに、再入国の許可を得て出国し、日本に再入国するという場合は、日本に住所を有する期

間が切れない。
② 同項2号の能力条件は、「20歳以上で本国法によって行為能力を有すること」。国によって成年年齢や行為能力が違う場合があるので、本国法による行為能力も要求される。
③ 同項3号の素行条件は、「素行が善良であること」。有罪判決を受けた人や、現に執行猶予期間中の人のほか、道路交通法違反、納税義務違反もマイナスポイントになる。
④ 同項4号の生計条件は、「自己又は生計を一にする配偶者その他の親族の資産又は技能によって生計を営むことができること」。専業主婦や子供は夫の収入によって生計を営んでいるのであれば、いっしょに申請することができる。
　同一所帯にない、仕送りを受けている老親や下宿している学生についても、同様に帰化申請することができる。
⑤ 同項5号の重国籍の防止条件は、「国籍を有せず、又は日本の国籍の取得によってその国籍を失うべきこと」。国によっては兵役義務などから、国籍離脱に制限を設ける国がある。そこで、申請者の意思にかかわらず国籍を失うことができない場合、特別な事情があると認める場合は、帰化を許可することができるという特例が国籍法5条2項にある。
⑥ 同条1項6号は、テロリストや危険思想者でないこと、政府を暴力で破壊することを企てたり、そういう政党や団体に加入したりしたことがない人。

普通帰化の特例として、国籍法6条から8条に日本や日本国民と縁の深い人について帰化条件が緩和・免除される簡易帰化の規定がある。たとえば国籍法8条の日本国民の子で日本に住居などを有する者など一定の者については、居住条件、能力条件、生計条件が緩和されている。

国籍法9条には大帰化の規定がおかれている。

管轄については、国籍法施行規則2条に「帰化の許可の申請は、帰化をしようとする者の住所地を管轄する法務局又は地方法務局の長を経由してしな

ければならない」とされ、「自ら法務局又は地方法務局に出頭し、書面で申請しなければならない」とされている。ただ国籍法18条で、申請者が15歳未満の時は法定代理人が代わってするとされている。

(2) 帰化許可申請の手続

　帰化許可申請書には、氏名、国籍、出生年月日と場所、住所、性別、父母の氏名と本籍（外国人であるときは国籍）等を記載して提出し、担当官が必要書類すべて揃っていることを確認されてから、担当官の面前で署名押印する。

　申請書には、帰化に必要な条件を備えていることを証するに足りる書類を添付するのだが親族の概要や生計の概要は原則一家族一枚でよく、15歳未満の者は、帰化の動機書、履歴書、宣誓書を書かなくてよい。

　外国人登録原票記載事項証明書の備考欄に、氏名と通称名、生年月日、出生地、在留期間、国籍の属する国における住所または居所等を記載してもらう。二世、三世になると、本国とのつながりが薄れて、本籍は釜山らしいけど、詳しいことはわからないという方がいる。その場合はこの登録原票記載事項証明書を手がかりとして戸籍の除籍や基本証明書を取り寄せたりすることがある。2012年の7月頃（予定）に外登法が廃止され、外国人住民票が発行されるようになって、上記の証明事項のうち一部が記載されないことになると困ったことになると感じている。

　日本で身分行為があった場合には、その記載事項証明書をとるように指示されるが、婚姻届や出生届をどの役所に出したかわからない、ということも時折ある。

(3) 帰化許可申請後の手続

　なお、帰化許可申請後に、住所や勤務先、身分関係等に変更のある場合や出国予定がある場合等には、受付番号と担当官の名前を告げて法務局に連絡する必要がある。

　受付が済み大体3カ月くらいで審査・面接のための法務局への出頭、呼出しがある。そのときに、書類の追加提出を指示されることがある。

　その後、書類一式が東京の法務省へ送付され、審議のうえ法務大臣の決裁

があって帰化が許可されると、官報に告示され、申請者には法務局から帰化許可の通知がきて、指示された日に法務局に出頭し、説明を受け、帰化者の身分証明書の交付を受ける。

身分証明書には、日本戸籍をつくるのに必要な事項が記載されている。

帰化の届出は、帰化した者が、告示の日から1カ月以内に市町村役場へ、帰化者の身分証明書を持参してする。

住民票の登録をし、印鑑証明書の登録なども必要に応じてすることになる。

(4) 質疑応答

(質問) 帰化後の日本の戸籍をみますと、「従前の氏名」「帰化の年月日」「従前の国籍」が記載されますね。その「従前の氏名」ですが、韓国籍の方が帰化した場合は、当然韓国の戸籍上の氏名が記載されていると思ったのですが、私は、通称名がそのまま「従前の氏名」として記載されていたのを見たことがあります。そのようなケースはあったでしょうか。

(大西) 私は経験がありません。みんな韓国名、戸籍のとおりの名前が出ていました。

(質問) 帰化をする場合、韓国の本国名で帰化申請する方が多いのか、通称名で帰化申請する方が多いのか、その辺はいかがでしょうか。

(大西) 通称名の方が多いですね。ただ通称名でもなく、新たに全然別の氏名で申請される方ももちろんいます。今まで使っていた通称名が、韓国人であることがわかりやすい通称名だったということで、たとえば「金田」とかですね。それとは違い新たな日本名にする方が、韓国人の方は多いですね。

(質問) 帰化後の本籍についてですが、本籍は適当に決めてもいいものなのか、居住地の住所をそのまま本籍に持ってこないといけないのか、その辺を教えてください。

(大西) 帰化した時点で作成される戸籍は、帰化事項が載ります。そこで、わざわざ違うところ、たとえば大阪にお住まいの方は兵庫県のある住

　　　　　所、たとえば神戸市を本籍にする、それから1週間ほどで転籍すると
　　　　　いうふうに、帰化事項がみえないようする方がいます。私の感覚では、
　　　　　80％以上の方が今お住まいのところ以外のところを本籍地にします。
（質問）　韓国および中国の方の外国人登録原票には「国籍の属する国の住所
　　　　　又は居所」欄には本籍地が記載されていますが、その原票が法務省に
　　　　　送付される。また、2012年の7月（予定）の改正法施行以後に外国人
　　　　　住民になった人には外国人登録原票がつくられなくなる。また外国人
　　　　　登録原票の「出生地」もなくなる。そうした点についてはいかがでしょ
　　　　　うか。
（大西）　「国籍の属する国の住所又は居所」や「出生地」が記載事項でなくな
　　　　　ることは、実務上困ると思います。
（質問）　戸籍上の帰化届をされるときに付き添いをされるという経験はあり
　　　　　ますか。
（大西）　帰化届はほんとに簡単なので、ほとんどみなさん自分でやられます。
　　　　　一度だけ、日本語を書くのがあまり嫌いだった人がいまして、住所地
　　　　　までいっしょに行ったことはあります。
（質問）　先ほど、帰化の動機書について説明がありましたが、帰化許可申請
　　　　　手続の依頼にきた方になぜ帰化するのかをお聞きになったことはあり
　　　　　ますか。
（大西）　動機書に書く必要もありますので、ほとんどの場合お聞きします。
　　　　　一番多い方はやはり子供の就職だとか、子供の進学とかです。大学に
　　　　　行くにあたって、日本人でないとちょっと具合悪い私学があったり、
　　　　　子供さんのために帰化するというのが一番多くて、あと年配の方です
　　　　　と、老後になって、やはり日本人でないと受け入れてもらえないよう
　　　　　な病院だとか、そういうことも不安になるので、今元気なうちに帰化
　　　　　をしておきたいという方もけっこうおられます。
（質問）　帰化するときに、帰化する人本人の両親の名前を創氏制度のときの
　　　　　名前を使うということが、以前はその種の手引書にも説明が出ていた

のですけども、今でもそれは認めてくれているのでしょうか。
(大西)　何回かみたことがあります。創氏改名の場合の氏じゃないかな、と思いますが。
(質問)　そのような場合でも申請したら受け付けているのですかね。
(大西)　私自身は創氏改名の氏を使っての申請をしたことはありません。
(質問)　帰化が許可されると官報に告示されますが、官報に住所は出ないのでしょうか。
(大西)　住所・氏名と（元号による）生年月日が記載されています。

〔第2講〕　中国人が当事者となる相続登記

司法書士　大和田亮（福島県会）

(1)　国際私法による準拠法の決定

　本国法が中国法となる当事者の相続登記においても、他国の場合と同様に、最初に考えなければならないのは、国際私法による準拠法の決定である。

　中国では、従来、日本の法適用通則法のような独立した国際私法はなく、「民法通則」第8章に第142条から第150条のわずか9条の関連規定があるのみであったが、2011年4月から「中華人民共和国渉外民事関係法律適用法」（以下、「中国新法」という）と称する独立した国際私法が施行されている。全52条の条文からなり、31条本文「法定相続については、被相続人の死亡時の常居所地の法律を適用する」のような新しい規定も盛り込まれているが、今回のテーマである"中国人が当事者となる場合の相続登記"についていえば、中国新法施行後においても従前と異なる扱いは要しない。

　たとえば、日本の不動産を所有する中国人が被相続人となる場合の準拠法の決定であるが、法適用通則法36条は「相続は、被相続人の本国法による」としているが、中国新法31条但書では「不動産の法定相続においては、不動産の所在地の法律を適用する」と、さらに中国の「継承法」36条（中国語で、

「継承」とは相続のこと）では「中国公民が中華人民共和国外にある遺産を相続し、あるいは中華人民共和国内にある外国人の遺産を相続するときは、動産は被相続人の住所地の法律を適用し、不動産は不動産所在地の法律を適用する。外国人が中華人民共和国内にある遺産を相続し、あるいは中華人民共和国外にある中国公民の遺産を相続するときは、動産は被相続人の住所地の法律を適用し、不動産は不動産所在地の法律を適用する」と規定されている。

そこで、法適用通則法41条本文「当事者の本国法によるべき場合において、その国の法に従えば日本法によるべきときは、日本法による」という、いわゆる反致の規定に従い、結果として日本の実体法で処理できることになる。

(2) 相続登記手続に必要な添付書類

日本の不動産を所有していた中国人が死亡した場合や（被相続人は日本人であるが）相続人のうちの何名かが中国人である場合において、相続を原因とする所有権移転登記を行うための添付書類としては、通常の日本の戸籍謄本や住民票の写しのほかに、以下のようなものが必要である。

① 被相続人の死亡を証する書面として、在日中国領事館の死亡証明書か、日本の登録原票記載事項証明書もしくは登録原票の写し
② 相続人であることを証する書面として、中国の戸口簿、身分証（IDカード）、出生証明書、婚姻証明書もしくは親族関係証明書
③ 遺産分割協議書
④ 他に相続人がいないことの宣誓書

中国には、韓国や台湾のような（日本に類似した）統一的な戸籍制度がなく、謄本や証明書が取得できるわけではないので、公安部・公安局が発行した戸口簿、身分証や出生証明書、婚姻証明書、親族関係証明書等を公証処において公証書としたものを戸籍謄本や住民票の写しに代わる証明書とすることができる。

中国の内政機関が発行した証明書については、（香港・マカオを除き）中国が「外国公文書の認証を不要とする条約（ヘーグ条約）」の締結国になっていないので、本来、在中日本領事館の認証の奥書が必要になるはずである。し

かし、日本では領事認証手続を事実上運用しておらず、相手国が台湾である場合を除き、原則として認証を要求せず、実務上そのまま外国公文書の効力を認めている。したがって、中国の内政機関が発行した証明書についても、中国の公証人によって"公証書"とされていれば、登記申請において受理される扱いである。

(3) 事例紹介

"日本の官公署発行の書面を手掛かりにして"という今回のワークショップのテーマを考慮して、適切と思われる事例を二つほど紹介したい。

(i) 日本に帰化をした中国人が被相続人となる場合

被相続人　王〇〇（女、1955年8月9日出生）は、1985年12月（30歳のとき）に入国、昭和62年9月に日本人と結婚。平成5年9月に帰化し、日本国籍を取得したため、外国人登録原票が閉鎖された（別紙1）。子を産み、自己名義の不動産を所有して日本で暮らしていたが、平成22年に死亡した。

被相続人は30歳まで中国で暮らしており、それまでに子がいた可能性がゼロとはいえないので、現地における親族関係の調査を開始しようとしたが、日本の戸籍謄本には、帰化の際の国籍、氏名、生年月日しか書かれておらず、どこに請求してよいのか特定できなかった。そこで、市役所を経由して閉鎖登録原票の写しを取得したところ、「国籍の属する国における住所又は居所」欄に"沈阳市铁西区エコ街五段四里4－44号"という記載があり（これを正字に変換すれば、"瀋陽市鐵西区衛工街五段四里4－44号"）、中国の関係者を通じて、現地公安局に対して戸口簿の調査、証明書の請求を行った。

結果としては、居住記録も抹消記録もみつからなかった（中国では10年に1回、"人口普査"という調査、いわゆる国勢調査が行われており、上記の被相続人王〇〇氏の記録は、1990年、2000年のいずれかの調査終了後に整理、破棄されてしまったと思われる）のであるが、公安局派出所に"所在地にて戸口簿の記録を捜索したが、当時の記録がなかった"旨の情況説明書を作成、捺印してもらうことができた。続いて、公証処で認証してもらうべく申請をしたが、「そのような文書を認証したことはない」と拒絶されてしまったので、公証人の

[第2部] 第2回ワークショップ【京都】2011年9月16日

別紙1

外国人登録原票

(1)氏 名 子			(2)国籍	(3)職業	(4)旅券番号		(5)旅券発行年月日	(6)登録年月日
（○○○恵○○子） 王○○			中国	—	No. 658***		1985 年 6 月 3 日	昭和 60 年 12 月 27 日
(7)登録番号	申請年月日	性別 男 女	生年月日	震災の日	交付予定期限	交付年月日	(8)上陸した出入国港	(9)上陸許可年月日
No. 0227***	昭和 60 年 12 月 27 日	事由 法3ノ1	1955 年 8 月 9 日	確認の日 昭和 日	平成2 年 12 月 27 日	昭和 60 年 12 月 10 日	NARITA	1985 年 12 月 24 日
No. 0940023***	平成2 年 12 月 12 日	事由 法11ノ1	昭和 年 月 日	次回確認日 平成3 年 12 月 17 日	平成 年 月 日	昭和 平成3 年 1 月 10 日	4-1-16-1	(10)在留資格 (11)在留期間 —1985 年 12 月 24 日から —1886 年 12 月 24 日まで
No.	年 月 日		年 月 日	年 月 日	年 月 日	年 月 日	昭和 ・ ・	
No.	年 月 日		年 月 日	年 月 日	年 月 日	年 月 日	昭和 ・ ・	
No.	年 月 日		年 月 日	年 月 日	年 月 日	年 月 日	訂正事由欄	
(12)出生地 沈阳市鉄西区			(13)国籍の属する国における住所又は居所					
(14)居住地 福島県郡山市安積町○○			(15)世帯主の氏名 ○○チエ子	沈阳市鉄西区二街五段四里4-44号	(16)続柄 一女	(17)勤務所又は事務所の名称及び所在地		
昭和 61・3・1			昭 61・5・16	(18)福島県郡山市字玉百○○	(昭62・5・1移転)			
昭和 61・5・9	(1)福島県郡山市山城○○ (昭61・5・3移転)		昭 62・12・4	(1)通称名 ○○恵子 (15)何 ○○寛 (62・9・30婚姻届 郡山市)				
昭和 61・5・9	(15)王 ○○ (16)本人		昭 62・12・19	(11)1987・12・25～1990・12・24 (1987・12・11付 仙3779)				
昭和 62・1・8	(11)1986・12・25～1987・12・24 (1986・12・17付 仙3389)		昭 63・9・10	(4)三菱○○ 福島県郡山市東○○ (社会保険証)				
昭和 60 年 12 月 27 日			平成 年 月 日				昭和 年 月 日	
（写真）								

（写真）

224

[第2講] 中国人が当事者となる相続登記

変更登録欄		備考欄	
昭和2・10・26	(14)福島県郡山市安積町○○ (平成元・10・1移転)	昭60・12・27 平成5・9・27	入国 (により申請受理) 平成5・9・7 法務省告示第290号 日本国籍取得につき原票閉鎖 (帰化)
昭和2・10・26	(3)工員 (17)新○○ 福島県郡山市 ○丁目		
昭和2・12・17	(10)日本人の配偶者等 (11)1990・12・25～1993・12・24 (1990・12・6付 仙4884)		
昭和3・9・2	(14)福島県郡山市大槻町○○ (平成3・8・15)		

事項記入欄

(5) 昭和 年 月 日 手 指
(9) 昭和 年 月 日 手 指
(7) 昭和 年 月 日 手 指
(8) 昭和 年 月 日 手 指

(1) 昭和 年 月 日	(2) 昭和 年 月 日	(3) 昭和 年 月 日	(4) 昭和 年 月 日
手 指	手 指	手 指	手 指

法務省から送付された旧原票の写しである。

平成22年3月16日 ○○市長 ○ ○ ○ ㊞

225

認証なしで、上申書を付けて登記申請し、相続登記は無事完了した。

　(ii)　**相続人の一部が、中国へ渡航、帰来していない場合**

　依頼者Aは、平成7年9月に死亡した被相続人Bの子で、いわき市内にある被相続人B名義の自宅他数筆の不動産を相続したいと考えている。しかし、法定相続人であった異母姉C、Dは、第二次大戦後、中国に残留し、後に現地で結婚、中国国籍者（姉Cは甲、妹Dは乙）となっており、妹D（福建省厦生市在住）とは現在も交流があるが、姉C（かつての住所が遼寧省瀋陽市）は平成15年5月頃に死亡したらしく、その後は音信が途絶えた。姉Cの子数名、それにDを含めた遺産分割協議が必要であると聞いたが、どうすればよいかわからず、当事務所を訪ねてきたもので、この案件は現在進行中である。

　当方で、調べたところ、日本の戸籍謄本のC、D欄にはいずれも"満州国間島省琿春市大同区にて出生"という記載しかなく、また戸籍の附票にも"未帰環つき消除　　S42. 11. 2　　住不定"としか書かれていなかった。

　本来であれば、妹Dはもともと日本人なのであるから、広東省広州の日本領事館に出頭し、宣誓供述や署名証明をしてもらうべきところであるが、本人が日本人であることを証する書面は何もなく、日本語も話せないため、領事館に入館することすらできないであろう。さらには、日本名と中国名、両国に登録した生年月日と住所のいずれをとってもCと甲、Dと乙の関連性を示すものは何もない。

　そこで、まず日本の法務局に対して、「姉Cの子（その後の調査で5名と判明）及び妹Dが、現地の公証人の面前で、それぞれCの子であること、D本人であることを宣誓、さらに遺産分割協議に応じることを供述し、それらを"声明文"として公証人の認証を得て提出する」という方法で、登記が可能か協議をした。それに対する法務局の見解は、「それ以外に方法はないであろう。ただし、Cが死亡したこと、Cと子5名の親子関係があることを証する書面は、現地の管轄官庁から取得し、公証人の認証を得ることが可能なはずで、それは一緒に提出してほしい」というものであった。

　法務局の見解を受けて、次に瀋陽市の管轄公証処を訪問し、上記声明文を

作成、認証してもらうために、どんな書類が必要であるか打診してきた。結果として、日本側で用意するものは、被相続人BとCの親子関係を証する書面、Bの死亡を証する書面およびBの財産証明書、また、中国国内で準備するものは、Cと甲が同一人であることの証明書、甲の死亡証明書、甲と子5名の親族関係証明書、子5名の戸口簿と身分証ということになった（ちなみに、日本側で準備する書面については、例として、登記事項証明書であれば、管轄法務局長の公印証明→外務省の公印確認→中国領事館の認証という手続を踏んだものでなければならない）。この中で、取得できるか懸念されるものが、"Cと甲が同一人であることの証明書"であるが、これについては、子5名のうちの末弟の意見が「亡くなった甲の戸口簿の出生地の欄に"日本"と記載されているし、地元の派出所関係者も甲が元日本人であったという事実を知っているので、何らかの証明もしくは疎明書類を交付してくれるはず」というものだったので、彼が自ら公安局派出所と折衝することになった。

(4) **最後に**

2012年7月に入管法等の改正法が施行され、外国人登録原票から外国人住民票への切り替えが行われる予定であるが、「国籍の属する国における住所又は居所」が記載事項でなくなること、中国人の氏名について簡体字は一切使用せず、すべて正字表記にされること等、相続登記の実務に大きな影響を与えそうな事柄がたくさんある。国民の権利擁護の観点から、それらの運用が改善されることを切望してやまない。

(5) **質疑応答**

（質問）　中国の戸籍を職務上の請求はできないのはもちろんですが、本人が請求しないとできないのでしょうか。それと、中国の公証人は日本の公証人と違うようで、アメリカの公証人（notary public）のようにも感じるのですが……。

（大和田）　いわゆる中国の戸口簿につきましては、力があれば誰でもとることができると思われます。1958年にできた中国の戸籍管理条例のとおりにしても、実際そのとおりやってとれるか、というととれません。

不動産の登記事項証明書、登記簿謄本なんかもとれるとはなっています。しかし、札幌の方のご依頼でとろうとしたのですがとれませんでした。現地の弁護士ですと、ある程度職務上請求のような形でとれると思います。今後、中国の方の相続登記を依頼されるケースが増えると思いますが、その場合は現地に一度行っていただいて、現地の旅行社の方で日本語を話せる方に聞けば、何が必要とか、かなり細かいアドバイスをしてもらえるはずです。そういった方を通じ手続をして、実際に戸籍がとれたという事例があります。

　次に、公証人についてです。裁判官にしろ、公証人にしろ、10数年前までは非常に乱れていたという印象ですが、ここ10年くらいは非常にきちんとしてきているように思えます。以前は、裁判官、公証人にはどのような人がなっていたかというと、軍隊のOBだとか、法律もわからない人がなっていたという時期がありました。今回のケースで接した、瀋陽市の郊外にある蘇家屯区の公証人さんは非常に優秀で、細かいことも全部わかっていて、手続なども非常に規範化されていました。公証人についていえば、現在は、国の司法試験に合格し、かつ公証処で2年間の実務経験があるという条件を満たしたうえで、国から任命されるという制度らしいので、短い講習を受けて州の許可で営業ができるアメリカの公証人よりは、厳格だと思います。

（質問）　帰化された人の閉鎖済の登録原票記載事項証明書ですが、これは市役所で請求して法務省から送られてきたということでしょうか。また、この請求は、相続人が直接市役所に行かれたのですか。

（大和田）　はい。相続人を連れて司法書士の方が役所に行ってとった、と私は聞いています。

（質問）　直接法務省の入管局へ請求することはないのですか、そういう場合もあるのですか。市役所経由なのですか。

（大和田）　市役所でとれるので、今までは市役所でとっていました。私は、直接入管局に請求したということはありません。つい先日、居住地等

が不明であったため、弁護士の方に頼んで、弁護士法23条の2第2項による照会で取得したというケースがあるのですが、（福島県の管轄である仙台入管に問合せしたところ、仙台ではなく）東京入管に請求するよう指示されました。

（質問）　今回の事例では相続人は一人だけのようですが、その際に法務局に提出された上申書とは、本人の上申書ですか。

（大和田）　相続人の名の"本人の他にいません"という上申書と、私が書いた状況説明書に登記申請をした司法書士が、自分の名で押印し提出されたと聞いています。

（質問）　外国人住民票では、簡体字や繁体字が廃止され、すべて正字になるようですが、これについてはどのように思われますか。

（大和田）　やり取りは非常にたいへんになると思います。一つは、自分の名前ですから、こだわりのある方もいらっしゃることが懸念されます。また、現地の方に依頼する場合にも、氏名が正字体の場合ですと、厄介なことが起きるかなと思っています。住所にしても、瀋陽はさんずいと審判の「審」に太陽の「陽」ですけれども、簡体字で表記すると「沈」むに「阝」（こざと偏）に「日」を書いた「沈阳」となり、あれが瀋陽だとは思いつかないので、混乱はかなり生じるかなと思います。

（質問）　では、たとえば正体字に全部変換される、というようなことになると簡体字に辿り着くことは容易にできるのでしょうか。

（大和田）　正体字のほうからは難しいかも知れません。ただ、今の入力ソフトとかは便利なものがあって、たとえば、簡体字を入力し、フォントだけを入れ替えれば、その繁体字が出てくるというものもあるので、そうして判別することも可能かと思います。ただ、たとえば「曺」（ソウ）という漢字ですが、韓国のその姓の方の帰化のときに、一度扱ったことがあるのですけど、中国ではその字はないんですね。それから、日本の「畑」という漢字も中国にはありませんでした。そういった意味では、文字があるのかないのかまで含めて、どれが該当するのかと

いうことでもかなり混乱は生じると思います。
(質問) 中国の方の相続をする場合、やはり言葉が話せれば現地に行くほうがいい、ということでしょうか。
(大和田) それはあると思います。ただ、通訳は多数いますし、たとえば日本でするにしても、留学生とかの中国人はたくさんいますので、そういった意味では、言葉は話せなくても日本にいる方を使うことで訳文をつくるとか、あるいは現地の案内をしてもらう、ということは難しくないと思います。あとは、現地の国情とか地域事情を理解することが一番厄介なところで、たとえばこういうケースに遭遇したら、どういうふうなアプローチをするか、そのあたりはやはり慣れとか、そういったものが必要かなと思います。

◎「外国人住民票」についての意見・感想等◎

- 相続に必要な書類をできるだけ多く記載してほしい。氏名欄に通称名、自国での表記を加えてほしい。簡体字の記載がなくなるのは困る。(広島会)
- 中国人が当事者となる相続登記の講義は、簡体字と繁体字および新体字の関係、中国官憲との「公証処」等身分証明のとり方など、とても興味深い内容で、もう少し時間をいただいて、再度研修を受けたいと思いました。「外国人住民票」については、大阪に引き続き説明され、再確認したところですが、この変更を知らないであろう他の司法書士にも早く改正を知ってほしいと思いました。(愛知県会)
- 登記等の業務において、外国人については、十分な調査を行うことなく、安易に上申書等を用いる例が見受けられるが、今後、さらにこの傾向が増加するのではと懸念する。外国人住民票の記載事項の拡充と、外国人登録原票記載事項証明書を含めた保存期間の延長が必要と考える。(京都会)

(第2回ワークショップのアンケートより)

第3回ワークショップ
【愛知】2011年10月7日

於　愛知県司法書士会館
進行　姜　信潤委員

〔第1講〕　日本国籍を取得した者（帰化者）の相続

司法書士　李　光雄（京都会）

(1)　被相続人と登記上の所有者との同一性

韓国人が帰化により日本国籍を取得し、その後相続が開始したという下記の事例を検討する。

【日本戸籍】　帰化後の氏名「木村太郎」

※戸籍の附票に記載されている住所は「京都市南区……」とする。

戸籍編製	【編製日】平成18年8月18日
帰　化	【帰化日】平成18年8月8日 【届出日】平成18年8月18日 【帰化の際の国籍】韓国 【従前の氏名】李泰一
死　亡	【死亡日】平成23年……

【登記簿】　　平成2年2月2日第222号　原因　平成2年2月2日売買
　　　　　　所有者　京都市北区……　　山田太郎

　被相続人「木村太郎」は、帰化後の戸籍から韓国人であったことおよび従前の氏名が「李泰一」であったことがわかる。しかし、遺産である不動産の

231

〔第２部〕　第３回ワークショップ【愛知】2011年10月7日

（別紙）
登 録 原 票 記 載 事 項 証 明 書

（１－１）

国籍	韓国	氏名	李　泰一 （山田太郎）		生年月日：1938年8月8日	男
上記の者は、外国人登録法第４条第１項の規定に基づき登録されていたところ、平成18年8月8日帰化したため、同人の原票は平成18年8月10日付けで閉鎖されているが、当該原票には下記のとおり記載されていることを証明する。|						
記							
登録証明書番号	・・・・・・・・・・					
居住地	京都市　南区　・・・ 【平成5年○月○日変更　（住所を定めた日：平成5年○月○日）】					
世帯主の氏名		続柄				
	李　泰一		本人		
在留の資格	特別永住者	在留期間	＊＊＊＊年＊＊月＊＊日〜＊＊＊＊年＊＊月＊＊日			
国籍の属する国における住所又は居所	慶尚北道　義城郡　安平面　新安里　○○○番地					
出生地	京都市　北区					
旧居住地	京都市　北区　・・・					

平成23年　　月　　日

京都市　南区長　　　　　○○○○　㊞

　登記上の所有者は「山田太郎」であり、住所も登記上は「京都市北区」で、死亡時の住所である「京都市南区」とは異なる。したがって、最初に被相続人と登記上の所有者が同一人であることを証明しなければならないが、本事例の場合、日本の戸籍や附票だけでは同一性を証明できない。
　そこで、帰化により閉鎖された外国人登録原票の記載事項証明書が必要になる。本事例では、外国人登録原票記載事項証明書（以下、「原票記載事項証明書」という）に（別紙）の記載があったとする。
　原票記載事項証明書の記載内容から、「木村太郎」の帰化前のいわゆる通称

232

名は「山田太郎」であったことおよび住所を変更していたことがわかる。さらに、韓国人「李泰一」は、通称名「山田太郎」で登記を済ませますが、帰化後の氏名を「山田太郎」ではなく「木村太郎」としたことがわかる。外国人登録上のいわゆる通称名を帰化後の氏名にはしていない。帰化後に氏名・住所の変更登記を済ませてあれば、被相続人と登記上の所有者の同一性は日本の戸籍と附票により明らかとなるが、本事例の場合は登録原票記載事項証明書が必須の書類となる。なお、帰化していない韓国人の相続の場合でも、登記上の住所・氏名の者が死亡したことを証明するために、登録原票記載事項証明書が必要となる。

(2) 法定相続人を特定するための戸籍・除籍謄本

戸籍の記載内容から帰化したことを知られたくないという理由で、帰化後に転籍を繰り返している人が多いが、被相続人の帰化後の戸籍・除籍謄本を揃えることは司法書士にとって大した問題ではない。問題は帰化前の韓国の除籍謄本等である。

韓国では、2008年に戸籍法が廃止、同時に「家族関係の登録等に関する法律」が施行され、現在は戸籍簿が除籍簿となり、戸籍簿に代わって家族関係登録簿が各個人別に作成されている。したがって、被相続人の出生から国籍喪失までの事項が記載されている「除籍謄本及び家族関係登録簿の各登録事項別証明書」（以下、「除籍謄本等」という）を請求することになる。もちろん、各相続人については家族関係登録簿の登録事項別証明書が必要である。

除籍謄本等が入手できても、その除籍謄本等に在日韓国人の出生や婚姻事項等が必ずすべて記載されているというものではない。婚姻したにもかかわらず独身のまま死亡の記載がされている場合もあるが、なぜそのようなことになるのか、司法書士や弁護士もほとんど知らないのが実情である。

たとえば、韓国からみて日本という外国に居住している韓国人が日本で死亡した場合、日本の戸籍法に基づく死亡届とは別に韓国の法律に基づく死亡届をしなければその事実が記載された除籍謄本等は出てこない。また、韓国への出生届さえもないまま帰化を済ませた人もいる。その場合、韓国にその

者についての出生届が出ていたなら載るべきであった除籍謄本等が、相続証明書の一部となる。相続登記の依頼人から親族関係をよく聴き取り、除籍謄本等により証明できない親族関係については、たとえば、出生や婚姻届記載事項証明書により親子関係や配偶関係を証明するということになる。

(3) 登録原票記載事項証明書の請求

　登録原票記載事項証明書を請求できるのは、本人または同居の親族であるが（外登法4条の3第2項・3項）、死亡した被相続人に同居の親族がいないときがある。

　相続人である子が請求しても本人の死亡時には同居でないという理由で交付を拒否された経験もあり、登録原票記載事項証明書の交付に関する市区町村の運用基準は明確でないように思える。なお、死亡や帰化により閉鎖された外国人登録原票がすでに市区町村から法務省に移管されている場合は、交付に長くて約1カ月の期間を要する。

　すでにこのワークショップで説明があったように、外登法が廃止されるとともに、一定の外国人には外国人住民票が編成される予定である。外国人住民票の編成に伴い外国人登録原票がすべて法務省に移管されると、その閉鎖された登録原票記載事項証明書の請求権者や請求に要する期間等がどうなるのか、実務上気になるところである。

　外国人登録原票の記載内容、たとえば氏名や生年月日が韓国の除籍謄本等の記載と必ずしも一致するとは限らない。戦前に当時の朝鮮戸籍に登載された者が、戦後の外国人登録令（昭和22年勅令第207号）により外国人登録を申請することになったのであるが、その申請内容はほとんど本人の記憶に基づくものであったことは想像に難くない。したがって、除籍謄本等と原票記載事項証明書の記載内容に齟齬があっても何ら不思議なことではない。ただし、除籍謄本等の記載に基づいて外国人登録上の記載を訂正している人は少なくない。

　氏名や生年月日以外にも、たとえば世帯主との続柄が「妻」と記載されていてもそれは本人の申請に基づくものであり、法律上の配偶関係を証明する

ものではないことに注意する必要がある。なお、生年月日は旧暦で登録されている場合がかなりある。また、登録原票記載事項証明書を請求する場合、必要事項は明確に指示して請求しなければ、氏名や国籍等のみを記載した簡略化したものが交付されることになるのは、住民票を請求する場合と同様である。

(4) 除籍謄本等の請求

　韓国の除籍謄本等を請求するためには、「登録基準地」(韓国では「本籍地」は「登録基準地」と変更された) と当事者の「姓名」を特定する必要がある。相続人はその登録基準地を知らないことがほとんどであるし、相続人自身が幼少の頃に帰化している場合は、帰化したことさえ知らない人もいる。

　本事例の被相続人木村太郎の日本の戸籍にも、韓国の当時の本籍地は記載されない。依頼人が帰化申請の際に添付した当時の韓国の戸籍謄本のコピーでも保管していれば問題ないが、そうでなければ帰化者の尊属や兄弟姉妹等の親族に教えてもらうことも一つの方法ではある。どうしても登録基準地がわからない場合、ここでも登録原票記載事項証明書が重要な書面となる。

　戦前から日本に在留している韓国人およびその子孫の場合、外国人登録原票の登録事項の一つである「国籍の属する国における住所又は居所」(外登法4条1項7号) の欄には、韓国戸籍の本籍地が登録されてきたのであり、その記載から登録基準地がわかるからである。しかし、外国人住民票の記載事項には「国籍の属する国における住所又は居所」は含まれていないので、今後の実務上に問題が生じると思われる。なお、外国人登録上の記載は本人の申請に基づくものであり、それが正確なものでなければ除籍謄本等を請求できないことになる。登録基準地の「番地」が不明でも除籍謄本等の請求は可能であるが、韓国の最小行政区画である「洞」または「里」が不明な場合は請求できない。

　なお、韓国では、電算化以前のペーパー除籍簿もすべてPDF化による電算化がなされ、原則としてすべての除籍謄本等がオンラインにより発行される。駐日韓国公館 (東京の大使館領事部、大阪と福岡の領事館の3カ所) でもオンラ

インにより発行されるので、除籍謄本等の早期の収集が可能となった。

(5) 質疑応答

（質問）　韓国の戸籍と登録原票の記載事項の生年月日が一致しない場合には、旧暦で説明できる場合があるとのことですが、それでも説明できないケースや氏名の記載が韓国の戸籍と登録原票とで違う場合にどのように判断されてそれを同一人物とみなすのか、その点の説明をお願いします。

（李）　たとえば、「李景子」と外国人登録に書いてある。そのケイコのケイは景色の景だとします。ところが韓国の除籍謄本等には違う漢字、たとえば「慶子」と書いてある。昔は子がたくさんいるのが普通で、戦後に親が子の外国人登録をするときに、戸籍とは違う漢字で登録してしまったということはあり得ることです。韓国の戸籍上の他の兄弟姉妹の名前などと比べて矛盾なく説明できるかどうかというところにかかってくると思います。生年月日も新暦と旧暦で必ず合うとは限りません。戦後の最初の外国人登録のときにほとんど親の記憶のみに基づいて登録されたわけですから、旧暦でも記憶が不正確だと微妙にずれます。これは何ともいたし方ありませんし、日本でも数え年があったように、その感覚で1年ずれたりすることも結構多いですね。

（質問）　外登法の廃止により、登録原票は法務省に全部送付されてしまいます。その後は、個人情報の保護に関する法律に基づいて開示請求をしなければならないと思いますが、登録原票のデータを市町村が保有してくれるとか、もう少しとりやすくしていただきたいと思うのですが、その件についていかがでしょうか。

（李）　私も同感なのですけれども、単に実務家としての視点だけでいきますと、現在でも、なぜ登録原票記載事項証明書を裁判事務以外では職務上請求ができないのかというジレンマもありますし、確かに外国人住民票ができたら、どういう根拠に基づいてその登録原票記載事項証明書をとれるのか、個人情報の保護に関する法律について勉強しなく

〔第1講〕 日本国籍を取得した者（帰化者）の相続

てはと思います。
（質問）　閉鎖された登録原票記載事項証明書を請求する場合、最後の居住地がわからない場合、請求することは実際不可能でしょうか。
（李）　法務省では、氏名、生年月日で登録原票を探せると思います。私の経験では、帰化された方で最後の住所地がわからなかったのは1回だけあります。
（質問）　登録原票記載事項証明書の「国籍の属する国における住所又は居所」という、いわゆる韓国の本籍地に該当するところがわからない人が多いということですね。たとえば、被相続人が戦後生まれの方でしたら、出生届の写しが取れて、出生届に本籍地が入っているのを私は何回かみたのですけど、その点はいかがですか。
（李）　現在の出生届の「本籍」欄は、外国人のときは国籍だけを記入するよう注意書きが入っていますが、以前は「父母の本籍又は国籍」という欄があり、そこに韓国の本籍地を書いていたようです。現在は登録原票の写しも一応請求できます。要するに登録原票全体の写しをもらえるわけですね。そこに、「国籍の属する国における住所又は居所」欄には韓国の「洞」や「里」の記載がなくても、出生地として「洞」や「番地」の記載があり、その出生地が本籍地ではないかということで請求できたことがあります。
（質問）　帰化前の住所を官報で調べられたことがありますか。
（李）　それはありません。
（質問）　この度の改正で、「国籍の属する国における住所又は居所」というのは外国人住民票の記載事項ではなくなります。登録原票は法務省に送られた後、公文書管理規程で、30年間保存が原則になります。たとえばある人が30歳で帰化して80歳で死んだとしますと保存期間が切れ、登録基準地を探索する手がかりが全くなくなるということになります。その点についてのご意見をお願いします。
（李）　30年間保存ということは知りませんでした。これは大変なことにな

237

るなという感想しかありません。ここで言えるのは、もっと検討しなければということだけです。
（質問）　在日であれ今の日本の社会であれ、みんな個人化していく中で、親族ネットワークは非常に薄くなっています。したがって叔父叔母等との縁故関係とかそういうのがなくなってきます。そうすると、帰化した人の親族から登録基準地を聞くことはほぼ不可能に近いというような感じがしますが、いかがでしょうか。
（李）　登録基準地を調べる方法については、親も含めて自身が帰化したことを知らない事例は意外とあります。そのようなときは、登録基準地を探すのにかなり苦労します。
（質問）　先ほど韓国の除籍謄本等が3カ所の韓国領事館でとれるといわれましたが、その3カ所の領事館あてに郵送でとれるという考え方でよろしいでしょうか。
（李）　そのとおりです。実際、司法書士の方が郵送でやっています。私は、直接、大阪の領事館まで出向いてとります。なぜかといいますと、電算化されているのでその場で全部揃うからです。
（質問）　韓国の除籍簿はPDF化されているとのことですが、これはすべてPDF化されていますか。
（李）　基本的にすべてPDF化されていると思ってもいいです。ただ、請求してもコンピュータにその除籍簿のデータがない場合もまれにあります。その場合は郵送で韓国の役場に請求しますが、その除籍謄本の請求があった時点でその役場はその除籍簿をPDF化する運用になっていると思います。

〔第2講〕 ブラジル人の相続

司法書士　齋藤浩子（茨城会）

⑴　事例紹介と相続準拠法

　今日のテーマは「日本の官公署発行の書面を手がかりにして」ということなので、「在日のブラジル人の相続について」の事例をご紹介したい。

　事例は、被相続人が日系二世のブラジル人で、永住者の資格をもっていた。この事案で特徴的なのが、死亡地が日本ではなくブラジルであったため（病気治療のためにブラジルの病院に入院中に死亡）、被相続人の閉鎖済み登録原票記載事項証明書には「死亡」の記載がなく、備考欄に出国中に国外で死亡したため、死亡日ではなく出国日で閉鎖した旨の事情が記載されていた。

　マイホームである自宅の相続登記で、相続人は、配偶者と子二人、どちらも成年である。ブラジルの方の相続を考えるときに、まず問題となる相続準拠法についてである。

　法適用通則法36条は「相続は、被相続人の本国法による」と規定している。ではブラジルの国際私法がどうなっているかというと、民法施行法10条に「死亡又は失踪による相続は、財産の性質及び所在地に関わらず、被相続人又は失踪者が住所を有した国の法に従う」とあり（林貴美「在日ブラジル人の相続をめぐる諸問題」松原正明＝右近健男編『新家族法実務大系3相続［Ⅰ］―相続・遺産分割―』517頁（新日本法規、2008年））、動産・不動産の区別をしない相続統一主義・住所地法主義が採用されている。さらに同条1項は「ブラジルに所在する外国人の財産の相続は、ブラジル人の配偶者もしくはブラジル人の子又はこれらの者を代襲する者のために、これらの者にとって被相続人の属人法がより有利でないときはブラジル法により規律する」、2項は「相続人又は受遺者の相続能力は、その住所地法により規律する」となっている（林・前掲517頁）。

　では住所についての規定はというと、民法施行法7条8項に、「住所を有し

ない場合、居所又は存在する場所を住所とみなす」とあり住所を有しない場合の規定はあるが、住所についての規定はない。が、ブラジル民法70条には、「自然人の住所は、明確な意思を持ってその居所を確立した場所である」という規定がある（林・前掲531頁）。

　この事例に関してはブラジル民法70条の条項から考えて、「その場所での居住」→「マイホームがある」ことと居住の実態もあること、「そこに留まる意思」→「永住者の在留資格がある」、意思がある、という形でみて、私は日本法に反致をすると考え手続をした。

　反致については、民法施行法10条をみると、原則は被相続人の住所地法だが、1項の「……ブラジルに所在する外国人の財産の相続は……」でブラジル法が適用される、と規定されており、さらにブラジル判例上、外国に最後の住所を有するブラジル人の被相続人にも類推適用され、在ブラジル財産については、ブラジル人配偶者と子らに対するブラジル法上の保護を与えようとする規定になっている。ということは、在ブラジル国内にある財産の相続については日本への反致はなされずに、ブラジル法が適用され、他の財産の相続についてのみ日本法に反致する可能性があるのではないか。

　ただし、木棚照一先生は反致の条件と結論の異なる説を判例タイムズ1100号「中南米人の相続問題」の中に書いておられるので、その一部を抜粋して紹介する。「……日本に最後の住所を有するブラジル人が日本に遺した財産の相続につき日本法に反致されるのは、原則としてブラジル人である相続人がいない場合に限られると考えられる」（木棚照一「中南米人の相続」判例タイムズ1100号527頁（2002年11月））。

(2) ブラジルの証明書と添付書類

　死亡証明書の内容は、大体同じだが、記載内容は、亡くなった方の名前と、死亡日、死亡場所、亡くなった時の年齢、既婚者であるか、職業であるとか、後は両親の氏名とどこの出身かということが載っている。両親の名前は結構綴りが間違っていることが多い。備考欄には「財産、遺書を残していない」という記載がある。これはブラジル国内での財産を残してないという趣旨だ

と思う。それと残した子の名前と年齢（当時）。これは子がいても記載のない方もあるので、必ずしも死亡証明書に載っているものではないようだが、載っているときには資料になると思う。

出生証明書には名前、生年月日と父母の名前、父方祖父母、母方祖父母まで名前が載っている。

婚姻証明書、ブラジルの方で悩むところに夫婦財産共有制というのがあり、一部共有制とか全部共有制というのがあるが、それが婚姻証明書の備考欄をみると載っている。ただし基本的には載せるらしいが、記載のない婚姻証明書もある。

相続登記の添付書面としては、この事例で添付したのは、家族の「登録原票記載事項証明書」と被相続人の「閉鎖済み登録原票記載事項証明書」、ブラジルでの「死亡証明書」、そのほか不足した内容等について「宣誓供述書」を作成して、相続人全員の方に宣誓していただいた。

(3) 「登録原票記載事項証明書」の記載から

配偶者の登録原票記載事項証明書の家族事項欄には、亡くなったご主人の欄のところに「別居」と書いてある。これは亡くなったご主人が死亡による閉鎖ではなく、出国による閉鎖だったためらしいが、ブラジルの相続法では配偶者の別居は相続権に影響する場合がある。ブラジル民法では「生存配偶者は常に相続人となる」（同法1829条）と規定されているが（林・前掲523頁）、「相手方死亡時に『法定別居』『２年以上の事実上の別居』のときは、相続権なし」という規定もあるので、日本法に反致するのであれば、ブラジル民法の適用対象ではなくなると思うが、ただし、自らの過失で別居したのではないことの証明があれば相続権はなくならないという規定もある。

登録原票記載事項証明書の名前の記載と、ブラジルで取得した死亡証明書の名前の記載では、順番が違うことが多い。

(4) **ブラジルの夫婦財産制**

ブラジルでは1977年まで離婚が認められない国だった。宗教上の理由などもあると思うが、「夫婦関係及び婚姻の解消、その効果、手続その他の措置に

〔第2部〕 第3回ワークショップ【愛知】2011年10月7日

関する規律」（法律第6515号。以下、「離婚法」という）が成立して離婚が認められるようになってから変わるが、離婚法による改正以前は、法定夫婦財産制は全部共産制という形で、婚姻の前後を問わず夫婦の一方が取得した財産は原則として共通財産とされ、夫の管理に服した（林・前掲522頁）。共通財産は夫婦の一方の死亡により2分の1の所有権が生存配偶者に帰属する（林・前掲522頁）ということになっている。これは相続ではなく、夫婦財産制の清算という形になる。

　離婚法の成立後は、原則が一部共産制に変更され、婚姻前より各人の所有とか、婚姻前の原因により取得した財産、婚姻後に贈与、相続により各人が取得した財産はそれぞれの特有財産とする。ただし、婚姻継続中に有償で取得した財産は夫婦の共通財産とされる（林・前掲523頁）という規定がある。これが適用されると、ブラジル法が適用される（日本法に反致しない）相続の場合、まず夫婦の財産制の清算を先に行い、その後に相続という形になる。ただし日本法に反致する場合でも、夫婦財産制の清算をし、その後残った財産を相続する見解もある。

(5)　質疑応答

（質問）　ブラジル人の名前について質問させてもらいます。資料の死亡証明書の日本語のところを見ると、一番最後のほうに書記官の「ク○イ○ン・マ○ル○オ・ア○メ○ダ・ア○ア○・○ケ○ラ」と氏名が書いてありますが、ブラジルだと父方の父の姓、第1の名前、第2の名前、母方の父の姓とをつなげると聞いています。たとえば、「ヤマグチ・ディアゴ・ケンジ・シルビア」とあります。ブラジル人の場合ですと、日本式の名前のところが父方の姓のヤマグチ、第1の名前がディアゴですが、第2の名前がケンジだとすると、「ヤマグチケンジ」というように通称名で登録していると思われます。印鑑登録もそのような例が多いと思いますが、その辺、実例があったらお聞かせ願えますか。

（齋藤）　日本での登録原票記載事項証明書は多分日本式に氏を先にして、ミドルネームがあって、ブラジルでいうファーストネームという順番に

なっているみたいです。ただ、人によって、またこれも違うみたいなのですが、パスポートと比べても名前の順番が違う方もいます。通称名として「ヤマグチケンジ」という登録もあると思います。
（質問）　先生が扱った中で宣誓供述書というのがありますけど、これはいわゆる上申書みたいなものなのでしょうか。
（齋藤）　ブラジルの場合ですと、公的な証明書として出していただけるのが死亡証明書と出生証明書と婚姻証明書の3種類です。日本の戸籍のようなものはないので、その三つで証明がつかないものは確認をしながら、本人に間違いないという宣誓をしていただくという形です。
（質問）　登記をする場合、登録原票記載事項証明書に括弧書きで通称名があれば、通称名で登記をされることが多いと思いますが、英語だけの場合、たとえばカタカナで登記していただきたいという場合は、先生が聞いてそのカタカナを書かれるわけですか。
（齋藤）　そうです。
（質問）　そうすると、今、資料の氏と名の間にスペースがありますね。この場合は、氏と名の間は空けて申請をされるわけですか。
（齋藤）　申請書にスペースを入れて記載しても、登記簿に記載される時はスペースは入れられません。たとえば「サイトウ　ヒロコ」という名前をカタカナにすると、スペースでの区切りのない「サイトウヒロコ」と登記されるので、中点を入れて区切りを入れることにしています。
（質問）　中点を入れるということは、たとえば登録原票記載事項証明書にブラジル読みで三つぐらい、たとえば「○○○○　マリア　○○○○」となると、これがもし通称名がなければ、登記するときに、先生が「○○○○・マリア・○○○○」と、このようにして登記申請するということですか。
（齋藤）　そうです。たとえば、氏名が「サイトウ　マリア　ヒロコ」だとすると、「サイトウ・マリア・ヒロコ」という記載にしています。
（質問）　登記はそのとおりにできますか。

〔第2部〕　第3回ワークショップ【愛知】2011年10月7日

（齋藤）　はい。法務局は登記簿にスペースは入れてくれないので、スペースを空けて申請すると、「サイトウマリアヒロコ」がスペースで区切られずに記載されます。日本語名なら区切りがわかるのですけど、他の外国の方だとどこで区切っていいのかすらわからない名前も多いので、そのようにしています。

（質問）　それに関連して、資料の登録原票記載事項証明書の氏名欄、「〇〇〇MARIA　〇〇〇」の下の括弧の（〇〇〇　マリア）の手前のものはカタカナですか。

（齋藤）　漢字になっていました。

（質問）　氏名欄の本名は全部英字ですね。括弧内に親の氏の〇〇さんが入るわけですね。そうすると身分関係を表する書面みたいのを添付しているという推測が成り立ちますか。

（齋藤）　そのように思います。家族欄には、この方の登録原票の下の欄に父母の欄があって、お母さんの名前が載っています。

（質問）　宣誓供述書は、ブラジルの公証人が認証したものでしょうか。

（齋藤）　ブラジルにいらっしゃる方はブラジルの公証人のところに行っていただいて、日本にいらっしゃる方は日本のブラジル総領事館に行っていただいています。

（質問）　外国人の相続を扱う場合に、外国の抵触法とか準拠法の内容を探知する必要があるのですけれども、どのようにやってるのか、それを聞かせてください。

（齋藤）　とりあえずは詳しく研究してる人に聞いてみるのが一つ。後はネットを使って検索をしてみる。ネットで検索して、本とか論文とかがあれば、それを取り寄せるとか、国会図書館に行くとかします。

（質問）　ブラジル民法は配偶者の相続権を認めるようになったということでしょうか。

（齋藤）　2002年の民法から配偶者が相続人にはいりますが、夫婦財産制もありますので夫婦の財産をまず清算して、その後、残った分を配偶者も

含めて相続という形であると思います。
(質問)　そうすると死亡時がごく最近でしたら、日本民法が準拠法になろうと、ブラジル民法が準拠法になろうと、配偶者として常に入ってくるという考えでいいわけですね。
(齋藤)　その場合は日本法にしてもブラジル法にしても配偶者は相続人に該当します。

〔第2部〕 第3回ワークショップ【愛知】2011年10月7日

◎「外国人住民票」についての意見・感想等◎

- せめて、本国の相続人を探すことのできる情報は残してほしい。日本の戸籍制度は素晴らしいと実感します。個人情報等の問題を重視しすぎると、余計、個人（本人）の権利行使を阻害してしまう気がする。氏名をアルファベット記載にすると、必ずしも英米系でない言語をどうするのか、欧州にしてもさまざまな文字がある。アルファベット表記にさせる根拠が不明。（熊本県会）
- 登記にとって、大切な事項が省略される可能性があり、今後の行方に注目したい。（奈良県会）
- 外国人住民票の中には記載されてこない事項について、講義を聞くまでは、どのあたりに問題点があるのか、いまいちイメージがついていませんでした。今回の講義をきいて、渉外登記をやっていくうえで、閉鎖された原票の取り寄せなど、実務上では、手続に時間や手間がかかってしまう等の問題点が出てきてしまい、不便になるのではないかと、不安に感じました。（愛知県会）
- 相続人のなかに帰化者がいる場合、その帰化者を捜索する手掛かりは官報による帰化の告示であるが、その記載事項は、帰化時の住所と氏名および生年月日のみであり、たとえば、帰化者が住所を移転している場合、住民票の除票は5年間しか保存されないので、5年以上前に住所移転していると除票が発行されず、捜索の手掛かりがなくなるため、住民票の除票の保存期間を延長するべきである。（愛知県会）
- 記載事項証明との連続性や、記載事項証明の保存期間について、今後の業務に支障が出ないように検討していただきたいと思います。（愛知県会）
- 今までの登録原票にあった国籍に関する記述や居住歴が記載されなくなるのは、不便だと思う。今後の登記業務や帰化業務に影響も出るし、手続が滞ることにもなるので改善すべきと思う。（岐阜県会）

（第3回ワークショップのアンケートより）

参考資料

参考資料

〔資料１〕「日本における外国人と法」関連年表

年	月	日	事　項
1945 (昭20)	2	11	ヤルタ協定（ソ・米・英）
	7	26	ポツダム宣言（米・英・中）
	8	9	ソ連、対日参戦（満州侵攻）
	8	14	ポツダム宣言受諾
	9	2	降伏文書に調印
1946	1	19	連合国軍最高司令官（GHQ）覚書〔日本の領域は北海道、本州、四国、九州と対馬諸島、北緯30度以北の琉球諸島等〕
1947	5	2	外国人登録令（昭22勅令第207号）〔外国人登録法（昭27・4・28法律第125号）で廃止〕
	5	3	日本国憲法（昭21・11・3公布）施行
1948	1	1	民法（昭22・12・22法律第222号）改正・施行〔第4編・第5編全改〕
	1	1	戸籍法（昭22・12・22法律第224号）改正・施行
1950	7	1	国籍法（昭25・5・4法律第148号）施行
1951	11	1	出入国管理令（昭26・10・4政令第319号）施行
1952	4	28	昭和27・4・19法務府民甲438号民事局長通達〔朝鮮人・中国人の国籍を戸籍主義により処理〕
	4	28	日本国との平和条約（昭27・4・28条約第5号）発効〔日本国の独立と支配領域の確定〕
	4	28	外国人登録法（昭27・4・28法律第125号）施行
	4	28	ポツダム宣言の受諾に伴い発する命令に関する件に基く外務省関係諸命令の措置に関する法律（昭27・4・28法律第126号）施行〔出入国管理令（入管令）に法律としての効力を付与、法2条6号の在留者〕
	7	1	住民登録法（昭和26・6・8法律第218号）施行〔住民基本台帳法（昭和42・7・25法律第81号）で廃止〕
1955 (昭30)	4	27	外国人登録者について指紋押捺の開始
1956	10	10	昭和32年度司法修習生採用選考公告〔国籍条項が追加される〕
	12	18	日本、国際連合に加盟
1960	1	19	昭35・1・19人事院任用局長回答（外国人の現業公務員の就任）
	6	23	日本国とアメリカ合衆国との間の相互協力及び安全保障条約第6条に基づく施設及び区域並びに日本国における合衆国軍隊の地位に関する協定（在日米軍の地位協定、昭35・6・23条約第7号）発効
1961	4	5	最大判昭36・4・5民集15巻4号657頁（朝鮮人男子と婚姻した元日本人の国籍喪失）
1962	12	5	最大判昭37・12・5刑集16巻12号1661頁（中国（台湾）人男と婚姻した元内地人女の国籍）
1964	4	28	OECD条約（昭39・4・28条約第7号）発効
	7	8	外交関係に関するウィーン条約（昭39・6・26条約第14号）発効

〔資料１〕「日本における外国人と法」関連年表

年	月	日	事　項
	8	2	遺言の方式の準拠法に関する法律（昭39・6・10法律第100号）施行
1965 (昭40)	12	18	日本国と大韓民国との間の基本関係に関する条約（日韓基本条約、昭40・12・28条約第25号）発効
1966	1	17	日本国に居住する大韓民国国民の法的地位及び待遇に関する日本国と大韓民国との間の協定の実施に伴う出入国管理特別法（昭40年法律第146号）施行〔協定永住資格の創設〕
1967	11	1	住民基本台帳法（昭和42・7・25法律第81号）施行〔住民基本台帳法の整備（行政サービス事項も記載）、住民票を世帯毎に編成〕
1970	7	26	民事訴訟手続に関する条約（昭45・6・5条約第6号）発効
	7	27	民事又は商事に関する裁判上及び裁判外の文書の外国における送達及び告知に関する条約（昭45・6・5条約第7号）発効
1973	5	28	昭48・5・28自治省公務員第一課長回答（公権力の行使と地方公務員）
1974	6	19	横浜地判昭49・6・19判時744号29頁（日立就職差別裁判）
1977	4	1	最高裁、韓国人　金敬得氏を司法修習生に採用
	9	19	子に対する扶養義務の準拠法に関する条約（昭52・8・17条約第8号）発効
1978	4	28	「ベトナム難民の定住許可について」（閣議了解）
	10	4	最大判昭53・10・4民集32巻7号1223頁（マクリーン事件、外国人の政治活動の自由）
1979	7	13	「インドシナ難民の対策の拡充・強化について」（閣議了解）
	9	21	経済的、社会的及び文化的権利に関する国際規約（社会権規約）（昭54・8・4条約第6号）発効
	9	21	市民的及び政治的権利に関する国際規約（自由権規約）（昭54・8・4条約第7号）発効
1980	3	26	日本国とアメリカ合衆国との間の犯罪人引渡しに関する条約（昭55・3・5条約第3号）発効
	8	27	昭55・8・27民二第5217号回答および民二5218号民事局長通達（外国人と婚姻した日本人の氏）
	5	6	京都地判昭55・5・6判タ431号143頁（韓国併合後に朝鮮人父母から出生した子の国籍）
1981	8	1	条約法に関するウィーン条約（条約法条約、昭56・7・20条約第16号）発効
1982	1	1	難民の地位に関する条約（昭56・10・15条約第21号）及び難民の地位に関する議定書（昭57・1・1条約第1号）発効
	1	1	難民の地位に関する条約等への加入に伴う出入国管理令その他関係法律の整備に関する法律（昭56・6・12法律第86号）施行〔「出入国管理令」の名称を「出入国管理及び難民認定法」（入管法）に変更、難民認定の法制化（7章の2）、一時庇護上陸（18の2）、附則7条で特例永住制度を新設〕
1983	8		「21世紀への留学生政策に関する提言」（留学生10万人計画）
	11	2	領事関係に関するウィーン条約（昭58・10・11条約第14号）発効

249

参考資料

年	月	日	事　項
1985 (昭60)	1	1	国籍法及び戸籍法の一部を改正する法律（昭59・5・25法律第45号）施行〔出生の国籍取得につき父母両系血統主義、国籍選択制度の導入ほか〕
	1	1	昭59・11・1民二第5500号民事局長通達「戸籍法及び戸籍法施行規則の一部改正に伴う戸籍事務の取扱いについて」※通達名修正しました※
	7	25	女子に対するあらゆる形態の差別の撤廃に関する条約（女子差別撤廃条約）（昭60・7・1条約第7号）発効
1986	9	1	扶養義務の準拠法に関する法律（昭61・6・12法律第84号）施行
1988	2	16	最三小判昭63・2・16民集42巻2号27頁（外国人の氏名呼称）
	6		「第6次雇用対策基本計画」閣議決定（専門的・技術的労働者の導入）
1989 (平元)	9	12	「いわゆるボートピープル対策について」（スクリーニングの実施）（閣議了解）
	3	2	最一小判平元・3・2訟月35巻9号1754頁（塩見訴訟、外国人の社会保障）
1990	1	1	法例の一部を改正する法律（平元・6・28法律第27号）施行〔婚姻・離婚・親子等について連結点の男女平等と常居所の導入〕
	1	1	平元・10・2民二第3900号民事局長通達「法例の一部を改正する法律の施行に伴う戸籍事務の取扱について」
	6	1	改正入管法（平元・12・15法律第79号）施行〔在留資格の整備と細分化（別表の創設、28種）、「定住者」の導入、上陸審査基準の公表（省令）、在留資格認定証明書の新設（7②）、資格外活動の禁止（19）、就労資格証明書制度の新設（19の2）、不法就労助長罪の新設（73の2）〕
	6	1	出入国管理及び難民認定法第7条第1項2号の規定に基き同法別表第2の定住者の項の下欄に掲げる地位を定める件（平2・5・24法務省告示第132号）施行
1991	11	1	日本国との平和条約に基づき日本の国籍を離脱した者等の出入国管理に関する特例法（平3・5・10法律第71号）施行〔在日韓国・朝鮮人、中国（台湾）人への特別永住資格の付与〕
1992	3	31	平4・3・31厚生省保険局国民保険局国民健康保険課長通知（外国人の国保適用）
	7	28	第7次雇用対策基本計画（平成4年7月28日労働省告示、外国人労働者の受入れ）
	12	10	出入国管理及び難民認定法第7条1項2号の基準を定める省令の研修の在留資格に係る基準の7号の特例を定める件（平4・12・10法務省告示第569号）施行
1993	1	8	改正外登法（平4・6・1法律第66号）施行〔永住者、特別永住者の指紋押捺廃止、家族関係事項の登録と署名〕
	4	5	技能実習制度に係る出入国管理上の取扱いに関する指針（平5・4・5法務省告示第141号）施行
1994	3		インドシナ難民を特別扱いすることを停止（閣議了解）
	4	6	中国残留邦人等の円滑な帰国の促進及び永住帰国後の自立の支援に関する法律（中国残留邦人等支援法）（平6・4・6法律第30号）公布
	5	22	児童の権利に関する条約（平6・5・16条約第2号）発効

〔資料１〕 「日本における外国人と法」関連年表

年	月	日	事　項
1995	1	1	世界貿易機関を設立するマラケシュ協定（WTO協定、平成6・12・28条約第15号）発効
	1	27	最二小判平7・1・27民集49巻1号56頁（国籍法2条3号の「父母がともに知れないとき」）
	2	28	最三小判平7・2・28民集49巻2号639頁（外国人の地方参政権）
1996	1	12	第8次雇用対策基本計画（平成8年1月12日労働省告示2号、外国人労働者の受入れ）
	1	14	あらゆる形態の人種差別の撤廃に関する国際条約（人種差別撤廃条約）（平7・12・20条約第26号）発効
	7	12	最二小判平8・7・12判時1584号100頁（難民不認定処分と退去強制）
1997	5	11	改正入管法（平9・5・1法律第42号）施行〔集団密航に係る罪の新設等（74〜74の5）〕
	7	1	アイヌ文化の振興並びにアイヌの伝統等に関する知識の普及及び啓発に関する法律（平成9年5月14日法律第52号）施行（明治32年北海道旧土人保護法廃止）
	10	17	最二小判平9・10・17民集51巻9号3925頁（生後認知と国籍取得）
	11	17	最一小判平9・11・17刑集51巻10号855頁（登録事項の確認義務と憲法13条）
1998（平10）	8	13	第9次雇用対策等基本計画（平成11年8月13日閣議決定、外国人労働者の受入れ）
	3	12	最判平10・3・12民集52巻2号342頁（国籍法施行前の認知と朝鮮人の国籍）
	3	13	最二小判平10・3・13裁時1215号5頁（外国人の被選挙権と憲法15条）
	4	10	最二小判平10・4・10民集52巻3号677頁（再入国不許可取消訴訟）
2000	4	1	改正外登法（平11・8・18法律第134号）施行〔すべての外国人の指紋押捺廃止と家族関係事項の登録、登録原票の開示制限（4の2、4の3）等〕
	4	1	改正入管法（平11・8・18法律第135号）施行〔不法残留罪の新設（70②）等〕
2001	3	1	改正入管法（平13・11・30法律第136号）施行〔フーリガン対策（5①5号の2）、偽造変造文書作成に係る退去強制（24条3号）等〕
	5		外国人集住都市会議設立（浜松市）
	6	7	平和条約国籍離脱者等である戦没者遺族等に対する弔慰金等の支給に関する法律（平12・6・7法律第114号）公布
	9	25	最三小判平13・9・25判時1768号47頁（不法在留外国人の生活保護の適用）
2002	6	21	日韓犯罪人引渡条約（平14・6・7条約第4号）発効
	11	30	シンガポール共和国とのEPA協定（平14・11・12条約第16号）発効
	11	22	最二小判平14・11・22判時1808号55頁（国籍法2条1号と憲法14条）
2003	6	1	「刑を言い渡された者の移送に関する条約」（受刑者移送条約、平15・2・18条約第1号）発効
	6	12	最一小判平15・6・12判時1833号37頁（生後認知と国籍取得）

参考資料

年	月	日	事　項
2004	9	2	改正入管法（平成16・6・2法律第73号）施行〔精神障害者に所定の補助者同伴（5条2号）〕
	12	2	改正入管法（平成16・6・2法律第73号）施行〔出国命令制度（24条の2）と在留資格取消制度の新設（22条の4）〕
	1	15	最一小判平16・1・15民集58巻1号226頁（不法残留外国人の国保適用）
	7	8	最一小判平16・7・8民集58巻5号1328頁（国籍法施行後の認知と朝鮮人の国籍）
2005	3		「第3次出入国管理計画」公表（人口減少時代に備えた外国人の導入）
	4	1	メキシコ合衆国とのEPA協定（平17・3・4条約第8号）発効
	4	1	改正民法（平16・12・1法律第147号）施行〔民法の現代語化他〕
	5	16	改正入管法（平16・6・2法律第73号）一部施行〔難民認定申請期間（60日）の廃止、仮滞在許可、難民審査参与員制度の新設〕
	7	12	刑法等の一部を改正する法律（平17・6・22法律第66号、人身取引罪の新設等）一部施行
	1	26	最大判平17・1・26民集59巻1号128頁（外国人の公務就任権）
2007	1	1	法の適用に関する通則法（平18・6・21法律第78号）施行〔法例の全部改正、不法行為、契約等の準拠法の改正と現代語化〕
	3		総務省「多文化共生の推進に関する研究会」が「多文化の推進に関する研究会報告書2007」を公表
	10	1	改正雇用対策法施行（平19・6・8法律第79号）施行〔外国人雇用状況の厚労省への届出〕
	11	20	改正入管法（平18・5・24法律第43号）施行〔入国審査ゲートの導入（指紋・顔写真）〕
2008（平20）	3		法務省・総務省「適法な在留外国人台帳制度について基本構想」を公表
	3		第5次出入国管理政策懇談会「新たな在留管理制度に関する提言」を公表
	3	31	政府「規制改革のための3カ年計画」（再改定）を閣議決定
	5	1	改正戸籍法（平成19・5・11法律第35号）施行〔戸籍公開制度の制限、各種届出の本人確認制度〕
	7	1	インドネシアとのEPA協定（平20・6・5条約第2号）発効
	7		文部省等、「留学生30万人計画」の骨子を策定
	12	11	フィリピンとのEPA協定（平成20・11・14条約第14号）発効
	12	18	外国人台帳制度に関する懇談会〔最終報告書を公表〕
	6	4	最大判平20・6・4（国籍法3条1項違憲判決）
2009	1	1	改正国籍法（平成20・12・12法律第88号）施行〔3条1項の婚姻要件を削除〕
	1		第5次出入国管理政策懇談会「留学生及び就学生の受入れに関する提言」を公表
	4		厚労省、失職した日系人への帰国支援事業開始
	7	15	入管法等改正法（平21・7・15法律第79号）公布〔3年以内施行（一部公

〔資料1〕「日本における外国人と法」関連年表

年	月	日	事　項
			布日、一部6カ月内、一部1年内）、入国者収用所等視察委員会の新設、別表「就学」の廃止と「技能実習」の新設、外国人登録法の廃止、中長期在留者概念の導入等〕
	7	15	住基法改正法（平21・7・15法律第77号）公布〔原則3年以内施行、外国人住民票の創設〕
	7		法務省入管局「在留特別許可に係るガイドライン」（改訂版）を公表
	8	1	国際物品売買契約に関する国際連合条約（平20・7・7条約第8号）発効
	9	14	総務省内に「外国人住民に係る住民基本台帳制度への移行等に関する研究会」設置
	10	1	日・ベトナムEPA協定（平21・8・28条約第8号）発効
2010	1		第5次出入国管理政策懇談会報告書を公表
	3		法務省入管局「在留資格の変更・在留期間の更新許可のガイドライン」（改正）公表
	7	1	入管法等改正法一部施行（入国者収用所等視察委員会の新設、別表「就学」の廃止と「技能実習」の新設等）
	7	1	入管法等改正法一部施行による「法第7条第1項第2号の基準を定める省令」（平21・12・25法務省令第50号）施行
	11	30	入管法「法第7条第1項第2号の基準を定める省令」（平成22・11・30法務省令第39号）施行〔別表第一の二、医療の歯科医師・看護師等の免許取得後の活動期限の撤廃〕
	12	27	住民基本台帳法施行令改正政令（平成22・12・27政令第253号）、住民基本台帳法施行規則改正省令（平成22・12・27総務省令第113号）公布（大部分は、入管法等改正法施行日に施行）
	12	23	強制失踪からのすべての者の保護に関する条約（平成22・12・22条約14号）日本で発効（改正入管法53条3項3号施行）
2011	1	1	出入国管理及び難民認定法第7条第2号の規定に基づき同法別表第一の五の表の下欄（二に係る部分に限る。）に掲げる活動を定める件」（特定活動）（平成22・12・17法務省告示623号）施行（医療滞在ビザの追加）
	3	11	東日本大地震発生
	8	1	インドとのEPA協定（平23・7・29条約第7号）発効（看護師、介護福祉士の2年以内の施行に向けた協議）
	12	26	入管法等改正法の施行期日を定める政令（平23・12・26政令第419号）公布
	12	26	入管特例法施行令（平23・12・26政令第420号）公布
	12	26	入管法等改正法等の法律の施行に伴う関係政令の整備及び経過措置に関する政令（平23・12・26政令第421号）公布
	12	26	入管法等改正法等の法律の施行に伴う法務省関係省令の整備及び経過措置に関する省令（平23・12・26法務省令第43号）制定
	12	26	入管特例法施行規則（平23・12・26法務省令第44号）制定
	12	26	在留カード等に係る漢字氏名の表記等に係る告示（平23・12・26法務省告示第582号）制定

253

参考資料

年	月	日	事　項
2012	1	13	在留カード・特別永住者証明書の事前交付申請開始時期（(平23・12・26政令第419号）
	1	20	住民基本台帳法の一部を改正する法律の施行期日を定める政令（平24・1・20政令第3号）公布
	1	20	住民基本台帳法施行令の一部を改正する政令の一部を改正する政令（平24・1・20政令第4号）公布
	1	20	住民基本台帳法施行規則の一部を改正する省令の一部を改正する省令（平24・1・20総務省令第4号）制定
	4	1	民事訴訟法及び民事保全法の一部を改正する法律（平23年法律第36号）施行（国際裁判管轄）
	5	7	仮住民票作成基準日（平24・1・20政令第4号附則第1条の2）
	7	9	入管法等改正法（平21・7・15法律第79号）施行（平23・12・26政令第419号）
	7	9	住基法改正法（平21・7・15法律第77号）施行（平24・1・20政令第3号）

（作成：西山慶一）

〔資料2〕 国籍別外国人登録者数の変遷

年次	外国人登録者総数	国籍別外国人登録者数（各年末現在）					
1948(昭23)	658,292	韓・朝 611,758					
1950(昭25)	598,696	韓・朝 544,903	中 40,481	米 4,962			
1960(昭35)	650,566	韓・朝 581,257	中 45,535	米 11,594			
1970(昭45)	708,458	韓・朝 614,202	中 51,481	米 19,045			
1980(昭55)	782,910	韓・朝 664,536	中 52,896	米 22,401			
1990	1,075,317	韓・朝 687,940	中 150,339	ブ 56,429	フ 49,092	米38,364	ペ10,279
1991	1,218,891	韓・朝 693,050	中 171,071	ブ 119,333	フ 61,837	米42,498	ペ26,281
1992	1,218,644	韓・朝 688,144 (585170)	中 195,334	ブ 147,803	フ 62,218		
1993(平5)	1320748	韓・朝 682,276 (578741)	中 210,138	ブ 154,650	フ 73,057		
1994	1,354,011	韓・朝 676,793 (573485)	中 218,585	ブ 159,619	フ 85,968	米43,320	ペ35,382
1995	1,362,371	韓・朝 666,376 (557921)	中 222,991	ブ 176,440	フ 74,297	米43,198	ペ36,269
1996	1,415,136	韓・朝 657,159 (548968)	中 234,264	ブ 201,795	フ 84,509	米44,168	ペ37,099
1997	1,482,707	韓・朝 645,373 (538461)	中 252,164	ブ 233,254	フ 93,265	米43,690　ペ40,394 タイ20,669　インドネシア11,936	
1998(平10)	1,512,116	韓・朝 638,828 (528,450)	中 272,230	ブ 222,217	フ 105,308	米42,774	ペ41,317
1999	1,556,113	韓・朝 636548 (517,787)	中 294,201	ブ 224,299	フ 115,685	米42,802	ペ42,773

参考資料

年次	外国人登録者総数	国籍別外国人登録者数（各年末現在）					
2000	1,686,444	韓・朝 635269 (507,429)	中 335,575	ブ 254,394	フ 144,871	ペ46,171　米44,856	
2001	1,778,462	韓・朝 632405 (495,986)	中 381,225	ブ 265,962	フ 156,667	ペ50,052　米46,244 タイ31,685　ベ19,140	
2002	1,851,758	韓・朝 625422 (485,180)	中 424,282	ブ 268,332	フ 169,359	ペ51,772　米47,970 タイ33,736　ベ21,050	
2003 (平15)	1,915,030	韓・朝 613,791 (471,756)	中 462,396	ブ 274,700	フ 185,237	ペ53,649　米47,836 タイ34,825　インドネシア21,671 ベ23,853	
2004	1,973,747	韓・朝 607,419 (461,460)	中 487,570	ブ 286,557	フ 199,394	ペ55,750　米48,844 タイ36,347　ベ26,018 インドネシア22,862	
2005	2,011,555	韓・朝 598,687 (447,805)	中 519,561	ブ 302,080	フ 187,261	ペ57,728　米49,390 タイ37,703　ベ28,932 インドネシア23,890	
2006	2,084,919	韓・朝 598,219 (439,874)	中 560,741	ブ 312,979	フ 193,488	ペ58,721　米51,321	
2007	2,152,973	中 606,889	韓・朝 593,489 (426,207)	ブ 316,967	フ 202,592	ペ59,696　米51,851 タイ41,384　ベ36,860	
2008 (平20)	2,217,426	中 655,377	韓・朝 589,239 (416,309)	ブ 312,582	フ 210,617	ペ59,723　米52,683 タイ42,609　ベ41,136	
2009	2,186,121	中 680,518	韓・朝 578,495 (405,571)	ブ 267,456	フ 211,716	ペ57,464　米52,149 タイ42,686　ベ41,000	
2010	2,134,151	中 687,156	韓・朝 565,989 (395,234)	ブ 230,552	フ 210,181	ペ54,636　米50,667 ベ41,781　タイ41,279 印22,497	
2011	2,078,480	中 674,871	韓・朝 545,397	ブ 210,032	フ 209,373	ペ52,842　米49,815	

（　）内は特別永住者、「韓・朝」は韓国・朝鮮、「中」は中国、「米」は米国、「フ」はフィリピン、「ブ」ブラジル、「ペ」はペルー、「ベ」はベトナム。
2011年統計は、平成24年2月22日入管局報道発表資料より。

（作成：西山慶一）

〔資料3〕 国籍別・在留目的別外国人登録者数

	中国	韓国・朝鮮	ブラジル	フィリピン	ペルー	総数
総数	687,156	565,989	230,552	210,181	54,636	2,134,151
教授	2,349	1,009	35	76	10	8,050
芸術	108	46	13	2		480
宗教	129	1,011	112	225	8	4,232
報道	12	54	4	1		248
投資経営	3,300	2,723	28	43	5	10,908
法律会計業務	6	6	0	0		178
医療	187	23	0	0		265
研究	894	232	14	42		2,266
教育	101	90	8	159	8	10,012
技術	25,105	7,050	47	1,968	10	46,592
人文知識国際業務	34,433	9,233	82	940	14	68,467
企業内転勤	6,238	2,079	73	777	1	16,140
興行	671	374	159	6,319	2	9,247
技能	16,350	1,510	65	283	18	30,142
技能実習(*) (1号イ)	1,553	5	0	301		2,707
技能実習(*) (1号ロ)	37,788	0	0	2,472	8	47,716
技能実習(*) (2号イ)	1,142	0	0	217		1,848
技能実習(*) (2号ロ)	37,841	0	0	2,610	5	47,737
文化活動	902	335	9	19	1	2,637
短期滞在	6,036	3,386	510	5,326	1,367	29,093
留学	134,483	27,066	377	713	111	201,511
研修	5,602	82	68	730	15	9,343
家族滞在	59,567	18,026	368	2,197	38	118,865
特定活動	44,328	5,820	121	5,291	172	72,374
永住者	169,484	58,082	117,760	92,754	32,416	565,089
日本人の配偶者等	53,697	19,761	30,003	41,255	3,423	196,248
永住者の配偶者等	7,415	2,574	1,979	2,899	1,267	20,251
定住者	32,048	8,374	77,359	37,870	14,849	194,602
特別永住者(**)	2,688	395,234	20	45	4	399,106
未取得者	1,929	1,074	1,309	2,358	738	9,874
一時庇護						30
その他	800	730	31	2,289	146	7,893
無国籍						1,234

* 2010年7月1日新設　** 入管特例法
平成23年版外国人登録統計を基に作成　　　　　　　　（作成：西山慶一）

参考資料

〔資料4〕 不動産登記先例通達（渉外登記関係）

(1) 登記申請書・登記簿（登記記録）の表記
① 昭和23年9月16日民事甲第3008号民事局長回答
朝鮮人を含む外国人の不動産登記取扱方に関する件

　左記事項につき聊か疑義相生じ目下差しかかった事件もありますので至急何分の御回示相成る様お願い致します。
　　　　　記
一、朝鮮人を含む外国人の不動産に関する登記の申請書にはすべて国籍を記載せしめるのでしょうか
二、国籍を記載せしめるとすれば国籍証明書又は外国人登録証明書の写を申請書に添付させるのでしょうか、又は申請人の申述べにより記載せしめるのでしょうか
三、もし申請書に国籍を記載せしめるものとすれば統計上必要なものか右につき在日本朝鮮人連盟よりの問合もあるのでお伺い致します。
（回答）
　昭和22年10月7日附日記第772号で問合のあった朝鮮人を含む外国人の不動産登記取扱方については、次のように考える右回答する。
　　　　　記
一、朝鮮人を含む外国人が不動産に関する登記を申請する場合には、申請書にその国籍を記載せしめるよう取り扱うのを相当とする。但し、登記簿にはその記載は要しない。
二、国籍証明書又は外国人登録証明書の写の添附は要しない。
三、必ずしも統計上必要なものではないが、連合国財産の保全に関する件（昭和20年9月26日大蔵省令第80号）及び特定国財産等の保全に関する件（昭和20年9月20日大蔵省令第78号）等との関係もあるからである。

② 昭和25年11月21日民事甲第3026号民事局長回答並びに通達
船舶登記事務取扱方について

　標記の件について、今般別紙甲号の通り福岡法務局長から問合せがあったので、別紙乙号の通り回答したから、この旨貴管下登記官吏に周知方然るべく取り計らわれたい。
（別紙甲号）
　船舶の名称を「ＣＰ８」の如く英文字を使用して付したものの登記は日本文字に引直すことなくその儘を記載すべきであると考えるけれども聊か疑義があるので御意見を伺います。
　なお、右はさしかかった事件があるので電信にて御回示を願います。
（別紙乙号）
　昭和25年9月28日附総第6007号で、船舶の名称として「ＣＰ８」という文字を用いたものの登記の記載方について問合せがあったが、登記の記載については、外国文字であっても、わが国において一般に慣用されているものを、外国語を現わすためでなく用いること

258

[資料4] 不動産登記先例通達（渉外登記関係）

はさしつかえない。従って本件の場合には、これをかな文字又は漢字に引き直すことなく、そのまま登記簿に記載してさしつかえないものと考える。

③　昭和35年4月2日付民事甲第288号民事局長認可（昭和34年10月15日決議）（抄）
　　京都地方法務局管内登記官吏会同決議

（不動産登記事務）

五、朝鮮人「甲」がその通称である日本名「乙」で登記されていることを、たまたま所持の外国人登録証明書によって発見したが、印鑑証明書も通称名「乙」で発行されている場合売買による所有権移転登記申請は受理してさしつかえないと考えるが如何。もし受理不可とすれば却下の適條につき疑義あり。

決　意見のとおり。

④　昭和36年9月26日付民事甲第2462号民事局長指示
　　福岡法務局管内登記官吏会同決議

38　不動産登記名義人韓国人が帰化により日本名に氏名変更するとき登記原因日附は帰化告示の日、又は届出の日いずれを記載するか。

決　届出の日を記載する。

⑤　昭和37年8月9日付民事甲第2234号民事局長一部変更認可
　　熊本地方法務局管内登記、台帳事務打合会決議

11　同一人外国（韓国）人が他人名義に偽名して外国人登録をし、後年外国人登録を真実な氏名に訂正された場合、右の偽名により登録されている登記名義人の表示を変更するにはどんな書面を必要とし、なお名義人変更とすべきか、或は更正とすべきか如何（市役所から同一人証明書はとれるということである。）。

決　除権判決を得て、その登記を抹消し、新たに取得の登記をすべきである。

民事局長指示　登記簿上の名義人と現在の外国人登録証明書に記載されている者との同一性を証明できる書面の提出があるときは、登記名義人の更正の登記をしてさしつかえない。同一性を証明できないときは決議のとおり。

登記されている本国における氏名を、日本において使用している通称名に更正登記することの可否

問　外国人（韓国人）が本国における氏名で所有権取得の登記を経由した後、日本における通称名に更正する所有権登記名義人表示更正の登記は、申請することができるでしょうか。

答　外国人登録済証明書等の添付によってその同一性が確認できる場合であれば、便宜、申請することができるものと考えます。

⑥　昭和38年9月25日付民三発第666号民事局第三課長回答
　　外国人（朝鮮人）が登記名義人となる登記について

外国人（朝鮮人）が日本において使用している通称名をもって登記がなされている場合、これを外国人氏名に更正を必要としない旨の決議（昭和34年10月15日京都地方法務局管内登記官吏合同決議……民事局長認可）がなされておりますところ、今回外国人（朝鮮人）

259

参考資料

名義に登記をするに当り、外国人登録済証明書に（誰々）こと誰々と、本国における氏名と日本において使用している氏名とが併記されているときには、本国の氏名をもって表示するのが相当と思いますが、強いて日本において使用している氏名を用い登記の申請があった場合には、前記決議がなされていることでもあり、受理して差支えないとも考えますが、いささか疑義があり、目下差しかかった事件がありますので、至急何分の御教示を賜わりたくお伺いいたします。

　なお、講和条約発効前より永住している者（当時日本において使用している氏名を用い、既に他の不動産につき登記されている者、また、されたことのある者も含む。）と発効後日本に在留する者とを区別して考える要はないと思いますが、併せて御教示願います。
（回答）
　本年8月30日付札総第472号をもって問合せのあった標記の件については、前段、後段とも貴見のとおりと考える。

⑦　昭和40年11月6日付民事甲第3182号民事局長回答
　　通称名による抵当権設定の登記の申請について

【要旨】　朝鮮人を登記義務者とする抵当権設定登記の申請書に添付された印鑑証明書記載の氏名が登記名義人の表示と異っている場合においても、外国人登録済証明書等の記載から、両者が本国名と通称名の関係にあることが判断できる場合には、登記の申請は受理してさしつかえない。

　標記の件につき別紙のとおり東京司法書士会長より照会があり、当職としても外国人登録済証明書又は出先官庁の証明書の添付があれば受理されるべきものと考えますが、いささか疑義もありますので何分の御垂示を賜わりたくご照会いたします。

通称名による抵当権設定の登記の申請について
記
　通称名をもって登記した所有権者甲（朝鮮人）が、抵当権設定登記をなすに当り添付する印鑑証明書には本名甲とのみあり通称名の記載がないため、登記手続上その同一人であることが確認しえないことになりますが、かかる場合においても、外国人が通称名を用いて登記の申請があった場合受理して差し支えないとの昭和38年9月25日付民事三発第666号民事局第三課長回答もありますので、外国人登録済証明書を添付する等により、その同一性が担保しえるときは、しいて所有権登記名義人の表示の更正登記を要しないと思料いたしますが、なお疑義もありますのでご指示を願います。
（回答）
　昭和40年10月20日付日司連総発第45号をもって問合せのあった標記の件については貴見のとおりと考えます。

⑧　昭和41年5月13日付民三発第191号民事局第三課長通知
　　申請書に記載する外国法人の住所について

【要旨】　外国法人の日本支店が本邦所在の不動産に関する権利を取得し、その登記を申請する場合、申請書に記載する法人の住所は、本店及び日本における営業所の所在地

〔資料４〕　不動産登記先例通達（渉外登記関係）

を表示する。
　標記の件について、別紙甲号のとおりアメリカン・インターナショナルアンダーライダース・ジャパン・インコーポレーテッドから照会があり、別紙乙号のとおり回答したから貴管下登記官へ周知されたく通知します。
(甲号)
　外国法人が日本支店によって本邦所在の不動産を取得した場合における登記の申請書に記載する法人の住所は、日本支店もしくは本店及び日本支店の所在地を記載すべきものと考えますが、貴職の御意見を伺いたく照会いたします。
(乙号)
　昭和41年２月16日付書面をもって照会のあった標記の件については、本店の所在地のほか、便宜日本における営業所（支店）の所在地を併記してさしつかえないものと考えます。

⑨　平成14年10月29日付民二第2551号民事局民事第二課長依命通知（抄）
　　登記名義人等の商号中にローマ字等が用いられている場合における不動産登記事務の取扱いについて

(依命通知)　商業登記規則等の一部を改正する省令（平成14年法務省令第47号）及び商業登記規則第51条の２第１項の規定に基づき商号の登記に用いることができる符号に関する件（平成14年法務省告示第315号）が本年11月１日から施行されることに伴い、ローマ字その他の符号で上記告示により指定されたもの（以下「ローマ字等」という。）を商号の登記に用いることができることとなりますので、登記名義人、債務者等（以下「登記名義人等」という。）の商号中にローマ字等が用いられている場合における不動産登記事務の取扱いについては、下記の点に留意するよう、貴管下登記官に周知方取り計らい願います。
　なお、本通知は、登記名義人等が外国人又は外国法人である場合、登記名義人等の住所が外国である場合等についての従来の取扱いを変更するものではありませんので、念のため申し添えます。

記

別紙
一　申請書等の記載例
　(1)　原則
　　権利者　甲市乙町何番何号
　　　　　　株式会社Ｂｏｂ＆Ｊｏｂ，ｓＡ・Ｃ'Ｄ・Ｃ－21．ｎｅｔ
　(2)　許容
　　権利者　甲市乙町何番何号
　　　　　　株式会社Ｂｏｂ＆Ｊｏｂ'ｓＡ・Ｃ，Ｄ・Ｃ－21．ｎｅｔ

(2)　代理権限証書
　①　昭和30年２月３日付民事甲第227号民事局長回答
(照会)　伯国在住の日本人が本国に於いて遺産分割による所有権移転登記を申請するに当

261

参考資料

り別紙写(原本は本局に保管す)の通り伯国公証人に依頼して委任状を作成した処
　伯国公証人は原文で作成して、其の原文委任状の謄本を交付したところ更に公証翻訳人の日本語訳文が付され、この公証翻訳人の署名の真正なることを、在サンパウロ日本国総領事が証明したものでありますが、この委任状謄本の委任事項よりして前記該登記の申請を受理して差し支えないようにも考えますが、疑義もありますので何分の御指示を願度稟伺致します。
(別紙)　省略
(回答)　当該委任状を不動産登記法第35条第1項第5号の代理権限を証する書面として提出したときは、その登記の申請を受理してさしつかえない。
　② 昭和33年8月27日付民事甲第1738号民事局長心得通達
〔要旨〕　アメリカ合衆国在住の日本人が登記義務者として登記を申請する場合において、登記義務者本人が署名した委任状のほか、アメリカ合衆国公証人の面前において右の者が行った自己の署名に関する宣誓口述書が添付されているときには、登記官において、右の委任状及び宣誓口述書の署名につき、その同一性を確認しうる限り、当該登記の申請は受理してよい。
(照会)　アメリカ合衆国人と婚姻し、現にアメリカに居住し、その市民権を得ている(日本国籍はまだ離脱していない)者が、登記義務者として所有権移転登記を代理人によって申請する場合、申請書に、本人が署名した委任状を添付し、右の署名は本人の署名であり、かつ、自己の面前において宣誓した旨の現地公証人の証明を得ておれば、領事その他日本の出先機関の同様の証明又は委任状における押印ないしその印鑑の証明がなくても、当該登記の申請は、受理されるものと思料いたしますが、いかがでしょうか。
(回答)　御申越のごとく、申請書に、登記義務者本人が署名した委任状のほか、アメリカ合衆国の公証人(notarypublic)の面前において右の者が行った自己の署名に関する宣誓口述を証する書面(affidavit, 当該公証人の証明に係るもの)が添付されている場合には、登記官吏において、右の委任状及び宣誓口述書における署名につき、その同一性を確認し得る限り(ただし、委任状(Powerofafforney)自体に、直接公証人において、その委任事項及び署名の真正である旨を証明し、その認証のための印章(seal)が押捺されているものについては、同一性確認の問題は生じない。)、所問の登記申請について適用されるべき不動産登記法第35条第1項第5号及び同法施行細則第42条第1項の規定の要件は充たされたものとして、貴見のとおり、取り扱ってさしつかえないものと考えます。なお、右の書面をはじめ、外国文字をもって表示された書面については、その訳文を記載した書面をも添付するのが相当であるから、念のため申し添えます。
　③ 昭和35年9月20日付民三発第835号民事局第三課長事務代理回答
　外国人が登記権利者又は登記義務者としての所有権移転登記申請書に添付する住所を証する書面若しくは申請書又は委任状に署名した署名が本人のものであることの証明は、本国の官公署又は在日公館の作成にかかる証明書を提出するのが通例でありますところ在日アメリカ合衆国軍隊の軍人、軍属又はその家族が、居住用の土地、建物に関して登記権利

〔資料4〕 不動産登記先例通達（渉外登記関係）

者又は登記義務者としての所有権移転登記申請書に添付する前記証明書については、その軍人、軍属又はその家族が所属する軍当局の長（基地の軍司令官など）の地位にある者の作成にかかる証明書であっても受理してさしつかえないものと考えますが、いかがでしょうか、さしかかった事案がありますので、電信をもって御指示を得たくお伺いいたします。
（回答）
　8月4日付登不日記第202号で問合せの件は、いずれも貴見のとおり取り扱ってさしつかえないものと考える。

④　**昭和37年11月27日付民事甲第3429号民事局長回答**
（照会）　米国に本店を有する会社が日本に所有する不動産を他の会社に現物出資をなし、その所有権移転登記の申請をなすについて、所有権移転登記申請の代理に関する委任状を米国において右会社の社長が作成し、その委任状にニューヨーク州公証人が、委任者は同会社の社長であること、及びその署名が真正である旨を証明のうえ署名し、別紙にその署名について同州裁判所書記並びに在ニューヨーク日本国総領事が真正なものであることの証明をなしている。
　右の資格証明書を兼ねた委任状を添付し登記の申請がありましたが、左記のとおり疑義があり急を要しますので、至急電信にて何分の御指示をお願いします。
記
　委任状になした社長であることの公証人の証明は不動産登記法第35条第1項第5号にいう代理権限を証する書面としてさしつかえないが、米国法人といえども、日本国所在の不動産について、登記の申請をするについては、不動産登記法施行細則第44条の4の規定の適用があると解されるので、その社長であることの証明を公証人がなした場合でも、「官庁又は公署の作成に係るもの」として作成後3箇月を経過している場合は、その登記申請は受理しないのが相当ではないかと考えられるが、受理してさしつかえないとの意見もある。
（回答）　当該登記申請を受理してさしつかえないものと考える。

⑤　**昭和40年6月18日付民事甲第1096号民事局長回答（抄）**
【要旨】
一　所有権の登記名義人である在米日本人或いはアメリカ人が、登記義務者として登記を申請するにつき、申請書に添付されている委任状の署名が本人のものに相違ない旨のアメリカ合衆国公証人の証明である場合には、印鑑証明書の添付を便宜省略してさしつかえない。
二　外国文字をもって表示されている委任状の翻訳文は、登記申請代理人の作成したものでもさしつかえない。
三　在米日本人またはアメリカ人の住所を証する書面として、アメリカ合衆国公証人の証明にかかるものを提出するときは、便宜受理してさしつかえない。

⑥　**昭和45年9月登記研究274号71頁「質疑応答」**
問　昭和19年にスウェーデン人と婚姻して日本国籍を喪失し、昭和39年にアメリカ合衆国ニューヨーク州に住所を移転した所有権の登記名義人が、登記義務者として登記の申請を

263

参考資料

なす場合において、本人の委任状に母印を押し、本人の母印に相違ない旨在ニューヨーク日本総領事官の証明がなされているのですが、当該委任状の提出をもって昭和34年11月24日付民事甲第2542号民事局長通達にいう「当該外国官憲の証明書」の提出を省略することはできませんか。

答　省略できないものと考えます。

⑦　昭和54年6月29日民三第3584号民事局第3課長回答

(照会)（原文横書）ブラジル連邦共和国に在留する邦人が、本邦の登記所に(1)相続分不存在の証明書、(2)委任状、(3)所有権移転登記の嘱託承諾書、(4)遺産分割協議書及び(5)住所地に関する本人の宣誓書を提出する際、従来最寄りのわが国在外公館（日本国大使館又は総領事館等）へ出頭のうえ本人の署名証明の発給を受けていますが、その居住地が公館より遠隔の地にあったり、老齢、病気等の理由で容易に公館に出頭出来ない人もいるため、今般在ブラジル日本大使館に対し同国公証人制度につき調査を指示した結果、同国は公証人に関する統一的法律はないが各州がそれぞれ独自の法律を制定している旨報告越すとともに、その代表的州の関係法規（別添写）を送付越しました。つきましては右写を一部送付しますので貴省において下記につき御検討頂きたく結果回報願います。

記

1　前記5つの書類につき伯国の公証人によりなされた本人の署名証明をもってわが国在外公館の署名証明に代えることは差しつかえないか。
2　上記の原文書は外国語により作成したものでよいと考えるがいかん。
3　本人の署名は日常使用するローマ字綴りの署名、又は日本文字およびローマ字による署名の併記したものでもさしつかえないと考えるがいかん。

（回答）左記のとおり回答します。

記

第1項　　　差し支えない。
第2、3項　　貴見のとおり。

(3)　翻訳文

①　昭和26年7月26日 J・O・A・N 第822号外務大臣あて紐育、日本政府在外事務所通知（抄）

⒆　抵当権実行のために裁判所に提出する書類及び抵当権の登記を受けるため登記所に提出する書類は、すべて日本語によるものでなければならない。なお、提出すべき契約書等の原本が英語で作成されている場合には、その原本と共に日本語に翻訳した書面を提出すべきであるが、その日本語訳が正確な翻訳である旨の証明書は提出する必要がない。

②　昭和26年12月7日付民事甲第2339号法務総裁官房長事務代理回答（抄） 日本船舶を担保とする借款に関する件

在ニューヨーク日本政府在外事務所長より別添7月26日付第822号の来信があったから送付する。なお、本件質疑中貴府所管事項調査の上結果を当省に御通知願いたい。

〔資料4〕 不動産登記先例通達（渉外登記関係）

（別紙）
⑲　船舶抵当権は英語で実行することができ又登記し得るか、英語で実行し得る場合、その日本語えの公定訳が唯一の登記書類であるとすれば、翻訳官、登記官又は公証人はケミカル・バンク・アンド・トラスト・コンパニーに対し登記された日本訳への翻訳文は英語の原本の正確な翻訳であることを証明する公の証明書を交付することができるか。
（回答）　昭和26年8月14日附経三第349号で照会のあった標記の件に関する質疑については次のように考える。
⑲　抵当権実行のために裁判所に提出する書類及び抵当権の登記を受けるため登記所に提出する書類は、すべて日本語によるものでなければならない。なお、提出すべき契約書等の原本が英語で作成されている場合には、その原本と共に日本語に翻訳した書面を提出すべきであるが、その日本語訳が正確な翻訳である旨の証明書は提出する必要がない。

(4)　住所証明書
①　昭和32年3月27日付民事甲第598号民事局長通達（抄）
　　不動産登記法施行細則の一部を改正する省令について
　本月20日付法務省令第11号をもって不動産登記法施行細則の一部を改正する省令（以下「改正省令」という。）が公布され、4月1日から施行されることになったが、右の改正による登記事務の取扱方について注意すべき点は、左記のとおりであるから、この旨貴管下登記官吏に周知方取り計われたい。
記
四　所有権の登記の登記権利者の住所証明書の提出
　　所有権の保存又は移転の登記を申請（又は嘱託）する場合には、虚無人名義にする登記を防止するため、申請書に掲げた登記権利者の住所を証する書面の提出を要するものとされたのであるが（不動産登記法施行細則第41條ノ2等参照）、右の書面としては、右の登記権利者が私人の場合には、住民票抄本等であり、会社等の法人の場合には、登記簿抄本等である。なお、登記権利者が会社等の法人の場合には、不動産登記法第35條第1項第5号の規定による代表権限を証する書面としての登記簿の謄本又は抄本をもって右の住所証明書を兼ねさせることは、もちろんさしつかえない。
②　昭和35年3月登記研究第148号50頁「質疑応答」
問　外国人が外国人登録証明書をもって、不登法施行細則第41条の2の住所を証する書面とする場合、右証明書に外国人の住所の記入がないか、又は県、郡、村、町及び大字まで記載があり地番の記載がないか、大字名が通称名で記載されている等の不備があるときは如何にすべきでしょうか。
答　外国人登録そのものに誤りがあるのであれば、訂正手続をした上登記の申請をすべきであるが、細則第41条の2の法意は、架空名義人の登記を防止する趣旨と解されるので証明書に多少の不備があっても、申請人の居住の事実が証明されるものであれば、便宜受理してさしつかえないものと考えます。

参考資料

③ 昭和35年9月20日付民事三発第835号民事局第三課長事務代理回答

　外国人が登記権利者又は登記義務者としての所有権移転登記申請書に添付する住所を証する書面若しくは申請書又は委任状に署名した署名が本人のものであることの証明は、本国の官公署又は在日公館の作成にかかる証明書を提出するのが通例でありますところ在日アメリカ合衆国軍隊の軍人、軍属又はその家族が、居住用の土地、建物に関して登記権利者又は登記義務者としての所有権移転登記申請書に添付する前記証明書については、その軍人、軍属又はその家族が所属する軍当局の長（基地の軍司令官など）の地位にある者の作成にかかる証明書であっても受理してさしつかえないものと考えますが、いかがでしょうか、さしかかった事案がありますので、電信をもって御指示を得たくお伺いいたします。
（回答）
　8月4日付登付日記第202号で問合せの件は、いずれも貴見のとおり取り扱ってさしつかえないものと考える。

④ 昭和43年11月26日大阪法務局市内出張所事務連絡協議会決議

問　外国人の住所を証する書面として、印鑑証明書を添付して所有権移転の登記申請があった場合受理できないと考えるがどうか。
　参照　昭24、3、15政令第51号外国人の財産取得に関する政令。
決議　受理する。

⑤ 昭和61年4月登記研究457号117頁「質疑応答」

問　日本にある不動産の所有者が韓国人で相続が開始し、その相続人が韓国に在住している場合、韓国の面長発行の住民登録証明書及びその訳文を相続登記における住所証明書として取り扱って差し支えないと考えますが、いかがでしょうか。（京都K・C生）
答　ご意見のとおりと考えます。

(5) 印鑑証明書

① 昭和25年2月15日付民事甲第432号民事局長回答
　　外国人が不動産に関する登記を申請する場合における印鑑証明書又はこれに代るべき書面の提出方について

　外国人が自己所有の不動産を売り渡しその所有権移転の登記をする場合に印鑑証明書の代わりに市町村長が本人のサインに相違なき旨の証明をしたサイン入り証明書を提出したときは、これを印鑑証明書として取扱って差支ないか。目下差しかかりたる事件がありますから電報回答願います。
（回答）　客月30日電報問合せのあった標記の件については、貴見の通り取り扱ってさしつかえない。右回答する。なお、外国人については、明治32年法律第50号（外国人の署名捺印及無資力証明に関する法律）第1条の規定にかんがみ、不動産登記法施行細則第25条（現行42条）の規定の適用はないものと考えるので、照会のような証明書を提出しなかった場合でも、その登記を受理すべきものであるから、念のため申し添える。

② 昭和27年7月12日付民事甲第1003号民事局長通達

〔資料 4〕 不動産登記先例通達（渉外登記関係）

不動産登記事務取扱について

標記の件について、今般別紙甲号の通り名古屋法務局長から問合せがあったので、別紙乙号の通り回答したから、この旨貴管下登記官吏に周知方しかるべく取り計われたい。
（別紙甲号）
左記問題につき取扱上いささか疑義がありますから何分御指示下さいますよう差迫った事件がありますのでお伺いします。

記

7月1日より外国人については市町村において印鑑証明書が交付されないようであるが、韓国人所有の不動産を処分する場合は如何なる方法により取扱うべきや。
（別紙乙号）
本月4日附日記民政第2020号をもって問合せのあった標記の件については、明治32年法律第50号（外国人の署名捺印及無資力証明に関する法律）第1条の規定にかんがみ不動産登記法施行細則第42条の規定の適用はないものと考える。しかし、韓国人であるか否かは、その氏名により判断することはできないので、かかる者が登記の申請をする場合には、外国人登録証明書を提示させ、又は韓国人である旨の大韓民国駐日代表団等の証明書を添付させるのを相当と考える。

③　昭和29年9月14日付民事甲第1868号民事局長回答

（照会）登記すべき権利は目的物の所在地法によるから在サンパウロの日本人が本国に所有する不動産の売買による所有権移転登記を申請するには不動産登記法施行細則第42条により本籍地市町村長又は居住地サンパウロ日本領事の証明を得たる印鑑を提出すべきものと考えますが今般当管内の出張所に別紙写書の通りサンパウロ総領事館より「印鑑証明を取り扱はない」旨、回答がありましたので印鑑証明書に代えて「本人の自署であること並に本人の拇印に相違ない」旨の領事の証明ある書面を以て前述の登記申請あった場合、之を受理してさしつかえないでしょうか、疑義がありますので至急何分の御指示を願います。

参照　法例第10条、日本政府在外事務所設置法第3条
　　　（昭和9、9　登記学会決議）
　　　（別紙）省略
（回答）当該登記申請を受理してさしつかえない。

④　昭和30年9月15日付民事甲第1958号民事局長回答

（照会）遺産分割協議書を添付して相続による所有権移転登記を申請するに当り、其の遺産分割協議者の内、1人が日本国に本籍を有し、伯国に在住する日本人である処、同地の総領事館では印鑑証明書の事務を取り扱っていないので、之に換えて別紙写の通り在留証明書を添付し右在留証明書中の同人の拇印と遺産分割協議書中の同人の拇印とが同一と認められた場合、前記の所有権移転登記申請は之を受理して差支えないものと思考しますが左記の先例によって疑義がありますので何分の御指示を願います。

記

参考資料

1、昭和29年9月14日民事甲第1868号民事局長回答
1、日本政府在外事務所設置法第3条
1、昭和27年3月31日政令第74号、領事館の徴収する手数料に関する政令第1条第11号、在留証明、第17号、署名証明
（別紙）　省略
（回答）　照会に係る登記申請の場合に限り、貴見のとおりその申請を受理してさしつかえない。

⑤　**昭和31年1月登記研究98号45頁「質疑応答」**
　外国在留日本人が登記申請する場合には、不動産登記法施行細則第42条第1項の適用はないと解してよいか。（参照昭和29年9月14日民甲第1868号民事局長回答）（和歌山研修生）
答　適用があるが、領事館等で証明されたものを提出するのが相当である。

⑥　**昭和32年9月6日付民事甲第1703号民事局長電報回答**
　　登記義務者たる外国人が印鑑証明書を提出する場合における外国人登録証明書の提出の要否について
　外国人（中国人）が登記義務者として印鑑証明書のみ提出し、外国人登録証明書の提出をしなかった場合は却下すべきか。反対説もあり差掛った事件がありますので電信にて何分の御指示を願います。
（回答）　客月30日付電照の件、所問の場合には、外国人登録証明書の提出を要しない。

⑦　**昭和33年2月登記研究123号43頁「質疑応答」**
問　市長において外国人の印鑑を登録し、その印鑑証明書を登記の申請書に添付して登記の申請があった場合、その印鑑証明書は、不動産登記法施行細則第42条第1項の規定による印鑑証明書として取り扱ってよいか。また、サインを要求すべきか。　　　（島根ＴＹ生）
答　前段御意見のとおり取り扱ってさしつかえなく、この場合にはサインの証明を要しない。なお、昭和32年9月6日民事甲第1703号民事局長回答（本誌119号21頁）を参照されたい。

⑧　**昭和33年8月27日付民事甲第1738号民事局長心得通達**
〔要旨〕　アメリカ合衆国在住の日本人が登記義務者として登記を申請する場合において、登記義務者本人が署名した委任状のほか、アメリカ合衆国公証人の面前において右の者が行った自己の署名に関する宣誓口述書が添付されているときには、登記官において、右の委任状及び宣誓口述書の署名につき、その同一性を確認しうる限り、当該登記の申請は受理してよい。
（照会）　アメリカ合衆国人と婚姻し、現にアメリカに居住し、その市民権を得ている（日本国籍はまだ離脱していない）者が、登記義務者として所有権移転登記を代理人によって申請する場合、申請書に、本人が署名した委任状を添付し、右の署名は本人の署名であり、かつ、自己の面前において宣誓した旨の現地公証人の証明を得ておれば、領事その他日本の出先機関の同様の証明又は委任状における押印ないしその印鑑の証明がなくても、当該登記の申請は、受理されるものと思料いたしますが、いかがでしょうか。

〔資料4〕 不動産登記先例通達（渉外登記関係）

（回答）　御申越のごとく、申請書に、登記義務者本人が署名した委任状のほか、アメリカ合衆国の公証人（notary public）の面前において右の者が行った自己の署名に関する宣誓口述を証する書面（affidavit, 当該公証人の証明に係るもの）が添付されている場合には、登記官吏において、右の委任状及び宣誓口述書における署名につき、その同一性を確認し得る限り（ただし、委任状（Power of attorney）自体に、直接公証人において、その委任事項及び署名の真正である旨を証明し、その認証のための印章（seal）が押捺されているものについては、同一性確認の問題は生じない。）、所問の登記申請について適用されるべき不動産登記法第35条第1項第5号及び同法施行細則第42条第1項の規定の要件は充たされたものとして、貴見のとおり、取り扱ってさしつかえないものと考えます。なお、右の書面をはじめ、外国文字をもって表示された書面については、その訳文を記載した書面をも添付するのが相当であるから、念のため申し添えます。

⑨　昭和34年11月24日付民事甲第2542号民事局長通達

（照会）　所有権の登記名義人たる外国人が登記義務者として登記の申請をなす場合においては、外国人については印鑑制度が存しないので、不動産登記法施行細則第42条の規定を適用する余地がなく、従って、印鑑証明書の提出を必要としないのでありますが、同条が真正なる登記申請を保持せしめるための規定であることは、登記義務者が外国人である場合であっても、何等その趣旨を異にする理由も存しないものと解せられますので、この場合においては、印鑑証明書の提出に代えて申請書または委任状の署名が本人のものであることの、当該外国官憲（在日公館、本国の官公署等）の証明書を提出せしめるのが相当ではないかと考えますが、いささか疑義がありますので、何分の御垂示を仰ぎたくお伺いいたします。

（回答）　貴見のとおりと考える。

⑩　昭和35年2月登記研究第147号47頁「質疑応答」

問　昭和34年11月24日附民事甲第2542号通達の事案において、外国人が居住地市町村長発行の印鑑証明書を提出したときは、同人のサイン（署名）については証明を要しないと思うが如何（昭和32年9月6日民甲第1703号回答参照）。

答　貴見のとおりと考えます。

⑪　昭和35年4月2日付民事甲第787号民事局長回答
　　登記義務者である外国人の印鑑証明書添付にかかる登記取扱方について

　外国人については、不動産登記法施行細則第42條の規定が適用されないことから所有権の登記名義人たる外国人が登記義務者として登記の申請をなす場合の当該登記申請の真正を保持せしめるため、本年11月24日法務省民事甲第2542号貴職通達により今後は外国人について署名証明書の提出を要することになりましたところ、たまたま、印鑑を使用している外国人が申請書または委任状等に記名（又は署名）捺印の上日本における居住地市区町村長の印鑑証明書を添付して登記の申請があった場合、これを考察するに、外国人の印鑑証明書と雖も日本人に対すると同様に信憑性がありますので、当該登記申請の真正を保持する趣旨からすれば、必ずしも前記通達による署名証明書の提出がなくとも受理するのが

269

参考資料

相当と考えますが、いささか疑義がありますので、何分の御垂示を仰ぎたくお伺いいたします。
（回答）
　昭和34年12月25日付庶日記第1752号で問合せのあった標記の件については、貴見のとおりと考える。

⑫　**昭和36年1月16日付民事甲第109号民事局長回答**
（照会）　1、外国（北米カリフォルニア州）に住所を有する日本人が登記義務者として、所有権移転登記を申請する場合、不動産登記法施行細則第42条の規定により印鑑証明書を提出すべきものと考えますが、前記印鑑証明書に代え、委任状の末尾に「印なきに付拇印す」と記され、「右は本人の署名拇印であることを証明する。」旨、在ロスアンゼルス日本国総領事が証明したものをもって、前記登記の申請があった場合、左記先例もあり、受理さしつかえないものと思われますが、いかがでしょうか。
2、前項受理さしつかえないとすれば、保証書を添附し登記の申請があり、不動産登記法第44条の2第1項の通知を発したるところ、期間内に同条第2項の登記申請の間違いなきことの書面に署名拇印にて返送された場合、同人の拇印であるか、どうかを登記官吏がこれを対照することは不可能でありますが、申請書に記載された登記義務者の住所宛郵送し、本人に到達したことは形式的に判断され、また、本人の署名は前項の委任状と同一と認められた場合、これを受理してさしつかえないものと思考しますが、何分の御指示を賜りたく、お伺いいたします。

　　　　　　　　　　　記
昭和29年9月14日付民事甲第1868号民事局長回答
（回答）　第1項、第2項とも貴見のとおりと考える。

⑬　**昭和48年4月10日付民三第2999号民事局第三課長事務代理回答**
（照会）　昭和46年7月24日付往信領領第298号に関し、次のとおり照会事項を補正しますので回答方よろしくお取り計らい下さい。
1　オーストラリア国に在留する邦人が、本邦の登記所に提出する民法第903条の規定に基づく相続分不存在の証明書に署名し、本人の署名に相違ない旨の証明を受ける場合、従来最寄りの日本国総領事館により証明を受けているが、その居住地が同総領事館より遠隔の地にあるときは、オーストラリア国の法律（別紙1参照）に基づく同国の公証人または JusticeofPeace により Statutorydeclaration（別紙2）の形式によりなされた本人の署名証明をもってこれに代えることは差しつかえないか。
2　所有権移転登記の嘱託承諾書についても同様と考えてよいか。
3　上記1および2の原文書は外国語により作成したものでもよいか。
4　本人の署名は日本文字の署名および、ローマ字による署名の併記したものでもさしつかえないか。
（別紙1）（省略）
（回答）　客月11月15日付領領第439号をもって問合せのありました標記の件については、

270

[資料4] 不動産登記先例通達（渉外登記関係）

いずれも意見のとおりと考えます。

　なお、問合せにおいて引用されているオーストラリア国の法律に基づいて作成される書面（問合文別添２）中、その(2)の欄に、被相続人何某から遺贈または贈与を受けたことにより、当該被相続人の死亡による相続については相続分を受けることができない旨または不動産を特定し、当該不動産について何某への所有権移転登記を承諾する旨記載されているものであれば、それのみで、特別受益証明書又は所有権移転登記嘱託における承諾書として取り扱うことができるので、念のため申し添えます。

（昭和51年11月登記研究第348号85頁）

⑭　**昭和40年６月18日付民事甲第1096号民事局長回答（抄）**
　　米国に住所を有する者が登記を申請する場合の不動産登記法第43条の規定による書面等について

【要旨】
一　所有権の登記名義人である在米日本人或いはアメリカ人が、登記義務者として登記を申請するにつき、申請書に添付されている委任状の署名が本人のものに相違ない旨のアメリカ合衆国公証人の証明である場合には、印鑑証明書の添付を便宜省略してさしつかえない。
二　外国文字をもって表示されている委任状の翻訳文は、登記申請代理人の作成したものでもさしつかえない。
三　在米日本人またはアメリカ人の住所を証する書面として、アメリカ合衆国公証人の証明にかかるものを提出するときは、便宜受理してさしつかえない。

⑮　**昭和54年６月25日付民三第3545号民事局第三課長回答**

（照会）（原文横書）わが国在外公館は、在留邦人が本邦の不動産登記に関する書類について印鑑証明が必要となった場合、同証明に代り同人の署名及び拇印証明を発給していますが、この証明は総て申請人がこれら関係書類を公館へ持参し担当官の面前で署名し拇印を押捺したうえで申請する事になっています。

　今般在サン・パウロ総領事館へ別添写（１～４）（編注・２以下省略。）のとおり○○○の所有権移転に関する委任状につき同人の署名及び拇印証明の申請がありました。しかし、同総領事館よりは、同人は数年前交通事故により四肢が全く動かず臥床したままであり、拇指の腹部も弾力がなく指紋が鮮明に出ず、介添えで拇印の押印は可能であるが同人が筆を持って署名する事は不可能である（別添写の署名は代筆の由）旨報告越すとともに、この様な場合、昭和29年９月14日付貴省通達民事甲第1868号に鑑み同館の証明は拇印証明のみで足りるか否か照会越しましたので、御検討の上結果至急回答下さるようお願いします。

別添１　（省略）

（回答）　申請人が署名することが不可能である旨の総領事の付記のあるぼ印の証明書であれば、便宜、不動産登記法施行細則第42条の規定による印鑑証明書に代わるものとして取り扱って差し支えないものと考えます。

⑯　**昭和58年５月18日付民三第3039号民事局第３課長依命回答**

271

参考資料

（照会）　甲は、日本国民であるが、現在メキシコに在住し、日本国内に住居地を有しないものである。このため不動産移転登記をする場合、印鑑証明書の交付を受けることが出来ず、メキシコの日本大使館において、本人の署名捺印である旨の証明をうけるしかない。
　しかし右甲は、日本国に帰省する機会がある。この機会をとらえて不動産の所有権移転登記を済ませたいと考えている。
　① この場合日本国内の公証人が、右甲の委任行為を公証することが出来るか。
　② 右委任の公正証書をもって、不動産所有権移転の登記手続をすることが出来るか。
（回答）　いずれも貴見のとおりと考えます。
　⑰　昭和59年8月6日付民三第3991号民事局第三課長回答
（照会）　外国人がその所有不動産につき登記義務者として登記を申請する場合には、不動産登記法施行細則第42条の規定による印鑑証明書の提出に代えて申請書又は委任状に記載された登記義務者の表示が本人の自署であること（及び本人の拇印に相違ないこと）についての所属国の官憲等の証明を得ることとされておりますが、所属国駐在の日本の大使館等において本人の自署であることの証明を受けた場合にも、その証明を上記印鑑証明書に代わるものとして取り扱って差し支えないものと考えますが、いささか疑義がありますので何分の御指示を賜りたく照会いたします。
（回答）　貴見のとおり取り扱って差し支えないものと考えます。
　≪参照条文≫　細則42条
　⑱　昭和59年8月登記研究第439号130頁「質疑応答」
問　外国人が登記義務者として登記申請する場合は、細則第42条の印鑑証明書に代えて本人の自署について所属国の官公署の証明を得ることとされていますが、当該外国人が元日本人の場合で、所属国駐在の日本の大使館又は領事館が本人の自署であることの証明をした場合は、その証明書をもって印鑑証明書に代えても差し支えないと考えますが、いかがでしょうか。
答　貴見によって差し支えないと考えます。
　⑲　平成10年6月登記研究605号165頁「質疑応答」
問　外国在住の外国人が登記義務者として登記の申請する場合、印鑑登録制度のある国の外国人であっても、印鑑証明書を添付する必要はなく、申請書又は委任状の署名について、その国の官憲又は在日大使館若しくは領事館の署名証明を受ければ、これを添付して登記の申請ができると思いますが、いかがでしょうか。（浜の真知子）
答　ご意見のとおりと考えます。

(6)　保　証
　①　昭和35年4月16日付民事甲第915号民事局長通達（抄）
　　　保証書を提出して登記の申請があった場合の取扱い方について
　標記の件について、別紙甲号のとおり神戸地方法務局長から問合せがあり、別紙乙号のとおり回答したから、この旨貴管下登記官吏に周知方しかるべく取り計らわれたい。

〔資料4〕 不動産登記先例通達（渉外登記関係）

（別紙甲号）
　標記の件に関し左記の疑義が生じましたので、至急に何分の御指示をお願いします。
記
6　登記義務者が外国人で外国に住所を有する場合であっても法第44条の2第2項の規定による申出期間は、これを伸長することができないでしょうか。
　また交通事故、労働闘争等により郵便物の遅配のため、法第44条の2の規定による申出期間を徒過して申出があった場合でも、法第49条第11号の規定によりその登記の申請は却下すべきでしょうか。
（別紙乙号）
　本月5日付日記第2,147号をもって問合せのあった標記の件については、次のように考える。
記
6　前段　伸長することは認められない。
　後段　申出期間の経過をまって却下すべきである。

② 昭和35年6月2日付民事甲第1369号民事局長通達（抄）
　　保証書を添付した登記申請事件の処理について
　標記の件に関し別紙甲号のとおり高知地方法務局長から問合せがあり、別紙乙号のとおり回答したからこの旨貴管下登記官吏に周知方しかるべく取りはからわれたい。
（別紙甲号）
1　外国に在住する日本人が登記義務者となり保証書を提出して登記の申請があった場合においても3週間の通知期間により処理すべきでしょうか。もしそうであれば右の通知は外国書留郵便（航空としないもの）をもって通知すべきでしょうか。
　なお右について差しかかった事件があり些か疑義がありますので至急電信にて御回答願います。
（別紙乙号）
4月20日付電報番号432号で問合せの件、次のように考える。
記
1　前段後段とも貴見のとおり。
　なお、本人が航空郵便の郵送料を納付した場合は、航空郵便による。

③ 昭和35年6月16日付民事甲第1411号民事局長通達
　　外国等遠隔の地にある登記義務者が保証書を添付してする登記申請について
　標記の件について、別紙甲号のとおり東京法務局長から問合せがあり、別紙乙号のとおり回答したので、この旨貴管下登記官吏に周知しかるべく取り計らわれたい。
（別紙甲号）
　登記義務者が外国等遠隔の地に住所を有しているため、不動産登記法第44条の2の規定による申出を3週間内にすることができない場合において、その不動産の管理処分等一切の権限を授権された代理人が存し、かつ、その授権を公正証書等権限ある官憲の作成にか

参考資料

かる証書によって証明できるときは、その代理人が自己あてに同条第1項の規定による通知をしてもらいたい旨の申出があるときに限り、登記所はその代理人に通知をして差し支えないでしょうか。

右は目下差しかかった事件につき、至急何分の御垂示賜りたくお伺いいたします。
(別紙乙号)

本年5月28日付登第118号をもって問合せのあった標記の件は、貴見のとおり取り扱ってさしつかえないものと考える。

④ 昭和35年11月12日付民事甲第2731号民事局長事務代理認可
　登記官吏会同協議問題の決議について

4、登記義務者である外国人に対し、不動産登記法第44条の2の規定による通知をした場合外国人については同法施行細則第42条の適用がないので、不動産登記法第44条の2第2項の規定による申出書にも署名証明書（昭和34年11月24日民事甲第2542号通達）の添付を要するか。

決　要しない。

⑤ 昭和36年2月6日付民事甲第312号民事局長指示
　大津地方法務局管内登記官吏会同決議

4、登記義務者が外国人である場合不登法第44条の2第1項の規定による通知書の回答欄のサインについても本人のサインに相違ないことの官憲の証明を必要とするか。

決　証明は不要

14、日本在住外国人が登記義務者であり不登法第44条の2第1項による通知書の回答欄の署名と、その登記申請書の署名とが同一人のものと判定できないときは登記申請書同様出先官憲の証明書を添付するのが相当と思うが如何。

決　意見のとおり。

⑥ 昭和36年4月24日付民事甲第977号民事局長指示
　大阪法務局管内登記課長会同決議

11、登記義務者である外国人が、法第44条の2第2項の申出をする場合には、昭和34、11、24日付法務省民事甲第2542号通達による証明書を提出しなければならないと考えますが如何でしょうか。（京都）
(問12と併合)

決　要しない。

⑦ 昭和41年11月24日民事三第1129号民事局第3課長電報回答
　外国等遠隔の地にある者が所有する不動産の管理処分等一切の権限を授権された代理人が保証書を提出して登記を申請する場合の取扱いについて

登記義務者が外国に住所を有しているため法第44条の2の規定による申出を3週間内にすることができない場合、その不動産の処分等の一切の権限を授権された代理人が存し、その授権を証明しその代理人が自己あてに同条第1項の通知をされたい旨の上申書があれば登記官はその代理人に通知をしてさしつかえない旨通達されていますが、右代理人が日

[資料4] 不動産登記先例通達（渉外登記関係）

本人の場合は、その上申書に印鑑証明書の添付を要し、かつ、法第44の2第2項の申出書に押した代理人の印鑑と、右上申書の印鑑とは、符合していることを要するものと考えますが、疑義があり目下さしかかった事件がありますので至急電信により御教示を願います。
参照　昭和35、6、16民事甲第1411号
（回答）　本年10月31日付電照の件は、貴見のとおり。

(7)　相続1──「韓国・朝鮮」の場合
　①　**昭和24年7月21日付民事甲第1672号民事局長回答**
　　　登記事務取扱について
　　左記事件につき取扱上疑義がありますので何分の御指示を賜り度御伺い申上げます。
1、朝鮮人男が死亡し、その妻及び子がある場合の相続人は誰とすべきでしょうか。
1、右の場合生前に売り渡した不動産（登記未了）がありますが、所有権移転登記申請書に押印するものは誰ですか、又添附書面は何が必要ですか。
（回答）　昭和24年6月6日附日記登第71号で問合せのあった標記の件については、次のように考える。右回答する。

記

1、相続に関する朝鮮の法令の定めるところによる。但し、その法令の内容は、現在明らかでない。
2、登記義務者は死亡した朝鮮人の相続人である。又この場合申請書に添附すべき不動産登記法第42条の書面は、相続人の身分を証する権限のある朝鮮の官公署の証明書である。
　②　**昭和27年8月28日付民事甲第127号民事局長電報回答**
　　　保存登記の添付書類について
　　未登記建物（家屋台帳は登記済）の所有者である韓国人が死亡したのでその配偶者から相続による所有権保存の登記申請があるがかかる韓国人の所有不動産に対する相続関係の登記は如何に処理するのが相当であるか何分の御指示を仰ぎます。
　　右は差しかかった事件があるので、電信をもって回答を御願いする。
（回答）　本月18日附登1の6日記第695号で問合せのあった件は、申請人である配偶者がその本国法により死亡者の相続人であり、且つ他の相続人がないことを証する大韓民国政府又はその駐日代表団の書面を添附してあるときは、受理してさしつかえない。
　③　**昭和28年2月26日付民事甲第293号民事局長回答**
　　　相続登記の添附書面について
　　朝鮮人が死亡し相続による所有権移転登記申請があったが、相続を証する書面の添附がないので、申請人に対し本国法による死亡者の相続人である旨を証する大韓民国政府又はその駐日代表団の書面の添附を要求したところ、申請人は大韓民国人ではなく朝鮮人民共和国人（北鮮人）であるとして、大韓民国駐日代表団に於ては該証明書の発行はできない旨の回答があり、相続を証する書面の添附はできない旨申出がありましたので、不動産登記法第41条による書面の添附がないので同法第49条第8号により却下すべきものと思いま

275

すが、この場合、かりに朝鮮人民共和国（北鮮）の相続を証する権限のある官公署の発行にかかる証明書なりとして該書面の添附があった場合受理差支えありませんか。聊か疑義があり電信をもって御指示願います。
（回答）　客月24日附登日記第44号で問合せのあった標記の件については、消極に取り扱うのを相当と考える。

④　昭和30年4月15日付民事甲第707号民事局長回答
朝鮮人の相続登記について

家族である既婚の朝鮮人男子Ａ（次男）が昭和29年2月21日死亡したので、Ａの子男子Ｂ及びＣ（Ｂは次男、Ｃは三男、長男は死亡している）より昭和19年9月19日付昌原郡熊川面長認証の戸籍謄本を添附して相続による所有権取得登記の申請があったが、右相続に関しては、法例第26条の規定に基き被相続人の本国法によるべきところ、財産相続に関する朝鮮の慣習によれば、被相続人が家族であって既婚の男子である場合は、その長男子及次男以下の男子孫がその遺産を相続し、男子のない場合に、その死者が長男であるときは父がこれを承継し、次男以下の衆子であるときはその妻がこれを承継する由であるので（南雲幸吉著「現行朝鮮親族・相続法類集」314頁及び398頁）、右申請は受理してさしつかえないものと考えられるが、朝鮮独立後の右準拠法が明かでなく、聊か疑義がありますので、至急何分の御指示をお願いいたします。
（回答）　本年3月5日付登第367号をもって問合せのあった標記の件については、朝鮮における相続に関する法令は、朝鮮民事令の失効後まだ公布されていないが、朝鮮における相続は、旧朝鮮民事令第11条第1項本文の例により、慣習に従って行われているものと考えるので、右慣習に従った問合せに係る相続登記の申請については、戸籍謄本のほか、申請人と相続人との同一性を証するための外国人登録証明書の写及び他に相続人たるべき子の存しないことを証する書面（相続人の母の証明書でも足りる。）を添附せしめて、Ｂ及びＣのための相続登記をしてさしつかえないものと考える。

⑤　昭和31年7月27日民事甲第1709号民事局長回答

北朝鮮に本籍を有する朝鮮人が、本年5月11日死亡しその相続人から、相続登記の申請がありました。

申請書に添付された、在日本朝鮮総連合会尼崎支部委員長の証明書によると、被相続人の配偶者は既に死亡し直系卑属は甲男と乙女で、その甲男乙女のみが相続人で他に相続人はなく、且つ、甲男は未成年者で親権を行うべき者がないので、丙男を後見人に選任したことに相違ない旨の記載がありますが、右証明書は、相続人及び後見人の適格性を甚だ疑問とするのみならず、相続又は代理権限を証する書面として相当でないものと思います。

しかしながら、申請人は、現に戸籍の謄抄本を所持せず、北朝鮮人については、戸籍の謄抄本の交付を受けることが極めて困難であるのみならず、駐日代表団の相続人及び後見人についての証明が全く得られない実情にあり、登記申請上に支障を来たすこととなりますので、右証明書によって登記申請をすることは、できないものでしょうか。

若し、できないものとすれば、どのような書面を添附すればよろしいでしょうか。

276

〔資料4〕　不動産登記先例通達（渉外登記関係）

当面した事件の処理を決し兼ねておりますので、至急電信で何分の御指示をお願いします。
（回答）　昭和31年7月2日付日記第5149号で照会のあった標記の件については、所問の申請人が、その本国法（朝鮮における相続に関する法令は、朝鮮民事令の失効後まだ公布されていないが、旧朝鮮民事令第11条第1項本文の例により、慣習に従って相続が行われているものと考える。）により死亡者の相続人であること（後見人については、その後見人であること。）及び他に相続人がいないことを証する戸籍謄抄本又は本国政府機関発給の証明書の提出がないかぎり、その申請を受理しないのを相当と考える。

⑥　昭和36年10月5日民事甲第2473号民事局長指示
　　福島地方法務局相馬支局管内事務協議会及び郡山支局管内事務協議会決議
2、朝鮮人が日本に帰化後、死亡し相続が開始したが、相続登記の申請に帰化後の戸籍謄本は添付してあるが、申請人以外に相続人がいないことの証明書添付の要否。若し要するとすれば誰からの証明書を添付すべきか。
決　前段　要する。
　　後段　朝鮮の政府機関発行の証明書を添付すべきである。

⑦　昭和37年12月20日民事甲第3626号民事局長回答
　　韓国人の相続放棄ならびに財産相続の登記について
　標題の左記事案について、日本の法例によれば、相続は被相続人の本国法によることとされていますが、被相続人の本国法である韓国相続法第1041条では、相続の抛棄は、同法第1019条第1項の期間内に法院に抛棄の申告をしなければならないと規定されております。
　これについて、現在韓国国際私法の存否がつまびらかではありませんので、反致適用の可否については、消極的に考えておりますが、韓国における相続実質法に準拠して日本の家庭裁判所が相続放棄の申述を受理することは、妥当と考えられ、これに基づく相続登記の申請は受理すべきであると思料しますが、
1、かりに被相続人が本国に財産を有していたときは、日本の家庭裁判所でなした相続放棄の効果は、韓国に及ぶものかどうか、及ばない場合は、結果的には相続分割主義を是認したようになり、法例の採っている相続単一主義に矛盾するのではないか。
2、未成年の子に代って親権者が相続の放棄をするについて、本件の場合は、韓国民法第921条の規定により韓国法院の解釈にしたがうべきものと考えられるが、日本民法第826条の解釈にしたがうことは妥当であるかどうか。
3、法例第25条と第10条との関係について、相続が被相続人の財産の包括的承継であることにかんがみ第25条が先行し、相続によって取得した個々の財産について、法例第10条が適用されると解するがどうか。
4、相続人確認の資料として申請書に添付された面長発行の戸籍謄本と外国人登録済証明書を対査した結果、戸籍上は長男が死亡しているにかかわらず、その後日本で出生したと思われるC、D、Eが登録済証明書上は、それぞれ長男、二男、三男と記載されており、またFが二女となっているが、これは庶子女を長女とみた外国人登録の際の誤りと

277

参考資料

推測されるので、このような場合には、相続人から他に相続人がない旨の証明書を添付させて受理してよろしいか。

また、本件のような事案については、実質的審査権限のない登記官吏としては家庭裁判所の調査を信頼し、前記第1、2、3項等については調査の埓外のものとして、もっぱら申請書及び添付書類等について審査し受理すればよろしいかにつき疑義があり、さしかかった事件となっておりますので、至急何分の御指示を賜わりたくお伺いいたします。

昭和37年5月25日家族としての地位を有する有婦の韓国人男Aは、日本において死亡し、財産相続が開始したが、同人の相続人のうち、直系卑属である庶子女B、長男C、二男D、三男E、二女Fの5名は、同年8月23日東京家庭裁判所に対し、相続放棄の申述をし受理された。

その後、これに基づく相続放棄受理証明書とともに、面長発行の戸籍謄本及び外国人登録済証明書を添付して被相続人の妻から相続による所有権移転の登記申請がなされた。

（回答）　昭和37年11月14日付壱登不1第2,913号をもって問合せのあった標記の件については、受理してさしつかえないものと考える。

追って、相続を証する書面については、昭和32年7月19日民事甲第1,377号本職通達により取り扱ってさしつかえないので、念のため申し添える。

⑧　**昭和44年7月11日民事身分法調査委員会決議**

（問題）　朝鮮人たる被相続人の養子（朝鮮人）を相続人とする登記申請で、相続を証する書面として市町村長の発給した「養子縁組届受理証明書」を添付した場合、該証明書のみにより養親子関係を認め、受理してさしつかえないでしょうか。

（決議）　所問の場合、市町村長の発給した「養子縁組受理証明書」のみによって当該相続登記申請を受理することに、相当でない。

（理由）　相続登記の申請書に添付すべき相続を証する書面（不動産登記法41条）は、相続人の全員およびその相続分を証するに足りる書面でなければならない。そして渉外的相続にあっては、その準拠法は、被相続人の本国法とされるが（法例25条）、在日朝鮮人の場合、その本国法が大韓民国法であるとすると、同法によれば、養親が死亡した場合、その死亡時における養子は相続財産の権利があること（韓国民法1000条）、および同順位の相続人が数人ある場合には共同相続となること（韓国民法1009条）が定められている。

ところで、所問の市町村長が発給した「養子縁組届受理証明書」は、養子縁組が成立したことを証するものではあるが、それが直ちに養親の死亡時に至るまで継続したことを証するとはいえない。またそれが相続人の全員を示すものであり、他に相続人がないことの証明となりえないことはいうまでもない。したがって、所問の如く、市町村長の発給した「養子縁組受理証明書」のみによって、当該相続登記申請を受理することは、相当でない。

(8)　相続2——「中国」の場合

①　**昭和29年7月6日付民事甲第1390号民事局長回答**

（照会）　台湾又は山東省に本籍を有する中華民国人が死亡し、その相続人から、被相続人

[資料4] 不動産登記先例通達（渉外登記関係）

との家族関係を証する在神華僑総会登記抄本及び相続を証する在阪中国総領事の書面を添付して、相続登記の申請がありました。

　右総領事の証明書によりますと、被相続人に、配偶者と直系卑属があるとき、その相続人は、
(1)　配偶者である。
(2)　配偶者と直系卑属である。
(3)　直系卑属である。

等各事件につき異なる証明書が付与されているため、登記官吏としてその相続人の適格性を甚だ疑問とするところでありますが、現在中国法の相続関係が明らかでない以上は、本問の証明書のみにより相続人を判定し、これ等の相続登記を受理する外、ないでしょうか。

　なお、前項の相続人が未成年者で、父母の一方が死亡した場合、親権者はその一方でありますか。

(回答)　中華民国人について相続が開始した場合において被相続人に配偶者と直系卑属があるときは、それらの者が同順位で相続人となり、その相続分は均分である（中華民国民法相続編（民国19年12月26日公布同20年5月5日施行）第1138条、第1144条）。また、各相続人は、相続の開始を知った時から2箇月以内に書面をもって、法院、親族会議又はその他の相続人に対し相続の放棄を申し出ることができるし（同条1174条）、更に何時でも遺産の分割の請求をすることもできる（同条1164条）。

　従って、所問の例示(1)及び(3)の場合において、他の共同相続人が、右による相続の放棄をしたか、又は相続人間に遺産分割の協議があったものとすれば、それらの事実を証する書面をも登記の申請書に添附することを要する。なお、未成年者の親権に関しては、貴見のとおりである。

　②　昭和35年11月10日付民事甲第2797号民事局長事務代理回答

　相続登記申請につき、相続人の1人が中華人民共和国（日本人女が婚姻により国籍喪失、現在天津市河北区に居住）で、民法第903条の相続分なき旨の証明書の添付があった場合、現地で印鑑証明書又は領事館等の人定証明書が得られないときは、これ等に代る書面は如何なるものを添附すればよいか差迫った事件がありますので何分の御指示を得たく御伺い致します。

(回答)
　昭和35年8月2日付2登1第1526号で問合せのあった標記の件については、次のように考える。

記

　所問の場合には、相続分なき旨の証明書の署名が本人のものであることの本国政府機関の証明書を添附せしめるのを相当とするが、右の証明書が得られない場合には、当該証明書が得られない旨の署名者本人の理由書及び相続分なき旨の証明書が送付された封筒（現地の郵政官署の消印のあるもの）等を添附せしめ、便宜、受理してさしつかえない。

279

参考資料

(9) 相続3——アメリカの場合
① 昭和41年1月20日付民事甲第27号民事局長回答
(照会) 外国人の相続登記については本国の官公署又は在外公館の証明にかかる相続を証する書面を必要とされていますところ、今般、昭和30年死亡によりアメリカ国籍を取得した元日本人の相続人から、同人の死亡したこと及び日本の戸籍に記載されている者以外には相続人のないことを証する書面として別紙米国外務、米国市民死亡報告書及び宣誓書2通を添付し相続登記の申請がありましたが、左記の点いささか疑義がありますので何分の御指示をお願いします。

記

1、当該アメリカ人の日本に所有する不動産に関する相続については法例第29条の反致条項により日本の法律が適用になるものと解してよいか。
2、アメリカ合衆国の国籍取得後新たな相続人が生じていないことについては、必ずしも本国官公署等の証明によらず、別紙宣誓書によって認定してさしつかえないか。
3、2、の取扱を可とするも、宣誓書は結婚した事実のないことのみにふれその他の相続関係を生ずる身分関係の有無については何ら明らかにしておらず、したがって、法制度の相違はあるとしても相続人が存しない旨の宣誓と解するのは困難と考えるがどうか。
(注) 被相続人には現在日本に十数人の相続人（兄弟姉妹又はその子）が存する。なお、宣誓者畠山花子、清山きくえと被相続人の関係は戸籍上明らかでない。
別紙(1) (省略)
別紙(2) (省略)
別紙(3) (省略)
(回答) 第1項 貴見のとおり。
第2項 便宜貴見による取扱いでさしつかえないが、当該宣誓書には、原本の内容と相違なき旨を翻訳者に附記させるべきである。
第3項 前項により了知されたい。
② 昭和41年1月登記研究第218号72頁「質疑応答」
問 在米日本領事館が発行した外国人（日系米人）のサイン証明書及び居住証明書を添付して相続登記の申請があった場合、受理してさしつかえないか。
答 所問の場合には、在米日本領事館には証明権限がないので、受理できないものと考えます。
③ 昭和43年10月登記研究第251号67頁「質疑応答」
問 アメリカ合衆国に在住する日本人及びアメリカ合衆国の国籍を有する二世が、相続登記申請書に添付する特別受益者の証明書自体に、アメリカ合衆国公証人において、その署名が真正である旨証明してある場合、印鑑証明書を便宜省略して、当該登記申請を受理してさしつかえないか。
答 ご意見のとおりと考えます。
④ 昭和44年5月登記研究第258号73頁「質疑応答」

〔資料4〕　不動産登記先例通達（渉外登記関係）

問　日本人である被相続人甲（昭和38年2月1日死亡）に相続人乙、丙の2人があり、丙は、昭和28年1月1日米国人ウイリアムと結婚し日本国籍を喪失して、現在ワシントン市に在住しています。このたび乙より丙の署名ある民法第903条第2項の証明書を添付して相続による所有権移転登記申請書の提出がありましたが、右は受理できると考えますが、いかがでしょうか。
　受理できない場合は、どうしたらよろしいでしょうか。
答　民法第903条第2項の「相続分のないことの証明書」になされた丙の署名について、本人の署名に相違ない旨のアメリカ合衆国公証人等が証明したものであれば、受理してさしつかえないものと考えます。

　⑤　昭和52年4月登記研究第353号115頁「質疑応答」
問　アメリカ国籍を有する元日本人女性が、日本国内に所有する土地を残し日本で死亡した場合、日本国籍を有する実母は相続人となり得ると思うがどうか。
　また、相続人になり得るとした場合、相続を証する書面としては、どのような書面を必要とするか。
　なお、日本法を適用すれば、米国籍に相続人はいない。
答　前段　日本法が適用されますので（各州の法律により異なるが、一般的には法例第29条の反致の規定がはたらく。）、被相続人に直系卑属がない場合は実母が相続人となります。
後段　本国の官公署又は在外公館の証明にかかる、本国に相続人となるべき者が存在しない旨を証することのできる書面を添付すべきであるが、必ずしも官公署等の証明によらず、宣誓供述書によってもさしつかえない。

⑽　相続4——ドイツの場合
　①　昭和52年2月5日民三第773号民事局第3課回答
（照会）　1、ドイツ連邦共和国国籍を有するエム・デイー・フィーゲルは、昭和43年8月14日死亡し、弁護士ローランド・ゾンデルホフがベルリン、シェーネベルク区裁判所により同人の遺言執行者であることを確認された。
　　また、エム・デイー・フィーゲルの妻であり、ドイツ連邦共和国国籍を有するアリセ・フィーゲルは昭和49年11月21日死亡し、弁護士ラインハルト・アインゼルがベルリン、シェーネベルク区裁判所により同人の遺言執行者であることを確認された。
2、今回、両遺言執行人はその職務の履行として、その管理する不動産（港区赤坂6丁目所在）を売却してその売却金を受贈者に分配することとしたが売却にともなう所有権移転登記につき東京法務局某出張所に問い合わせたところ、担当官は、遺言執行人が移転登記申請の当事者となることは認められないとのことなので種々資料を提供して説明したが応じない。右不動産の売却及び移転登記は諸般の事情から急を要するので、法務省に対して照会されたくここに請求する次第である。
（回答）　左記のとおり回答します。
記

参考資料

　所問の場合は、遺言執行人の単独申請により被相続人名義から相続人名義に相続による所有権移転登記を経由したうえで、遺言執行人と買主との共同申請により相続人名義から買主名義に移転登記すべきものと考えます。
　なお、右の各登記の申請書には、遺言執行人であること及び遺言執行人が所問の処分をする権限を有することを証する書面を添付する必要があるので申し添えます。

(11)　相続 5 ——カナダの場合
　①　昭和56年 6 月25日民三第4195号民事局第 3 課長回答
（照会）　別紙相続関係資料（編注・省略）を添付してその受否について照会があり、日本法を適用する場合、その登記は受理可能と考えますが、カナダ法がないためその準拠法が明らかでないので、その準拠法を御教示願います。
　なお、カナダ法を適用する場合は、その関係法令及び添付書類等も併せて御教示願います。
　おって、右は差しかかった事件でもあり至急御回示願います。
（回答）　日本民法を適用して取り扱って差し支えないものと考えます。
　　　　　　　　　　　　　　　　　　　　　　　（作成：北田五十一・西山慶一）

〔資料5〕　商業登記先例通達（渉外登記関係）

(1)　登記簿（登記記録）の表記文字
　①　昭和24年12月１日付民事甲第2806号民事局長回答
　　　商号にローマ字使用の可否について
　商号中にローマ字を使用した会社の設立登記はこれを受理して差支えないか。
（回答）
　ローマ字を商号に使用することはさしつかえないが、登記については、外国会社の例により仮名で表示すべきである。
　②　昭和43年１月９日付民事甲第１号民事局長回答
　　　ローマ字を使用して会社の本店または代表者の住所を記載した登記の申請を、受理してさしつかえないとされた事例
（照会）　何区何町何丁目何番地Ａ・Ｄビル何号室或いは何区何町何番Ａ三号のように、その一部にローマ字を使用して会社の本店又は代表者の住所の記載されている登記の申請は、そのまま受理して差し支えないものと考えますが、決しかねますので、何分の御指示を賜りたくお願いします。
（回答）貴見のとおり取り扱ってさしつかえない。
　③　昭和43年３月登記研究第244号70頁「質疑応答」
問　株式会社設立の際の定款に、発起人たる朝鮮人の氏名が通称名と朝鮮名と併記してある場合、当該朝鮮人の役員としての氏名を日本において使用する通称名で表示している設立登記申請は、そのまま受理し登記してさしつかえないものと考えますが如何でしょうか。
　　　　　　　　　　　　　　　　　　　　　　　　　　　（大阪Ｋ生）
答　ご意見のとおりと考えます。
　④　昭和54年２月９日付民事四第837号民事局第四課長回答
　　　商号中に「なかてん（・）等を用いた有限会社の設立登記申請の受否について
【要旨】　有限会社の設立登記申請において、商号中に用いられた「なかてん（・）」が外国語を片仮名で表示したために生じる誤読を防止する等の補助的符号としてもちいられたものである場合は、登記を受理して差し支えないが、商号中に「かっこ（）」が用いられている場合は、受理すべきでない。
（照会）　このたび、左記照合の有限会社の設立登記申請がありましたが、商号中に用いた「なかてん（・）」は、外国語を片仮名で表示したために生じる誤読を防止する等補助的符号として用いられたものであるから、これを受理して差し支えないと考えますが、いささか疑義がありますので何分の御指示を願います。
　なお、商号を「有限会社イートン・ミュージック（ジャパン）」とした場合には、受理できないと考えますが併せて御指示願います。
　　　　　　　　　　　　　　記
商号　有限会社イートン・ミュージック・ジャパン

283

参考資料

（回答）　客年12月20日付け二法登一第256号をもって照会のあった標記については、いずれも貴見のとおりと考えます。

⑤　平成14年3月20日付民商第687号民事局商事課長回答、同日付け法務省民商第688号民事局商事課長通知
　　　商号中に「なかてん（・）」を用いることについて

（通知）　標記について、別紙一のとおり東京法務局民事行政部長から照会があり、別紙二のとおり回答しましたので、この旨貴下登記官に周知方取り計らい願います。

別紙一

　商業登記においては、外国語を片仮名で表示したために生じる誤読を防止するため、商号中に「なかてん（・）」を用いて差し支えない取扱いでありますが（昭和54年2月9日付け法務省民四第837号民事局第四課長回答）、漢字や平仮名を用いた商号であっても誤読や誤解を生じるおそれのある商号も散見されるところであり、商号に漢字や平仮名を用いる場合であっても「なかてん（・）」の使用を認めてもらいたいとの要請があるところです。

　つきましては、漢字や平仮名を用いた商号であっても、補助的符号として「なかてん（・）」の使用を認めて差し支えないものと考えますが、上記回答がされていることもあり、疑義がありますので照会します。

別紙二

　本年2月25日付け二法登一第82号をもって照会のあった標記の件については、貴見のとおり取り扱って差し支えないものと考えます。

⑥　平成14年7月31日付民商第1839号民事局長通達
　　　商業登記規則等の一部を改正する省令等の施行に伴う登記事務の取扱いについて

（通達）　商業登記規則等の一部を改正する省令（平成14年法務省令第47号。以下「改正省令」という。）及び商業登記規則第51条の2第1項の規定に基づき商号の登記に用いることができる符号に関する件（平成14年法務省告示第315号。以下「告示」という。）が本年11月1日から施行されることとなりましたが、これに伴う登記事務の取扱いについては、下記の点に留意するよう貴管下登記官に周知方取り計らい願います。

　一　商号の登記に用いることができる符号
　　　商号の登記に用いることができるローマ字その他の符号は、次のとおりとされた。
　　（告示）
　　(1)　ローマ字
　　(2)　アラビヤ数字
　　(3)　「&」（アンパサンド）、「'」（アポストロフィー）、「,」（コンマ）「-」（ハイフン）、「.」（ピリオド）及び「・」（中点）
　　　なお、(3)の符号は、字句（日本文字を含む。）を区切る際の符号として使用する場合に限り用いることができる。したがって、会社の種類を表す部分を除いた商号の先頭又は末尾に使用することはできない。ただし、ピリオドについては、省略を表すものとして会社の種類を表す部分を除いた商号の末尾に用いることができる。

〔資料５〕　商業登記先例通達（渉外登記関係）

⑦　平成14年７月31日付民商第1840号民事局長通達（抄）
　　電子情報処理組織による商業登記の事務の取扱いについて
（通達）　標記の取扱いについては、平成５年12月27日付け法務省民四第7783号当職通達をもって示したところですが、商業登記規則等の一部を改正する省令（平成14年法務省令第47号。以下「改正省令」という。）及び商業登記規則第51条の２第１項の規定に基づき商号の登記に用いることができる符号に関する件（平成14年法務省告示第315号。以下「告示」という。）が本年１月１日から施行されることに伴い、同通達の一部を改正し、同日から実施することとしましたので、この旨貴管下登記官に周知方取り計らい願います。
　　一　通達本文の改正
　　　　第二の二の(6)を次のように改める。
　　(6)　商号に記号（アンパサンド「＆」、アポストロフィー「'」、コンマ「,」、ハイフン「－」、ピリオド「.」及び中点「・」を除く。）が用いられている会社の登記簿その他移記するのが適当でない登記簿
⑧　平成14年７月31日付民商第1841号民事局商事課長依命通知（抄）
　　商業登記規則等の一部を改正する省令等の施行に伴う登記事務の取扱いについて
（依命通知）　標記の件については、商業登記規則等の一部を改正する省令（平成14年法務省令第47号。以下「改正省令」という。）本日付け法務省民商第1839号民事局長通達（以下「1839号通達」という。）及び同日付け第1840号民事局長通達（以下「1840号通達」という。）をもって示されたところですが、ローマ字その他の符号を用いた商号又は名称（以下「ローマ字商号」という。）の登記に関する事務の取扱いについては、別添「ローマ字商号の登記に関する留意事項」に示された点に留意するよう貴管下登記官に周知方取り計らい願います。

ローマ字商号の登記に関する留意事項
第一　ローマ字その他の符号の使用
　一　ローマ字その他の符号
　　　　商号の登記にもちいることができるローマ字その他の符号は、次のとおりとされた。（平成14年法務省告示第315号）
　　(1)　ローマ字
　　　　ローマ字は、次の文字を使用することができる。
　　　　「ＡＢＣＤＥＦＧＨＩＪＫＬＭＮＯＰＱＲＳＴＵＶＷＸＹＺ」
　　　　「abcdefghijklmnopqrstuvwxyz」
　　(2)　アラビヤ数字
　　　　アラビヤ数字は、次の文字を使用することができる。
　　　　「0123456789」
　　(3)　その他の符号
　　　　その他の符号は、次の符号を使用することができる。

285

参考資料

「&」（アンパサンド）
「'」（アポストロフィー）
「,」（コンマ）
「-」（ハイフン）
「．」（ピリオド）
「・」（中点）

(3)の符号は、1839号通達により、字句（日本文字を含む。）を区切る際の符号として使用する場合に限り用いることができ、会社の種類を表す部分を除いた商号の先頭又は末尾に使用することはできない（「．」（ピリオド）については、省略を表すものとして商号の末尾に用いることができる。）とされている。

なお、ローマ字を用いて複数の単語を表記する場合に限り、当該単語の間を空白（スペース）によって区切ることも差し支えない。
（例）　「東京・ＡＢＣ・2002商事株式会社」
　　　「株式会社Ｄ．Ｇ．」
　　　「大阪Ａｉｒ　Ｃａｒｇｏ株式会社」

(2)　印鑑証明書の提出
①　昭和36年1月30日付民事甲第233号民事局長通達
（照会）（一部略）
記
外国人が日本の株式会社発起人として定款認証の嘱託をなす場合、右外国人の法人資格証明書、その代表者の代表権限証明書、署名証明書（右外国人が自然人である場合はその署名証明書）は当該外国法人の本店の所在する国（自然人である場合はその居住する国）の公証権限ある官公署（公証人－NOTARYPUBLIC－を含む）の作成氏したものでよい。
（回答）　貴見のとおりの取扱いでさしつかえなく、また、諸問の証明書が外国語をもって作られている場合はその訳文を添付するのが相当であります。

②　昭和48年1月29日付民四第821号民事局長通達
　　商業登記規則等の一部改正に伴う登記事務の取扱いについて（抄）
第一　商業登記規則第9条関係
一　登記の申請書に押印すべき者が、印鑑を提出する場合には、印鑑紙に、商業登記規則（以下「規則」という。）第9条2項に規定する事項を記載して押印した書面（以下、「印鑑届書」という。）および当該印鑑届書の印鑑につき市区町村長の作成した証明書で作成後3月以内のものを添付しなければならないことになった（規則第9条第2項）。
（略）
二　外国人が申請書に押印して登記の申請をする場合における印鑑の提出についても、一の手続きによることとする。この場合において、印鑑届書の署名が本人のものであるあることを本国官憲（日本における領事その他権限がある官憲を含む。以下同じ。）

[資料５] 商業登記先例通達（渉外登記関係）

の作成した証明書の添付をもって市区町村長の作成した印鑑証明書の添付に代えることができる。
　なお、あらかじめ登記所に印鑑を提出していない外国人が登記の申請をする場合（会社の支店の所在地において登記の申請をする場合を除く。）には、当該登記の申請書または委任状の署名が本人のものであることの本国官憲の証明が必要である。
三　（略）
第二　規則第82条関係
一　株式会社の設立（合併および組織変更による設立を除く。）の登記および代表取締役の就任（再任を除く。）による変更の登記の申請書には、代表取締役が就任を承諾したことを証する書面の印鑑につき市区町村長の作成した証明書を添付はなければならないことになった（規則第82条第2項）。右の再任には、代表取締役の権利義務を有する者（商法第261条第3項、第258条第1項）が代表取締役に就任した場合も含まれる。
　なお、外国人が代表取締役に就任した場合において、当該代表取締役が就任したことを証する書面の印鑑につき市区町村長の作成した証明書の添付がないときは、当該就任を承諾したことを証する書面の署名が本人のものであることの本国官憲の作成した証明書の添付が必要である。
二　規則第82条第3項本文の規定により取締役会議事録に押印した取締役の印鑑につき市区町村長の作成した証明書を添付すべき場合において、当該議事録に外国人である取締役が署名しているときは、当該議事録の署名が本人のものであることの本国官憲の作成した証明書の添付が必要である。

③　**平成15年6月30日付民商第1871号民事局商事課長通知**
　　印鑑を提出していない外国人が商業登記の申請をする場合の署名証明について（通知）
標記の件について、別紙1のとおり神戸地方法務局長から照会があり、別紙2のとおり回答したので、この旨貴管下登記官に周知方取り計らい願います。
別紙一　照会　あらかじめ登記所に印鑑を提出していない外国人が商業登記の申請をする場合には、当該登記の申請書又は委任状の署名が本人の者であることの本国官憲の証明を要するところ、当該本国官憲の署名証明は、申請書又は委任状の署名と当該署名証明の対象である署名との間の同一性を確認し得る限り、申請書又は委任状に直接証明したものでなくても差し支えないと考えますが、いささか疑義がありますので、照会します。
別紙二　回答　本月24日付け日記法第221号をもって照会のありました標記の件については、貴見のとおりと考えます。

（作成：北田五十一・西山慶一）

287

参考資料

〔資料6〕　引用戸籍先例通達

① 昭和59年11月1日付民二第5500号民事局長通達（抄）
　　戸籍法及び戸籍法施行規則の一部改正に伴う戸籍事務の取扱について
　　（改正　平成13年6月15日民一第1544号通達）

　このたび戸籍法及び戸籍法の一部を改正する法律（昭和59年法律第45号）（以下「改正法」という。）が交付され、また、戸籍法施行規則の一部を改正する省令が本日交付された。
　改正後の戸籍法（以下「法」という。）、戸籍法施行規則（以下「規則」という。は、昭和60年1月1日から施行されるが、この改正に伴う戸籍事務については、次のとおり取り扱うこととするから、これを了知の上、貴管下支局長及び管内市区町村長に周知方取り計らわれたい。
　なお、これに反する当職通達又は回答は、本通達によって変更又は廃止するので、念のため申し添える。
第2　渉外婚姻に関する取扱い
　4　氏の変更
　　(1) 外国人と婚姻した者の氏の変更
　　　ア　日本人配偶者は、婚姻成立後六箇月以内に限り、家庭裁判所の許可を得ないで、その氏を外国人配偶者の称している氏に変更する旨の届出をすることができることとされたが（法第107条2項）、この場合に戸籍の記載は、戸籍事項欄及び身分事項欄に記載例176から180までの例により、これをする。（規則第34条第2項、第35条第13号）
　　　　なお、戸籍事項欄の記載は、管外転籍の場合に移記を要するが、身分事項欄の記載は、新戸籍を編製され、又は他の戸籍に入る場合に移記を要しない。（規則第37条、第39条）
　　　オ　戸籍の筆頭者でない者から外国人との婚姻の届出及びアの届出が同時にあったときは、婚姻の届出による新戸籍を編製した後に、アの届出による戸籍の記載をする。
　　　カ　アの届出があった場合において、その届出人の戸籍に同籍者があるときは、届出人につき新戸籍を編製し、氏変更の効果は同籍者には及ばない。（法第20条の2第1項）
　　　　この場合において、氏変更前の戸籍に在籍している子は、同籍する旨の入籍届により、氏を変更した父又は母の新戸籍に入籍することができる。
　　　　アの変更届と同時に同籍する子全員から入籍届があった場合においても、氏を変更した者につき新戸籍を編成する。
第4　その他
　3　外国人の氏名の表記方法
　　(1) 戸籍の身分事項欄及び父母欄に外国人の氏名を記載するには、氏、名の順序によ

り片仮名で記載するものとするが、その外国人が本国において氏名を漢字で表記するものである場合には、正しい日本文字としての漢字を用いるときに限り、氏、名の順序により漢字で記載して差し支えない。片仮名で記載する場合には、氏と名とはその間に読点を付して区別するものとする。

② 平成8年12月26日付民二第2254号民事局第二課長通知
日本で婚姻をしたブラジル人妻の氏変更の取扱いについて

外国人と婚姻をした日本人からの申し出により、その戸籍の身分事項欄に外国人配偶者の氏変更の事案を記載するには、当該外国人がその本国法に基づく効果として日本人配偶者の氏をその姓として称していることを認めるに足りる権限ある本国官憲の作成した証明書を提出させる必要があります。

ところで、ブラジル国では婚姻時における夫婦の合意により、妻は、夫の氏又はこれに自己の氏の全部若しくは一部を組み合わせた結合氏を称するものとされていますが、今般、ブラジル大使館から、外務省を通じて当省に対し、日本で婚姻をしたブラジル人妻の氏変更については、同国の法令上、同大使館では、日本の官憲の作成する証明書に婚姻後の氏が記載されていない限り、ブラジル人妻の婚姻後の氏を記載した証明書を発行することができず、したがって、その婚姻後の氏をブラジル本国の身分登録簿に登録することができないため、日本で婚姻をしたブラジル人妻の氏変更の事実を日本の戸籍の記載又は証明に反映させる措置を講じて欲しい旨の要請がありました。

そこで、今後日本において、婚姻をしたブラジル人妻の氏変更については、ブラジル国の身分登録制度特有の事情にかんがみ、その変更を証する書面の添付を省略し、下記のとおり取り扱うこととしますので、貴管下支局長及び管内市区町村長に周知方取り計らい願います。

なお、本取扱いは、ブラジル政府の正式の要請に応えて例外的な措置を講じるものであり、ブラジル以外の国の外国人配偶者については、従来の取扱いに変更はありませんので、御留意願います。

記

一 日本人男とブラジル人女の婚姻届の場合
　日本人男とブラジル人女の婚姻届があった場合は、その届出の際に、婚姻後の妻の氏については上記の説明をし、同時に申出書（別紙一）の提出を求め、これに変更後の妻の氏名を記載するか、又は届書の「その他」欄に同様の記載（別紙二）をするよう指導する。

二 ブラジル人同士の婚姻届があった場合は、婚姻届書の「その他」欄に、本国法上の氏名の表記（ポルトガル語等）を併記して、一と同様の記載（別紙三）をするよう指導する。
　なお、ブラジル本国における婚姻登録については、届書記載事項証明書をもってするよう指導する。

（作成：北田五十一・西山慶一）

参考資料

〔資料7〕 日本司法書士会連合会意見書

(平成23年12月16日付総務省自治行政局外国人住民基本台帳室宛て)
「住民基本台帳法施行令の一部を改正する政令の一部を改正する政令案」及び「住民基本台帳法施行規則の一部を改正する省令の一部を改正する省令案」に関し、以下のとおり意見を提出します。

外国人住民票は、第一義的には在留外国人が日本における市民生活を円滑に過ごすための機能を有しなければならない。それにより外国人住民票は在留外国人住民の「利便性」に資することになる。

その観点に立って次の諸点につき意見を述べる。

> 1　外国人登録法第4条1項の「外国人登録原票」(以下、「登録原票」という)の記載事項である①「国籍の属する国における住所又は居所」(以下、「国籍国の住所又は居所」という)(7号)、②「出生地」(8号)、③「申請に係る外国人が世帯主である場合には、世帯を構成する者(当該世帯主を除く。)の氏名、出生の年月日、国籍及び世帯主との続柄」(18号)「本邦にある父母及び配偶者(申請に係る外国人が世帯主である場合には、その世帯を構成する者である父母及び配偶者を除く。)の氏名、出生の年月日及び国籍」(19号)(以下、18号と19号を合わせて、「家族事項」という)を、外国人住民票の記載事項とすべきである。

その理由は、下記の通りである。
①　「国籍国の住所又は居所」は、本国に備置又は記録される身分登録簿にアクセスする機能を有している。

外国人の身分登録簿は本国に備置されるのが原則である。それら身分登録簿にアクセスするには「氏名」「生年月日」「男女の別」「国籍」の指標だけでは不可能であり、備置されている本国の場所的指標が必要である。特に在留外国人の多くを占める「中国」人や「韓国・朝鮮」人(「中国」687,156人、「韓国・朝鮮」565,989人)の身分登録記録簿といえる「戸口簿」「戸籍」「家族関係登録簿」が備置されている場所は渉外的家族関係の把握には必須の事項である。

②　「国籍国の住所又は居所」や「出生地」は、本国法決定の際の一つの指標である。

日本の渉外的法律関係を規律する「法の適用に関する通則法」(以下、「法適用通則法」という)では、渉外的家族関係の準拠法は原則的に「本国法」を採用しているが、在留外国人の多くを占める「中国」人や「韓国・朝鮮」人の本国となる国家は国際私法上「分裂国家」といわれる。そこで、「中国」人や「韓国・朝鮮」人の本国法がいずれになるのか(「中国」人であれば「中華人民共和国」法か「中華民国」法かであり、「韓国・朝鮮」人であれば「大韓民国」法か「朝鮮民主主義人民共和国」法か)を決定する「密接関係地法」(法適用通則法38条1項後段、同条3項の「密接関係地法」)の

一つの判断材料になる。
　　また、アメリカ合衆国などの様に本国が複数の法域である地域的不統一法国の本国法決定をする際に「規則」がないときの「密接関係地法」（法適用通則法38条3項）を決定する際の一つの判断材料になる。
③「出生地」は、出生届等を取り寄せる指標である。
　　在留外国人は本国に居住していないので、身分変動事項（婚姻・離婚・養子縁組・離縁等）が自動的に本国に備置される身分登録簿に直接反映されることはない。一定のタイムラグが生じることが通例である。また、国によっては本国の一定の場所に身分変動事項を連続的に記録し備置する方法を採用していない国も少なくない。その際に出生届等により、親子関係の成立の有無を確かめることは貴重な情報になる。日本国内か国外かを問わず「出生地」の情報は欠くべからざるものである。
④　「家族事項」は、家族関係を推認させる情報である。
　　在留外国人は本国に居住していないので、身分変動事項（婚姻・離婚・養子縁組・離縁等）が自動的に本国に備置される身分登録簿に直接反映されることはない。一定のタイムラグが生じることが通例である。また、国によっては本国の一定の場所に身分変動事項を連続的に記録し備置する方法を採用していない国も少なくない。その場合に、世帯主である場合は「世帯を構成する者の氏名、出生の年月日、国籍及び世帯主との続柄」、日本にいる「父母及び配偶者の氏名、出生の年月日及び国籍」は家族関係を推認させる貴重な情報である。
　　そこで、外国人住民票に限って住基法7条14号の「政令で定める事項」に「国籍国の住所又は居所」「出生地」「家族事項」を加えることとし、標記の住基令案30条の25に加えるべきである。

> 2　「国籍国の住所又は居所」「出生地」「家族事項」は「仮住民票」作成時に「登録原票」から移記すべきである。

1で述べたように、上記事項は外国人住民票の記載事項とすべきなので、登録原票によって仮住民票を作成するときはそれらを移記するとともに、当事者に通知するものとする（改正住基法附則3条5項）。

> 3　氏名欄の「氏名」の文字はローマ字（アルファベット）で表記し、本人の希望があれば「本国文字」表記、「漢字」表記、「本国文字・漢字のカタカナ読み」表記を併記する。

外国人住民票の氏名の表記は、在留カード等（特別永住者証明書含む）の氏名に倣うとされているからか、標記の意見募集では触れられていない。
一方、入管法規則案（2011.10.27意見募集案）19条の6第1項、入管特例法規則案（2011.10.27

意見募集案）4条では、「ローマ字により表記する」とされている。

　本来、在留カード等や外国人住民票の氏名は、本国文字による表記が原則であろう。その理由とは、①氏名権は人格権の一種であり、氏名は国籍を問わず人のアイデンティティ保持の重要な要素であること、②渉外的氏名の準拠法は人格権の問題として本国法とすべき見解が大勢であり、日本の戸籍実務も本国法を準拠法としていること、③氏名が本国文字で表記されることにより、国籍国の身分登録簿にアクセスする際の指標になること、④氏名の本国文字の表記は、旅券でその表記確認が容易であること、からである。しかしながら、入国管理局の在留カード等作成の事務や市町村窓口の事務手続を考慮すれば、ローマ字（アルファベット）による表記に統一せざるを得ないであろう。

　ただし、本人の希望があれば、「本国文字」「漢字」「本国文字・漢字のカタカナ読み」を氏名欄に併記すべきである。本国文字を併記すべき理由は、上記①②③④の理由による。また、漢字・本国文字の「カタカナ読み」併記の必要性は、外国人の氏名は日本の各種公簿（戸籍、登記、登録など）には漢字やカタカナだけで表記されるので、各種公簿と照合して識別・同定が容易であることが、その理由である。ちなみに、この場合の「本国文字」とは、「中国」人であれば「簡体字」（繁体字）であり、「韓国・朝鮮」人であれば、ハングル文字であり、「ブラジル」人であれば、ポルトガル語文字である。

　なお、入管法規則案（2011.10.27意見募集案）19条の7、入管特例法規則案（2011.10.27意見募集案）5条では、「申出があったときは」漢字氏名を表記できるとあるが、この場合の「漢字」は「中国」人であれば「簡体字」（繁体字）を含むとすべきである。

4　本人の希望があれば、氏名欄に通称名を併記すべきである。

　標記の意見募集で示されている住基法施行令案30条の26では、住基法7条14号の「政令で定める事項」に「通称」と「通称の記載と削除に関する事」を加えること、通称とは「氏名以外の呼称であって、国内における社会生活上通用していることその他の事由により居住関係の公証のため住民票に記載することが必要であると認められるもの」であり、外国人住民票に通称の記載を求めるものは申出書を提出しその記載が必要であることを証する資料を提示しなければならないこと、また転出証明書を添付して転入届があり転出証明書に通称が記載されていたときなどは市町村長は通称を外国人住民票に記載しなければならないこと、通称を記載したときは通称を記載した市町村名および年月日を記載しなければならないこと、などが示されている。

　また、住基法施行規則案45条では、通称の申出書には「氏名、住所並びに住民票コード又は出生の年月日及び男女の別」と「記載されるべき呼称が国内における社会生活上通用していることその他の居住関係の公証のために住民票に記載されることが必要であると認められる事由の説明」を求めている。

　通称名の使用は、歴史的な要因と日本社会の偏見などにより「韓国・朝鮮」人「中国」人に加えて日系二世・三世に許容されて来たところである。そこで、日本の各種公簿（登

記、登録など）で一般化していることや外国人の識別・同定にも欠かせないので、本人の希望を前提に通称名の氏名欄への併記は賛成である。
　その場合に、婚姻・離婚や養子縁組・離縁などにより、配偶者や親の通称名を使用することは当然に許容すべきであるが、その他の理由による通称名の使用は厳格に対処すべきである。

> 5　「登録原票」の氏名欄に記載されている事項は、すべて「登録原票」から「仮住民票」に移記し、本人に通知した上で、法施行後に当事者の申出により変更すべきである。

　現行の「登録原票」では、原則として、漢字圏の者の氏名欄は漢字表記で行い、それ以外の者はローマ字（英字）で表記される。また、通称名も併記されている。それらはすでに在留外国人の社会生活の営みに欠かせない。本人の識別・同定にも必要不可欠である。そこで、「登録原票」の「氏名」欄に表記されているすべての事項は、「基準日」（住基法附則3条1項）に「仮住民票」にすべて移記し、本人に通知すべきである（同法附則3条5項）。その上で、法施行後に本人の希望や申出を踏まえて対処すべきである。

> 6　「仮住民票」の「転入をした年月日」「前住所」欄を空欄とする運用は撤回し、「登録原票」に記載されている「前居住地」とその変更年月日を移記し、法施行時の「外国人住民票」に記載すべきである。

　現在、「仮住民票」の「転入をした年月日」「前住所」欄を空欄とする運用が検討されているようである。しかし、在留外国人が社会生活を営む上で住所の履歴は欠かせないばかりか、「登録原票」の所在地でもあった「前住所」の記録はそれら記録を辿る際にも重要な手掛かりとなる。「登録原票」の「居住地」が「住所」の概念と異なるとか、「住基法」施行により「住所」が決定されたとの見解は、在留外国人の生活実態とはかけ離れた議論である。空欄とする運用は撤回し、「登録原票」に記載されている「前居住地」とその変更年月日を移記し、法施行時の「外国人住民票」に記載すべきである。

> 7　消除又は改製された「外国人住民票」の保存期間は、消除又は改製された日から80年以上とすべきである。

　現行の住基令34条では、消除又は改製された住民票の保存期間は5年間となっている。
　1で述べたように、在留外国人の身分関係が本国の身分登録簿に直ちに反映されることがないばかりか、氏名欄に記載される通称名や住所の変遷などは本国の身分登録簿の記載事項ではない。「外国人住民票」のそれらの記載が外国人の識別や同定を証する唯一の記録になるといっても過言ではない。今日の長寿高齢化社会の到来は、在留外国人とて同様で

ある。そこで、住基令34条2項の「在外者等」の保存期間の80年に準じて保存期間を80年以上とすべきである。

> 8 法務省に送付された「登録原票」の保存期間を150年とすべきである。

外国人登録法は法施行時に入管法等改正法4条で廃止され、「市町村の長は、施行日の前日において市町村の事務所に備えている登録原票を施行日以後速やかに、法務大臣に送付しなければならない」（同法附則33条）。登録原票にあった膨大な在留外国人の記録は法務省で保管されることになる。法施行後は「行政機関の保有する個人情報の保護に関する法律」（平成15年法律第58号）12条で定める開示手続によってそれら情報を取得することになる。

法務省に送付された「登録原票」の保存期間は30年といわれるが、「登録原票」が在留外国人の身分情報や住所・氏名の履歴等を記録する重要な帳簿であるとの認識の下に、戸籍法規則5条4項の150年保存（平成22年法務省令第22号）に準じて、保存期間を150年とすべきである。

> 9 「外国人住民票」の記載事項の開示については、記載事項を再度精査して原則非開示とすべき事項を明定すべきである。

「外国人住民票」の記載事項には、在留資格・在留期間や在留カード等（特別永住者証明書を含む）の番号、それと上記1で述べた「国籍国の住所又は居所」「出生地」「家族事項」は在留外国人の私的な身分情報である。そこで、上に述べた事項に限るかも含めて、どの記載事項を原則非開示とするか、非開示とした場合に本人の許諾がある場合に限るか、また、記載事項によっては、現行のとおり弁護士や簡裁訴訟等代理権を有する司法書士等に限るのかなど、その方策を再度精査する必要がある。

参考法令

参考法令

〔法令1〕 外国人登録法（抄）

（昭和27年4月28日法律第125号、最終改正平成16年12月3日法律第152号）
（平成21年7月15日法律第79号により、公布（平成21年7月15日）後3年以内の政令で定める日（平成24年7月9日―平成23年政令419号）に廃止）

（目的）
第1条　この法律は、本邦に在留する外国人の登録を実施することによって外国人の居住関係及び身分関係を明確ならしめ、もって在留外国人の公正な管理に資することを目的とする。

（定義）
第2条　この法律において「外国人」とは、日本の国籍を有しない者のうち、出入国管理及び難民認定法（昭和26年政令第319号。以下「入管法」という。）の規定による仮上陸の許可、寄港地上陸の許可、通過上陸の許可、乗員上陸の許可、緊急上陸の許可及び遭難による上陸の許可を受けた者以外の者をいう。

2　日本の国籍以外の2以上の国籍を有する者は、この法律の適用については、旅券（入管法第2条第5号に定める旅券をいう。以下同じ。）を最近に発給した機関の属する国の国籍を有するものとみなす。

（新規登録）
第3条　本邦に在留する外国人は、本邦に入つたとき（入管法第26条の規定による再入国の許可を受けて出国した者が再入国したとき及び入管法第61条の2の12の規定による難民旅行証明書の交付を受けて出国した者が当該難民旅行証明書により入国したときを除く。）はその上陸の日から90日以内に、本邦において外国人となつたとき又は出生その他の事由により入管法第3章に規定する上陸の手続を経ることなく本邦に在留することとなつたときはそれぞれその外国人となつた日又は出生その他当該事由が生じた日から60日以内に、その居住地の市町村（東京都の特別区の存する区域及び地方自治法（昭和22年法律第67号）第252条の19第1項の指定都市にあつては区。以下同じ。）の長に対し、次に掲げる書類及び写真を提出し、登録の申請をしなければならない。
一　外国人登録申請書1通
二　旅券
三　写真2葉

2〜4　（略）

第4条　市町村の長は、前条第1項の申請があつたときは、当該申請に係る外国人について次に掲げる事項を外国人登録原票（以下「登録原票」という。）に登録し、これを市町村の事務所に備えなければならない。ただし、当該外国人が、入管法別表第2の上欄の永住者の在留資格をもつて在留する者（以下「永住者」という。）又日本国との平和条約に基づき日本の国籍を離脱した者等の出入国管理に関する特例法（平成3年法律第71号）に定める特別永住者（以下「特別永住者」という。）である場合にあつては第9号及び第

〔法令１〕 外国人登録法（抄）

20号に掲げる事項を、入管法の規定により１年未満の在留期間を決定され、その期間内にある者（在留期間の更新又は在留資格の変更により、当初の在留期間の始期から起算して１年以上本邦に在留することができることとなつた者を除く。以下「１年未満在留者」という。）である場合にあつては第18号及び第19号に掲げる事項を、それぞれ登録原票に登録することを要しない。
一　登録番号
二　登録の年月日
三　氏名
四　出生の年月日
五　男女の別
六　国籍
七　国籍の属する国における住所又は居所
八　出生地
九　職業
十　旅券番号
十一　旅券発行の年月日
十二　上陸許可の年月日
十三　在留の資格（入管法に定める在留資格及び特別永住者として永住することができる資格をいう。）
十四　在留期間（入管法に定める在留期間をいう。）
十五　居住地
十六　世帯主の氏名
十七　世帯主との続柄
十八　申請に係る外国人が世帯主である場合には、世帯を構成する者（当該世帯主を除く。）の氏名、出生の年月日、国籍及び世帯主との続柄
十九　本邦にある父母及び配偶者（申請に係る外国人が世帯主である場合には、その世帯を構成する者である父母及び配偶者を除く。）の氏名、出生の年月日及び国籍
二十　勤務所又は事務所の名称及び所在地
２　市町村の長は、前項の登録をした場合には、当該登録原票の写票を作成し、これを法務大臣に送付しなければならない。
（登録原票の開示等）
第４条の３　市町村の長は、次項から第５項までの規定又は他の法律の規定に基づく請求があった場合を除き、登録原票を開示してはならない。
２　外国人は、市町村の長に対し、当該外国人に係る登録原票の写し又は登録原票に登録した事項に関する証明書（以下「登録原票記載事項証明書」という。）の交付を請求することができる。
３　外国人の代理人又は同居の親族（婚姻の届出をしていないが、事実上当該外国人と婚

参考法令

姻関係と同様の事情にある者を含む。以下同じ。)は、市町村の長に対し、当該外国人に係る登録原票の写し又は登録原票記載事項証明書の交付を請求することができる。
4　国の機関又は地方公共団体は、法律の定める事務の遂行のため登録原票の記載を利用する必要があると認める場合においては、市町村の長に対し、登録原票の写し又は登録原票記載事項証明書の交付を請求することができる。
5　弁護士その他政令で定める者は、法律の定める事務又は業務の遂行のため登録原票の記載を利用する必要があると認める場合においては、市町村の長に対し、登録原票記載事項証明書の交付を請求することができる。ただし、登録原票の記載のうち、第4条第1項第3号から第7号まで及び第15号から第17号までに掲げる事項以外のものについては、それらの開示を特に必要とする場合に限る。
6　前3項の請求は、請求を必要とする理由その他法務省令で定める事項を明らかにしてしなければならない。

(登録証明書の交付)
第5条　市町村の長は、第4条第1項の登録をした場合には、当該申請に係る外国人について同項各号(第18号及び第19号を除く。)に掲げる事項を記載した外国人登録証明書(以下「登録証明書」という。)を作成し、これを当該申請をした者に交付しなければならない。
2　前項の場合において、第3条第1項の申請に関する調査その他事務上やむを得ない理由によりその場で登録証明書を交付することができないときは、市町村の長は、法務省令で定めるところにより、書面で期間を指定して、その期間内にこれを交付することができる。

(居住地変更登録)
第8条　外国人は、居住地を変更した場合(同一の市町村の区域内で居住地を変更した場合を除く。)には、新居住地に移転した日から14日以内に、新居住地の市町村の長に対し、変更登録申請書を提出して、居住地変更の登録を申請しなければならない。
2　外国人は、同一の市町村の区域内で居住地を変更した場合には、新居住地に移転した日から14日以内に、その市町村の長に対し、変更登録申請書を提出して、居住地変更の登録を申請しなければならない。
3　外国人は、第1項又は前項の申請をする場合には、第6条の2第1項の登録証明書の引替交付の申請を併せて行わなければならないときを除き、その所持する登録証明書を提出しなければならない。この場合において、市町村の長は、当該登録証明書に居住地の変更に係る記載を行い、これを当該外国人に返還しなければならない。
4　市町村の長は、第1項の申請があったときは、旧居住地の市町村の長に対し、すみやかに当該外国人に係る登録原票の送付を請求しなければならない。
5　前項の規定による請求を受けた市町村の長は、請求をした市町村の長に対し、すみやかに当該外国人に係る登録原票を送付しなければならない。
6　市町村の長は、第2項の申請があったとき、又は前項の規定による登録原票の送付を

〔法令1〕 外国人登録法（抄）

受けたときは、当該外国人に係る登録原票に居住地変更の登録をしなければならない。
7　市町村の長は、第1項又は第2項の申請の場合において、やむを得ない理由があると認めるときは、同項に定める期間を14日を限り延長することができる。
（居住地以外の記載事項の変更登録）
第9条　外国人は、登録原票の記載事項のうち、第4条第1項第3号、第6号、第9号、第13号、第14号又は第20号に掲げる事項に変更を生じた場合（次条第1項及び第9条の3第1項に規定する場合を除く。）には、その変更を生じた日から14日以内に、その居住地の市町村の長に対し、変更登録申請書及びその変更を生じたことを証する文書を提出して、その記載事項の変更の登録を申請しなければならない。
2　外国人は、登録原票の記載事項のうち、第4条第1項第7号、第10号、第11号又は第16号から第19号までに掲げる事項に変更を生じた場合には、第6条第1項、第6条の2第1項若しくは第2項、第7条第1項、第8条第1項若しくは第2項、前項、次条第1項、第9条の3第1項又は第11条第1項若しくは第2項の申請のうち当該変更を生じた日後における最初の申請をする時までに、その居住地の市町村の長に対し、変更登録申請書及びその変更を生じたことを証する文書を提出して、その記載事項の変更の登録を申請しなければならない。
3　外国人は、第1項の申請又は前項の申請（第4条第1項第18号又は第19号に掲げる事項に変更を生じた場合を除く。）をする場合には、第6条の2第1項の登録証明書の引替交付の申請を併せて行わなければならないときを除き、その所持する登録証明書を提出しなければならない。この場合において、市町村の長は当該登録証明書に当該申請に係る事項の変更に係る記載を行い、これを当該外国人に返還しなければならない。
4　市町村の長は、第1項又は第2項の申請があつたときは、当該外国人に係る登録原票に当該申請に係る事項の変更の登録をしなければならない。この場合において、第1項の申請が第4条第1項第13号に掲げる事項に永住者又は特別永住者としての在留の資格への変更を生じたものに係るときは、市町村の長は、同項第9号及び第20号に掲げる事項を消除しなければならない。
5　第8条第7項の規定は、第1項の申請について準用する。
（登録証明書の受領、携帯及び提示）
第13条　外国人は、市町村の長が交付し、又は返還する登録証明書を受領し、常にこれを携帯していなければならない。ただし、16歳に満たない外国人は、登録証明書を携帯していることを要しない。
2　外国人は、入国審査官、入国警備官（入管法に定める入国警備官をいう。）、警察官、海上保安官その他法務省令で定める国又は地方公共団体の職員がその職務の執行に当たり登録証明書の提示を求めた場合には、これを提示しなければならない。
3　前項に規定する職員は、その事務所以外の場所において登録証明書の提示を求める場合には、その身分を示す証票を携帯し、請求があるときは、これを提示しなければならない。

参考法令

（署名）
第14条 16歳以上の外国人（1年未満在留者を除く。）は、第3条第1項、第6条第1項、第6条の2第1項若しくは第2項、第7条第1項又は第11条第1項若しくは第2項の申請をする場合には、これらの規定による申請に係る申請書の提出と同時に、登録原票及び署名原紙に署名をしなければならない。ただし、その申請が第15条第2項の規定により代理人によつてなされたとき、その他その申請に係る申請書の提出と同時に署名をすることができないときは、この限りでない。

2　16歳以上の1年未満在留者は、第9条の3第1項の申請をする場合には、同項の規定による申請に係る申請書の提出と同時に、登録原票に署名をしなければならない。ただし、その申請が第15条第2項の規定により代理人によつてなされたとき、その他その申請に係る申請書の提出と同時に署名をすることができないときは、この限りでない。

3　署名の方法その他前2項の規定による署名について必要な事項は、政令で定める。

4　市町村の長は、第5条第1項、第6条第4項、第6条の2第5項、第7条第4項又は第11条第4項の規定により外国人に交付する登録証明書に、当該登録証明書の交付に係る申請の時に当該外国人が第1項の規定により登録原票又は署名原紙にした署名を転写するものとする。

（事実の調査）
第15条の2　市町村の長は、第3条第1項、第6条第1項、第6条の2第1項若しくは第2項、第7条第1項、第8条第1項若しくは第2項、第9条第1項若しくは第2項、第9条の2第1項、第9条の3第1項又は第11条第1項若しくは第2項の申請があつた場合において、申請の内容について事実に反することを疑うに足りる相当な理由があるときは、外国人登録の正確な実施を図るため、その職員に事実の調査をさせることができる。この場合において、必要があるときは、当該申請をした外国人に出頭を求めることができる。

2　前項の調査のため必要があるときは、市町村の職員は、当該申請をした外国人その他の関係人に対し質問をし、又は文書の提示を求めることができる。

3　市町村の職員は、市町村の事務所以外の場所において前項の行為をする場合には、その身分を示す証票を携帯し、当該申請をした外国人その他の関係者の請求があるときは、これを提示しなければならない。

（変更登録の報告）
第16条　市町村の長は、第8条第6項、第9条第4項、第9条の2第3項、第9条の3第3項又は第10条第1項の規定により変更登録をした場合には、法務大臣にその旨を報告しなければならない。

（事務の区分）
第16条の2　この法律の規定により市町村が処理することとされている事務は、地方自治法第2条第9項第1号に規定する第1号法定受託事務とする。

（政令等への委任）

〔法令2〕 出入国管理及び難民認定法及び日本国との平和条約に基づき日本の国籍を離脱した者等の出入国管理に関する特例法の一部を改正する等の法律（抄）

第17条　この法律に特別の定めがあるもののほか、この法律の実施のための手続その他その執行について必要な細則は、法務省令（市町村の長の行うべき事務については、政令）で定める。

（罰則）

第18条　次の各号の1に該当する者は、1年以下の懲役若しくは禁錮又は20万円以下の罰金に処する。（以下、略）

第18条の2　次の各号の1に該当する者は、20万円以下の罰金に処する。（以下、略）

第19条　特別永住者が第13条第1項の規定に違反して登録証明書を携帯しなかつたときは、10万円以下の過料に処する。

第19条の3　偽りその他不正の手段により、第4条の3第2項から第5項までの登録原票の写し又は登録原票記載事項証明書の交付を受けた者は、5万円以下の過料に処する。

　　附則　（抄）

1　この法律は、日本国との平和条約の最初の効力発生の日から施行する。但し、第14条及び第18条第1項第8号の規定は、この法律施行の日から3年以内において政令で定める日から施行する。

2　外国人登録令（昭和22年勅令第207号）は、廃止する。

　　附則（平成16年12月3日法律第152号）　（抄）

（施行期日）

第1条　この法律は、公布の日から起算して1年を超えない範囲内において政令で定める日から施行する。

〔法令2〕　出入国管理及び難民認定法及び日本国との平和条約に基づき日本の国籍を離脱した者等の出入国管理に関する特例法の一部を改正する等の法律（抄）

（平成21年7月15日公布法律第79号）

（出入国管理及び難民認定法の一部改正）

第1条　出入国管理及び難民認定法（昭和26年政令第319号）の一部を次のように改正する。（以下、略）

第2条　出入国管理及び難民認定法の一部を次のように改正する。（以下、略）

（日本国との平和条約に基づき日本の国籍を離脱した者等の出入国管理に関する特例法の一部改正）

第3条　日本国との平和条約に基づき日本の国籍を離脱した者等の出入国管理に関する特例法（平成3年法律第71号）の一部を次のように改正する。（以下、略）

（外国人登録法の廃止）

参考法令

第4条 外国人登録法（昭和27年法律第125号）は、廃止する。

　　　附則　（抄）
（施行期日）
第1条　この法律は、公布の日から起算して3年を超えない範囲内において政令で定める日〔平成24年7月9日―平成23年政令419号〕から施行する。ただし、次の各号に掲げる規定は、当該各号に定める日から施行する。
　一　第1条のうち出入国管理及び難民認定法（以下「入管法」という。）第53条第3項の改正規定（同項第3号に係る部分を除く。）及び第3条のうち日本国との平和条約に基づき日本の国籍を離脱した者等の出入国管理に関する特例法（以下「特例法」という。）第8条中「第70条第8号」を「第70条第1項第8号」に改める改正規定並びに附則第60条の規定　公布の日
　二～七　（略）
（検討）〔本条は、平成21年7月15日から施行〕
第60条　法務大臣は、現に本邦に在留する外国人であって入管法又は特例法の規定により本邦に在留することができる者以外のもののうち入管法第54条第2項の規定により仮放免をされ当該仮放免の日から一定期間を経過したものについて、この法律の円滑な施行を図るとともに、施行日以後においてもなおその者が行政上の便益を受けられることとなるようにするとの観点から、施行日までに、その居住地、身分関係等を市町村に迅速に通知すること等について検討を加え、その結果に基づいて必要な措置を講ずるものとする。
2　法務大臣は、この法律の円滑な施行を図るため、現に本邦に在留する外国人であって入管法又は特例法の規定により本邦に在留することができる者以外の者について、入管法第50条第1項の許可の運用の透明性を更に向上させる等その出頭を促進するための措置その他の不法滞在者の縮減に向けた措置を講ずることを検討するものとする。
3　法務大臣は、永住者の在留資格をもって在留する外国人のうち特に我が国への定着性の高い者について、歴史的背景を踏まえつつ、その者の本邦における生活の安定に資するとの観点から、その在留管理の在り方を検討するものとする。
第61条　政府は、この法律の施行後3年を目途として、新入管法及び新特例法の施行の状況を勘案し、必要があると認めるときは、これらの法律の規定について検討を加え、その結果に基づいて必要な措置を講ずるものとする。

〔法令3〕　出入国管理及び難民認定法（抄）

　　　　　（昭和26年10月4日政令第319号、最終改正平成21年7月15日法律第79号）
　内閣は、ポツダム宣言の受諾に伴い発する命令に関する件（昭和20年勅令第542号）に基き、この政令を制定する。

〔法令3〕 出入国管理及び難民認定法（抄）

第1章　総則

（目的）

第1条　出入国管理及び難民認定法は、本邦に入国し、又は本邦から出国するすべての人の出入国の公正な管理を図るとともに、難民の認定手続を整備することを目的とする。

（定義）

第2条　出入国管理及び難民認定法及びこれに基づく命令において、次の各号に掲げる用語の意義は、それぞれ当該各号に定めるところによる。

一　削除

二　外国人　日本の国籍を有しない者をいう。

三　乗員　船舶又は航空機（以下「船舶等」という。）の乗組員をいう。

三の二　難民　難民の地位に関する条約（以下「難民条約」という。）第1条の規定又は難民の地位に関する議定書第1条の規定により難民条約の適用を受ける難民をいう。

四　日本国領事官等　外国に駐在する日本国の大使、公使又は領事官をいう。

五　旅券　次に掲げる文書をいう。

　イ　日本国政府、日本国政府の承認した外国政府又は権限のある国際機関の発行した旅券又は難民旅行証明書その他当該旅券に代わる証明書（日本国領事官等の発行した渡航証明書を含む。）

　ロ　政令で定める地域の権限のある機関の発行したイに掲げる文書に相当する文書

六　乗員手帳　権限のある機関の発行した船員手帳その他乗員に係るこれに準ずる文書をいう。

七　人身取引等　次に掲げる行為をいう。

　イ　営利、わいせつ又は生命若しくは身体に対する加害の目的で、人を略取し、誘拐し、若しくは売買し、又は略取され、誘拐され、若しくは売買された者を引き渡し、収受し、輸送し、若しくは蔵匿すること。

　ロ　イに掲げるもののほか、営利、わいせつ又は生命若しくは身体に対する加害の目的で、18歳未満の者を自己の支配下に置くこと。

　ハ　イに掲げるもののほか、18歳未満の者が営利、わいせつ若しくは生命若しくは身体に対する加害の目的を有する者の支配下に置かれ、又はそのおそれがあることを知りながら、当該18歳未満の者を引き渡すこと。

八　出入国港　外国人が出入国すべき港又は飛行場で法務省令で定めるものをいう。

九　運送業者　本邦と本邦外の地域との間において船舶等により人又は物を運送する事業を営む者をいう。

十　入国審査官　第61条の3に定める入国審査官をいう。

十一　主任審査官　上級の入国審査官で法務大臣が指定するものをいう。

十二　特別審理官　口頭審理を行わせるため法務大臣が指定する入国審査官をいう。

十二の二　難民調査官　第61条の3第2項第2号（第61条の2の8第2項において準用

参考法令

　　　する第22条の4第2項に係る部分に限る。）及び第3号（第61条の2の14第1項に係る部分に限る。）に掲げる事務を行わせるため法務大臣が指定する入国審査官をいう。
　十三　入国警備官　第61条の3の2に定める入国警備官をいう。
　十四　違反調査　入国警備官が行う外国人の入国、上陸又は在留に関する違反事件の調査をいう。
　十五　入国者収容所　法務省設置法（平成11年法律第93号）第13条に定める入国者収容所をいう。
　十六　収容場　第61条の6に定める収容場をいう。

（在留資格及び在留期間）
第2条の2　本邦に在留する外国人は、出入国管理及び難民認定法及び他の法律に特別の規定がある場合を除き、それぞれ、当該外国人に対する上陸許可若しくは当該外国人の取得に係る在留資格（技能実習の在留資格にあつては、別表第1の2の表の技能実習の項の下欄に掲げる第1号イ若しくはロ又は第2号イ若しくはロの区分を含む。以下同じ。）又はそれらの変更に係る在留資格をもって在留するものとする。
2　在留資格は、別表第1の上欄（技能実習の在留資格にあつては、2の表の技能実習の項の下欄に掲げる第1号イ若しくはロ又は第2号イ若しくはロの区分を含む。以下同じ。）又は別表第2の上欄に掲げるとおりとし、別表第1の上欄の在留資格をもって在留する者は当該在留資格に応じそれぞれ本邦において同表の下欄に掲げる活動を行うことができ、別表第2の上欄の在留資格をもって在留する者は当該在留資格に応じそれぞれ本邦において同表の下欄に掲げる身分若しくは地位を有する者としての活動を行うことができる。
3　第1項の外国人が在留することのできる期間（以下「在留期間」という。）は、各在留資格について、法務省令で定める。この場合において、外交、公用及び永住者の在留資格以外の在留資格に伴う在留期間は、5年を超えることができない。

　　　　　第2章　入国及び上陸
　　　　第1節　外国人の入国
（外国人の入国）
第3条　次の各号のいずれかに該当する外国人は、本邦に入ってはならない。
　一　有効な旅券を所持しない者（有効な乗員手帳を所持する乗員を除く。）
　二　入国審査官から上陸許可の証印若しくは第9条第4項の規定による記録又は上陸の許可（以下「上陸の許可等」という。）を受けないで本邦に上陸する目的を有する者（前号に掲げる者を除く。）
2　本邦において乗員となる外国人は、前項の規定の適用については、乗員とみなす。
　　　　第2節　外国人の上陸　（略）

　　　　　第3章　上陸の手続

〔法令3〕 出入国管理及び難民認定法（抄）

第1節　上陸のための審査
（上陸の申請）
第6条　本邦に上陸しようとする外国人（乗員を除く。以下この節において同じ。）は、有効な旅券で日本国領事官等の査証を受けたものを所持しなければならない。ただし、国際約束若しくは日本国政府が外国政府に対して行つた通告により日本国領事官等の査証を必要としないこととされている外国人の旅券、第26条第1項の規定により再入国の許可を受けている者の旅券又は第61条の2の12第1項の規定により難民旅行証明書の交付を受けている者の当該証明書には、日本国領事官等の査証を要しない。

2　前項本文の外国人は、その者が上陸しようとする出入国港において、法務省令で定める手続により、入国審査官に対し上陸の申請をして、上陸のための審査を受けなければならない。

3　前項の申請をしようとする外国人は、入国審査官に対し、申請者の個人の識別のために用いられる法務省令で定める電子計算機の用に供するため、法務省令で定めるところにより、電磁的方式（電子的方式、磁気的方式その他人の知覚によつては認識することができない方式をいう。以下同じ。）によつて個人識別情報（指紋、写真その他の個人を識別することができる情報として法務省令で定めるものをいう。以下同じ。）を提供しなければならない。ただし、次の各号のいずれかに該当する者については、この限りでない。

一　日本国との平和条約に基づき日本の国籍を離脱した者等の出入国管理に関する特例法（平成3年法律第71号）に定める特別永住者（以下「特別永住者」という。）
二　16歳に満たない者
三　本邦において別表第1の1の表の外交の項又は公用の項の下欄に掲げる活動を行おうとする者
四　国の行政機関の長が招へいする者
五　前2号に掲げる者に準ずる者として法務省令で定めるもの

（入国審査官の審査）
第7条　入国審査官は、前条第2項の申請があつたときは、当該外国人が次の各号（第26条第1項の規定により再入国の許可を受けている者又は第61条の2の12第1項の規定により交付を受けた難民旅行証明書を所持している者については、第1号及び第4号）に掲げる上陸のための条件に適合しているかどうかを審査しなければならない。

一　その所持する旅券及び、査証を必要とする場合には、これに与えられた査証が有効であること。
二　申請に係る本邦において行おうとする活動が虚偽のものでなく、別表第1の下欄に掲げる活動（2の表の技能実習の項のの下欄第2号に掲げる活動を除き、5の表の下欄（ニに係る部分に限る。）に掲げる活動については、法務大臣があらかじめ告示をもつて定める活動に限る。）又は別表第2の下欄に掲げる身分若しくは地位（永住者の項の下欄に掲げる地位を除き、定住者の項の下欄に掲げる地位については法務大臣があ

305

参考法令

らかじめ告示をもつて定めるものに限る。)を有する者としての活動のいずれかに該当し、かつ、別表第1の2の表及び4の表の下欄並びに5の表の下欄(ロに係る部分に限る。)に掲げる活動を行おうとする者については我が国の産業及び国民生活に与える影響その他の事情を勘案して法務省令で定める基準に適合すること。

三　申請に係る在留期間が第2条の2第3項の規定に基づく法務省令の規定に適合するものであること。

四　当該外国人が第5条第1項各号のいずれにも該当しないこと

2　前項の審査を受ける外国人は、同項に規定する上陸のための条件に適合していることを自ら立証しなければならない。この場合において、別表第1の5の表の下欄(イからハまでに係る部分に限る。)に掲げる活動を行おうとする外国人は、同項第2号に掲げる条件に適合していることの立証については、次条に規定する証明書をもつてしなければならない。

3　法務大臣は、第1項第2号の法務省令を定めようとするときは、あらかじめ、関係行政機関の長と協議するものとする。

4　入国審査官は、第1項の規定にかかわらず、前条第3項各号のいずれにも該当しないと認める外国人が同項の規定による個人識別情報の提供をしないときは、第10条の規定による口頭審理を行うため、当該外国人を特別審理官に引き渡さなければならない。

(在留資格認定証明書)

第7条の2　法務大臣は、法務省令で定めるところにより、本邦に上陸しようとする外国人(本邦において別表第1の3の表の短期滞在の項の下欄に掲げる活動を行おうとする者を除く。)から、あらかじめ申請があつたときは、当該外国人が前条第1項第2号に掲げる条件に適合している旨の証明書を交付することができる。

2　前項の申請は、当該外国人を受け入れようとする機関の職員その他の法務省令で定める者を代理人としてこれをすることができる。

(船舶等への乗込)

第8条　入国審査官は、第7条第1項の審査を行う場合には、船舶等に乗り込むことができる。

(上陸許可の証印)

第9条　入国審査官は、審査の結果、外国人が第7条第1項に規定する上陸のための条件に適合していると認定したときは、当該外国人の旅券に上陸許可の証印をしなければならない。

2　前項の場合において、第5条第1項第1号又は第2号の規定に該当するかどうかの認定は、厚生労働大臣又は法務大臣の指定する医師の診断を経た後にしなければならない。

3　第1項の証印をする場合には、入国審査官は、当該外国人の在留資格及び在留期間を決定し、旅券にその旨を明示しなければならない。ただし、当該外国人が第26条第1項の規定により再入国の許可を受けている者又は第61条の2の12第1項の規定により交付を受けた難民旅行証明書を所持している者である場合は、この限りでない。

〔法令3〕 出入国管理及び難民認定法（抄）

4　入国審査官は、次の各号のいずれにも該当する外国人が第7条第1項に規定する上陸のための条件に適合していると認定したときは、氏名、上陸年月日、上陸する出入国港その他の法務省令で定める事項を上陸許可の証印に代わる記録のために用いられるファイルであつて法務省令で定める電子計算機に備えられたものに記録することができる。この場合においては、第1項の規定にかかわらず、同項の証印をすることを要しない。
　一　第7項の規定による登録を受けた者であること。
　二　上陸の申請に際して、法務省令で定めるところにより、電磁的方式によつて個人識別情報を提供していること。
5　第1項の規定による上陸許可の証印又は前項の規定による記録をする場合を除き、入国審査官は、次条の規定による口頭審理を行うため、当該外国人を特別審理官に引き渡さなければならない。
6　外国人は、第四節に特別の規定がある場合を除き、第1項、次条第8項若しくは第11条第4項の規定による上陸許可の証印又は第四項の規定による記録を受けなければ上陸してはならない。
7　法務大臣は、本邦に在留する外国人で本邦に再び上陸する意図をもって出国しようとするものが、次の各号（特別永住者にあつては、第3号を除く。）のいずれにも該当し、かつ、その上陸しようとする出入国港において第4項の規定による記録を受けることを希望するときは、法務省令で定めるところにより、その旨の登録をすることができる。
　一　第26条第1項の規定により再入国の許可を受けている者又は第61条の2の12第1項の規定により交付を受けた難民旅行証明書を所持している者であること。
　二　法務省令で定めるところにより、電磁的方式によつて個人識別情報を提供していること。
　三　当該登録の時において、第5条第1項各号のいずれにも該当しないこと。
　　　第2節　口頭審理及び異議の申出　（略）
　　　第3節　仮上陸等　（略）
　　　第4節　上陸の特例　（略）
第14条～第18条　（略）
（一時庇護のための上陸の許可）
第18条の2　入国審査官は、船舶等に乗つている外国人から申請があつた場合において、次の各号に該当すると思料するときは、一時庇護のための上陸を許可することができる。
　一　その者が難民条約第1条A(2)に規定する理由その他これに準ずる理由により、その生命、身体又は身体の自由を害されるおそれのあつた領域から逃れて、本邦に入つた者であること。
　二　その者を一時的に上陸させることが相当であること。
2　入国審査官は、前項の許可に係る審査のために必要があると認めるときは、法務省令で定めるところにより、当該外国人に対し、電磁的方式によつて個人識別情報を提供させることができる。

307

参考法令

3 第1項の許可を与える場合には、入国審査官は、当該外国人に一時庇護許可書を交付しなければならない。
4 第1項の許可を与える場合には、入国審査官は、法務省令で定めるところにより、当該外国人に対し、上陸期間、住居及び行動範囲の制限その他必要と認める条件を付することができる。

第4章　在留及び出国
第1節　在留
第1款　在留中の活動
(活動の範囲)
第19条　別表第1の上欄の在留資格をもって在留する者は、次項の許可を受けて行う場合を除き、次の各号に掲げる区分に応じ当該各号に掲げる活動を行ってはならない。
一　別表第1の1の表、2の表及び5の表の上欄の在留資格をもって在留する者　当該在留資格に応じこれらの表の下欄に掲げる活動に属しない収入を伴う事業を運営する活動又は報酬（業として行うものではない講演に対する謝金、日常生活に伴う臨時の報酬その他の法務省令で定めるものを除く。以下同じ。）を受ける活動
二　別表第1の3の表及び4の表の上欄の在留資格をもって在留する者　収入を伴う事業を運営する活動又は報酬を受ける活動
2　法務大臣は、別表第1の上欄の在留資格をもって在留する者から、法務省令で定める手続により、当該在留資格に応じ同表の下欄に掲げる活動の遂行を阻害しない範囲内で当該活動に属しない収入を伴う事業を運営する活動又は報酬を受ける活動を行うことを希望する旨の申請があつた場合において、相当と認めるときは、これを許可することができる。この場合において、法務大臣は、当該許可に必要な条件を付すことができる。
3　法務大臣は、前項の許可を受けている者が同項の規定に基づき付された条件に違反した場合その他その者に引き続き当該許可を与えておくことが適当でないと認める場合には、法務省令で定める手続により、当該許可を取り消すことができる。
4　第16条から第18条までに規定する上陸の許可を受けた外国人である乗員は、解雇により乗員でなくなつても、本邦にある間は、引き続き乗員とみなす。
(就労資格証明書)
第19条の2　法務大臣は、本邦に在留する外国人から申請があつたときは、法務省令で定めるところにより、その者が行うことができる収入を伴う事業を運営する活動又は報酬を受ける活動を証明する文書を交付することができる。
2　何人も、外国人を雇用する等に際し、その者が行うことができる収入を伴う事業を運営する活動又は報酬を受ける活動が明らかな場合に、当該外国人が前項の文書を提示し又は提出しないことを理由として、不利益な取扱いをしてはならない。
第2款　中長期の在留
(中長期在留者)

〔法令３〕 出入国管理及び難民認定法（抄）

第19条の３　法務大臣は、本邦に在留資格をもって在留する外国人のうち、次に掲げる者以外の者（以下「中長期在留者」という。）に対し、在留カードを交付するものとする。
一　３月以下の在留期間が決定された者
二　短期滞在の在留資格が決定された者
三　外交又は公用の在留資格が決定された者
四　前３号に準ずる者として法務省令で定めるもの

（在留カードの記載事項等）
第19条の４　在留カードの記載事項は、次に掲げる事項とする。
一　氏名、生年月日、性別及び国籍の属する国又は第２条第５号ロに規定する地域
二　住居地（本邦における主たる住居の所在地をいう。以下同じ。）
三　在留資格、在留期間及び在留期間の満了の日
四　許可の種類及び年月日
五　在留カードの番号、交付年月日及び有効期間の満了の日
六　就労制限の有無
七　第19条第２項の規定による許可を受けているときは、その旨
２　前項第５号の在留カードの番号は、法務省令で定めるところにより、在留カードの交付（再交付を含む。）ごとに異なる番号を定めるものとする。
３　在留カードには、法務省令で定めるところにより、中長期在留者の写真を表示するものとする。この場合において、法務大臣は、第６条第３項の規定その他法務省令で定める法令の規定により当該中長期在留者から提供された写真を利用することができる。
４　前３項に規定するもののほか、在留カードの様式、在留カードに表示すべきものその他在留カードについて必要な事項は、法務省令で定める。
５　法務大臣は、法務省令で定めるところにより、第１項各号に掲げる事項及び前２項の規定により表示されるものについて、その全部又は一部を、在留カードに電磁的方式により記録することができる。

（在留カードの有効期間）
第19条の５　在留カードの有効期間は、その交付を受ける中長期在留者に係る次の各号に掲げる区分に応じ、当該各号に定める日が経過するまでの期間とする。
一　永住者（次号に掲げる者を除く。）在留カードの交付の日から起算して７年を経過する日
二　永住者であつて、在留カードの交付の日に16歳に満たない者（第19条の11第３項において準用する第19条の10第２項の規定により在留カードの交付を受ける者を除く。第４号において同じ。）16歳の誕生日（当該外国人の誕生日が２月29日であるときは、当該外国人のうるう年以外の年における誕生日は２月28日であるものとみなす。以下同じ。）
三　永住者以外の者（次号に掲げる者を除く。）在留期間の満了の日
四　永住者以外の者であつて、在留カードの交付の日に16歳に満たない者　在留期間の

参考法令

満了の日又は16歳の誕生日のいずれか早い日
2　前項第3号又は第4号の規定により、在留カードの有効期間が在留期間の満了の日が経過するまでの期間となる場合において、当該在留カードの交付を受けた中長期在留者が、第20条第5項（第21条第4項において準用する場合を含む。以下この項、第24条第4号ロ及び第26条第4項において同じ。）の規定により、在留期間の満了後も引き続き本邦に在留することができることとなる場合にあつては、当該在留カードの有効期間は、第20条第5項の規定により在留することができる期間の末日が経過するまでの期間とする。

（新規上陸に伴う在留カードの交付）
第19条の6　法務大臣は、入国審査官に、前章第1節又は第2節の規定による上陸許可の証印又は許可（在留資格の決定を伴うものに限る。）を受けて中長期在留者となつた者に対し、法務省令で定めるところにより、在留カードを交付させるものとする。

（新規上陸後の住居地届出）
第19条の7　前条に規定する中長期在留者は、住居地を定めた日から14日以内に、法務省令で定める手続により、住居地の市町村（東京都の特別区の存する区域及び地方自治法第252条の19第1項の指定都市にあつては、区。以下同じ。）の長に対し、在留カードを提出した上、当該市町村の長を経由して、法務大臣に対し、その住居地を届け出なければならない。
2　市町村の長は、前項の規定による在留カードの提出があつた場合には、当該在留カードにその住居地の記載（第19条の4第5項の規定による記録を含む。）をし、これを当該中長期在留者に返還するものとする。
3　第1項に規定する中長期在留者が、在留カードを提出して住民基本台帳法（昭和42年法律第81号）第30条の46の規定による届出をしたときは、当該届出は同項の規定による届出とみなす。

（在留資格変更等に伴う住居地届出）
第19条の8　第20条第3項本文（第22条の2第3項（第22条の3において準用する場合を含む。）において準用する場合を含む。）、第21条第3項、第22条第2項（第22条の2第4項（第22条の3において準用する場合を含む。）において準用する場合を含む。）、第50条第1項又は第61条の2の2第1項若しくは第2項の規定による許可を受けて新たに中長期在留者となつた者は、住居地を定めた日（既に住居地を定めている者にあつては、当該許可の日）から14日以内に、法務省令で定める手続により、住居地の市町村の長に対し、在留カードを提出した上、当該市町村の長を経由して、法務大臣に対し、その住居地を届け出なければならない。
2　前条第2項の規定は、前項の規定による在留カードの提出があつた場合に準用する。
3　第1項に規定する中長期在留者が、在留カードを提出して住民基本台帳法第30条の46又は第30条の47の規定による届出をしたときは、当該届出は同項の規定による届出とみなす。

4　第22条の2第1項又は第22条の3に規定する外国人が、第22条の2第2項（第22条の3において準用する場合を含む。）の規定による申請をするに際し、法務大臣に対し、住民基本台帳法第12条第1項に規定する住民票の写し又は住民票記載事項証明書を提出したときは、第22条の2第3項（第22条の3において準用する場合を含む。）において準用する第20条第3項本文の規定による許可又は第22条の2第4項（第22条の3において準用する場合を含む。）において準用する第22条第2項の規定による許可があつた時に、第1項の規定による届出があつたものとみなす。

（住居地の変更届出）

第19条の9　中長期在留者は、住居地を変更したときは、新住居地（変更後の住居地をいう。以下同じ。）に移転した日から14日以内に、法務省令で定める手続により、新住居地の市町村の長に対し、在留カードを提出した上、当該市町村の長を経由して、法務大臣に対し、その新住居地を届け出なければならない。

2　第19条の7第2項の規定は、前項の規定による在留カードの提出があつた場合に準用する。

3　第1項に規定する中長期在留者が、在留カードを提出して住民基本台帳法第22条、第23条又は第30条の46の規定による届出をしたときは、当該届出は同項の規定による届出とみなす。

（住居地以外の記載事項の変更届出）

第19条の10　中長期在留者は、第19条の4第1項第1号に掲げる事項に変更を生じたときは、その変更を生じた日から14日以内に、法務省令で定める手続により、法務大臣に対し、変更の届出をしなければならない。

2　法務大臣は、前項の届出があつた場合には、入国審査官に、当該中長期在留者に対し、新たな在留カードを交付させるものとする。

（在留カードの有効期間の更新）

第19条の11　在留カードの交付を受けた中長期在留者は、当該在留カードの有効期間が当該中長期在留者の在留期間の満了の日までとされている場合を除き、当該在留カードの有効期間の満了の日の2月前（有効期間の満了の日が16歳の誕生日とされているときは、6月前）から有効期間が満了する日までの間（次項において「更新期間」という。）に、法務省令で定める手続により、法務大臣に対し、在留カードの有効期間の更新を申請しなければならない。

2　やむを得ない理由のため更新期間内に前項の規定による申請をすることが困難であると予想される者は、法務省令で定める手続により、更新期間前においても、法務大臣に対し、在留カードの有効期間の更新を申請することができる。

3　前条第2項の規定は、前2項の規定による申請があつた場合に準用する。

（紛失等による在留カードの再交付）

第19条の12　在留カードの交付を受けた中長期在留者は、紛失、盗難、滅失その他の事由により在留カードの所持を失つたときは、その事実を知つた日（本邦から出国している

参考法令

間に当該事実を知つた場合にあつては、その後最初に入国した日）から14日以内に、法務省令で定める手続により、法務大臣に対し、在留カードの再交付を申請しなければならない。
2　第19条の10第2項の規定は、前項の規定による申請があつた場合に準用する。
（汚損等による在留カードの再交付）
第19条の13　在留カードの交付を受けた中長期在留者は、当該在留カードが著しく毀損し、若しくは汚損し、又は第19条の4第5項の規定による記録が毀損したとき（以下この項において「毀損等の場合」という。）は、法務省令で定める手続により、法務大臣に対し、在留カードの再交付を申請することができる。在留カードの交付を受けた中長期在留者が、毀損等の場合以外の場合であつて在留カードの交換を希望するとき（正当な理由がないと認められるときを除く。）も、同様とする。
2　法務大臣は、著しく毀損し、若しくは汚損し、又は第19条の4第5項の規定による記録が毀損した在留カードを所持する中長期在留者に対し、在留カードの再交付を申請することを命ずることができる。
3　前項の規定による命令を受けた中長期在留者は、当該命令を受けた日から14日以内に、法務省令で定める手続により、法務大臣に対し、在留カードの再交付を申請しなければならない。
4　第19条の10第2項の規定は、第1項又は前項の規定による申請があつた場合に準用する。
（在留カードの失効）
第19条の14　在留カードは、次の各号のいずれかに該当する場合には、その効力を失う。
一　在留カードの交付を受けた中長期在留者が中長期在留者でなくなつたとき。
二　在留カードの有効期間が満了したとき。
三　在留カードの交付を受けた中長期在留者（第26条第1項の規定により再入国の許可を受けている者を除く。）が、第25条第1項の規定により、出国する出入国港において、入国審査官から出国の確認を受けたとき。
四　在留カードの交付を受けた中長期在留者であつて、第26条第1項の規定により再入国の許可を受けている者が出国し、再入国の許可の有効期間内に再入国をしなかつたとき。
五　在留カードの交付を受けた中長期在留者が新たな在留カードの交付を受けたとき。
六　在留カードの交付を受けた中長期在留者が死亡したとき。
（在留カードの返納）
第19条の15　在留カードの交付を受けた中長期在留者は、その所持する在留カードが前条第1号、第2号又は第4号に該当して効力を失つたときは、その事由が生じた日から14日以内に、法務大臣に対し、当該在留カードを返納しなければならない。
2　在留カードの交付を受けた中長期在留者は、その所持する在留カードが前条第3号又は第5号に該当して効力を失つたときは、直ちに、法務大臣に対し、当該在留カードを

〔法令3〕 出入国管理及び難民認定法（抄）

返納しなければならない。
3 在留カードの交付を受けた中長期在留者は、在留カードの所持を失つた場合において、前条（第6号を除く。）の規定により当該在留カードが効力を失つた後、当該在留カードを発見するに至つたときは、その発見の日から14日以内に、法務大臣に対し、当該在留カードを返納しなければならない。
4 在留カードが前条第6号の規定により効力を失つたときは、死亡した中長期在留者の親族又は同居者は、その死亡の日（死亡後に在留カードを発見するに至つたときは、その発見の日）から14日以内に、法務大臣に対し、当該在留カードを返納しなければならない。

（所属機関等に関する届出）
第19条の16 中長期在留者であつて、次の各号に掲げる在留資格をもつて本邦に在留する者は、当該各号に掲げる在留資格の区分に応じ、当該各号に定める事由が生じたときは、当該事由が生じた日から14日以内に、法務省令で定める手続により、法務大臣に対し、その旨及び法務省令で定める事項を届け出なければならない。
一 教授、投資・経営、法律・会計業務、医療、教育、企業内転勤、技能実習、留学又は研修 当該在留資格に応じてそれぞれ別表第1の下欄に掲げる活動を行う本邦の公私の機関の名称若しくは所在地の変更若しくはその消滅又は当該機関からの離脱若しくは移籍
二 研究、技術、人文知識・国際業務、興行（本邦の公私の機関との契約に基づいて当該在留資格に係る活動に従事する場合に限る。）又は技能 契約の相手方である本邦の公私の機関の名称若しくは所在地の変更若しくはその消滅又は当該機関との契約の終了若しくは新たな契約の締結
三 家族滞在（配偶者として行う日常的な活動を行うことができる者に係るものに限る。）、特定活動（別表第1の5の表の下欄ハに掲げる配偶者として行う日常的な活動を行うことができる者に係るものに限る。）、日本人の配偶者等（日本人の配偶者の身分を有する者に係るものに限る。）又は永住者の配偶者等（永住者の在留資格をもつて在留する者又は特別永住者（以下「永住者等」という。）の配偶者の身分を有する者に係るものに限る。） 配偶者との離婚又は死別

（所属機関による届出）
第19条の17 別表第1の在留資格をもつて在留する中長期在留者が受け入れられている本邦の公私の機関その他の法務省令で定める機関（雇用対策法（昭和41年法律第132号）第28条第1項の規定による届出をしなければならない事業主を除く。）は、法務省令で定めるところにより、法務大臣に対し、当該中長期在留者の受入れの開始及び終了その他の受入れの状況に関する事項を届け出るよう努めなければならない。

（中長期在留者に関する情報の継続的な把握）
第19条の18 法務大臣は、中長期在留者の身分関係、居住関係及び活動状況を継続的に把握するため、出入国管理及び難民認定法その他の法令の定めるところにより取得した中

313

参考法令

長期在留者の氏名、生年月日、性別、国籍の属する国、住居地、所属機関その他在留管理に必要な情報を整理しなければならない。
2　法務大臣は、前項に規定する情報を正確かつ最新の内容に保つよう努めなければならない。
3　法務大臣は、在留管理の目的を達成するために必要な最小限度の範囲を超えて、第1項に規定する情報を取得し、又は保有してはならず、当該情報の取扱いに当たっては、個人の権利利益の保護に留意しなければならない。

(事実の調査)
第19条の19　法務大臣は、中長期在留者に関する情報の継続的な把握のため必要があるときは、この款の規定により届け出ることとされている事項について、その職員に事実の調査をさせることができる。
2　入国審査官又は入国警備官は、前項の調査のため必要があるときは、関係人に対し、出頭を求め、質問をし、又は文書の提示を求めることができる。
3　法務大臣、入国審査官又は入国警備官は、第1項の調査について、公務所又は公私の団体に照会して必要な事項の報告を求めることができる。

　　　　第2節　在留資格の変更及び取消し等
(在留資格の変更)
第20条　在留資格を有する外国人は、その者の有する在留資格（これに伴う在留期間を含む。以下第3項まで及び次条において同じ。）の変更（技能実習の在留資格（別表第1の2の表の技能実習の項の下欄第2号イ又はロに係るものに限る。）を有する者については、法務大臣が指定する本邦の公私の機関の変更を含み、特定活動の在留資格を有する者については、法務大臣が個々の外国人について特に指定する活動の変更を含む。）を受けることができる。
2　前項の規定により在留資格の変更を受けようとする外国人は、法務省令で定める手続により、法務大臣に対し在留資格の変更を申請しなければならない。ただし、永住者の在留資格への変更を希望する場合は、第22条第1項の定めるところによらなければならない。
3　前項の申請があった場合には、法務大臣は、当該外国人が提出した文書により在留資格の変更を適当と認めるに足りる相当の理由があるときに限り、これを許可することができる。ただし、短期滞在の在留資格をもって在留する者の申請については、やむを得ない特別の事情に基づくものでなければ許可しないものとする。
4　法務大臣は、前項の規定による許可をする場合には、次の各号に掲げる区分に応じ、当該各号に定める措置をとるものとする。この場合において、その許可は、それぞれ当該各号に定める在留カード若しくは在留資格証明書の交付又は旅券若しくは在留資格証明書の記載のあった時に、当該在留カード、在留資格証明書又は旅券に記載された内容をもって効力を生ずる。
　一　当該許可に係る外国人が引き続き中長期在留者に該当し、又は新たに中長期在留者

〔法令3〕 出入国管理及び難民認定法（抄）

に該当することとなるとき入国審査官に、当該外国人に対し、在留カードを交付させること。
二　前号に掲げる場合以外の場合において、当該許可に係る外国人が旅券を所持しているとき入国審査官に、当該旅券に新たな在留資格及び在留期間を記載させること。
三　第1号に掲げる場合以外の場合において、当該許可に係る外国人が旅券を所持していないとき入国審査官に、当該外国人に対し新たな在留資格及び在留期間を記載した在留資格証明書を交付させ、又は既に交付を受けている在留資格証明書に新たな在留資格及び在留期間を記載させること
5　第2項の規定による申請があつた場合（30日以下の在留期間を決定されている者から申請があつた場合を除く。）において、その申請の時に当該外国人が有する在留資格に伴う在留期間の満了の日までにその申請に対する処分がされないときは、当該外国人は、その在留期間の満了後も、当該処分がされる日又は従前の在留期間の満了の日から2月を経過する日のいずれか早い日までの間は、引き続き当該在留資格をもつて本邦に在留することができる。

（在留期間の更新）
第21条　本邦に在留する外国人は、現に有する在留資格を変更することなく、在留期間の更新を受けることができる。
2　前項の規定により在留期間の更新を受けようとする外国人は、法務省令で定める手続により、法務大臣に対し在留期間の更新を申請しなければならない。
3　前項の規定による申請があつた場合には、法務大臣は、当該外国人が提出した文書により在留期間の更新を適当と認めるに足りる相当の理由があるときに限り、これを許可することができる。
4　第20条第4項の規定は前項の規定による許可をする場合に、同条第5項の規定は第2項の規定による申請があつた場合に、それぞれ準用する。この場合において、同条第4項第2号中「新たな在留資格及び在留期間」を「在留資格及び新たな在留期間」と読み替えるものとする。

（永住許可）
第22条　在留資格を変更しようとする外国人で永住者の在留資格への変更を希望するものは、法務省令で定める手続により、法務大臣に対し永住許可を申請しなければならない。
2　前項の申請があつた場合には、法務大臣は、その者が次の各号に適合し、かつ、その者の永住が日本国の利益に合すると認めたときに限り、これを許可することができる。ただし、その者が日本人、永住許可を受けている者又は特別永住者の配偶者又は子である場合においては、次の各号に適合することを要しない。
一　素行が善良であること。
二　独立の生計を営むに足りる資産又は技能を有すること。
3　法務大臣は、前項の許可をする場合には、入国審査官に、当該許可に係る外国人に対し在留カードを交付させるものとする。この場合において、その許可は、当該在留カー

参考法令

ドの交付のあつた時に、その効力を生ずる。

(在留資格の取得)

第22条の2 日本の国籍を離脱した者又は出生その他の事由により前章に規定する上陸の手続を経ることなく本邦に在留することとなる外国人は、第2条の2第1項の規定にかかわらず、それぞれ日本の国籍を離脱した日又は出生その他当該事由が生じた日から60日を限り、引き続き在留資格を有することなく本邦に在留することができる。

2 前項に規定する外国人で同項の期間をこえて本邦に在留しようとするものは、日本の国籍を離脱した日又は出生その他当該事由が生じた日から30日以内に、法務省令で定めるところにより、法務大臣に対し在留資格の取得を申請しなければならない。

3 第20条第3項本文及び第4項の規定は、前項に規定する在留資格の取得の申請(永住者の在留資格の取得の申請を除く。)の手続に準用する。この場合において、同条第3項本文中「在留資格の変更」とあるのは、「在留資格の取得」と読み替えるものとする。

4 前条の規定は、第2項に規定する在留資格の取得の申請中永住者の在留資格の取得の申請の手続に準用する。この場合において、同条第1項中「変更しよう」とあるのは「取得しよう」と、「在留資格への変更」とあるのは「在留資格の取得」と読み替えるものとする。

第22条の3 前条第2項から第4項までの規定は、第18条の2第1項に規定する一時庇護のための上陸の許可を受けた外国人で別表第1又は別表第2の上欄の在留資格のいずれかをもつて在留しようとするものに準用する。この場合において、前条第2項中「日本の国籍を離脱した日又は出生その他当該事由が生じた日から30日以内」とあるのは、「当該上陸の許可に係る上陸期間内」と読み替えるものとする。

(在留資格の取消し)

第22条の4 法務大臣は、別表第1又は別表第2の上欄の在留資格をもつて本邦に在留する外国人(第61条の2第1項の難民の認定を受けている者を除く。)について、次の各号に掲げるいずれかの事実が判明したときは、法務省令で定める手続により、当該外国人が現に有する在留資格を取り消すことができる。

一 偽りその他不正の手段により、当該外国人が第5条第1項各号のいずれにも該当しないものとして、前章第1節又は第2節の規定による上陸許可の証印(第9条第4項の規定による記録を含む。)又は許可を受けたこと。

二 偽りその他不正の手段により、上陸許可の証印等(前章第1節若しくは第2節の規定による上陸許可の証印若しくは許可(在留資格の決定を伴うものに限る。)又はこの節の規定による許可をいい、これらが2以上ある場合には直近のものをいうものとする。以下この項において同じ。)の申請に係る本邦において行おうとする活動が虚偽のものでなく、別表第1の下欄に掲げる活動又は別表第2の下欄に掲げる身分若しくは地位を有する者としての活動のいずれかに該当するものとして、当該上陸許可の証印等を受けたこと。

三 前2号に掲げるもののほか、偽りその他不正の手段により、上陸許可の証印等を受

けたこと。
四 前3号に掲げるもののほか、不実の記載のある文書（不実の記載のある文書又は図画の提出又は提示により交付を受けた第7条の2第1項の規定による証明書及び不実の記載のある文書又は図画の提出又は提示により旅券に受けた査証を含む。）又は図画の提出又は提示により、上陸許可の証印等を受けたこと。
五 偽りその他不正の手段により、第50条第1項又は第61条の2の2第2項の規定による許可を受けたこと（当該許可の後、これらの規定による許可又は上陸許可の証印等を受けた場合を除く。）。
六 別表第1の上欄の在留資格をもって在留する者が、当該在留資格に応じ同表の下欄に掲げる活動を継続して3月以上行わないで在留していること（当該活動を行わないで在留していることにつき正当な理由がある場合を除く。）。
七 日本人の配偶者等の在留資格（日本人の配偶者の身分を有する者（兼ねて日本人の特別養子（民法（明治29年法律第89号）第817条の2の規定による特別養子をいう。以下同じ。）又は日本人の子として出生した者の身分を有する者を除く。）に係るものに限る。）をもって在留する者又は永住者の配偶者等の在留資格（永住者等の配偶者の身分を有する者（兼ねて永住者等の子として本邦で出生しその後引き続き本邦に在留している者の身分を有する者を除く。）に係るものに限る。）をもって在留する者が、その配偶者の身分を有する者としての活動を継続して6月以上行わないで在留していること（当該活動を行わないで在留していることにつき正当な理由がある場合を除く。）。
八 前章第1節若しくは第2節の規定による上陸許可の証印若しくは許可、この節の規定による許可又は第50条第1項若しくは第61条の2の2第2項の規定による許可を受けて、新たに中長期在留者となつた者が、当該上陸許可の証印又は許可を受けた日から90日以内に、法務大臣に、住居地の届出をしないこと（届出をしないことにつき正当な理由がある場合を除く。）。
九 中長期在留者が、法務大臣に届け出た住居地から退去した場合において、当該退去の日から90日以内に、法務大臣に、新住居地の届出をしないこと（届出をしないことにつき正当な理由がある場合を除く。）。
十 中長期在留者が、法務大臣に、虚偽の住居地を届け出たこと。
2 法務大臣は、前項の規定による在留資格の取消しをしようとするときは、その指定する入国審査官に、当該外国人の意見を聴取させなければならない。
3 法務大臣は、前項の意見の聴取をさせるときは、あらかじめ、意見の聴取の期日及び場所並びに取消しの原因となる事実を記載した意見聴取通知書を当該外国人に送達しなければならない。ただし、急速を要するときは、当該通知書に記載すべき事項を入国審査官又は入国警備官に口頭で通知させてこれを行うことができる。
4 当該外国人又はその者の代理人は、前項の期日に出頭して、意見を述べ、及び証拠を提出することができる。
5 法務大臣は、当該外国人が正当な理由がなくて第2項の意見の聴取に応じないときは、

同項の規定にかかわらず、意見の聴取を行わないで、第1項の規定による在留資格の取消しをすることができる。
6 在留資格の取消しは、法務大臣が在留資格取消通知書を送達して行う。
7 法務大臣は、第1項（第1号及び第2号を除く。）の規定により在留資格を取り消す場合には、30日を超えない範囲内で当該外国人が出国するために必要な期間を指定するものとする。
8 法務大臣は、前項の規定により期間を指定する場合には、法務省令で定めるところにより、当該外国人に対し、住居及び行動範囲の制限その他必要と認める条件を付することができる。
9 法務大臣は、第6項に規定する在留資格取消通知書に第7項の規定により指定された期間及び前項の規定により付された条件を記載しなければならない。

（在留資格の取消しの手続における配慮）
第22条の5 法務大臣は、前条第1項に規定する外国人について、同項第7号に掲げる事実が判明したことにより在留資格の取消しをしようとする場合には、第20条第2項の規定による在留資格の変更の申請又は第22条第1項の規定による永住許可の申請の機会を与えるよう配慮しなければならない。

第3節　在留の条件

（旅券等の携帯及び提示）
第23条 本邦に在留する外国人は、常に旅券（次の各号に掲げる者にあつては、当該各号に定める文書）を携帯していなければならない。ただし、次項の規定により在留カードを携帯する場合は、この限りでない。
　一　仮上陸の許可を受けた者　仮上陸許可書
　二　乗員上陸の許可を受けた者乗員　上陸許可書及び旅券又は乗員手帳
　三　緊急上陸の許可を受けた者　緊急上陸許可書
　四　遭難による上陸の許可を受けた者　遭難による上陸許可書
　五　一時庇護のための上陸の許可を受けた者　一時庇護許可書
　六　仮滞在の許可を受けた者　仮滞在許可書
2 中長期在留者は、法務大臣が交付し、又は市町村の長が返還する在留カードを受領し、常にこれを携帯していなければない。
3 前2項の外国人は、入国審査官、入国警備官、警察官、海上保安官その他法務省令で定める国又は地方公共団体の職員が、その職務の執行に当たり、これらの規定に規定する旅券、乗員手帳許可書又は在留カード（以下この条において「旅券等」という。）の提示を求めたときは、これを提示しなければならない。
4 前項に規定する職員は、旅券等の提示を求める場合には、その身分を示す証票を携帯し、請求があるときは、これを提示しなければならない。
5 16歳に満たない外国人は、第1項本文及び第2項の規定にかかわらず、旅券等を携帯することを要しない。

〔法令３〕　出入国管理及び難民認定法（抄）

（退去強制）
第24条～第24条の２　（略）
（出国命令）
第24条の３　（略）
第４節　出国
（出国の手続）
第25条　（略）
（出国確認の留保）
第25条の２　（略）
（再入国の許可）
第26条　法務大臣は、本邦に在留する外国人（仮上陸の許可を受けている者及び第14条から第18条までに規定する上陸の許可を受けている者を除く。）がその在留期間（在留期間の定めのない者にあつては、本邦に在留し得る期間）の満了の日以前に本邦に再び入国する意図をもつて出国しようとするときは、法務省令で定める手続により、その者の申請に基づき、再入国の許可を与えることができる。この場合において、法務大臣は、その者の申請に基づき、相当と認めるときは、当該許可を数次再入国の許可とすることができる。
２　法務大臣は、前項の許可をする場合には、入国審査官に、当該許可に係る外国人が旅券を所持しているときは旅券に再入国の許可の証印をさせ、旅券を所持していない場合で国籍を有しないことその他の事由で旅券を取得することができないときは、法務省令で定めるところにより、再入国許可書を交付させるものとする。この場合において、その許可は、当該証印又は再入国許可書に記載された日からその効力を生ずる。
３　法務大臣は、再入国の許可を与える場合には、当該許可が効力を生ずるものとされた日から５年を超えない範囲内においてその有効期間を定めるものとする。
４　法務大臣は、再入国の許可を受けている外国人から、第20条第２項又は第21条第２項の規定による申請があつた場合において、相当と認めるときは、当該外国人が第20条第５項の規定により在留できる期間の末日まで、当該許可の有効期間を延長することができる。
５　法務大臣は、再入国の許可を受けて出国した者について、当該許可の有効期間内に再入国することができない相当の理由があると認めるときは、その者の申請に基づき、１年を超えず、かつ、当該許可が効力を生じた日から６年を超えない範囲内で、当該許可の有効期間の延長の許可をすることができる。
６　前項の許可は、旅券又は再入国許可書にその旨を記載して行うものとし、その事務は、日本国領事官等に委任するものとする。
７　法務大臣は、再入国の許可を受けている外国人に対し、引き続き当該許可を与えておくことが適当でないと認める場合には、その者が本邦にある間において、当該許可を取り消すことができる。

319

参考法令

8　第2項の規定により交付される再入国許可書は、当該再入国許可書に係る再入国の許可に基づき本邦に入国する場合に限り、旅券とみなす。

(みなし再入国許可)
第26条の2　本邦に在留資格をもって在留する外国人（第19条の3第1号及び第2号に掲げる者を除く。）で有効な旅券（第61条の2の12第1項に規定する難民旅行証明書を除く。）を所持するもの（中長期在留者にあつては、在留カードを所持するものに限る。）が、法務省令で定めるところにより、入国審査官に対し、再び入国する意図を表明して出国するときは、前条第1項の規定にかかわらず、同項の再入国の許可を受けたものとみなす。ただし、出入国の公正な管理のため再入国の許可を要する者として法務省令で定めるものに該当する者については、この限りでない。

2　前項の規定により外国人が受けたものとみなされる再入国の許可の有効期間は、前条第3項の規定にかかわらず、出国の日から1年（在留期間の満了の日が出国の日から1年を経過する日前に到来する場合には、在留期間の満了までの期間）とする。

3　第1項の規定により外国人が受けたものとみなされる再入国の許可については、前条第5項の規定は、適用しない。

　　　　　　　第5章　退去強制の手続　（略）

　　　　　　　第5章の2　出国命令　（略）

　　　　　　　第6章　船舶等の長及び運送業者の責任　（略）

　　　　　　　第6章の2　事実の調査

(事実の調査)
第59条の2　法務大臣は、第7条の2第1項の規定による証明書の交付又は第12条第1項、第19条第2項、第20条第3項本文（第22条の2第3項（第22条の3において準用する場合を含む。）において準用する場合を含む。）、第21条第3項、第22条第2項（第22条の2第4項（第22条の3において準用する場合を含む。）において準用する場合を含む。）、第50条第1項若しくは第61条の2の11の規定による許可若しくは第22条の4第1項の規定による在留資格の取消しに関する処分を行うため必要がある場合には、入国審査官に事実の調査をさせることができる。

2　入国審査官は、前項の調査のため必要があるときは、外国人その他の関係人に対し出頭を求め、質問をし、又は文書の提示を求めることができる。

3　法務大臣又は入国審査官は、第1項の調査について、公務所又は公私の団体に照会して必要な事項の報告を求めることができる。

　　　　　　　第7章　日本人の出国及び帰国　（略）

〔法令3〕 出入国管理及び難民認定法（抄）

第7章の2　難民の認定等

（難民の認定）

第61条の2　法務大臣は、本邦にある外国人から法務省令で定める手続により申請があったときは、その提出した資料に基づき、その者が難民である旨の認定（以下「難民の認定」という。）を行うことができる。

2　法務大臣は、難民の認定をしたときは、法務省令で定める手続により、当該外国人に対し、難民認定証明書を交付し、その認定をしないときは、当該外国人に対し、理由を付した書面をもって、その旨を通知する。

第61条の2の2〜第61条の2の3　（略）

（仮滞在の許可）

第61条の2の4　法務大臣は、在留資格未取得外国人から第61条の2第1項の申請があったときは、当該在留資格未取得外国人が次の各号のいずれかに該当する場合を除き、その者に仮に本邦に滞在することを許可するものとする。

一　仮上陸の許可を受けているとき。

二　寄港地上陸の許可、通過上陸の許可、乗員上陸の許可、緊急上陸の許可又は遭難による上陸の許可を受け、旅券又は当該許可書に記載された期間を経過していないとき。

三　第22条の2第1項の規定により本邦に在留することができるとき。

四　本邦に入った時に、第5条第1項第4号から第14号までに掲げる者のいずれかに該当していたとき。

五　第24条第3号から第3号の5まで又は第4号ハからヨまでに掲げる者のいずれかに該当すると疑うに足りる相当の理由があるとき。

六　第61条の2の2第1項第1号又は第2号のいずれかに該当することが明らかであるとき。

七　本邦に入った後に、刑法第2編第12章、第16章から第19章まで、第23章、第26章、第27章、第31章、第33章、第36章、第37章若しくは第39章の罪、暴力行為等処罰に関する法律第1条、第1条ノ2若しくは第1条ノ3（刑法第222条又は第261条に係る部分を除く。）の罪、盗犯等の防止及び処分に関する法律の罪又は特殊開錠用具の所持の禁止等に関する法律第15条若しくは第16条の罪により懲役又は禁錮に処せられたものであるとき。

八　退去強制令書の発付を受けているとき。

九　逃亡するおそれがあると疑うに足りる相当の理由があるとき。

2　法務大臣は、前項の許可をする場合には、法務省令で定めるところにより、当該許可に係る滞在期間（以下「仮滞在期間」という。）を決定し、入国審査官に、当該在留資格未取得外国人に対し当該仮滞在期間を記載した仮滞在許可書を交付させるものとする。この場合において、その許可は、当該交付のあった時に、その記載された内容をもって効力を生ずる。

参考法令

3　法務大臣は、第1項の許可をする場合には、法務省令で定めるところにより、当該在留資格未取得外国人に対し、住居及び行動範囲の制限、活動の制限、呼出しに対する出頭の義務その他必要と認める条件を付し、かつ、必要があると認める場合は、指紋を押なつさせることができる。

4　法務大臣は、第1項の許可を受けた外国人から仮滞在期間の更新の申請があったときは、これを許可するものとする。この場合においては、第2項の規定を準用する。

5　第1項の許可を受けた外国人が次の各号に掲げるいずれかの事由に該当することとなつたときは、当該外国人に係る仮滞在期間（前項の規定により更新された仮滞在期間を含む。以下同じ。）は、当該事由に該当することとなつた時に、その終期が到来したものとする。

　一　難民の認定をしない処分につき第61条の2の9第1項の異議申立てがなくて同条第2項の期間が経過したこと。

　二　難民の認定をしない処分につき第61条の2の9第1項の異議申立てがあった場合において、当該異議申立てが取り下げられ、又はこれを却下若しくは棄却する旨の決定があったこと。

　三　難民の認定がされた場合において、第61条の2の2第1項及び第2項の許可をしない処分があったこと。

　四　次条の規定により第1項の許可が取り消されたこと。

　五　第61条の2第1項の申請が取り下げられたこと。

（仮滞在の許可の取消し）

第61条の2の5　法務大臣は、前条第1項の許可を受けた外国人について、次の各号に掲げるいずれかの事実が判明したときは、法務省令で定める手続により、当該許可を取り消すことができる。

　一　前条第1項の許可を受けた当時同項第4号から第8号までのいずれかに該当していたこと。

　二　前条第1項の許可を受けた後に同項第5号又は第7号に該当することとなつたこと。

　三　前条第3項の規定に基づき付された条件に違反したこと。

　四　不正に難民の認定を受ける目的で、偽造若しくは変造された資料若しくは虚偽の資料を提出し、又は虚偽の陳述をし、若しくは関係人に虚偽の陳述をさせたこと。

　五　第25条の出国の確認を受けるための手続をしたこと。

第61条の2の6～第61条の2の14　（略）

第8章　補則

第61条の3～第61条の8　（略）

（住民票の記載等に係る通知）

第61条の8の2　市町村の長は、住民基本台帳法第30条の45に規定する外国人住民に係る住民票について、政令で定める事由により、その記載、消除又は記載の修正をしたとき

は、直ちにその旨を法務大臣に通知しなければならない。

（情報提供）

第61条の9 法務大臣は、出入国管理及び難民認定法に規定する出入国の管理及び難民の認定の職務に相当する職務を行う外国の当局（以下この条において「外国入国管理当局」という。）に対し、その職務（出入国管理及び難民認定法に規定する出入国の管理及び難民の認定の職務に相当するものに限る。次項において同じ。）の遂行に資すると認める情報を提供することができる。

2　前項の規定による情報の提供については、当該情報が当該外国入国管理当局の職務の遂行に資する目的以外の目的で使用されないよう適切な措置がとられなければならない。

3　法務大臣は、外国入国管理当局からの要請があつたときは、前項の規定にかかわらず、次の各号のいずれかに該当する場合を除き、第１項の規定により提供した情報を当該要請に係る外国の刑事事件の捜査又は審判（以下この項において「捜査等」という。）に使用することについて同意をすることができる。

一　当該要請に係る刑事事件の捜査等の対象とされている犯罪が政治犯罪であるとき、又は当該要請が政治犯罪について捜査等を行う目的で行われたものと認められるとき。

二　当該要請に係る刑事事件の捜査等の対象とされている犯罪に係る行為が日本国内において行われたとした場合において、その行為が日本国の法令によれば罪に当たるものでないとき。

三　日本国が行う同種の要請に応ずる旨の要請国の保証がないとき。

4　法務大臣は、前項の同意をする場合においては、あらかじめ、同項第３号に該当しないことについて、外務大臣の確認を受けなければならない。

第61条の９の２～第61条の19　（略）

（通報）

第62条　何人も、第24条各号の一に該当すると思料する外国人を知つたときは、その旨を通報することができる。

2　国又は地方公共団体の職員は、その職務を遂行するに当つて前項の外国人を知つたときは、その旨を通報しなければならない。

3　矯正施設の長は、第１項の外国人が刑の執行を受けている場合において、刑期の満了、刑の執行の停止その他の事由（仮釈放を除く。）により釈放されるとき、又は少年法第24条第１項第３号若しくは売春防止法（昭和31年法律第118号）第17条の処分を受けて退院するときは、直ちにその旨を通報しなければならない。

4　地方更生保護委員会は、第１項の外国人が刑の執行を受けている場合又は少年法第24条第１項第３号の処分を受けて少年院に在院している場合若しくは売春防止法第17条の処分を受けて婦人補導院に在院している場合において、当該外国人について仮釈放又は仮退院の許可決定をしたときは、直ちにその旨を通報しなければならない。

5　前４項の通報は、書面又は口頭をもつて、所轄の入国審査官又は入国警備官に対してしなければならない。

参考法令

第63条～第65条 （略）

（報償金）

第66条　第62条第1項の規定による通報をした者がある場合において、その通報に基いて退去強制令書が発付されたときは、法務大臣は、法務省令で定めるところにより、その通報者に対し、5万円以下の金額を報償金として交付することができる。但し、通報が国又は地方公共団体の職員がその職務の遂行に伴い知り得た事実に基くものであるときは、この限りでない。

第67条～第68条 （略）

（事務の区分）

第68条の2　第19条の7第1項及び第2項（第19条の8第2項及び第19条の9第2項において準用する場合を含む。）、第19条の8第1項並びに第19条の9第1項の規定により市町村が処理することとされている事務は、地方自治法第2条第9項第1号に規定する第1号法定受託事務とする。

（政令等への委任）

第69条　第2章からこの章までの規定の実施のための手続その他その執行について必要な事項は、法務省令（市町村の長が行うべき事務については、政令）で定める。

（権限の委任）

第69条の2　出入国管理及び難民認定法に規定する法務大臣の権限は、法務省令で定めるところにより、地方入国管理局長に委任することができる。ただし、第22条第2項（第22条の2第4項（第22条の3において準用する場合を含む。）において準用する場合を含む。）に規定する権限及び第22条の4第1項に規定する権限（永住者の在留資格に係るものに限る。）並びに第61条の2の7第1項及び第61条の2の11に規定する権限については、この限りでない。

第69条の3　（略）

第9章　罰則

第70条～第71条 （略）

第71条の2　次の各号のいずれかに該当する者は、1年以下の懲役又は20万円以下の罰金に処する。

一　第19条の7第1項、第19条の8第1項、第19条の9第1項、第19条の10第1項又は第19条の16の規定による届出に関し虚偽の届出をした者

二　第19条の11第1項、第19条の12第1項又は第19条の13第3項の規定に違反した者

第71条の3　次の各号のいずれかに該当する者は、20万円以下の罰金に処する。

一　第19条の7第1項又は第19条の8第1項の規定に違反して住居地を届け出なかった者

二　第19条の9第1項の規定に違反して新住居地を届け出なかった者

三　第19条の10第1項、第19条の15（第4項を除く。）又は第19条の16の規定に違反した

者
第72条　（略）
第73条の3　行使の目的で、在留カードを偽造し、又は変造した者は、1年以上10年以下の懲役に処する。
2　偽造又は変造の在留カードを行使した者も、前項と同様とする。
3　行使の目的で、偽造又は変造の在留カードを提供し、又は収受した者も、第1項と同様とする。
4　前3項の罪の未遂は、罰する。
第73条の4　行使の目的で、偽造又は変造の在留カードを所持した者は、5年以下の懲役又は50万円以下の罰金に処する。
第73条の5　（略）
第73条の6　次の各号のいずれかに該当する者は、1年以下の懲役又は20万円以下の罰金に処する。
　一　他人名義の在留カードを行使した者
　二　行使の目的で、他人名義の在留カードを提供し、収受し、又は所持した者
　三　行使の目的で、自己名義の在留カードを提供した者
2　前項（所持に係る部分を除く。）の罪の未遂は、罰する。
第74条～第75条　（略）
第75条の2　次の各号のいずれかに該当する者は、1年以下の懲役又は20万円以下の罰金に処する。
　一　第23条第2項の規定に違反して在留カードを受領しなかつた者
　二　第23条第3項の規定に違反して在留カードの提示を拒んだ者
第75条の3　第23条第2項の規定に違反して在留カードを携帯しなかつた者は、20万円以下の罰金に処する。
第76条　次の各号のいずれかに該当する者は、10万円以下の罰金に処する。
　一　第23条第1項の規定に違反した者
　二　第23条第3項の規定に違反して旅券、乗員手帳又は許可書の提示を拒んだ者
（両罰規定）
第76条の2　法人の代表者又は法人若しくは人の代理人、使用人その他の従業者が、その法人又は人の業務に関して第73条の2若しくは第74条から第74条の6までの罪、第74条の6の2（第1項第3号及び第4号を除く。）の罪若しくはその未遂罪又は第74条の8の罪を犯したときは、行為者を罰するほか、その法人又は人に対しても、各本条の罰金刑を科する。
（過料）
第77条　次の各号のいずれかに該当する者は、50万円以下の過料に処する。
　一　第56条の規定に違反して入国審査官の行う審査その他入国審査官の職務の執行を拒み、又は妨げた者

参考法令

　一の二　第56条の2の規定に違反して、外国人の旅券、乗員手帳又は再入国許可書の確認をしないで当該外国人を本邦に入らせた者
　二　第57条第1項若しくは第2項の規定に違反して報告をせず、若しくは虚偽の報告をし、同条第3項の規定に違反して報告をせず、又は同条第4項若しくは第5項の規定に違反して報告をせず、若しくは虚偽の報告をした者
　三　第58条の規定に違反して上陸することを防止しなかつた者
　四　第59条の規定に違反して送還を怠つた者

第77条の2　第61条の9の3第2項各号に掲げる者が、同項の規定に違反して、第19条の7第1項、第19条の8第1項、第19条の9第1項若しくは第19条の10第1項の規定による届出、第19条の7第2項（第19条の8第2項及び第19条の9第2項において準用する場合を含む。）の規定により返還され、若しくは第19条の10第2項（第19条の11第3項、第19条の12第2項及び第19条の13第4項において準用する場合を含む。）の規定により交付される在留カードの受領又は第19条の11第1項、第19条の12第1項若しくは第19条の13第3項の規定による申請をしなかつたときは、5万円以下の過料に処する。

（没収）

第78条　（略）

別表第1（第2条の2、第5条、第7条、第7条の2、第19条、第19条の16、第19条の17、第22条の2、第22条の3、第22条の4、第24条、第61条の2の2、第61条の2の8関係）

　別表第1の1

在留資格	本邦において行うことができる活動
外交	日本国政府が接受する外国政府の外交使節団若しくは領事機関の構成員、条約若しくは国際慣行により外交使節と同様の特権及び免除を受ける者又はこれらの者と同一の世帯に属する家族の構成員としての活動
公用	日本国政府の承認した外国政府若しくは国際機関の公務に従事する者又はその者と同一の世帯に属する家族の構成員としての活動（この表の外交の項の下欄に掲げる活動を除く。）
教授	本邦の大学若しくはこれに準ずる機関又は高等専門学校において研究、研究の指導又は教育をする活動
芸術	収入を伴う音楽、美術、文学その他の芸術上の活動（2の表の興行の項の下欄に掲げる活動を除く。）
宗教	外国の宗教団体により本邦に派遣された宗教家の行う布教その他の宗教上の活動
報道	外国の報道機関との契約に基づいて行う取材その他の報道上の活動

別表第1の2

在留資格	本邦において行うことができる活動
投資・経営	本邦において貿易その他の事業の経営を開始し若しくは本邦におけるこれらの事業に投資してその経営を行い若しくは当該事業の管理に従事し又は本邦においてこれらの事業の経営を開始した外国人（外国法人を含む。以下この項において同じ。）若しくは本邦におけるこれらの事業に投資している外国人に代わってその経営を行い若しくは当該事業の管理に従事する活動（この表の法律・会計業務の項の下欄に掲げる資格を有しなければ法律上行うことができないこととされている事業の経営若しくは管理に従事する活動を除く。）
法律・会計業務	外国法事務弁護士、外国公認会計士その他法律上資格を有する者が行うこととされている法律又は会計に係る業務に従事する活動
医療	医師、歯科医師その他法律上資格を有する者が行うこととされている医療に係る業務に従事する活動
研究	本邦の公私の機関との契約に基づいて研究を行う業務に従事する活動（1の表の教授の項の下欄に掲げる活動を除く。）
教育	本邦の小学校、中学校、高等学校、中等教育学校、特別支援学校、専修学校又は各種学校若しくは設備及び編制に関してこれに準ずる教育機関において語学教育その他の教育をする活動
技術	本邦の公私の機関との契約に基づいて行う理学、工学その他の自然科学の分野に属する技術又は知識を要する業務に従事する活動（1の表の教授の項の下欄に掲げる活動並びにこの表の投資・経営の項、医療の項から教育の項まで、企業内転勤の項及び興行の項の下欄に掲げる活動を除く。）
人文知識・国際業務	本邦の公私の機関との契約に基づいて行う法律学、経済学、社会学その他の人文科学の分野に属する知識を必要とする業務又は外国の文化に基盤を有する思考若しくは感受性を必要とする業務に従事する活動（1の表の教授の項、芸術の項及び報道の項の下欄に掲げる活動並びにこの表の投資・経営の項から教育の項まで、企業内転勤の項及び興行の項の下欄に掲げる活動を除く。）
企業内転勤	本邦に本店、支店その他の事業所のある公私の機関の外国にある事業所の職員が本邦にある事業所に期間を定めて転勤して当該事業所において行うこの表の技術の項又は人文知識・国際業務の項の下欄に掲げる活動
興行	演劇、演芸、演奏、スポーツ等の興行に係る活動又はその他の芸能活動（この表の投資・経営の項の下欄に掲げる活動を除く。）
技能	本邦の公私の機関との契約に基づいて行う産業上の特殊な分野に属する熟練した技能を要する業務に従事する活動

327

参考法令

技能実習	一　次のイ又はロのいずれかに該当する活動 　イ　本邦の公私の機関の外国にある事業所の職員又は本邦の公私の機関と法務省令で定める事業上の関係を有する外国の公私の機関の外国にある事業所の職員がこれらの本邦の公私の機関との雇用契約に基づいて当該機関の本邦にある事業所の業務に従事して行う技能、技術若しくは知識（以下「技能等」という。）の修得をする活動（これらの職員がこれらの本邦の公私の機関の本邦にある事業所に受け入れられて行う当該活動に必要な知識の修得をする活動を含む。） 　ロ　法務省令で定める要件に適合する営利を目的としない団体により受け入れられて行う知識の修得及び当該団体の策定した計画に基づき、当該団体の責任及び監理の下に本邦の公私の機関との雇用契約に基づいて当該機関の業務に従事して行う技能等の修得をする活動 二　次のイ又はロのいずれかに該当する活動 　イ　前号イに掲げる活動に従事して技能等を修得した者が、当該技能等に習熟するため、法務大臣が指定する本邦の公私の機関との雇用契約に基づいて当該機関において当該技能等を要する業務に従事する活動 　ロ　前号ロに掲げる活動に従事して技能等を修得した者が、当該技能等に習熟するため、法務大臣が指定する本邦の公私の機関との雇用契約に基づいて当該機関において当該技能等を要する業務に従事する活動（法務省令で定める要件に適合する営利を目的としない団体の責任及び監理の下に当該業務に従事するものに限る。）

別表第1の3

在留資格	本邦において行うことができる活動
文化活動	収入を伴わない学術上若しくは芸術上の活動又は我が国特有の文化若しくは技芸について専門的な研究を行い若しくは専門家の指導を受けてこれを修得する活動（4の表の留学の項から研修の項までの下欄に掲げる活動を除く。）
短期滞在	本邦に短期間滞在して行う観光、保養、スポーツ、親族の訪問、見学、講習又は会合への参加、業務連絡その他これらに類似する活動

別表第1の4

在留資格	本邦において行うことができる活動
留学	本邦の大学、高等専門学校、高等学校（中等教育学校の後期課程を含む。）若しくは特別支援学校の高等部、専修学校若しくは各種学校又は設備及び編制に関してこれらに準ずる機関若しくはこれに準ずる機関において教育を受ける活動

〔法令3〕 出入国管理及び難民認定法（抄）

研修	本邦の公私の機関により受け入れられて行う技能等の修得をする活動（2の表の技能実習の項の下欄第1号及びこの表の留学の項の下欄に掲げる活動を除く。）
家族滞在	1の表、2の表又は3の表の上欄の在留資格（外交、公用、技能実習及び短期滞在を除く。）をもって在留する者又はこの表の留学、就学若しくは研修の在留資格をもって在留する者の扶養を受ける配偶者又は子として行う日常的な活動

別表第1の5

在留資格	本邦において行うことができる活動
特定活動	法務大臣が個々の外国人について次のイからニまでのいずれかに該当するものとして特に指定する活動 イ　本邦の公私の機関（高度な専門的知識を必要とする特定の分野に関する研究の効率的推進又はこれに関連する産業の発展に資するものとして法務省令で定める要件に該当する事業活動を行う機関であって、法務大臣が指定するものに限る。）との契約に基づいて当該機関の施設において当該特定の分野に関する研究、研究の指導若しくは教育をする活動（教育については、大学若しくはこれに準ずる機関又は高等専門学校においてするものに限る。）又は当該活動と併せて当該特定の分野に関する研究、研究の指導若しくは教育と関連する事業を自ら経営する活動 ロ　本邦の公私の機関（情報処理（情報処理の促進に関する法律（昭和45年法律第90号）第2条第1項に規定する情報処理をいう。以下同じ。）に関する産業の発展に資するものとして法務省令で定める要件に該当する事業活動を行う機関であって、法務大臣が指定するものに限る。）との契約に基づいて当該機関の事業所（当該機関から労働者派遣事業の適正な運営の確保及び派遣労働者の就業条件の整備等に関する法律（昭和60年法律第88号）第2条第2号に規定する派遣労働者として他の機関に派遣される場合にあっては、当該他の機関の事業所）において自然科学又は人文科学の分野に属する技術又は知識を要する情報処理に係る業務に従事する活動 ハ　イ又はロに掲げる活動を行う外国人の扶養を受ける配偶者又は子として行う日常的な活動 ニ　イからハまでに掲げる活動以外の活動

別表第2　（第2条の2、第7条、第22条の3、第22条の4、第61条の2の2、第61条の2の8関係）

在留資格	本邦において有する身分又は地位
永住者	法務大臣が永住を認める者
日本人の配偶者等	日本人の配偶者若しくは特別養子又は日本人の子として出生した者

329

永住者の配偶者等	永住者等の配偶者又は永住者等の子として本邦で出生しその後引き続き本邦に在留している者
定住者	法務大臣が特別な理由を考慮し一定の在留期間を指定して居住を認める者

附則
（施行期日）
1 この政令は、昭和26年11月1日から施行する。

附則（昭和30年7月12日法律第66号）
1 この法律は、公布の日から施行する。
2 ポツダム宣言の受諾に伴い発する命令に関する件に基く外務省関係諸命令の措置に関する法律（昭和27年法律第126号）第2条第6項に該当する者の子で同法の施行の日以後本邦で出生したものの在留期間の更新については、政令で定める日まで第67条の規定を適用しない。

附則（平成21年7月15日法律第79号）抄
（施行期日）
第1条 この法律は、公布の日から起算して3年を超えない範囲内において政令で定める日〔平成24年7月9日＝平成23年政令第419号〕から施行する。ただし、次の各号に掲げる規定は、当該各号に定める日から施行する。（以下、略）
（第2条の規定による入管法の一部改正に伴う経過措置等）
第7条 法務大臣は、当分の間、第2条の規定による改正後の入管法（以下「新入管法」という。）第19条の6に規定する上陸許可の証印又は許可を受けた中長期在留者（新入管法第19条の3に規定する中長期在留者をいう。以下同じ。）に対し、当該上陸許可の証印又は許可を受けた出入国港において、直ちに新入管法第19条の6の規定により在留カード（新入管法第19条の3に規定する在留カードをいう。以下同じ。）を交付することができないときは、法務省令で定めるところにより、入国審査官に、当該中長期在留者の旅券に、後日在留カードを交付する旨の記載をさせるものとする。
2 前項の規定により旅券に後日在留カードを交付する旨の記載を受けた中長期在留者（在留カードの交付を受けた者を除く。）に対する新入管法第19条の7第1項及び第3項並びに第19条の9第1項及び第3項の規定の適用については、これらの規定中「在留カードを提出し」とあるのは、「後日在留カードを交付する旨の記載を受けた旅券を提示し」とする。
3 前項に規定する中長期在留者に対する新入管法第26条の2の規定の適用については、同条第1項中「在留カードを所持する」とあるのは、「当該旅券に後日在留カードを交付

〔法令3〕 出入国管理及び難民認定法（抄）

する旨の記載を受けた」とする。
第8条　新入管法第19条の7の規定は、この法律の施行の日（以下「施行日」という。）以後に新入管法第19条の6に規定する上陸許可の証印又は許可を受けて中長期在留者となった者について適用する。
第9条　新入管法第19条の8の規定は、施行日以後に同条第1項に規定する新入管法の規定による許可を受けて新たに中長期在留者となった者について適用する。
第10条　新入管法第19条の9の規定は、附則第17条第1項及び第18条第1項に規定する中長期在留者（その住居地（本邦における主たる住居の所在地をいう。以下同じ。）について、附則第17条第1項又は第18条第1項の規定による届出をした者を除く。）には、適用しない。
第11条　新入管法第19条の10の規定は、附則第16条第1項に規定する中長期在留者であって、第4条の規定による廃止前の外国人登録法（以下「旧外国人登録法」という。）第3条第1項の規定による申請をしていないもの（附則第16条第1項の規定による申請をした者を除く。）には、適用しない。
第12条　新入管法第19条の16の規定は、施行日以後に新入管法第19条の6に規定する上陸許可の証印若しくは許可又は新入管法第20条第3項本文（新入管法第22条の2第3項（新入管法第22条の3において準用する場合を含む。）において準用する場合を含む。）、第21条第3項、第22条第2項（新入管法第22条の2第4項（新入管法第22条の3において準用する場合を含む。）において準用する場合を含む。）、第50条第1項若しくは第61条の2の2第1項若しくは第2項の規定による許可を受けた中長期在留者について適用する。
第13条　本邦に在留資格をもって在留する外国人で、旧外国人登録法第4条第1項の規定による登録を受け、その有する在留期間（新入管法第20条第5項（新入管法第21条第4項において準用する場合を含む。）の規定により本邦に在留することができる期間を含む。以下この項及び附則第15条第2項において同じ。）の満了の日が施行日以後に到来するもののうち、次に掲げる者以外の者（以下「予定中長期在留者」という。）は、附則第1条第4号に定める日から施行日の前日までの間に、法務省令で定める手続により、法務大臣に対し、在留カードの交付を申請することができる。
　一　3月以下の在留期間が決定された者
　二　短期滞在の在留資格が決定された者
　三　外交又は公用の在留資格が決定された者
　四　前3号に準ずる者として法務省令で定めるもの
2　前項の規定による申請は、地方入国管理局に自ら出頭して行わなければならない。
3　予定中長期在留者が16歳に満たない場合又は疾病その他の事由により自ら第1項の規定による申請をすることができない場合には、当該申請は、次の各号に掲げる者（16歳に満たない者を除く。）であって当該予定中長期在留者と同居するものが、当該各号の順位により、当該予定中長期在留者に代わってしなければならない。
　一　配偶者

二　子
　三　父又は母
　四　前3号に掲げる者以外の親族
4　第1項の規定による申請については、前項に規定する場合のほか、同項各号に掲げる者（16歳に満たない者を除く。）であって予定中長期在留者と同居するものが当該予定中長期在留者の依頼により当該予定中長期在留者に代わってする場合その他法務省令で定める場合には、第2項の規定にかかわらず、当該予定中長期在留者が自ら出頭してこれを行うことを要しない。
5　予定中長期在留者が、施行日の1月前から施行日の前日までの間に、旧外国人登録法第6条第1項、第6条の2第1項若しくは第2項又は第11条第1項の規定による申請をしたときは、その時に、第1項の規定による申請をしたものとみなす。
6　法務大臣は、施行日以後、第1項の規定による申請をした予定中長期在留者が中長期在留者として本邦に在留するときは、速やかに、入国審査官に、その者に対し、在留カードを交付させるものとする。

第14条　法務大臣は、施行日前においても、前条第1項の規定による申請に関し、同条第6項の規定による在留カードの交付の準備のため必要があるときは、その職員に事実の調査をさせることができる。
2　入国審査官又は入国警備官は、前項の調査のため必要があるときは、関係人に対し、出頭を求め、質問をし、又は文書の提示を求めることができる。
3　法務大臣、入国審査官又は入国警備官は、第1項の調査について、公務所又は公私の団体に照会して必要な事項の報告を求めることができる。

第15条　中長期在留者が所持する旧外国人登録法に規定する外国人登録証明書（以下「登録証明書」という。）は、新入管法第19条の9、第19条の11第1項及び第2項、第19条の12第1項、第19条の13第1項から第3項まで（第1項後段を除く。）、第19条の14、第19条の15、第23条、第26条の2第1項、第61条の9の3第1項第1号（新入管法第19条の9第1項及び同条第2項において準用する新入管法第19条の7第2項に係る部分に限る。以下この項において同じ。）並びに第61条の9の3第2項及び第3項（いずれも同条第1項第1号に係る部分に限り、これらの規定を附則第19条第2項において準用する場合を含む。）並びに附則第17条（第1項第1号及び第2号に係る部分に限る。）及び第19条第1項（附則第17条第1項及び同条第2項において準用する新入管法第19条の7第2項に係る部分に限る。）の規定（これらの規定に係る罰則を含む。）の適用については、在留カードとみなす。
2　前項の規定により登録証明書が在留カードとみなされる場合におけるその有効期間は、次の各号に掲げる中長期在留者の区分に応じ、当該各号に定める日が経過するまでの期間とする。
　一　永住者　施行日から起算して3年を経過する日（施行日に16歳に満たない者にあっては、施行日から起算して3年を経過する日又は16歳の誕生日（当該外国人の誕生日

〔法令3〕 出入国管理及び難民認定法（抄）

　　が2月29日であるときは、当該外国人のうるう年以外の年における誕生日は2月28日であるものとみなす。以下同じ。）のいずれか早い日）
　二　入管法別表第1の5の表の上欄の在留資格を決定され、同表の下欄（ニに係る部分を除く。）に掲げる活動を指定された者　在留期間の満了の日又は前号に定める日のいずれか早い日
　三　前2号に掲げる者以外の者　在留期間の満了の日（施行日に16歳に満たない者にあっては、在留期間の満了の日又は16歳の誕生日のいずれか早い日）
3　第1項の規定により在留カードとみなされる登録証明書を所持する中長期在留者は、前項に規定するその有効期間が満了する前に、法務省令で定める手続により、法務大臣に対し、在留カードの交付を申請することができる。
4　法務大臣は、前項の規定による申請があった場合には、入国審査官に、当該中長期在留者に対し、在留カードを交付させるものとする。

第16条　この法律の施行の際現に登録証明書を所持しない中長期在留者は、附則第13条第1項の規定による在留カードの交付の申請をした場合を除き、施行日（施行日において本邦から出国している場合にあっては、施行日以後最初に入国した日）から14日以内に、法務省令で定める手続により、法務大臣に対し、在留カードの交付を申請しなければならない。
2　前項の規定にかかわらず、同項に規定する中長期在留者が、施行日の1月前から施行日の前日までの間に、旧外国人登録法第3条第1項又は第7条第1項の規定による申請をし、この法律の施行の際現に当該申請に係る登録証明書の交付を受けていないときは、施行日において、前項の規定による申請をしたものとみなす。
3　法務大臣は、第1項の規定による申請があった場合には、入国審査官に、当該中長期在留者に対し、在留カードを交付させるものとする。

第17条　旧外国人登録法第4条第1項の規定による登録を受け、施行日の前日において同項に規定する外国人登録原票（以下「登録原票」という。）に登録された居住地が住居地に該当しない中長期在留者は、次の各号に掲げる場合の区分に応じ、当該各号に定める日から14日以内に、法務省令で定める手続により、住居地の市町村（東京都の特別区の存する区域及び地方自治法（昭和22年法律第67号）第252条の19第1項の指定都市にあっては、区。以下同じ。）の長に対し、在留カードを提出した上、当該住居地の市町村の長を経由して、法務大臣に対し、その住居地を届け出なければならない。
　一　この法律の施行の際現に登録証明書を所持し、施行日に住居地がある場合　施行日（施行日において本邦から出国している場合にあっては、施行日以後最初に入国した日）
　二　この法律の施行の際現に登録証明書を所持し、施行日後に住居地を定めた場合　住居地を定めた日
　三　この法律の施行の際現に登録証明書を所持せず、施行日に住居地がある場合　前条第3項の規定により在留カードの交付を受けた日

333

参考法令

　四　この法律の施行の際現に登録証明書を所持せず、施行日後に住居地を定めた場合
　　住居地を定めた日又は前条第3項の規定により在留カードの交付を受けた日のいずれ
　　か遅い日
2　新入管法第19条の7第2項の規定は、前項の規定による在留カードの提出があった場合に準用する。
3　第1項に規定する中長期在留者が、在留カードを提出して住民基本台帳法（昭和42年法律第81号）第30条の46の規定による届出をしたときは、当該届出は同項の規定による届出とみなす。

第18条　この法律の施行の際現に本邦に在留する中長期在留者であって、旧外国人登録法第3条第1項の規定による申請をしていないものは、附則第16条第3項の規定により在留カードの交付を受けた日（当該日に住居地がない場合にあっては、その後に住居地を定めた日）から14日以内に、法務省令で定める手続により、住居地の市町村の長に対し、在留カードを提出した上、当該住居地の市町村の長を経由して、法務大臣に対し、その住居地を届け出なければならない。

2　新入管法第19条の7第2項の規定は、前項の規定による在留カードの提出があった場合に準用する。
3　第1項に規定する中長期在留者が、在留カードを提出して住民基本台帳法第30条の46の規定による届出をしたときは、当該届出は同項の規定による届出とみなす。

第19条　附則第13条第6項、第15条第4項若しくは第16条第3項の規定により交付される在留カードの受領又は附則第15条第3項若しくは第16条第1項の規定による申請は地方入国管理局に、附則第17条第1項若しくは前条第1項の規定による届出又は附則第17条第2項及び前条第2項において準用する新入管法第19条の7第2項の規定により返還される在留カードの受領は住居地の市町村の事務所に、それぞれ自ら出頭して行わなければならない。

2　新入管法第61条の9の3第2項及び第3項の規定は、前項に規定する受領、申請又は届出の手続について準用する。

第20条　新入管法第22条の4第1項第5号の規定は、施行日以後に偽りその他不正の手段により、新入管法第50条第1項又は第61条の2の2第2項の規定による許可を受けた者について適用する。

第21条　この法律の施行の際現に新入管法第22条の4第1項第7号に規定する日本人の配偶者等の在留資格又は永住者の配偶者等の在留資格をもって在留する者で、その配偶者の身分を有する者としての活動を継続して6月以上行わないで在留しているものについての同号の規定の適用については、同号中「継続して6月」とあるのは、「出入国管理及び難民認定法及び日本国との平和条約に基づき日本の国籍を離脱した者等の出入国管理に関する特例法の一部を改正する等の法律（平成21年法律第79号）の施行後継続して6月」とする。

第22条　施行日前に旧外国人登録法の規定に違反する行為を行い、施行日前又は施行日以

〔法令4〕 出入国管理及び難民認定法施行令（抄）

後に禁錮以上の刑に処せられた者（執行猶予の言渡しを受けた者を除く。）に対する退去強制については、なお従前の例による。

第23条 法務大臣は、附則第17条第1項又は第18条第1項に規定する中長期在留者について、次の各号に掲げるいずれかの事実が判明したときは、当該中長期在留者が現に有する在留資格を取り消すことができる。
一 施行日から90日以内に、法務大臣に、住居地の届出をしないこと（届出をしないことにつき正当な理由がある場合を除く。）。
二 法務大臣に、虚偽の住居地を届け出たこと。
2 前項に規定する在留資格の取消しの手続については、新入管法の規定を準用する。

第24条 附則第37条又は第39条の罪により懲役に処せられた外国人については、本邦からの退去を強制することができる。
2 前項に規定する退去強制の手続については、新入管法の規定を準用する。

（登録原票の送付）
第33条 市町村の長は、施行日の前日において市町村の事務所に備えている登録原票を、施行日以後、速やかに、法務大臣に送付しなければならない。

（登録証明書の返納）
第34条 この法律の施行の際現に本邦に在留する外国人（中長期在留者及び特別永住者を除く。）で登録証明書を所持するものは、施行日から3月以内に、法務大臣に対し、当該登録証明書を返納しなければならない。

（事務の区分）
第35条 附則第17条第1項、同条第2項及び附則第18条第2項において準用する新入管法第19条の7第2項、附則第18条第1項、第27条第1項及び第5項、第28条第3項及び第4項、第29条第1項及び第3項並びに第30条第1項、同条第2項及び附則第31条第2項において準用する新特例法第10条第3項並びに附則第31条第1項及び第33条の規定により市町村が処理することとされている事務は、地方自治法第2条第9項第1号に規定する第1号法定受託事務とする。

〔法令4〕 出入国管理及び難民認定法施行令（抄）

（平成10年5月22日政令第178号、最終改正平成24年1月20日政令第4号）

（法第2条第5号ロの政令で定める地域）
第1条 出入国管理及び難民認定法（以下「法」という。）第2条第5号ロの政令で定める地域は、台湾並びにヨルダン川西岸地区及びガザ地区とする。

（法第19条の7第1項等の届出の経由に係る市町村の事務）
第2条 市町村（東京都の特別区の存する区域及び地方自治法（昭和22年法律第67号）第252条の19第1項の指定都市にあっては、区。以下同じ。）の長は、法第19条の7第1項の規定による届出（同条第3項の規定により同条第1項の規定による届出とみなされる

335

参考法令

届出を含む。以下同じ。)、法第19条の8第1項の規定による届出（同条第3項の規定により同条第1項の規定による届出とみなされる届出を含む。以下同じ。）又は法第19条の9第1項の規定による届出（同条第3項の規定により同条第1項の規定による届出とみなされる届出を含む。以下同じ。）があったときは、当該届出に係る次に掲げる事項を、法務大臣が市町村の長に使用させる電子計算機（入出力装置を含む。）から電気通信回線を通じて法務大臣の使用に係る電子計算機に送信する方法その他の法務省令で定める方法により、法務大臣に伝達するものとする。

一 届出をした中長期在留者の氏名、生年月日、性別、国籍の属する国又は法第2条第5号ロに規定する地域及び住居地
二 届出をした中長期在留者が提出した在留カードの番号
三 届出の年月日
四 届出が法第19条の7第1項の規定による届出、法第19条の8第1項の規定による届出又は法第19条の9第1項の規定による届出のいずれであるかの別。ただし、次のイからハまでに掲げる場合には、これに代え、当該イからハまでに定める事項
　イ 法第19条の7第3項の規定により同条第1項の規定による届出とみなされる届出があった場合　当該届出が住民基本台帳法（昭和42年法律第81号）第30条の46の規定によるものであること。
　ロ 法第19条の8第3項の規定により同条第1項の規定による届出とみなされる届出があった場合　当該届出が住民基本台帳法第30条の46又は第30条の47のいずれの規定によるものであるかの別
　ハ 法第19条の9第3項の規定により同条第1項の規定による届出とみなされる届出があった場合　当該届出が住民基本台帳法第22条、第23条又は第30条の46のいずれの規定によるものであるかの別
五 法第19条の7第1項の規定による届出又は法第19条の8第1項の規定による届出（同条第3項の規定により同条第1項の規定による届出とみなされる住民基本台帳法第30条の47の規定による届出を除く。）があった場合における住居地を定めた年月日（法第19条の8第1項に規定する既に住居地を定めている者に係る当該住居地を定めた年月日を除く。）
六 法第19条の9第1項の規定による届出があった場合における新住居地（変更後の住居地をいう。）に移転した年月日及び当該届出の直前に定めていた住居地（同条第3項の規定により同条第1項の規定による届出とみなされる住民基本台帳法第30条の46の規定による届出があった場合における当該届出の直前に定めていた住居地を除く。）

（住居地届出日の在留カードへの記載）
第3条　市町村の長は、法第19条の7第2項（法第19条の8第2項及び第19条の9第2項において準用する場合を含む。）の規定により在留カードに住居地の記載をする場合には、併せて、当該在留カードを提出してした届出の年月日を記載するものとする。

（法第61条の3の2第5項の政令で定める入国警備官の階級）

〔法令4〕 出入国管理及び難民認定法施行令（抄）

第4条　法第61条の3の2第5項の政令で定める入国警備官の階級は、警備監、警備長、警備士長、警備士、警備士補、警守長及び警守とする。
（法第61条の8第1項の政令で定める法務省の内部部局）
第5条　法第61条の8第1項の政令で定める法務省の内部部局として置かれる局は、入国管理局とする。
（法第61条の8の2の政令で定める事由等）
第6条　法第61条の8の2の政令で定める事由は、住民基本台帳法施行令（昭和42年政令第292号）第11条、第12条第1項及び第3項並びに第30条の32の規定により読み替えて適用される同令第12条第2項に定める事由（住民基本台帳法第30条の50の規定による通知があったことを除き、記載の修正の事由にあっては、次項第1号から第4号までに掲げる事項についての記載の修正に係るものに限る。）とする。
2　市町村の長は、法第61条の8の2の規定により、住民基本台帳法第30条の45に規定する外国人住民（以下「外国人住民」という。）に係る住民票について、その記載、消除又は記載の修正（以下「記載等」という。）をしたことを法務大臣に通知するときは、当該外国人住民に係る第1号から第4号までに掲げる事項及び当該記載等に係る第5号から第8号までに掲げる事項を通知するものとする。
　一　外国人住民の氏名、生年月日、性別、国籍の属する国又は法第2条第5号ロに規定する地域及び住所
　二　外国人住民が中長期在留者、特別永住者（日本国との平和条約に基づき日本の国籍を離脱した者等の出入国管理に関する特例法（平成3年法律第71号。以下「特例法」という。）に定める特別永住者をいう。以下同じ。）、一時庇護許可者（法第18条の2第1項の許可を受けた者をいう。）、仮滞在許可者（法第61条の2の4第1項の許可を受けた者をいう。）又は経過滞在者（国内において出生した日本の国籍を有しない者又は日本の国籍を失った者であって、法第22条の2第1項の規定により在留することができるものをいう。）のいずれであるかの別
　三　外国人住民が中長期在留者である場合における当該中長期在留者の在留カードの番号
　四　外国人住民が特別永住者である場合における当該特別永住者の特例法第7条第1項に規定する特別永住者証明書の番号
　五　記載、消除又は記載の修正の別
　六　第1号から第4号までに掲げる事項のいずれかに係る記載の修正をした場合における当該記載の修正がこれらの事項のいずれに係るものであるかの別及び住所についての記載の修正をした場合における当該記載の修正前に記載されていた住所
　七　住民基本台帳法施行令第11条の規定により、住民基本台帳法第22条から第24条まで、第30条の46又は第30条の47のいずれかの規定による届出に基づく住民票の記載等をした場合における当該記載等がこれらの規定のいずれによる届出に基づくものであるかの別及び当該届出の年月日並びに同法第24条の規定による届出に基づき消除をした場

337

参考法令

　　　合における転出の予定年月日
　　八　住民基本台帳法施行令第12条第1項若しくは第3項又は第30条の32の規定により読み替えて適用される同令第12条第2項の規定により記載等をした場合における当該記載等がこれらの規定によるものであること及び当該記載等をした年月日。ただし、次のイからニまでに掲げる場合には、当該記載等をした年月日に代え、当該イからニまでに定める年月日
　　　イ　出生（出生によって日本の国籍を取得したときを除く。）若しくは日本の国籍の喪失があったため記載をした場合又は死亡若しくは日本の国籍の取得があったため消除をした場合　当該事由の発生年月日
　　　ロ　民法（明治29年法律第89号）第30条第1項の規定による失踪の宣告の裁判の確定があったため消除をした場合　同項に規定する期間が経過した年月日
　　　ハ　民法第30条第2項の規定による失踪の宣告の裁判の確定があったため消除をした場合　同項に規定する危難が去った年月日
　　　ニ　失踪の宣告の取消しの裁判の確定があったため記載をした場合　戸籍法（昭和22年法律第224号）第94条において準用する同法第63条第1項の規定による届出の年月日
　3　前項の規定による通知は、法務大臣が市町村の長に使用させる電子計算機（入出力装置を含む。）から電気通信回線を通じて法務大臣の使用に係る電子計算機に送信する方法その他の総務省令・法務省令で定める方法により行うものとする。
　（事務の区分）
第8条　第3項の規定により市町村が処理することとされている事務は、地方自治法第2条第9項第1号に規定する第1号法定受託事務とする。

〔法令5〕　出入国管理及び難民認定法施行規則（抄）

（昭和56年10月28日法務省令第54号、重要改正平成23年12月26日法務省令第43号、最終改正平成24年6月15日法務省令第26号）

第1条～第2条　（略）
（在留期間）
第3条　法第2条の2第3項に規定する在留期間は、別表第2の上欄に掲げる在留資格に応じ、それぞれ同表の下欄に掲げる通りとする。
第4条～第17条　（略）
（一時庇護のための上陸の許可）
第18条　法第18条の2第1項の規定により一時庇護の許可を申請しようとする外国人は、別記第6号様式及び別記第26号の2様式による書面1通を入国審査官に提出しなければならない。
　2～5　（略）

〔法令5〕 出入国管理及び難民認定法施行規則（抄）

第19条～第19条の4 （略）
（中長期在留者に当たらない者）
第19条の5 法第19条の3第4号に規定する法務省令で定める者は、次に掲げるとおりとする。
　一　特定活動の在留資格を決定された者であつて、亜東関係協会の本邦の事務所の職員又は当該職員と同一の世帯に属する家族の構成員としての活動を特に指定されたもの
　二　特定活動の在留資格を決定された者であつて、駐日パレスチナ総代表部の職員又は当該職員と同一の世帯に属する家族の構成員としての活動を特に指定されたもの
（在留カードの記載事項等）
第19条の6 法第19条の4第1項第1号に規定する氏名は、ローマ字により表記するものとする。
2　法第19条の4第1項第1号に規定する国籍・地域は、日本の国籍以外の2以上の国籍を有する中長期在留者については、次の各号に掲げる区分に応じ、それぞれ当該各号に定める国籍・地域を記載するものとする。
　一　法第3章第1節又は第2節の規定による上陸許可の証印又は許可を受けて中長期在留者となつた者　法第9条第1項、第10条第8項又は第11条第4項の規定により上陸許可の証印をされた旅券を発行した国の国籍又は機関の属する法第2条第5号ロに規定する地域
　二　法第19条の10第2項（法第19条の11第3項、第19条の12第2項及び第19条の13第4項の規定において準用する場合を含む。）の規定により新たな在留カードの交付を受ける中長期在留者（次号に掲げる者を除く。）　当該交付により効力を失うこととなる在留カードに記載された国籍・地域
　三　国籍・地域に変更を生じたとして法第19条の10第1項の届出に基づき同条第2項の規定により新たな在留カードの交付を受ける中長期在留者　変更後の国籍・地域
　四　法第20条第4項第1号（法第21条第4項及び第22条の2第3項（法第22条の3において準用する場合を含む。）において準用する場合を含む。）又は第22条第3項（法第22条の2第4項（法第22条の3において準用する場合を含む。）において準用する場合を含む。）の規定により在留カードの交付を受ける者（新たに中長期在留者となつた者に限る。）　当該交付に係る申請において、第20条第4項（第21条第4項、第21条の3第3項及び第22条第3項において準用する場合を含む。以下この号において同じ。）又は第24条第4項（第25条第3項において準用する場合を含む。）の規定により提示した旅券を発行した国の国籍又は機関の属する法第2条第5号ロに規定する地域（第20条第4項の規定により在留資格証明書を提示した者にあつては、当該在留資格証明書に記載された国籍・地域）
　五　中長期在留者であつて、前号に掲げる規定により新たな在留カードの交付を受けるもの　当該交付により効力を失うこととなる在留カードに記載された国籍・地域
　六　法第50条第1項の規定による許可を受けて新たに中長期在留者となつたことにより

339

参考法令

　　　同条第3項の規定により在留カードの交付を受ける者　当該許可に係る裁決・決定書に記載された国籍・地域
　　七　法第61条の2の2第1項の規定により定住者の在留資格の取得を許可されて中長期在留者となつたことにより同条第3項第1号の規定により在留カードの交付を受ける者　難民認定証明書に記載された国籍・地域
　　八　法第61条の2の2第2項の規定による許可を受けて中長期在留者となつたことにより同条第3項第1号の規定により在留カードの交付を受ける者　当該許可に係る決定書に記載された国籍・地域
3　法第19条の4第1項第1号の地域として出入国管理及び難民認定法施行令（平成10年政令第178号）第1条に規定するヨルダン川西岸地区及びガザ地区を記載するときは、パレスチナと表記するものとする。
4　法第19条の4第1項第6号に規定する就労制限があるときは、その制限の内容を記載するものとする。
5　法第19条の4第2項に規定する在留カードの番号は、ローマ字4文字及び8けたの数字を組み合わせて定めるものとする。
6　法第19条の4第3項の規定により中長期在留者の写真を表示する在留カードは、有効期間の満了の日を中長期在留者の16歳の誕生日の翌日以降の日として交付するものとする。この場合において、当該写真は、別表第3の2に定める要件を満たしたものとし、第19条の9第1項、第19条の10第1項、第19条の11第1項、第19条の12第1項若しくは第2項、第20条第2項、第21条第2項、第21条の2第3項（第21条の3第3項において準用する場合を含む。）、第22条第1項、第24条第2項、第25条第1項若しくは第55条第1項の規定により提出された写真（第8項において「申請等において提出された写真」という。）、法第19条の4第3項後段の規定により利用することができる写真又は中長期在留者が在留カードへの表示を希望する写真のいずれかを表示するものとする。
7　法第19条の4第3項に規定する法務省令で定める法令の規定は、第6条の2第2項とする。
8　法務大臣は、申請等において提出された写真以外の写真を利用して、在留カードに中長期在留者の写真を表示しようとするときは、入国審査官に当該中長期在留者の写真を撮影させることができる。この場合において、当該中長期在留者の写真を撮影したときは、第6項後段の規定にかかわらず、当該写真を在留カードに表示するものとする。
9　法第19条の4第4項に規定する在留カードの様式は、別記第29号の7様式によるものとし、同項に規定する在留カードに表示すべきものは、次に掲げる事項とする。
　　一　資格外活動許可をしたときは、新たに許可した活動の要旨
　　二　法第19条の7第2項（法第19条の8第2項及び法第19条の9第2項において準用する場合を含む。）の規定に基づき住居地（法第19条の9第2項において法第19条の7第2項を準用する場合にあつては、新住居地）を記載するときは、当該記載に係る届出の年月日

〔法令５〕　出入国管理及び難民認定法施行規則（抄）

　　三　法第20条第２項又は第21条第２項の規定による申請があつたときは、その旨
10　法第19条の４第５項の規定による記録は、同条第１項各号に掲げる事項、同条第３項に規定する写真及び資格外活動許可をしたときにおける新たに許可した活動の要旨を在留カードに組み込んだ半導体集積回路に記録して行うものとする。この場合において、同条第１項第２号に規定する住居地の記録は、在留カードを交付するときに限り行うものとする。

第19条の７　法務大臣は、氏名に漢字を使用する中長期在留者（法第20条第３項本文（法第22条の２第３項（法第22条の３において準用する場合を含む。）において準用する場合を含む。）、第21条第３項及び第22条第２項（法第22条の２第４項（法第22条の３において準用する場合を含む。）において準用する場合を含む。）の規定による許可又は難民の認定を受けて第61条の２の２第１項の規定による許可を受け新たに中長期在留者になることを希望する者を含む。以下、この条において同じ。）から申出があつたときは、前条第１項の規定にかかわらず、ローマ字により表記した氏名に併せて、当該漢字又は当該漢字及び仮名（平仮名又は片仮名をいい、当該中長期在留者の氏名の一部に漢字を使用しない場合における当該部分を表記した者に限る。以下、この条において同じ。）を使用した氏名を表記することができる。

２　前項の申出をしようとする中長期在留者は、氏名に漢字を使用することを証する資料１通を提出しなければならない。

３　第１項の申出は、法第19条の10第１項の規定による届出又は法第19条の11第１項若しくは第２項、第19条の12第１項、第19条の13第１項若しくは第３項、第20条第２項、第21条第２項、第22条第１項、第22条の２第２項（法第22条の３において準用する場合を含む。）若しくは第61条の２第１項の規定による申請と併せて行わなければならない。

４　法務大臣は、氏名に漢字を使用する中長期在留者について、ローマ字により氏名を表記することにより当該中長期在留者が著しい不利益を被るおそれがあることその他の特別の事情があると認めるときは、前条第１項の規定にかかわらず、ローマ字に代えて、当該漢字又は当該漢字及び仮名を使用した氏名を表記することができる。

５　第１項及び前項の場合における当該表記に用いる漢字の範囲、用法その他の漢字を使用した氏名の表記に関し、必要な事項は、法務大臣が告示をもって定める。

６　第１項及び第４項の規定により表記された漢字又は漢字及び仮名を使用した氏名は、法第19条の10第１項の規定による届出による場合を除き、変更（当該漢字又は漢字及び仮名を使用した氏名を表記しないこととすることを含む。）することができない。ただし、法務大臣が相当と認める場合は、この限りでない。

（新規上陸後の住居地届出等）
第19条の８　法第19条の７第１項の規定による届出（同条第３項の規定により同条第１項の規定による届出とみなされる届出を除く。）、法第19条の８第１項の規定による届出（同条第３項の規定により同条第１項の規定による届出とみなされる届出を除く。）又は法第19条の９第１項の規定による届出（同条第３項の規定により同条第１項の規定によ

参考法令

る届出とみなされる届出を除く。）は、別記第29号の八様式による届出書1通を提出して行わなければならない。

(住居地以外の記載事項の変更届出)

第19条の9 法第19条の10第1項の規定による届出は、別記第29号の9様式による届出書1通、写真1葉及び法第19条の4第1項第1号に掲げる事項に変更を生じたことを証する資料1通を提出して行わなければならない。

2 前項の届出に当たつては、旅券及び在留カードを提示しなければならない。この場合において、旅券を提示することができない中長期在留者にあつては、その理由を記載した書面1通を提出しなければならない。

3 16歳に満たない中長期在留者について第1項の届出をする場合は、写真の提出を要しない。

(在留カードの有効期間の更新)

第19条の10 法第19条の11第1項又は第2項の規定による申請は、別記第29号の10様式による申請書1通及び写真1葉を提出して行わなければならない。

2 前条第2項の規定は、前項の申請の場合に準用する。

(紛失等による在留カードの再交付)

第19条の11 法第19条の12第1項の規定による申請は、別記第29号の11様式による申請書1通、写真1葉及び在留カードの所持を失つたことを証する資料1通を提出して行わなければならない。

2 前項の申請に当たつては、次に掲げる書類を提示しなければならない。この場合において、旅券を提示することができない中長期在留者にあつては、その理由を記載した書類1通を提出しなければならない。

　一 旅券

　二 第19条第4項の規定による資格外活動許可書の交付を受けている者にあつては、当該資格外活動許可書

3 第19条の9第3項の規定は、第1項の申請の場合に準用する。

(汚損等による在留カードの再交付)

第19条の12 法第19条の13第1項前段又は第3項の規定による申請は、別記第29号の12様式による申請書1通及び写真1葉を提出して行わなければならない。

2 法第19条の13第1項後段の規定による申請は、別記第29号の13様式による申請書1通及び写真1葉を提出して行わなければならない。

3 第19条の9第2項及び第3項の規定は、前2項の申請の場合に準用する。この場合において、同条第2項中「前項」とあり、同条第3項中「第1項」とあるのは、「第19の12第1項又は第2項」と読み替えるものとする。

(在留カードの再交付申請命令)

第19条の13 法第19条の13第2項の規定による命令は、別記第29号の14様式による在留カード再交付申請命令書を中長期在留者に交付して行うものとする。

〔法令5〕 出入国管理及び難民認定法施行規則（抄）

（在留カードの失効に関する情報の公表）
第19条の14 法務大臣は、効力を失った在留カードの番号の情報をインターネットの利用その他の方法により提供することができる。

（所属機関等に関する届出）
第19条の15 法第19条の16に規定する法務省令で定める事項は、届出に係る中長期在留者の氏名、生年月日、性別、国籍・地域、住居地及び在留カードの番号並びに別表第3の3の上欄に掲げる事由に応じそれぞれ同表の下欄に掲げる事項とする。
2 法第19条の16の届出をしようとする中長期在留者は、同条各号に定める事由が生じた旨及び前項に規定する事項を記載した書面を地方入国管理局に提出しなければならない。
3 前項に規定する書面の提出は、郵便又は民間事業者による信書の送達に関する法律（平成14年法律第99号）第2条第6項に規定する一般信書便事業者若しくは同条第9項に規定する特定信書便事業者による同条第2項に規定する信書便により提出するときは、指定入国管理官署にもすることができる。
　　　　　　　　　　　　　（平成24年6月15日法務省令第26号により本条全部改正）

（所属機関による届出）
第19条の16 法第19条の17に規定する法務省令で定める機関は、教授、投資・経営、法律・会計業務、医療、研究、教育、技術、人文知識・国際業務、企業内転勤、興行、技能又は留学の在留資格をもって在留する中長期在留者が受け入れられている機関（当該中長期在留者の受入れに関し、雇用対策法（昭和41年法律第132号）第28条第1項の規定による届出をしなければならない事業主を除く。）とする。
2 前項に規定する機関が法第19条の17の届出をするときは、別表第3の4の表の上欄に掲げる受入れの状況に至つた日から14日以内に、当該受入れの状況に応じそれぞれ同表の下欄に掲げる事項を記載した書面を地方入国管理局に提出するものとする。
3 前条第3項の規定は、前項に規定する書面の提出をする場合について準用する。
　　　　　　　　　　　　　（平成24年6月15日法務省令第26号により本条全部改正）

第19条の17　（略）

（在留資格の変更）
第20条 法第20条第2項の規定により在留資格の変更を申請しようとする外国人は、別記第30号様式による申請書1通を提出しなければならない。
2 前項の申請に当たつては、写真1葉、申請に係る別表第3の上欄に掲げる在留資格に応じ、それぞれ同表の下欄に掲げる資料及びその他参考となるべき資料各1通を提出しなければならない。
3 前項の場合において、第1項の申請が次に掲げる者に係るものであるときは、写真の提出を要しない。ただし、地方入国管理局長が提出を要するとした場合は、この限りでない。
　一　16歳に満たない者
　二　3月以下の在留期間の決定を受けることを希望する者

343

三　短期滞在の在留資格への変更を希望する者
四　外交又は公用の在留資格への変更を希望する者
五　特定活動の在留資格への変更を希望する者で法務大臣が個々の外国人について特に指定する活動として次のいずれかの活動の指定を希望するもの
　　イ　亜東関係協会の本邦の事務所の職員又は当該職員と同一の世帯に属する家族の構成員としての活動
　　ロ　駐日パレスチナ総代表部の職員又は当該職員と同一の世帯に属する家族の構成員としての活動
4　第1項の申請に当たつては、次の各号に掲げる書類を提示しなければならない。この場合において、旅券又は在留資格証明書を提示することができない者にあつては、その理由を記載した書類1通を提出しなければならない。
一　中長期在留者にあつては、旅券及び在留カード
二　中長期在留者以外の者にあつては、旅券又は在留資格証明書
三　第19条第4項の規定による資格外活動許可書の交付を受けている者にあつては、当該資格外活動許可書
5　中長期在留者から第1項の申請があつたときは、当該中長期在留者が所持する在留カードに、法第20条第2項の規定による申請があつた旨の記載をするものとする。
6　法第20条第4項第2号及び第3号に規定する旅券又は在留資格証明書への新たな在留資格及び在留期間の記載は、別記第31号様式又は別記第31号の2様式による証印によつて行うものとする。
7　法第20条第3項の規定により在留資格の変更の許可をする場合において、技能実習の在留資格（別表第1の2の表の技能実習の項の下欄第2号イ又はロに係るものに限る。）への変更を許可するときは、法務大臣が指定する本邦の公私の機関を記載した別記第31号の3様式による指定書を交付し、特定活動の在留資格への変更を許可するときは、法務大臣が個々の外国人について特に指定する活動を記載した別記第7号の4様式による指定書を交付するものとする。
8　法第20条第4項に規定する在留資格証明書の様式は、別記第32号様式による。
9　中長期在留者がした第1項の申請に対し許可をしない処分をしたとき及び当該申請の取下げがあつたときは、第5項の規定により在留カードにした記載をまつ消するものとする。

（在留期間の更新）
第21条　法第21条第2項の規定により在留期間の更新を申請しようとする外国人は、在留期間の満了する日までに、別記第30号の2様式による申請書1通を提出しなければならない。
2　前項の申請に当たつては、写真1葉並びに申請に係る別表第3の5の上欄に掲げる在留資格に応じ、それぞれ同表の下欄に掲げる資料及びその他参考となるべき資料各1通を提出しなければならない。

3 前項の場合において、第1項の申請が次に掲げる者に係るものであるときは、写真の提出を要しない。ただし、地方入国管理局長が提出を要するとした場合は、この限りでない。
　一　16歳に満たない者
　二　中長期在留者でない者
　三　3月以下の在留期間の決定を受けることを希望する者
4　前条第4項、第5項及び第9項の規定は、第1項の申請について準用する。この場合において、前条第9項中「第5項」とあるのは「第21条第4項において準用する第20条第5項」と読み替えるものとする。
5　法第21条第4項において準用する法第20条第4項第2号及び第3号に規定する旅券又は在留資格証明書への新たな在留期間の記載は、別記第33号様式又は別記第33号の2様式による証印によって行うものとする。
6　法第21条第4項において準用する法第20条第4項に規定する在留資格証明書の様式は、別記第32号様式による。

（申請内容の変更の申出）
第21条の2　第20条第1項の申請をした外国人が、当該申請を在留期間の更新の申請に変更することを申し出ようとするときは、別記第30号の3様式による申出書1通を地方入国管理局に出頭して提出しなければならない。
2　前項の申出があった場合には、当該申出に係る第20条第1項の申請があった日に前条第1項の申請があったものとみなす。
3　第1項の申出を受けた地方入国管理局長は、必要があると認めるときは、当該外国人に対し、写真一葉並びに申出に係る別表第3の5の上欄に掲げる在留資格に応じ、それぞれ同表の下欄に掲げる資料及びその他参考となるべき資料各1通の提出を求めることができる。
4　第19条第3項及び第20条第4項の規定は、第1項の申出について準用する。この場合において、第19条第3項中「第1項」とあるのは「第21条の2第1項」と、「及び前項に定める手続」とあるのは、「、第21条の2第3項に定める資料の提出及び第21条の2第4項において準用する第20条第4項に定める手続」と読み替えるものとする。
5　第1項の規定にかかわらず、外国人が疾病その他の事由により自ら出頭することができない場合には、当該外国人は、地方入国管理局に出頭することを要しない。この場合においては、当該外国人の親族又は同居者若しくはこれに準ずる者で地方入国管理局長が適当と認めるものが、本邦にある当該外国人に代わって第1項に定める申出書及び第3項に定める資料の提出並びに第4項において準用する第20条第4項に定める手続を行うことができる。
6　中長期在留者が第1項の申出をしたときは、第20条第5項の規定により在留カードにした記載をまつ消し、当該在留カードに法第21条第2項の規定による申請があった旨の記載をするものとする。

345

参考法令

第21条の3 第21条第1項の申請をした外国人が、当該申請を在留資格の変更の申請に変更することを申し出ようとするときは、別記第30号の3様式による申出書1通を地方入国管理局に出頭して提出しなければならない。

2 前項の申出があった場合には、当該申出に係る第21条第1項の申請があった日に第20条第1項の申請があったものとみなす。

3 第19条第3項、第20条第4項並びに前条第3項及び第5項の規定は、第1項の申出について準用する。この場合において、第19条第3項中「第1項」とあるのは「第21条の3第1項」と、「及び前項に定める手続」とあるのは、「並びに第21条の3第3項において準用する第20条第4項に定める手続及び第21条の2第3項に定める資料の提出」と、前条第3項中「別表第3の5」とあるのは「別表第3」と、前条第5項中「第1項」とあるのは「第21条の3第1項」と、「及び第3項に定める資料の提出並びに第4項において準用する第20条第4項に定める手続」とあるのは「並びに第21条の3第3項において準用する第21条の2第3項に定める資料の提出及び第20条第4項に定める手続」と読み替えるものとする。

4 中長期在留者が第1項の申出をしたときは、第21条第4項が準用する第20条第5項の規定により在留カードにした記載をまつ消し、当該在留カードに法第20条第2項の規定による申請があった旨の記載をするものとする。

第22条〜第25条の14 （略）

（旅券等の提示要求ができる職員）

第26条 法第23条第3項に規定する国又は地方公共団体の職員は、次のとおりとする。

一〜三 （略）

四 住民基本台帳に関する事務（住民基本台帳法（昭和42年法律第81号）第30条の45に規定する外国人住民に係る住民票に係るものに限る。）に従事する市町村の職員

五 （略）

第27条〜第28条 （略）

（再入国の許可）

第29条 法第26条第1項の規定により再入国の許可を申請しようとする外国人は、別記第40号様式による申請書1通を地方入国管理局に出頭して提出しなければならない。

2 前項の申請に当たっては、次の各号に掲げる書類を提示しなければならない。この場合において、旅券を提示することができない者にあつては、旅券を取得することができない理由を記載した書類1通を提出しなければならない。

一 旅券

二 在留資格証明書の交付を受けた者にあつては、在留資格証明書

三 中長期在留者にあつては、在留カード

四 特別永住者にあつては、特別永住者証明書

五 一時庇護のための上陸の許可を受けた者にあつては、一時庇護許可書

3 第19条第3項の規定は、第1項の申請について準用する。この場合において、同条第

3項中「第1項」とあるのは「第29条第1項」と、「前項」とあるのは「第29条第2項」と読み替えるものとする。
4　第21条の2第5項の規定は第1項の申請について準用する。この場合において、第21条の2第5項中「第1項の規定」とあるのは「第29条第1項の規定」と、「第1項に定める申出書及び第3項に定める資料の提出並びに第4項において準用する第20条第4項に定める手続」とあるのは、「第29条第1項に定める申請書の提出及び同条第3項に定める手続」と読み替えるものとする。
5　第1項の規定にかかわらず、地方入国管理局長において相当と認める場合には、外国人は、地方入国管理局に出頭することを要しない。この場合においては、当該外国人から依頼を受けた旅行業者で地方入国管理局長が適当と認めるものが、第1項に定める申請書の提出及び第2項に定める手続を行うものとする。
6　法第26条第2項に規定する再入国の許可の証印の様式は、別記第41号様式又は別記第41号の2様式による。
7　法第26条第2項に規定する再入国許可書の様式は、別記第42号様式による。
8　法第26条第5項の規定による再入国許可の有効期間延長許可の申請書の様式は、別記第43号様式による。
9　法第26条第7項の規定により数次再入国の許可を取り消したときは、その旨を別記第44号様式による数次再入国許可取消通知書によりその者に通知するとともに、その者が所持する旅券に記載された再入国の許可の証印をまつ消し、又はその者が所持する再入国許可書を返納させるものとする。

（みなし再入国許可の意図の表明）
第29条の2　法第26条の2第1項に規定する再び入国する意図の表明は、入国審査官に同項の規定により再び入国する意図を有する旨の記載をした別記第37号の19様式による書面を提出することによつて行うものとする。
2　中長期在留者が前項の意図の表明を行う場合は、前項の書面を提出するほか、在留カードを提示するものとする。

（再入国の許可を要する者）
第29条の3　法第26条の2第1項に規定する出入国の公正な管理のため再入国の許可を要する者は、次に掲げる者とする。
　一　法第22条の4第3項の規定による意見聴取通知書の送達又は同項ただし書の規定による通知を受けた者（意見聴取通知書又は通知に係る在留資格の取消しの原因となる事実について第25条の14の規定による通知を受けた者を除く。）
　二　法第25条の2第1項各号のいずれかに該当する者であるとして入国審査官が通知を受けている者
　三　法第39条の規定による収容令書の発付を受けている者
　四　特定活動の在留資格をもつて在留している者であつて、法務大臣が個々の外国人について特に指定する活動として法第61条の2第1項の申請又は法第61条の2の9第1

参考法令

　　項に規定する異議申立てを行っている者に係る活動を指定されているもの
　五　日本国の利益又は公安を害する行為を行うおそれがあることその他の出入国の公正な管理のため再入国の許可を要すると認めるに足りる相当の理由があるとして法務大臣が認定する者
2　法務大臣は、前項第5号の規定による認定をしたときは、外国人に対し、その旨を通知するものとする。ただし、外国人の所在が不明であるときその他の通知をすることができないときは、この限りでない。
3　前項の通知は、別記第44号の2様式による通知書によつて行うものとする。ただし、急速を要する場合には、法務大臣が第1項第5号の規定による認定をした旨を入国審査官に口頭で通知させてこれを行うことができる。

第30条～第43条　（略）

（在留特別許可）

第44条　法第50条第1項の規定により在留を特別に許可する場合には、同条第3項の規定により入国審査官に在留カードを交付させる場合及び第3項第1号の規定により上陸の種類及び上陸期間を定める場合を除き、当該許可に係る外国人が旅券を所持しているときは旅券に別記第62号様式又は別記第62号の2様式による証印をし、旅券を所持していないときは同証印をした別記第32号様式による在留資格証明書を交付し、又は既に交付を受けている在留資格証明書に同様式による証印をするものとする。
2　法第50条第1項の規定により在留を特別に許可する場合において、技能実習の在留資格（法別表第1の2の表の技能実習の項の下欄第2号イ又はロに係るものに限る。）を決定したときは、法務大臣が指定する本邦の公私の機関を記載した別記第31号の3様式による指定書を交付し、特定活動の在留資格を決定するときは、法務大臣が個々の外国人について特に指定する活動を記載した別記第7号の4様式による指定書を交付するものとする。
3　法第50条第2項の規定により付することができる必要と認める条件は、次の各号によるものとする。
　一　法第24条第2号（法第9条第6項の規定に違反して本邦に上陸した者を除く。）、第6号又は第6号の2に該当した者については、法第3章第4節に規定する上陸の種類及び第13条から第18条までの規定に基づく上陸期間
　二　活動の制限その他特に必要と認める事項

第45条～第56条　（略）

（仮滞在の許可）

第56条の2　法第61条の2の4第2項に規定する仮滞在許可書の様式は、別記第76号の4様式による。
2　法第61条の2の4第2項（同条第4項において準用する場合を含む。）に規定する仮滞在期間は、6月を超えない範囲内で定めるものとする。
3～8　（略）

348

〔法令5〕 出入国管理及び難民認定法施行規則（抄）

第56条の3～第59条の5 （略）

（出頭を要しない場合等）

第59条の6 法第61条の9の3第3項に規定する法務省令で定める場合（同条第1項第1号に掲げる行為に係る場合に限る。）は、外国人若しくは同条第2項の規定により外国人に代わってしなければならない者から依頼を受けた者（当該外国人の16歳以上の親族であって当該外国人と同居するものを除く。）又は外国人の法定代理人が当該外国人に代わって同条第1項第1号に掲げる行為をする場合（外国人の法定代理人が同条第2項の規定により当該外国人に代わってする場合を除く。）とする。

2　法第61条の9の3第3項に規定する法務省令で定める場合（同条第1項第2号に掲げる行為に係る場合に限る。）は、次の各号に掲げる場合とする。

一　次のイからハまでに掲げる者が、外国人に代わって別表第7の1の表の上欄に掲げる行為の区分に応じそれぞれ同表の下欄に掲げる行為をする場合（イ及びロに掲げる者にあっては、当該外国人又は法第61条の9の3第2項の規定により当該外国人に代わってしなければならない者の依頼によりする場合に限り、ハに掲げる者にあっては、同項の規定により当該外国人に代わってする場合を除く。）であって、地方入国管理局長において相当と認めるとき。

　イ　受入れ機関等の職員又は公益法人の職員で、地方入国管理局長が適当と認めるもの

　ロ　弁護士又は行政書士で所属する弁護士会又は行政書士会を経由してその所在地を管轄する地方入国管理局長に届け出たもの

　ハ　当該外国人の法定代理人

二　前号に規定する場合のほか、外国人が16歳に満たない場合又は疾病その他の事由により自ら別表第7の1の表の上欄に掲げる行為をすることができない場合において、当該外国人の親族（当該外国人と同居する16歳以上の者を除く。）又は同居者（当該外国人の親族を除く。）若しくはこれに準ずる者で地方入国管理局長が適当と認めるものが、当該外国人に代わって当該行為の区分に応じそれぞれ同表の下欄に掲げる行為をするとき。

3　法第61条の9の3第4項に規定する法務省令で定める場合は、次の各号に掲げる場合とする。

一　前項第1号イ又はロに掲げる者が、本邦にある外国人又はその法定代理人の依頼により当該外国人に代わって別表第7の2の表の上欄に掲げる行為の区分に応じそれぞれ同表の下欄に掲げる行為をする場合であって、地方入国管理局長において相当と認めるとき。

二　前号に規定する場合のほか、外国人が16歳に満たない場合又は疾病その他の事由により自ら別表第7の2の表の上欄に掲げる行為をすることができない場合において、当該外国人の親族又は同居者若しくはこれに準ずる者で地方入国管理局長が適当と認めるものが、本邦にある当該外国人に代わって当該行為の区分に応じそれぞれ同表の

参考法令

下欄に掲げる行為をするとき（当該外国人の法定代理人が当該外国人に代わってする場合を除く。）。
4　法第61条の9の3第1項第1号に規定する行為を、同条第2項の規定により外国人に代わってしようとする者は、市町村（東京都の特別区の存する区域及び地方自治法（昭和22年法律第67号）第252条の19第1項の指定都市にあつては、区。次項において同じ。）の長に対し、法第61条の9の3第2項の規定により外国人に代わってしなければならない者であることを明らかにする資料の提示又は説明をしなければならない。
5　法第61条の9の3第3項の規定により外国人が自ら出頭して同条第1項第1号に規定する行為を行うことを要しない場合において、当該外国人に代わって当該行為をしようとする者又は別表第7の1の表の上欄に掲げる行為の区分に応じそれぞれ同表の下欄に掲げる行為をしようとする者は、市町村の長に対し、当該場合に当たることを明らかにする資料の提示又平成23年12月26日法務省令第43号は説明をしなければならない。

（平成24年6月15日法務省令第26号により1項改正）

第60条～第66条　（略）

　　附則（平成23年12月26日法務省令第43号）
（施行期日）
第1条　この省令は、改正法施行日（平成24年7月9日）から施行する。ただし、次の各号に掲げる規定は、当該各号に定める日から施行する。（以下、略）

　　附則（平成24年6月15日法務省令第26号）
この省令は、公布の日から施行する。

別表第2　（第3条関係）

在留資格	在留期間
外交	法別表第1の1の外交の項の下欄に掲げる活動（「外交活動」と称する。）を行う期間
公用	5年、3年、1年、3月、30日又は15日
教授	5年、3年、1年又は3月
芸術	5年、3年、1年又は3月
宗教	5年、3年、1年又は3月
報道	5年、3年、1年又は3月
投資・経営	5年、3年、1年又は3月
法律・会計業務	5年、3年、1年又は3月

医療	5年、3年、1年又は3月
研究	5年、3年、1年又は3月
教育	5年、3年、1年又は3月
技術	5年、3年、1年又は3月
人文知識・国際業務	5年、3年、1年又は3月
企業内転勤	5年、3年、1年又は3月
興行	3年、1年、6月、3月又は15日
技能	5年、3年、1年又は3月
技能実習	一　法別表第1の2の表の技能実習の項の下欄第1号イ又はロに掲げる活動を行う者にあっては、1年又は6月 二　法別表第1の2の表の技能実習の項の下欄第2号イ又はロに掲げる活動を行う者にあっては、法務大臣が個々の外国人に指定する期間（1年を超えない範囲内）
文化活動	3年、1年、6月又は3月
短期滞在	90日若しくは30日又は15日以内の日を単位とする期間
留学	4年3月、4年、3年3月、3年、2年3月、2年、1年3月、1年、6月又は3月
研修	1年、6月又は3月
家族滞在	5年、4年3月、4年、3年3月、3年、2年3月、2年、1年3月、1年、6月又は3月
特定活動	一　法別表第1の5の表の下欄（イ及びロに係る部分に限る。）に掲げる活動を指定される者にあっては、5年 二　法別表第1の5の表の下欄（ハに係る部分に限る。）に掲げる活動を指定される者にあっては、5年、4年、3年、2年、1年又は3月 三　法第7条第1項第2号の告示で定める活動を指定される者（次号に掲げる者を除く。）にあっては、5年、3年、1年、6月又は3月 四　経済上の連携に関する日本国とインドネシア共和国との間の協定若しくは経済上の連携に関する日本国とフィリピン共和国との間の協定に基づき保健師助産師看護師法（昭和23年法律第203号）第5条に規定する看護師としての業務に従事する活動若しくはこれらの協定に基づき社会福祉士及び介護福祉士法（昭和62年法律第30号）第2条第2項に規定する介護福祉士として同項に規定する介護等の業務に従事する活動を指定される者にあっては、3年、1年又は6月 五　一から四までに掲げる活動以外の活動を指定される者にあっては、5年を超えない範囲内で法務大臣が個々の外国人につい

参考法令

	て指定する期間
永住者	無期限
日本人の配偶者等	5年、3年、1年又は6月
永住者の配偶者等	5年、3年、1年又は6月
定住者	一 法第7条第1項第2号の告示で定める地位を認められる者にあつては、5年、3年、1年又は6月 二 一に掲げる地位以外の地位を認められる者にあつては、5年を超えない範囲内で法務大臣が個々の外国人について指定する期間

別表第7（第59条の6関係）

一

外国人が自ら出頭して行うこととされている行為	当該外国人に代わつてする行為
法第19条の10第1項の規定による届出	第19条の9第1項に定める届出書等の提出及び同条第2項に定める旅券等の提示等に係る手続
法第19条の11第1項又は第2項の規定による申請	第19条の10第1項に定める申請書等の提出及び同条第2項において準用する第19条の9第2項に定める旅券等の提示等に係る手続
法第19条の12第1項の規定による申請	第19条の11第1項に定める申請書等の提出及び同条第2項に定める旅券等の提示等に係る手続
法第19条の13第1項又は第3項の規定による申請	第19条の12第1項又は第2項に定める申請書等の提出及び同条第3項において準用する第19条の9第2項に定める旅券等の提示等に係る手続
法第19条の10第2項の規定（法第19条の11第3項、第19条の12第2項及び第19条の13第4項において準用する場合を含む。）により交付される在留カードの受領	この項の上欄の規定により交付される在留カードの受領に係る手続

二

外国人が自ら出頭して行うこととされている行為	当該外国人に代わつてする行為

〔法令5〕 出入国管理及び難民認定法施行規則（抄）

法第20条第2項の規定による在留資格の変更の申請	第20条第1項及び第2項に定める申請書等の提出並びに同条第4項に定める旅券等の提示等に係る手続
法第21条第2項の規定による在留期間の更新の申請	第21条第1項及び第2項に定める申請書等の提出並びに同条第4項において準用する第20条第4項に定める旅券等の提示等に係る手続
法第22条第1項の規定による永住許可の申請	第22条第1項に定める申請書等の提出及び同条第3項において準用する第20条第4項に定める旅券等の提示等に係る手続
法第22条の2第2項（法第22条の3において準用する場合を含む。）の規定による在留資格の取得の申請	第24条第1項及び第2項に定める申請書等の提出並びに同条第4項に定める旅券等の提示等に係る手続
法第22条の2第2項（法第22条の3において準用する場合を含む。）の規定による在留資格の取得の申請（永住者の在留資格の取得の申請に限る。）	第25条第1項に定める申請書等の提出及び同条第3項において準用する第24条第4項に定める旅券の提示等に係る手続
法第20条第4項第1号（法第21条第4項及び第22条の2第3項（法第22条の3において準用する場合領を含む。）において準用する場合を含む。）、第22条第3項（法第22条の2第4項（法第22条の3において準用する場合を含む。）において準用する場合を含む。）、第50条第3項又は第61条の2の2第3項第1号の規定により交付される在留カードの受領	この項の上欄の規定により交付される在留カードの受領に係る手続

353

参考法令

別記第29号の7様式（第19条の6関係）

(表)

| 日本国政府 | 在留カード | 番号 |

氏名

生年月日　　年　月　日　性別　国籍・地域

住居地

在留資格
　　　　　就労制限の有無

在留期間（満了日）
　　　　　年　月（　　年　月　日）

　　　　　　　　　　　　　　　　　写真

許可の種類

許可年月日　年　月　日　交付年月日　年　月　日

このカードは　年　月　日まで有効　です。　法務大臣　印

(裏)

住居地記載欄	
届出年月日	住居地

資格外活動許可欄　　　　　　　　　在留期間更新等許可申請欄

(注)　縦54.0ミリメートル，横85.6ミリメートルとする。

〔法令5〕 出入国管理及び難民認定法施行規則（抄）

別記第29号の8様式（第19条の8関係）

日本国政府法務省

住 居 地 届 出 書

法務大臣　殿

出入国管理及び難民認定法第19条の7第1項,第19条の8第1項又は第19条の9第1項の規定に基づき,次のとおり住居地を届け出ます。

該当する届出にチェックしてください。
- □ ① 新 規 上 陸 後 の 住 居 地 届 出 (法第19条の7第1項)
- □ ② 在留資格変更等に伴う住居地届出 (法第19条の8第1項)
- □ ③ 住 居 地 の 変 更 届 出 (法第19条の9第1項)

1　国 籍・地 域　　　　　　　　　2　生年月日　　　　　年　　月　　日

3　氏　名

4　性　別　　男　・　女　　5　在留カード番号

6　現在の住居地

7　現在の住居地を定めた日　　　　年　　月　　日

8　前住居地(③の届出の場合に記入)

9　代理人
　(1)氏　名　　　　　　　　　　(2)本人との関係

　(3)住　所

以上の記載内容は事実と相違ありません。
届出人の署名／届出年月日
　　　　　　　　　　　　　　　　　　　年　　月　　日

注　意　届出書作成後届出までに記載内容に変更が生じた場合,届出人が変更箇所を訂正し,署名すること。

市 区 町 村 記 載 欄

355

参考法令

別記第29号の9様式（第19条の9関係）

日本国政府法務省

在留カード記載事項変更届出書

法務大臣殿

出入国管理及び難民認定法第19条の10第1項の規定に基づき、次のとおり住居地以外の在留カードの記載事項変更を届け出ます。

写真

1 国籍・地域

2 生年月日　　　年　　月　　日

3 氏名

4 性別　男・女

5 住居地

6 在留カード番号

7 変更を生じた事項
□ 氏名　□ 生年月日　□ 性別　□ 国籍・地域

8 変更が生じた日　　　年　　月　　日

9 変更の内容(7に対応するものを記載)
変更前

変更後

10 代理人
(1)氏名

(2)本人との関係

(3)住所

以上の記載内容は事実と相違ありません。
届出人(代理人)の署名／届出書作成年月日

年　　月　　日

注意　届出書作成後届出までに記載内容に変更が生じた場合、届出人(代理人)が変更箇所を訂正し、署名すること。

※ 取次者
(1)氏名　　　　　　　　　　(2)住所

(3)所属機関等(親族等については、本人との関係)　　(4)電話番号(携帯電話番号)

356

〔法令6〕 日本国との平和条約に基づき日本の国籍を離脱した者等の出入国管理に関する特例法(抄)

〔法令6〕 日本国との平和条約に基づき日本の国籍を離脱した者等の出入国管理に関する特例法(抄)

(平成3年5月10日法律第71号、最終改正平成21年7月15日法律第79号)

(目的)
第1条 この法律は、次条に規定する平和条約国籍離脱者及び平和条約国籍離脱者の子孫について、出入国管理及び難民認定法(昭和26年政令第319号。以下「入管法」という。)の特例を定めることを目的とする。

(定義)
第2条 この法律において「平和条約国籍離脱者」とは、日本国との平和条約の規定に基づき同条約の最初の効力発生の日(以下「平和条約発効日」という。)において日本の国籍を離脱した者で、次の各号の1に該当するものをいう。
一 昭和20年9月2日以前から引き続き本邦に在留する者
二 昭和20年9月3日から平和条約発効日までの間に本邦で出生し、その後引き続き本邦に在留する者であって、その実親である父又は母が、昭和20年9月2日以前から当該出生の時(当該出生前に死亡したときは、当該死亡の時)まで引き続き本邦に在留し、かつ、次のイ又はロに該当する者であったもの
　イ 日本国との平和条約の規定に基づき平和条約発効日において日本の国籍を離脱した者
　ロ 平和条約発効日までに死亡し又は当該出生の時後平和条約発効日までに日本の国籍を喪失した者であって、当該死亡又は喪失がなかったとしたならば日本国との平和条約の規定に基づき平和条約発効日において日本の国籍を離脱したこととなるもの
2 この法律において「平和条約国籍離脱者の子孫」とは、平和条約国籍離脱者の直系卑属として本邦で出生しその後引き続き本邦に在留する者で、次の各号の1に該当するものをいう。
一 平和条約国籍離脱者の子
二 前号に掲げる者のほか、当該在留する者から当該平和条約国籍離脱者の孫にさかのぼるすべての世代の者(当該在留する者が当該平和条約国籍離脱者の孫であるときは、当該孫。以下この号において同じ。)について、その父又は母が、平和条約国籍離脱者の直系卑属として本邦で出生し、その後当該世代の者の出生の時(当該出生前に死亡したときは、当該死亡の時)まで引き続き本邦に在留していた者であったもの

(法定特別永住者)
第3条 平和条約国籍離脱者又は平和条約国籍離脱者の子孫でこの法律の施行の際次の各号の1に該当しているものは、この法律に定める特別永住者として、本邦で永住することができる。
一 次のいずれかに該当する者

参考法令

　　イ　附則第10条の規定による改正前のポツダム宣言の受諾に伴い発する命令に関する件に基く外務省関係諸命令の措置に関する法律（昭和27年法律第126号）（以下「旧昭和27年法律第126号」という。）第2条第6項の規定により在留する者
　　ロ　附則第6条の規定による廃止前の日本国に居住する大韓民国国民の法的地位及び待遇に関する日本国と大韓民国との間の協定の実施に伴う出入国管理特別法（昭和40年法律第146号）（以下「旧日韓特別法」という。）に基づく永住の許可を受けている者
　　ハ　附則第7条の規定による改正前の入管法（以下「旧入管法」という。）別表第2の上欄の永住者の在留資格をもって在留する者
　二　旧入管法別表第2の上欄の平和条約関連国籍離脱者の子の在留資格をもって在留する者

（特別永住許可）

第4条　平和条約国籍離脱者の子孫で出生その他の事由により入管法第3章に規定する上陸の手続を経ることなく本邦に在留することとなるものは、法務大臣の許可を受けて、この法律に定める特別永住者として、本邦で永住することができる。

2　法務大臣は、前項に規定する者が、当該出生その他の事由が生じた日から60日以内に同項の許可の申請をしたときは、これを許可するものとする。

3　第1項の許可の申請は、法務省令で定めるところにより、居住地の市町村（東京都の特別区の存する区域及び地方自治法（昭和22年法律第67号）第252条の19第1項の指定都市にあっては、区。以下同じ。）の長に、特別永住許可申請書その他の書類を提出して行わなければならない。

4　市町村の長は、前項の書類の提出があったときは、第1項の許可を受けようとする者が申請に係る居住地に居住しているかどうか、及び提出された書類の成立が真正であるかどうかを審査した上、これらの書類を、法務大臣に送付しなければならない。

第5条　平和条約国籍離脱者又は平和条約国籍離脱者の子孫で入管法別表第2の上欄の在留資格（永住者の在留資格を除く。）をもって在留するものは、法務大臣の許可を受けて、この法律に定める特別永住者として、本邦で永住することができる。

2　法務大臣は、前項に規定する者が同項の許可の申請をしたときは、これを許可するものとする。この場合において、当該許可を受けた者に係る在留資格及び在留期間の決定は、その効力を失う。

3　第1項の許可の申請は、法務大臣に、法務省令で定めるところにより、特別永住許可申請書その他の書類を提出して行わなければならない。

（特別永住許可書の交付）

第6条　法務大臣は、第4条第1項の許可をする場合には、特別永住者として本邦で永住することを許可する旨を記載した書面（以下「特別永住許可書」という。）を、居住地の市町村の長を経由して、交付するものとする。

2　法務大臣は、前条第1項の許可をする場合には、入国審査官に、特別永住許可書を交

〔法令6〕 日本国との平和条約に基づき日本の国籍を離脱した者等の出入国管理に関する特例法（抄）

付させるものとする。
（特別永住者証明書の交付）
第7条 法務大臣は、特別永住者に対し、特別永住者証明書を交付するものとする。
2　法務大臣は、第4条第1項の許可をしたときは、居住地の市町村の長を経由して、当該特別永住者に対し、特別永住者証明書を交付する。
3　法務大臣は、第5条第1項の許可をしたときは、入国審査官に、当該特別永住者に対し、特別永住者証明書を交付させる。
（特別永住者証明書の記載事項等）
第8条　特別永住者証明書の記載事項は、次に掲げる事項とする。ただし、その交付を受ける特別永住者に住居地（本邦における主たる住居の所在地をいう。以下同じ。）がないときは、第2号に掲げる事項を記載することを要しない。
　一　氏名、生年月日、性別及び国籍の属する国又は入管法第2条第5号ロに規定する地域
　二　住居地
　三　特別永住者証明書の番号、交付年月日及び有効期間の満了の日
2　前項第3号の特別永住者証明書の番号は、法務省令で定めるところにより、特別永住者証明書の交付（再交付を含む。）ごとに異なる番号を定めるものとする。
3　特別永住者証明書には、法務省令で定めるところにより、特別永住者の写真を表示するものとする。この場合において、法務大臣は、法務省令で定める法令の規定により当該特別永住者から提供された写真を利用することができる。
4　前3項に規定するもののほか、特別永住者証明書の様式、特別永住者証明書に表示すべきものその他特別永住者証明書について必要な事項は、法務省令で定める。
5　法務大臣は、法務省令で定めるところにより、第1項各号に掲げる事項及び前2項の規定により表示されるものについて、その全部又は一部を、特別永住者証明書に電磁的方式（電子的方式、磁気的方式その他人の知覚によっては認識することができない方式をいう。）により記録することができる。
（特別永住者証明書の有効期間）
第9条　特別永住者証明書の有効期間は、その交付を受ける特別永住者に係る次の各号に掲げる区分に応じ、当該各号に定める日が経過するまでの期間とする。
　一　特別永住者証明書の交付の日に16歳に満たない者（第12条第3項において準用する第11条第2項の規定により特別永住者証明書の交付を受ける者を除く。）　16歳の誕生日（当該特別永住者の誕生日が2月29日であるときは、当該特別永住者のうるう年以外の年における誕生日は2月28日であるものとみなす。以下同じ。）
　二　前号に掲げる者以外の者　第11条第1項の規定による届出又は第13条第1項若しくは第14条第1項若しくは第3項の規定による申請に係る特別永住者証明書にあっては当該届出又は申請の日後の7回目の誕生日、第12条第1項又は第2項の規定による申請に係る特別永住者証明書にあっては当該申請をした者がその時に所持していた特別

参考法令

永住者証明書の有効期間の満了の日後の7回目の誕生日
（住居地の届出）
第10条　住居地の記載のない特別永住者証明書の交付を受けた特別永住者は、住居地を定めた日から14日以内に、法務省令で定める手続により、住居地の市町村の長に対し、当該特別永住者証明書を提出した上、当該市町村の長を経由して、法務大臣に対し、その住居地を届け出なければならない。
2　特別永住者は、住居地を変更したときは、新住居地（変更後の住居地をいう。以下同じ。）に移転した日から14日以内に、法務省令で定める手続により、新住居地の市町村の長に対し、特別永住者証明書を提出した上、当該市町村の長を経由して、法務大臣に対し、その新住居地を届け出なければならない。
3　市町村の長は、前2項の規定による特別永住者証明書の提出があった場合には、当該特別永住者証明書にその住居地又は新住居地の記載（第8条第5項の規定による記録を含む。）をし、これを当該特別永住者に返還するものとする。
4　第1項に規定する特別永住者が、特別永住者証明書を提出して住民基本台帳法（昭和42年法律第81号）第30条の46の規定による届出をしたときは、当該届出は同項の規定による届出とみなす。
5　特別永住者（第1項に規定する特別永住者を除く。）が、特別永住者証明書を提出して住民基本台帳法第22条、第23条又は第30条の46の規定による届出をしたときは、当該届出は第2項の規定による届出とみなす。
（住居地以外の記載事項の変更届出）
第11条　特別永住者は、第8条第1項第1号に掲げる事項に変更を生じたときは、その変更を生じた日から14日以内に、法務省令で定める手続により、居住地の市町村の長を経由して、法務大臣に対し、変更の届出をしなければならない。
2　法務大臣は、前項の届出があった場合には、居住地の市町村の長を経由して、当該特別永住者に対し、新たな特別永住者証明書を交付するものとする。
3　市町村の長は、前項の規定により特別永住者証明書を交付する場合には、当該特別永住者証明書にその交付年月日を記載するものとする。
（特別永住者証明書の有効期間の更新）
第12条　特別永住者証明書の交付を受けた特別永住者は、当該特別永住者証明書の有効期間の満了の日の2月前（有効期間の満了の日が当該特別永住者の16歳の誕生日とされているときは、6月前）から有効期間が満了する日までの間（次項において「更新期間」という。）に、法務省令で定める手続により、居住地の市町村の長を経由して、法務大臣に対し、特別永住者証明書の有効期間の更新を申請しなければならない。
2　やむを得ない理由のため更新期間内に前項の規定による申請をすることが困難であると予想される者は、法務省令で定める手続により、更新期間前においても、居住地の市町村の長を経由して、法務大臣に対し、特別永住者証明書の有効期間の更新を申請することができる。

〔法令6〕 日本国との平和条約に基づき日本の国籍を離脱した者等の出入国管理に関する特例法（抄）

3 前条第2項及び第3項の規定は、前2項の規定による申請があった場合に準用する。
（紛失等による特別永住者証明書の再交付）
第13条 特別永住者証明書の交付を受けた特別永住者は、紛失、盗難、滅失その他の事由により特別永住者証明書の所持を失ったときは、その事実を知った日（本邦から出国している間に当該事実を知った場合にあっては、その後最初に入国した日）から14日以内に、法務省令で定める手続により、居住地の市町村の長を経由して、法務大臣に対し、特別永住者証明書の再交付を申請しなければならない。
2 第11条第2項及び第3項の規定は、前項の規定による申請があった場合に準用する。
（汚損等による特別永住者証明書の再交付）
第14条 特別永住者証明書の交付を受けた特別永住者は、当該特別永住者証明書が著しく毀損し、若しくは汚損し、又は第8条第5項の規定による記録が毀損したとき（以下この項において「毀損等の場合」という。）は、法務省令で定める手続により、居住地の市町村の長を経由して、法務大臣に対し、特別永住者証明書の再交付を申請することができる。特別永住者証明書の交付を受けた特別永住者が、毀損等の場合以外の場合であって特別永住者証明書の交換を希望するとき（正当な理由がないと認められるときを除く。）も、同様とする。
2 法務大臣は、著しく毀損し、若しくは汚損し、又は第八条第五項の規定による記録が毀損した特別永住者証明書を所持する特別永住者に対し、特別永住者証明書の再交付を申請することを命ずることができる。
3 前項の規定による命令を受けた特別永住者は、当該命令を受けた日から14日以内に、法務省令で定める手続により、居住地の市町村の長を経由して、法務大臣に対し、特別永住者証明書の再交付を申請しなければならない。
4 第11条第2項及び第3項の規定は、第1項又は前項の規定による申請があった場合に準用する。
5 特別永住者は、第1項後段の規定による申請に基づき前項において準用する第11条第2項の規定により特別永住者証明書の交付を受けるときは、実費を勘案して政令で定める額の手数料を納付しなければならない。
（特別永住者証明書の失効）
第15条 特別永住者証明書は、次の各号のいずれかに該当する場合には、その効力を失う。
一 特別永住者証明書の交付を受けた特別永住者が特別永住者でなくなったとき。
二 特別永住者証明書の有効期間が満了したとき。
三 特別永住者証明書の交付を受けた特別永住者（入管法第26条第1項の規定により再入国の許可を受けている者（第23条第2項において準用する入管法第26条の2第1項の規定により再入国の許可を受けたものとみなされる者を含む。以下同じ。）を除く。）が、入管法第25条第1項の規定により、出国する出入国港において、入国審査官から出国の確認を受けたとき。
四 特別永住者証明書の交付を受けた特別永住者であって、入管法第26条第1項の規定

参考法令

により再入国の許可を受けている者が出国し、再入国の許可の有効期間内に再入国をしなかったとき。
五　特別永住者証明書の交付を受けた特別永住者が新たな特別永住者証明書の交付を受けたとき。
六　特別永住者証明書の交付を受けた特別永住者が死亡したとき。

（特別永住者証明書の返納）
第16条　特別永住者証明書の交付を受けた特別永住者は、その所持する特別永住者証明書が前条第1号、第2号又は第4号に該当して効力を失ったときは、その事由が生じた日から14日以内に、法務大臣に対し、当該特別永住者証明書を返納しなければならない。
2　特別永住者証明書の交付を受けた特別永住者は、その所持する特別永住者証明書が前条第3号に該当して効力を失ったときは、直ちに、法務大臣に対し、当該特別永住者証明書を返納しなければならない。
3　特別永住者証明書の交付を受けた特別永住者は、その所持する特別永住者証明書が前条第5号に該当して効力を失ったときは、直ちに、居住地の市町村の長を経由して、法務大臣に対し、当該特別永住者証明書を返納しなければならない。
4　特別永住者証明書の交付を受けた特別永住者は、特別永住者証明書の所持を失った場合において、前条（第6号を除く。）の規定により当該特別永住者証明書が効力を失った後、当該特別永住者証明書を発見するに至ったときは、その発見の日から14日以内に、法務大臣に対し、当該特別永住者証明書を返納しなければならない。
5　特別永住者証明書が前条第6号の規定により効力を失ったときは、死亡した特別永住者の親族又は同居者は、その死亡の日（死亡後に特別永住者証明書を発見するに至ったときは、その発見の日）から14日以内に、法務大臣に対し、当該特別永住者証明書を返納しなければならない。

（特別永住者証明書の受領及び提示等）
第17条　特別永住者は、法務大臣が交付し、又は市町村の長が返還する特別永住者証明書を受領しなければならない。
2　特別永住者は、入国審査官、入国警備官、警察官、海上保安官その他法務省令で定める国又は地方公共団体の職員が、その職務の執行に当たり、特別永住者証明書の提示を求めたときは、これを提示しなければならない。
3　前項に規定する職員は、特別永住者証明書の提示を求める場合には、その身分を示す証票を携帯し、請求があるときは、これを提示しなければならない。
4　特別永住者については、入管法第23条第1項本文の規定（これに係る罰則を含む。）は、適用しない。

（本人の出頭義務と代理人による申請等）
第18条　第4条第1項の許可の申請又は第6条第1項の規定により交付される特別永住許可書の受領は居住地の市町村の事務所に、第5条第1項の許可の申請又は第6条第2項の規定により交付される特別永住許可書の受領は地方入国管理局に、それぞれ自ら出頭

〔法令6〕 日本国との平和条約に基づき日本の国籍を離脱した者等の出入国管理に関する特例法（抄）

して行わなければならない。
2　前項に規定する申請又は特別永住許可書の受領をしようとする者が16歳に満たない場合には、当該申請又は特別永住許可書の受領は、その者の親権を行う者又は未成年後見人が、その者に代わってしなければならない。
3　第1項に規定する申請又は特別永住許可書の受領をしようとする者が疾病その他の事由により自ら当該申請又は特別永住許可書の受領をすることができない場合には、これらの行為は、その者の親族又は同居者が、その者に代わってすることができる。
4　前2項の規定により特別永住許可書を代わって受領する者は、その際に、第7条第2項又は第3項の規定により交付される特別永住者証明書を受領しなければならない。

（本人の出頭義務と代理人による届出等）
第19条　第10条第1項若しくは第2項若しくは第11条第1項の規定による届出、第10条第3項の規定により返還され、若しくは第11条第2項（第12条第3項、第13条第2項及び第14条第4項において準用する場合を含む。）の規定により交付される特別永住者証明書の受領又は第12条第1項若しくは第2項、第13条第1項若しくは第14条第1項若しくは第3項の規定による申請（以下この条及び第34条において「届出等」という。）は、居住地（第10条第1項若しくは第2項の規定による届出又は同条第3項の規定により返還される特別永住者証明書の受領にあっては、住居地）の市町村の事務所に自ら出頭して行わなければならない。
2　特別永住者が16歳に満たない場合又は疾病その他の事由により自ら届出等をすることができない場合には、当該届出等は、次の各号に掲げる者（16歳に満たない者を除く。）であって当該特別永住者と同居するものが、当該各号の順位により、当該特別永住者に代わってしなければならない。
　一　配偶者
　二　子
　三　父又は母
　四　前3号に掲げる者以外の親族
3　届出等については、前項に規定する場合のほか、同項各号に掲げる者（16歳に満たない者を除く。）であって特別永住者と同居するものが当該特別永住者の依頼により当該特別永住者に代わってする場合その他法務省令で定める場合には、第1項の規定にかかわらず、当該特別永住者が自ら出頭してこれを行うことを要しない。

（上陸のための審査の特例）
第20条　特別永住者であって、入管法第26条第1項の規定により再入国の許可を受けている者に関しては、入管法第7条第1項中「第1号及び第4号」とあるのは、「第1号」とする。

（在留できる期間等の特例）
第21条　第4条第1項に規定する者に関しては、入管法第22条の2第1項中「60日」とあるのは「60日（その末日が地方自治法第4条の2第1項の地方公共団体の休日に当たる

参考法令

ときは、地方公共団体の休日の翌日までの期間）」と入管法第70条第1項第8号中「第22条の2第4項において準用する第22条第2項の規定による」とあるのは「日本国との平和条約に基づき日本の国籍を離脱した者等の出入国管理に関する特例法第4条第1項の」とする。

(退去強制の特例)
第22条 特別永住者については、入管法第24条の規定による退去強制は、その者が次の各号のいずれかに該当する場合に限って、することができる。
一 刑法（明治40年法律第45号）第2編第2章又は第3章に規定する罪により禁錮以上の刑に処せられた者。ただし、執行猶予の言渡しを受けた者及び同法第77条第1項第3号の罪により刑に処せられた者を除く。
二 刑法第2編第4章に規定する罪により禁錮以上の刑に処せられた者
三 外国の元首、外交使節又はその公館に対する犯罪行為により禁錮以上の刑に処せられた者で、法務大臣においてその犯罪行為により日本国の外交上の重大な利益が害されたと認定したもの
四 無期又は7年を超える懲役又は禁錮に処せられた者で、法務大臣においてその犯罪行為により日本国の重大な利益が害されたと認定したもの
2 法務大臣は、前項第3号の認定をしようとするときは、あらかじめ外務大臣と協議しなければならない。
3 特別永住者に関しては、入管法第27条、第31条第3項、第39条第1項、第43条第1項、第47条第1項、第48条第6項、第49条第4項及び第62条第1項中「第24条各号」とあり、入管法第45条第1項中「退去強制対象者（第24条各号のいずれかに該当し、かつ、出国命令対象者に該当しない外国人をいう。）」とあり、並びに入管法第47条第3項、第55条の2第4項及び第63条第1項中「退去強制対象者」とあるのは、「日本国との平和条約に基づき日本の国籍を離脱した者等の出入国管理に関する特例法第22条第1項各号」とする。

(再入国の許可の有効期間の特例等)
第23条 特別永住者に関しては、入管法第26条第3項中「5年」とあるのは「6年」と、同条第5項中「6年」とあるのは「7年」とする。
2 入管法第26条の2の規定は、有効な旅券及び特別永住者証明書を所持して出国する特別永住者について準用する。この場合において、同条第2項中「1年（在留期間の満了の日が出国の日から1年を経過する日前に到来する場合には、在留期間の満了までの期間）」とあるのは、「2年」と読み替えるものとする。
3 法務大臣は、特別永住者に対する入管法第26条及び前項において準用する入管法第26条の2の規定の適用に当たっては、特別永住者の本邦における生活の安定に資するとのこの法律の趣旨を尊重するものとする。

(事務の区分)
第24条 第4条第3項及び第4項、第6条第1項、第7条第2項、第10条第1項から第3

〔法令6〕 日本国との平和条約に基づき日本の国籍を離脱した者等の出入国管理に関する特例法（抄）

項まで、第11条第1項、同条第2項及び第3項（これらの規定を第12条第3項、第13条第2項及び第14条第4項において準用する場合を含む。）、第12条第1項及び第2項、第13条第1項、第14条第1項及び第3項並びに第16条第3項の規定により市町村が処理することとされている事務は、地方自治法第2条第9項第1号に規定する第1号法定受託事務とする。

（政令等への委任）
第25条 この法律の実施のための手続その他その執行について必要な事項は、法務省令（市町村の長が行うべき事務につついては、政令）で定める。

（罰則）
第26条 行使の目的で、特別永住者証明書を偽造し、又は変造した者は、1年以上10年以下の懲役に処する。
2 偽造又は変造の特別永住者証明書を行使した者も、前項と同様とする。
3 行使の目的で、偽造又は変造の特別永住者証明書を提供し、又は収受した者も、第1項と同様とする。
4 前3項の罪の未遂は、罰する。

第27条 行使の目的で、偽造又は変造の特別永住者証明書を所持した者は、5年以下の懲役又は50万円以下の罰金に処する。

第28条 第26条第1項の犯罪行為の用に供する目的で、器械又は原料を準備した者は、3年以下の懲役又は50万円以下の罰金に処する。

第29条 次の各号のいずれかに該当する者は、1年以下の懲役又は20万円以下の罰金に処する。
一 他人名義の特別永住者証明書を行使した者
二 行使の目的で、他人名義の特別永住者証明書を提供し、収受し、又は所持した者
三 行使の目的で、自己名義の特別永住者証明書を提供した者
2 前項（所持に係る部分を除く。）の罪の未遂は、罰する。

第30条 第26条から前条までの罪は、刑法第2条の例に従う。

第31条 次の各号のいずれかに該当する者は、1年以下の懲役又は20万円以下の罰金に処する。
一 第10条第1項若しくは第2項又は第11条第1項の規定による届出に関し虚偽の届出をした者
二 第12条第1項、第13条第1項又は第14条第3項の規定に違反した者
三 第17条第1項の規定に違反して特別永住者証明書を受領しなかった者
四 第17条第2項の規定に違反して特別永住者証明書の提示を拒んだ者

第32条 次の各号のいずれかに該当する者は、20万円以下の罰金に処する。
一 第10第1項の規定に違反して住居地を届け出なかった者
二 第10条第2項の規定に違反して新住居地を届け出なかった者
三 第11条第1項又は第16条（第5項を除く。）の規定に違反した者

参考法令

(過料)
第33条 第18条第4項の規定に違反した者は、5万円以下の過料に処する。
第34条 第19条第2項各号に掲げる者が、同項の規定に違反して、届出等(第12条第2項又は第14条第1項の規定による申請を除く。)をしなかったときは、5万円以下の過料に処する。

　　　　附則(平成21年7月15日法律第79号)(抄)
(施行期日)
第1条 この法律は、公布の日から起算して3年を超えない範囲内において政令で定める日〔平成24年7月9日—平成23年政令第419号〕から施行する。ただし、次の各号に掲げる規定は、当該各号に定める日から施行する。
一　第1条のうち出入国管理及び難民認定法(以下「入管法」という。)第53条第3項の改正規定(同項第3号に係る部分を除く。)及び第3条のうち日本国との平和条約に基づき日本の国籍を離脱した者等の出入国管理に関する特例法(以下「特例法」という。)第8条中「第70条第8号」を「第70条第1項第8号」に改める改正規定並びに附則第60条の規定　公布の日
二・三　(略)
四　附則第13条(第6項を除く。)、第14条、第27条(第5項を除く。)、第35条(附則第27条第1項に係る部分に限る。)及び第42条の規定　公布の日から起算して2年6月を超えない範囲内において政令で定める日〔平成24年1月13日—平成23年政令第419号〕
五～七　(略)

(第3条の規定による特例法の一部改正に伴う経過措置等)
第25条 第3条の規定による改正後の特例法(以下「新特例法」という。)第10条の規定は、附則第30条第1項及び第31条第1項に規定する特別永住者(その住居地について、附則第30条第1項又は第31条第1項の規定による届出をした者を除く。)には、適用しない。
第26条 新特例法第11条の規定は、附則第29条第1項に規定する特別永住者であって、旧外国人登録法第3条第1項の規定による申請をしていないもの(附則第29条第1項の規定による申請をした者を除く。)には、適用しない。
第27条 施行日前に、本邦に在留する特別永住者であって、旧外国人登録法第4条第1項の規定による登録を受けているものは、附則第1条第4号に定める日から施行日の前日までの間に、法務省令で定める手続により、居住地の市町村の長を経由して、法務大臣に対し、特別永住者証明書の交付を申請することができる。
2　前項の規定による申請は、居住地の市町村の事務所に自ら出頭して行わなければならない。
3　附則第13条第3項及び第4項の規定は、第1項の規定による申請の手続について準用する。
4　第1項に規定する特別永住者が、施行日の1月前から施行日の前日までの間に、旧外

〔法令6〕 日本国との平和条約に基づき日本の国籍を離脱した者等の出入国管理に関する特例法（抄）

国人登録法第6条第1項、第6条の2第1項若しくは第2項又は第11条第1項の規定による申請をしたときは、その時に、第1項の規定による申請をしたものとみなす。
　5　法務大臣は、施行日以後、第1項の規定による申請をした特別永住者が特別永住者として本邦に在留するときは、速やかに、居住地の市町村の長を経由して、その者に対し、特別永住者証明書を交付するものとする。
第28条　特別永住者が所持する登録証明書は、新特例法第10（第1項及び第4項を除く。）、第12条第1項及び第2項、第13条第1項、第14条第1項から第3項まで（第1項後段を除く。）、第15条から第17条まで、第19条第1項（新特例法第10第2項及び第3項に係る部分に限る。以下この項において同じ。）、第19条第2項及び第3項（いずれも同条第1項に係る部分に限り、これらの規定を附則第32条第2項において準用する場合を含む。）並びに第23条第2項並びに附則第30条（第1項第1号及び第2号に係る部分に限る。）及び第32条第1項（附則第30条第1項及び同条第2項において準用する新特例法第10条第3項に係る部分に限る。）の規定（これらの規定に係る罰則を含む。）の適用については、特別永住者証明書とみなす。
2　前項の規定により登録証明書が特別永住者証明書とみなされる場合におけるその有効期間は、次の各号に掲げる特別永住者の区分に応じ、当該各号に定める日が経過するまでの期間とする。
　一　施行日に16歳に満たない者　16歳の誕生日
　二　施行日に16歳以上の者であって、旧外国人登録法第4条第1項の規定による登録を受けた日（旧外国人登録法第6条第3項、第6条の2第4項若しくは第7条第3項の規定による確認又は旧外国人登録法第11条第1項若しくは第2項の規定による申請に基づく確認を受けた場合には、最後に確認を受けた日。次号において「登録等を受けた日」という。）後の7回目の誕生日が施行日から起算して3年を経過する日までに到来するもの　施行日から起算して3年を経過する日
　三　施行日に16歳以上の者であって、登録等を受けた日後の7回目の誕生日が施行日から起算して3年を経過する日後に到来するもの　当該誕生日
3　第1項の規定により特別永住者証明書とみなされる登録証明書を所持する特別永住者は、前項に規定するその有効期間が満了する前に、法務省令で定める手続により、居住地の市町村の長を経由して、法務大臣に対し、特別永住者証明書の交付を申請することができる。
4　法務大臣は、前項の規定による申請があった場合には、居住地の市町村の長を経由して、当該特別永住者に対し、特別永住者証明書を交付するものとする。
第29条　この法律の施行の際現に登録証明書を所持しない特別永住者は、附則第27条第1項の規定による特別永住者証明書の交付の申請をした場合を除き、施行日（施行日において本邦から出国している場合にあっては、施行日以後最初に入国した日）から14日以内に、法務省令で定める手続により、居住地の市町村の長を経由して、法務大臣に対し、特別永住者証明書の交付を申請しなければならない。

参考法令

2 前項の規定にかかわらず、同項に規定する特別永住者が、施行日の１月前から施行日の前日までの間に、旧外国人登録法第３条第１項又は第７条第１項の規定による申請をし、この法律の施行の際現に当該申請に係る登録証明書の交付を受けていないときは、施行日において、前項の規定による申請をしたものとみなす。

3 法務大臣は、第１項の規定による申請があった場合には、居住地の市町村の長を経由して、当該特別永住者に対し、特別永住者証明書を交付するものとする。

第30条 旧外国人登録法第４条第１項の規定による登録を受け、施行日の前日において登録原票に登録された居住地が住居地に該当しない特別永住者は、次の各号に掲げる場合の区分に応じ、当該各号に定める日から14日以内に、法務省令で定める手続により、住居地の市町村の長に対し、特別永住者証明書を提出した上、当該市町村の長を経由して、法務大臣に対し、その住居地を届け出なければならない。

一 この法律の施行の際現に登録証明書を所持し、施行日に住居地がある場合　施行日（施行日において本邦から出国している場合にあっては、施行日以後最初に入国した日）

二 この法律の施行の際現に登録証明書を所持し、施行日後に住居地を定めた場合　住居地を定めた日

三 この法律の施行の際現に登録証明書を所持せず、施行日に住居地がある場合　前条第３項の規定により特別永住者証明書の交付を受けた日

四 この法律の施行の際現に登録証明書を所持せず、施行日後に住居地を定めた場合　住居地を定めた日又は前条第３項の規定により特別永住者証明書の交付を受けた日のいずれか遅い日

2 新特例法第10第３項の規定は、前項の規定による特別永住者証明書の提出があった場合に準用する。

3 第１項に規定する特別永住者が、特別永住者証明書を提出して住民基本台帳法第30条の46の規定による届出をしたときは、当該届出は同項の規定による届出とみなす。

第31条 この法律の施行の際現に本邦に在留する特別永住者であって、旧外国人登録法第３条第１項の規定による申請をしていないものは、附則第29条第３項の規定により特別永住者証明書の交付を受けた日（当該日に住居地がない場合にあっては、その後に住居地を定めた日）から14日以内に、法務省令で定める手続により、住居地の市町村の長に対し、特別永住者証明書を提出した上、当該市町村の長を経由して、法務大臣に対し、その住居地を届け出なければならない。

2 新特例法第10第３項の規定は、前項の規定による特別永住者証明書の提出があった場合に準用する。

3 第１項に規定する特別永住者が、特別永住者証明書を提出して住民基本台帳法第30条の46の規定による届出をしたときは、当該届出は同項の規定による届出とみなす。

第32条 附則第27条第５項、第28条第４項若しくは第29条第３項の規定により交付され、若しくは附則第30条第２項及び前条第２項において準用する新特例法第10第３項の規定

〔法令6〕 日本国との平和条約に基づき日本の国籍を離脱した者等の出入国管理に関する特例法（抄）

により返還される特別永住者証明書の受領、附則第28条第3項若しくは第29条第1項の規定による申請又は附則第30条第1項若しくは前条第1項の規定による届出は、居住地（附則第30条第2項及び前条第2項において準用する新特例法第10条第3項の規定により返還される特別永住者証明書の受領又は附則第30条第1項若しくは前条第1項の規定による届出については、住居地）の市町村の事務所に自ら出頭して行わなければならない。
2　新特例法第19条第2項及び第3項の規定は、前項に規定する受領、申請又は届出の手続について準用する。

（登録原票の送付）
第33条　市町村の長は、施行日の前日において市町村の事務所に備えている登録原票を、施行日以後、速やかに、法務大臣に送付しなければならない。

（登録証明書の返納）
第34条　この法律の施行の際現に本邦に在留する外国人（中長期在留者及び特別永住者を除く。）で登録証明書を所持するものは、施行日から3月以内に、法務大臣に対し、当該登録証明書を返納しなければならない。

（事務の区分）
第35条　附則第17条第1項、同条第2項及び附則第18条第2項において準用する新入管法第19条の7第2項、附則第18条第1項、第27条第1項及び第5項、第28条第3項及び第4項、第29条第1項及び第3項並びに第30条第1項、同条第2項及び附則第31条第2項において準用する新特例法第10条第3項並びに附則第31条第1項及び第33条の規定により市町村が処理することとされている事務は、地方自治法第2条第9項第1号に規定する第1号法定受託事務とする。

〔法令7〕　日本国との平和条約に基づき日本の国籍を離脱した者等の出入国管理に関する特例法施行令（抄）

（平成23年12月26日政令第420号、最終改正平成24年6月15日政令第163号）
（特別永住者証明書の交付に係る市町村の事務）
第1条　市町村（東京都の特別区の存する区域及び地方自治法（昭和22年法律第67号）第252条の19第1項の指定都市にあっては、区。以下同じ。）の長は、日本国との平和条約に基づき日本の国籍を離脱した者等の出入国管理に関する特例法（以下「法」という。）第7条第2項の規定により特別永住者証明書を交付する場合には、当該特別永住者証明書にその交付年月日を記載するものとする。
第2条　市町村の長は、法第7条第2項又は第11条第2項（法第12条第3項、第13条第2項及び第14条第4項の規定において準用する場合を含む。）の規定により特別永住者証明書を交付したときは、その旨、交付年月日及び当該特別永住者証明書の番号を法務大臣に通知するものとする。

参考法令

2　前項の規定による通知は、法務大臣が市町村の長に使用させる電子計算機（入出力装置を含む。）から電気通信回線を通じて法務大臣の使用に係る電子計算機に送信する方法その他の法務省令で定める方法により行うものとする。

（法第10条第1項等の届出の経由に係る市町村の事務）

第3条　市町村の長は、法第10条第1項の規定による届出（同条第4項の規定により同条第1項の規定による届出とみなされる届出を含む。以下同じ。）又は同条第2項の規定による届出（同条第5項の規定により同条第2項の規定による届出とみなされる届出を含む。以下同じ。）があったときは、当該届出に係る次に掲げる事項を、法務大臣が市町村の長に使用させる電子計算機（入出力装置を含む。）から電気通信回線を通じて法務大臣の使用に係る電子計算機に送信する方法その他の法務省令で定める方法により、法務大臣に伝達するものとする。

一　届出をした特別永住者の氏名、生年月日、性別、国籍の属する国又は出入国管理及び難民認定法（昭和26年政令第319号）第2条第5号ロに規定する地域及び住居地

二　届出をした特別永住者が提出した特別永住者証明書の番号

三　届出の年月日

四　届出が法第10条第1項の規定による届出又は同条第2項の規定による届出であること。ただし、次のイ又はロに掲げる場合には、これに代え、当該イ又はロに定める事項

　　イ　法第10条第4項の規定により同条第1項の規定による届出とみなされる届出があった場合　当該届出が住民基本台帳法（昭和42年法律第81号）第30条の46の規定によるものであること。

　　ロ　法第10条第5項の規定により同条第2項の規定による届出とみなされる届出があった場合　当該届出が住民基本台帳法第22条、第23条又は第30条の46のいずれの規定によるものであるかの別

五　法第10条第1項の規定による届出があった場合における住居地を定めた年月日

六　法第10条第2項の規定による届出があった場合における新住居地（変更後の住居地をいう。）に移転した年月日及び当該届出の直前に定めていた住居地（同条第5項の規定により同条第2項の規定による届出とみなされる住民基本台帳法第30条の46の規定による届出があった場合における当該届出の直前に定めていた住居地を除く。）

（住居地届出日の特別永住者証明書への記載）

第4条　市町村の長は、法第10条第3項の規定により特別永住者証明書に住居地又は新住居地の記載をする場合には、併せて、当該特別永住者証明書を提出してした届出の年月日を記載するものとする。

（法第11条第1項の届出等の経由に係る市町村の事務）

第5条　市町村の長は、法第11条第1項の規定による届出又は法第12条第1項若しくは第2項、第13条第1項若しくは第14条第1項若しくは第3項の規定による申請があったときは、法務省令で定めるところにより、当該届出又は申請に当たって特別永住者から提

〔法令8〕 日本国との平和条約に基づき日本の国籍を離脱した者等の出入国管理に関する特例法施行規則（抄）

示された書類の写しを作成し、当該写しを法務大臣に送付するものとする。

（特別永住者証明書の汚損等を知った場合の市町村の事務）
第6条　市町村の長は、特別永住者が、著しく毀損し、若しくは汚損し、又は法第8条第5項の規定による記録が毀損した特別永住者証明書を所持することを知ったとき（当該特別永住者が法第14条第1項の規定による申請をするときを除く。）は、速やかに、その旨及び当該特別永住者に係る次に掲げる事項を法務大臣に書面で通知するとともに、当該特別永住者証明書の状態に関する資料を法務大臣に送付するものとする。
　一　氏名、生年月日、性別、国籍の属する国又は出入国管理及び難民認定法第2条第5号ロに規定する地域及び住居地
　二　特別永住者証明書の番号

（手数料の額）
第7条　法第14条第5項の規定により納付しなければならない特別永住者証明書の交付についての手数料の額は、1300円とする。

　　　　　　　　　　　　　　（平成24年6月15日政令第163号により本条新設）

（事務の区分）
第8条　第1条、第2条及び第4条から第6条までの規定により市町村が処理することとされている事務は、地方自治法第2条第9項第1号に規定する第1号法定受託事務とする。

　　　　　　　　　　　　　　（平成24年6月15日政令第163号により本条改正）

　　　附則

（施行期日）
第1条　この政令は、出入国管理及び難民認定法及び日本国との平和条約に基づき日本の国籍を離脱した者等の出入国管理に関する特例法の一部を改正する等の法律（平成21年法律第79号。次条において「改正法」という。）の施行の日（平成24年7月9日）から施行する。

　　　附則（平成24年6月15日政令第163号）
　この政令は、公布の日から施行する。

〔法令8〕　日本国との平和条約に基づき日本の国籍を離脱した者等の出入国管理に関する特例法施行規則（抄）

　　　　　　　　　　　　　　（平成23年12月26日法務省令第44号）

（法第4条の許可の申請）
第1条　日本国との平和条約に基づき日本の国籍を離脱した者等の出入国管理に関する特例法（平成3年法律第71号。以下「法」という。）第4条第3項に規定する申請は、次に

371

参考法令

掲げる書類を提出して行わなければならない。
一　別記第1号様式による特別永住許可申請書1通
二　写真（申請の日前3月以内に撮影されたもので別表第1に定める要件を満たしたものとし、かつ、裏面に氏名を記入したものとする。次条第1項、第7条第1項、第8条第1項、第9条第1項並びに第10条第1項及び第2項において同じ。）1葉
三　本邦で出生したことを証する書類
四　出生以外の事由により本邦に在留することとなった者にあっては、当該事由を証する書類
五　平和条約国籍離脱者の子孫であることを証する書類
2　16歳に満たない者について前項の申請をする場合は、写真の提出を要しない。

（法第5条の許可の申請）
第2条　法第5条第3項に規定する申請は、次に掲げる書類を提出して行わなければならない。
一　別記第2号様式による特別永住許可申請書1通
二　写真1葉
三　平和条約国籍離脱者又は平和条約国籍離脱者の子孫であることを証する書類
2　前項の申請に当たっては、在留カード（出入国管理及び難民認定法（昭和26年政令第319号。以下「入管法」という。）第19条の3に規定する在留カードをいう。以下同じ。）を提示しなければならない。
3　前条第2項の規定は、第1項の申請の場合に準用する。

（特別永住許可書）
第3条　法第6条に規定する特別永住許可書の様式は、別記第3号様式による。

（特別永住者証明書の記載事項等）
第4条　法第8条第1項第1号に規定する氏名は、ローマ字により表記するものとする。
2　法第8条第1項第1号に規定する国籍の属する国又は入管法第2条第5号ロに規定する地域（以下この項において「国籍・地域」という。）は、日本の国籍以外の2以上の国籍を有する特別永住者については、次の各号に掲げる区分に応じ、それぞれ当該各号に定める国籍・地域を記載するものとする。
一　法第4条第1項又は法第5条第1項の許可を受けたことにより、それぞれ法第7条第2項又は第3項の規定により特別永住者証明書の交付を受ける特別永住者　当該許可に係る法第6条第1項又は第2項の規定により交付される特別永住許可書に記載された国籍・地域
二　法第11条第2項（法第12条第3項、第13条第2項及び第14条第4項において準用する場合を含む。）の規定により新たな特別永住者証明書の交付を受ける特別永住者（次号に掲げる者を除く。）　当該交付により効力を失うこととなる特別永住者証明書に記載された国籍・地域
三　国籍・地域に変更を生じたとして法第11条第1項の届出に基づき同条第2項の規定

〔法令8〕 日本国との平和条約に基づき日本の国籍を離脱した者等の出入国管理に関する特例法施行規則（抄）

により新たな特別永住者証明書の交付を受ける特別永住者　変更後の国籍・地域
3　法第8条第1項第1号の地域として出入国管理及び難民認定法施行令（平成10年政令第178号）第1条に規定するヨルダン川西岸地区及びガザ地区を記載するときは、パレスチナと表記するものとする。
4　法第8条第2項に規定する特別永住者証明書の番号は、ローマ字4文字及び8けたの数字を組み合わせて定めるものとする。
5　法第8条第3項の規定により特別永住者の写真を表示する特別永住者証明書は、有効期間の満了の日を特別永住者の16歳の誕生日の翌日以降の日として交付するものとする。この場合において、当該写真は、別表第1に定める要件を満たしたものとし、第1条第1項、第2条第1項、第7条第1項、第8条第1項、第9条第1項又は第10条第1項若しくは第2項の規定により提出された写真を表示するものとする。
6　法第8条第4項に規定する特別永住者証明書の様式は、別記第4号様式によるものとし、同項に規定する特別永住者証明書に表示すべきものは、法第10条第3項の規定に基づき住居地又は新住居地（変更後の住居地をいう。）を記載するときの当該記載に係る届出の年月日とする。
7　法第8条第5項の規定による記録は、同条第1項各号に掲げる事項及び同条第3項に規定する写真を特別永住者証明書に組み込んだ半導体集積回路に記録して行うものとする。この場合において、同条第1項第2号に規定する住居地の記録は、特別永住者証明書を交付するときに限り行うものとする。

第5条　法務大臣は、氏名に漢字を使用する特別永住者（法第4条第3項又は第5条第3項の申請をした平和条約国籍離脱者又は平和条約国籍離脱者の子孫を含む。以下この条において同じ。）から申出があったときは、前条第1項の規定にかかわらず、ローマ字により表記した氏名に併せて、当該漢字又は当該漢字及び仮名（平仮名又は片仮名をいい、当該特別永住者の氏名の一部に漢字を使用しない場合における当該部分を表記したものに限る。以下この条において同じ。）を使用した氏名を表記することができる。
2　前項の申出をしようとする特別永住者は、氏名に漢字を使用することを証する資料1通を提出しなければならない。
3　第1項の申出は、法第4条第3項、第5条第3項、第12条第1項若しくは第2項、第13条第1項若しくは第14条第1項若しくは第3項の規定による申請又は法第11条第1項の規定による届出と併せて行わなければならない。
4　法務大臣は、氏名に漢字を使用する特別永住者について、ローマ字により氏名を表記することにより当該特別永住者が著しい不利益を被るおそれがあることその他の特別の事情があると認めるときは、前条第1項の規定にかかわらず、ローマ字に代えて、当該漢字又は当該漢字及び仮名を使用した氏名を表記することができる。
5　第1項及び前項の場合における、当該表記に用いる漢字の範囲、用法その他の漢字を使用した氏名の表記に関し、必要な事項は、法務大臣が告示をもって定める。
6　第1項及び第4項の規定により表記された漢字又は漢字及び仮名を使用した氏名は、

法第11条第1項の規定による届出による場合を除き、変更（当該漢字又は漢字及び仮名を使用した氏名を表記しないこととすることを含む。）することができない。ただし、法務大臣が相当と認める場合は、この限りでない。

（住居地の届出）
第6条 法第10条第1項の規定による届出（同条第4項の規定により同条第1項の規定による届出とみなされる届出を除く。）又は同条第2項の規定による届出（同条第5項の規定により同条第2項の規定による届出とみなされる届出を除く。）は、別記第5号様式による届出書1通を提出して行わなければならない。

（住居地以外の記載事項の変更届出）
第7条 法第11条第1項の規定による届出は、別記第6号様式による届出書1通、写真1葉及び法第8条第1項第1号に掲げる事項に変更を生じたことを証する資料1通を提出して行わなければならない。
2　前項の届出に当たっては、旅券（入管法第2条第5号に定める旅券をいう。以下同じ。）及び特別永住者証明書を提示しなければならない。この場合において、旅券を提示することができない特別永住者にあっては、その理由を記載した書類1通を提出しなければならない。
3　第1条第2項の規定は、第1項の届出の場合に準用する。

（特別永住者証明書の有効期間の更新）
第8条 法第12条第1項又は第2項の規定による申請は、別記第7号様式による申請書1通及び写真1葉を提出して行わなければならない。
2　前条第2項の規定は、前項の申請の場合に準用する。

（紛失等による特別永住者証明書の再交付）
第9条 法第13条第1項の規定による申請は、別記第8号様式による申請書1通、写真1葉及び特別永住者証明書の所持を失ったことを証する資料1通を提出して行わなければならない。
2　前項の申請に当たっては、旅券を提示しなければならない。この場合において、これを提示することができない特別永住者にあっては、その理由を記載した書類1通を提出しなければならない。
3　第1条第2項の規定は、第1項の申請の場合に準用する。この場合において、同項中「前項」とあるのは、「第9条第1項」と読み替えるものとする。

（汚損等による特別永住者証明書の再交付）
第10条 法第14条第1項前段又は第3項の規定による申請は、別記第9号様式による申請書1通及び写真1葉を提出して行わなければならない。
2　法第14条第1項後段の規定による申請は、別記第10号様式による申請書1通及び写真1葉を提出して行わなければならない。
3　第1条第2項及び第7条第2項の規定は、前2項の申請の場合に準用する。この場合において、これらの規定中「前項」とあるのは、「第10条第1項又は第2項」と読み替え

〔法令8〕 日本国との平和条約に基づき日本の国籍を離脱した者等の出入国管理に関する特例法施行規則（抄）

るものとする。
（特別永住者証明書の再交付申請命令）
第11条 法第14条第2項の規定による命令は、別記第11号様式による特別永住者証明書再交付申請命令書を特別永住者に交付して行うものとする。
（手数料納付書）
第12条 法第14条第5項の規定による手数料の納付は、別記第12号様式による手数料納付書に、当該手数料の額に相当する収入印紙を貼って提出することによって行うものとする。
（令第5条に規定する写しを作成する等する書類）
第13条 日本国との平和条約に基づき日本の国籍を離脱した者等の出入国管理に関する特例法施行令（平成23年政令第420号）第5条の規定により市町村の長が写しを作成し、当該写しを法務大臣に送付する書類は、第7条第2項（第8条第2項及び第10条第3項において準用する場合を含む。）又は第9条第2項の規定により提示された旅券とする。
（特別永住者証明書の失効に関する情報の公表）
第14条 法務大臣は、効力を失った特別永住者証明書の番号の情報をインターネットの利用その他の方法により提供することができる。
（特別永住者証明書の提示要求ができる職員）
第15条 法第17条第2項に規定する国又は地方公共団体の職員は、次のとおりとする。
　一　税関職員
　二　公安調査官
　三　麻薬取締官
　四　住民基本台帳に関する事務（住民基本台帳法（昭和42年法律第81号）第30条の45に規定する外国人住民に係る住民票に係るものに限る。）に従事する市町村（特別区を含む。）の職員
　五　職業安定法（昭和22年法律第141号）第8条に規定する公共職業安定所の職員
（親権者等の証明書類等）
第16条 法第18条第1項に規定する行為を、同条第2項の規定により特別永住者に代わってしようとする者は、市町村（東京都の特別区の存する区域及び地方自治法（昭和22年法律第67号）第252条の19第1項の指定都市にあっては、区。以下同じ。）の長に対し、同項の適用を受ける者であることを明らかにする資料の提示又は説明をしなければならない。
2　法第18条第1項に規定する行為を、同条第3項の規定により特別永住者に代わってしようとする者は、市町村の長に対し、当該特別永住者が疾病その他の事由により自らこれらの行為をすることができないこと及び当該特別永住者の親族又は同居者であることを明らかにする資料の提示又は説明をしなければならない。
（出頭を要しない場合等）
第17条 法第19条第3項に規定する法務省令で定める場合（法第10条第1項及び第2項の

参考法令

規定による届出並びに同条第3項の規定により返還される特別永住者証明書の受領に係る場合に限る。)は、特別永住者若しくは同条第2項の規定により特別永住者に代わってしなければならない者から依頼を受けた者(当該特別永住者の16歳以上の親族であって当該特別永住者と同居するものを除く。)又は特別永住者の法定代理人が当該特別永住者に代わって法第19条第1項に規定する行為(法第10条第1項及び第2項の規定による届出並びに同条第3項の規定により返還される特別永住者証明書の受領に限る。)をする場合(特別永住者の法定代理人が法第19条第2項の規定により当該特別永住者に代わってする場合を除く。)とする。
2 法第19条第3項に規定する法務省令で定める場合(法第10条第1項及び第2項の規定による届出並びに同条第3項の規定により返還される特別永住者証明書の受領に係る場合を除く。)は、次の各号に掲げる場合とする。
一 次のイ又はロに掲げる者が、特別永住者に代わって別表第2の上欄に掲げる行為の区分に応じそれぞれ同表の下欄に掲げる行為をする場合(イに掲げる者にあっては、当該特別永住者又は法第19条第2項の規定により当該特別永住者に代わってしなければならない者の依頼によりする場合に限り、ロに掲げる者にあっては、同項の規定により当該特別永住者に代わってする場合を除く。)
　イ　弁護士又は行政書士で所属する弁護士会又は行政書士会を経由してその所在地を管轄する地方入国管理局長に届け出たもの
　ロ　当該特別永住者の法定代理人
二 前号に規定する場合のほか、特別永住者が16歳に満たない場合又は疾病その他の事由により自ら別表第2の上欄に掲げる行為をすることができない場合において、当該特別永住者の親族(当該特別永住者と同居する16歳以上の者を除く。)又は同居者(当該特別永住者の親族を除く。)若しくはこれに準ずる者で法務大臣が適当と認めるものが、当該特別永住者に代わって当該行為の区分に応じそれぞれ同表の下欄に掲げる行為をするとき。
3 法第19条第1項に規定する行為を、同条第2項の規定により特別永住者に代わってしようとする者は、市町村の長に対し、同項の規定により特別永住者に代わってしなければならない者であることを明らかにする資料の提示又は説明をしなければならない。
4 法第19条第3項の規定により、特別永住者が自ら出頭して同条第1項に規定する行為を行うことを要しない場合において、当該行為を当該特別永住者に代わってしようとする者は、市町村の長に対し、当該場合に当たることを明らかにする資料の提示又は説明をしなければならない。

(みなし再入国許可の意図の表明)
第18条　法第23条第2項において準用する入管法第26条の2第1項に規定する再び入国する意図の表明は、入国審査官に同項の規定により再び入国する意図を有する旨の記載をした出入国管理及び難民認定法施行規則(昭和56年法務省令第54号)別記第37号の19様式による書面の提出及び特別永住者証明書の提示によって行うものとする。

〔法令8〕 日本国との平和条約に基づき日本の国籍を離脱した者等の出入国管理に関する特例法施行規則（抄）

（再入国の許可を要する者）
第19条 法第23条第2項において準用する入管法第26条の2第1項に規定する出入国の公正な管理のため再入国の許可を要する者は、次に掲げる者とする。
一 入管法第25条の2第1項各号のいずれかに該当する者であるとして入国審査官が通知を受けている者
二 入管法第39条の規定による収容令書の発付を受けている者
三 日本国の利益又は公安を害する行為を行うおそれがあることその他の出入国の公正な管理のため再入国の許可を要すると認めるに足りる相当の理由があるとして法務大臣が認定する者
2 法務大臣は、前項第3号の規定による認定をしたときは、特別永住者に対し、その旨を通知するものとする。ただし、特別永住者の所在が不明であるときその他の通知をすることができないときは、この限りでない。
3 前項の通知は、別記第13号様式による通知書によって行うものとする。ただし、急速を要する場合には、法務大臣が第1項第3号の規定による認定をした旨を入国審査官に口頭で通知させてこれを行うことができる。

（雑則）
第20条 法又はこの省令の規定により法務大臣に提出するものとされる資料が外国語により作成されているときは、その資料に訳文を添付しなければならない。

　　　附則
（施行期日）
第1条 この省令は、出入国管理及び難民認定法及び日本国との平和条約に基づき日本の国籍を離脱した者等の出入国管理に関する特例法の一部を改正する等の法律（平成21年法律第79号。以下「改正法」という。）の施行の日（平成24年7月9日）から施行する。（以下、略）
第6条 新規則第5条第1項の申出をしようとする特別永住者は、施行日前においても、その申出をすることができる。
2 前項の申出は、改正法附則第27条第1項の規定による申請（同条第4項の規定により同条第1項の規定による申請とみなされる申請を含む。）又は改正法附則第29条第2項の規定により改正法施行日において同条第1項の規定による申請とみなされる旧外国人登録法第3条第1項若しくは第7条第1項の規定による申請と併せて行わなければならない。

別表第2 （第17条関係）

特別永住者が自ら出頭して行うこととされている行為	当該特別永住者に代わってする行為

参考法令

法第11条第1項の規定による届出	第7条第1項に定める届出書等の提出及び同条第2項に定める旅券等の提示等に係る手続
法第12条第1項又は第2項の規定による申請	第8条第1項に定める申請書等の提出及び同条第2項において準用する第7条第2項に定める旅券等の提示等に係る手続
法第13条第1項の規定による申請	第9条第1項に定める申請書等の提出及び同条第2項に定める旅券の提示等に係る手続
法第14条第1項又は第3項の規定による申請	第10条第1項又は第2項に定める申請書等の提出及び同条第3項において準用する第7条第2項に定める旅券等の提示等に係る手続
法第11条第2項（法第12条第3項、第13条第2項及び第14条第4項において準用する場合を含む。）の規定により交付される特別永住者証明書の受領	この項の上欄の規定により交付される特別永住者証明書の受領に係る手続

〔法令8〕 日本国との平和条約に基づき日本の国籍を離脱した者等の出入国管理に関する特例法施行規則(抄)

別記第4号様式(第4条関係)

(表)

| 日本国政府 | 特別永住者証明書 | 番号 |

氏名

生年月日　　年　月　日　　性別

国籍・地域

住居地

この証明書は　　年　月　日まで有効　です。

写　真

法務大臣　印

(裏)

住居地記載欄	
届出年月日	住居地

交付年月日　　年　月　日

(注)縦54.0ミリメートル、横85.6ミリメートルとする。

参考法令

別記第5号様式（第6条関係）

日本国政府法務省

住居地届出書

法務大臣 殿

日本国との平和条約に基づき日本の国籍を離脱した者等の出入国管理に関する特例法第10条第1項又は第2項の規定に基づき，次のとおり住居地を届け出ます。

該当する届出にチェックしてください。
- □ ① 住居地を定めた場合の住居地届出（法第10条第1項）
- □ ② 住 居 地 の 変 更 届 出（法第10条第2項）

1 国籍・地域 _____　　2 生年月日　　年　　月　　日

3 氏名 _____

4 性別　男 ・ 女　　5 特別永住者証明書番号 _____

6 現在の住居地 _____

7 現在の住居地を定めた日　　年　　月　　日

8 前住居地（②の届出の場合に記入） _____

9 代理人
　(1) 氏名 _____　　(2) 本人との関係 _____
　(3) 住所 _____

以上の記載内容は事実と相違ありません。
届出人の署名／届出年月日
　　　　　　　　　　　　　　　　　　　　　　　　年　　月　　日

注意　届出書作成後届出までに記載内容に変更が生じた場合，届出人が変更箇所を訂正し，署名すること。

市区町村記載欄

〔法令8〕 日本国との平和条約に基づき日本の国籍を離脱した者等の出入国管理に関する特例法施行規則（抄）

別記第6号様式（第7条関係）

日本国政府法務省

特別永住者証明書記載事項変更届出書

法務大臣殿

写真

日本国との平和条約に基づき日本の国籍を離脱した者等の出入国管理に関する特例法第11条第1項の規定に基づき，次のとおり特別永住者証明書の記載事項の変更を届け出ます。

1 国籍・地域 _____　2 生年月日　　年　　月　　日

3 氏名 _____　　　　4 性別　男・女

5 住居地 _____

6 特別永住者証明書番号 _____

7 変更を生じた事項　　　　　　　　　　　8 変更が生じた日
　□氏名　□生年月日　□性別　□国籍・地域　　年　　月　　日

9 変更の内容(7に対応するものを記載)
変更前

変更後

10 代理人
　(1)氏名 _____　　(2)本人との関係 _____
　(3)住所 _____

以上の記載内容は事実と相違ありません。
届出人(代理人)の署名／届出書作成年月日
　　　　　　　　　　　　　　　　　　　　　年　　月　　日

注意
5及び10の(3)について，住居地(住所)がない場合は，「なし」と記入し，住居地でない居住地を括弧書きで付記すること。
届出書作成後届出までに記載内容に変更が生じた場合，届出人(代理人)が変更箇所を訂正し，署名すること。

※ 取次者
　(1)氏名 _____　　(2)住所 _____
　(3)所属機関等(親族等については，本人との関係) _____　(4)電話番号(携帯電話番号) _____

市区町村記載欄

参考法令

〔法令9〕 出入国管理及び難民認定法及び日本国との平和条約に基づき日本の国籍を離脱した者等の出入国管理に関する特例法の一部を改正する等の法律の施行に伴う関係政令の整備及び経過措置に関する政令（抄）

(平成23年12月26日政令第421号)

第1章 関係政令の整備

第1条 （略）

第2条 次に掲げる政令は、廃止する。
一 入国警備官階級令（昭和25年政令第313号）
二 出入国管理及び難民認定法関係手数料令（昭和56年政令第309号）
三 出入国管理及び難民認定法第61条の8第1項の法務省の内部部局を定める政令（昭和59年政令第224号）
四 外国人登録法施行令（平成4年政令第339号）

第3条～第15条 （略）

第2章 経過措置

第16条～第19条 （略）

（仮住民票の作成に係る法務大臣への通知）

第20条 市町村の長は、住民基本台帳法の一部を改正する法律（平成21年法律第77号）附則第3条第1項に規定する仮住民票を作成したときは、その旨及び当該仮住民票に係る外国人に係る次に掲げる事項を法務大臣に通知するものとする。
一 氏名、生年月日、性別、国籍の属する国又は入管法第2条第5号ロに規定する地域及び住所
二 外国人登録法に規定する外国人登録証明書の番号
2 前項の通知は、電磁的記録媒体（電磁的記録に係る記録媒体をいう。）を送付することによって行うものとする。

（改正法施行日における外国人住民の住民票に係る法務大臣への通知）

第21条 市町村の長は、改正法施行日において、当該市町村の住民基本台帳法第30条の45に規定する外国人住民に係る前条第1項各号に掲げる事項を法務大臣に通知するものとする。
2 前項の規定による通知は、法務大臣が市町村の長に使用させる電子計算機（入出力装置を含む。）から電気通信回線を通じて法務大臣の使用に係る電子計算機に送信する方法その他の総務省令・法務省令で定める方法により行うものとする。

（改正法附則第27条第1項の申請があった場合等の市町村の事務）

第22条 市町村の長は、改正法附則第27条第1項の規定による申請（同条第4項の規定により同条第1項の規定による申請とみなされるものを除く。）があったときは、法務省令

382

〔法令9〕 出入国管理及び難民認定法及び日本国との平和条約に基づき日本の国籍を離脱した者等の出入国管理に関する特例法の一部を改正する等の法律の施行に伴う関係政令の整備及び経過措置に関する政令（抄）

で定めるところにより、当該申請に当たって特別永住者（日本国との平和条約に基づき日本の国籍を離脱した者等の出入国管理に関する特例法（平成3年法律第71号。以下「特例法」という。）に定める特別永住者をいう。以下同じ。）から提示された書類の写しを作成し、当該写しを法務大臣に送付するものとする。

2　市町村の長は、特別永住者から改正法附則第27条第4項の規定により同条第1項の申請とみなされる申請があったときは、当該特別永住者から提出された旅券及び旧外国人登録法第6条第1項若しくは第6条の2第1項若しくは第2項の規定による申請に係る外国人登録証明書交付申請書又は旧外国人登録法第11条第1項の規定による申請に係る登録事項確認申請書の写しを作成し、当該写し及び当該特別永住者から提出された写真2葉のうちの1葉を法務大臣に送付するものとする。

3　市町村の長は、前項に規定する申請があった後に、当該申請をした特別永住者から旧外国人登録法第8条第1項又は第2項の規定による申請があったときは、当該申請に係る変更登録申請書の写しを作成し、当該写しを法務大臣に送付するものとする。

4　市町村の長は、第2項に規定する申請があった後に、旧外国人登録法第10条第1項の規定による登録をしたときは、その旨を法務大臣に通知するものとする。

5　日本国との平和条約に基づき日本の国籍を離脱した者等の出入国管理に関する特例法施行令（平成23年政令第420号。以下「特例法施行令」という。）第1条の規定は改正法附則第27条第5項の規定により特別永住者証明書（特例法第7条第1項に規定する特別永住者証明書をいう。以下同じ。）を交付する場合に、特例法施行令第2条の規定は改正法附則第27条第5項の規定により特別永住者証明書を交付した場合に、それぞれ準用する。

第23条〜第27条　（略）

　　　附則
（施行期日）
第1条　この政令は、改正法施行日（平成24年7月9日）から施行する。ただし、次の各号に掲げる規定は、当該各号に定める日から施行する。
　一　第3条、第16条及び第22条第1項から第4項まで並びに第27条（第16条及び第22条第1項から第4項までに係る部分に限る。）の規定　改正法附則第1条第4号に掲げる規定の施行の日（平成24年1月13日）
　二　第20条の規定　住民基本台帳法の一部を改正する法律附則第3条第1項の政令で定める日
　三　第4条、第17条、第24条第1項から第3項まで及び第27条（第17条及び第24条第1項から第3項までに係る部分に限る。）の規定　平成24年6月9日
　四　（略）

参考法令

〔法令10〕 出入国管理及び難民認定法及び日本国との平和条約に基づき日本の国籍を離脱した者等の出入国管理に関する特例法の一部を改正する等の法律の施行に伴う法務省関係省令の整備及び経過措置に関する省令（抄）

(平成23年12月26日法務省令第43号)

第1章 関係省令の整備

第1条 （略）

（外国人登録法施行規則の廃止）

第2条 外国人登録法施行規則（平成4年法務省令第36号）は、廃止する。

第3条～第10条 （略）

第2章 経過措置

（後日在留カードを交付する旨の記載等）

第11条 出入国管理及び難民認定法及び日本国との平和条約に基づき日本の国籍を離脱した者等の出入国管理に関する特例法の一部を改正する等の法律（以下、「改正法」という。）附則第7条第1項に規定する旅券（出入国管理及び難民認定法（以下、「入管法」という。）第2条第5号に定める旅券をいう。以下同じ。）への後日在留カードを交付する旨の記載は、別記第1号様式による証印によって行うものとする。

2 入国審査官は、前項の規定により旅券に記載を受けた中長期在留者（入管法第19条の3に規定する中長期在留者をいう。以下同じ。）が、出入国管理及び難民認定法施行規則（以下、「入管法施行規則」という。）別記第7号の2様式による上陸許可の証印を受けたものである場合は、併せて、当該旅券に当該中長期在留者に交付することを予定する在留カード（入管法第19条の3に規定する在留カードをいう。以下同じ。）の番号を記載するものとする。

3 改正法附則第7条第1項の規定の適用を受けた中長期在留者に対する在留カードの交付は、当該中長期在留者が入管法第19条の7第1項の規定による届出（同条第3項の規定により同条第1項の規定による届出とみなされる届出を含む。）をした後に行うものとする。

（改正法附則第13条第1項の申請等）

第12条 改正法附則第13条第1項の規定による申請は、別記第2号様式による申請書1通及び写真（申請の日前3月以内に撮影されたもので別表第1に定める要件を満たしたものとし、かつ、裏面に氏名を記入したものとする。以下同じ。）一葉を提出して行わなければならない。

2 前項の申請に当たっては、次に掲げる書類を提示しなければならない。この場合において、旅券又は在留資格証明書（入管法第20条第4項に規定する在留資格証明書をいう。以下同じ。）を提示することができない予定中長期在留者（改正法附則第13条第1項に規

〔法令10〕 出入国管理及び難民認定法及び日本国との平和条約に基づき日本の国籍を離脱した者等の出入国管理に関する特例法の一部を改正する等の法律の施行に伴う法務省関係省令の整備及び経過措置に関する省令（抄）

定する予定中長期在留者をいう。以下同じ。）にあっては、その理由を記載した書類1通を提出しなければならない。
一　旅券又は在留資格証明書
二　改正法第4条の規定による廃止前の外国人登録法（昭和27年法律第125号。以下「旧外国人登録法」という。）に規定する外国人登録証明書（以下「登録証明書」という。）
三　入管法施行規則第19条第4項の規定による資格外活動許可書（以下「資格外活動許可書」という。）の交付を受けている者にあっては、当該資格外活動許可書
3　改正法の施行の日（以下「改正法施行日」という。）に16歳に満たない予定中長期在留者について第1項の申請をする場合は、写真の提出を要しない。ただし、法務大臣が提出を要するとした場合は、この限りでない。
4〜7　（略）

第13条〜19条　（略）

（改正法附則第27条第1項の申請等）
第20条　改正法附則第27条第1項の規定による申請は、別記第15号様式による申請書1通及び写真1葉を提出して行わなければならない。
2　前項の申請に当たっては、旅券及び登録証明書を提示しなければならない。この場合において旅券を提示することができない特別永住者にあっては、その理由を記載した書類1通を提出しなければならない。
3　改正法施行日に16歳に満たない特別永住者（日本国との平和条約に基づき日本の国籍を離脱した者等の出入国管理に関する特例法（平成3年法律第71号。以下「特例法」という。）に定める特別永住者をいう。以下同じ。）について第1項の申請をする場合は、写真の提出を要しない。ただし、法務大臣が提出を要するとした場合は、この限りでない。
4　出入国管理及び難民認定法及び日本国との平和条約に基づき日本の国籍を離脱した者等の出入国管理に関する特例法の一部を改正する等の法律の施行に伴う関係政令の整備及び経過措置に関する政令（平成23年政令第421号。以下「整備及び経過措置政令」という。）第22条第1項の規定により市町村の長が写しを作成し、当該写しを法務大臣に送付する書類は、第2項の規定により提示された旅券とする。

第24条　（略）

　　　　附　則

（施行期日）
第1条　この省令は、改正法施行日（平成24年7月9日）から施行する。ただし、次の各号に掲げる規定は、当該各号に定める日から施行する。
一　第12条（第7項を除く。）、第13条、第20条（第9項を除く。）及び附則第15条（同条第2項中改正法附則第16条第2項の規定により改正法施行日において同条第1項の規定による申請とみなされる旧外国人登録法第3条第1項又は第7条第1項の規定よる

申請と併せて行う申出に係る部分を除く。)の規定 改正法附則第1条第4号に掲げる規定の施行の日（平成24年1月13日）

二〜三 （略）

第15条 予定中長期在留者であって、新入管法施行規則第19条の7第1項の申出をしようとするものは、施行日前においても、その申出をすることができる。

2 前項の申出は、改正法附則第13条第1項の規定による申請（同条第5項の規定により同条第1項の規定による申請とみなされる申請を含む。）又は改正法附則第16条第2項の規定により改正法施行日において同条第1項の規定による申請とみなされる旧外国人登録法第3条第1項若しくは第7条第1項の規定による申請と併せて行わなければならない。

〔法令10〕 出入国管理及び難民認定法及び日本国との平和条約に基づき日本の国籍を離脱した者等の出入国管理に関する特例法の一部を改正する等の法律の施行に伴う法務省関係省令の整備及び経過措置に関する省令（抄）

別記第2号様式（第12条関係）

日本国政府法務省

特別永住者証明書交付申請書

写真

法務大臣殿

出入国管理及び難民認定法及び日本国との平和条約に基づき日本の国籍を離脱した者等の出入国管理に関する特例法の一部を改正する等の法律附則第27条第1項の規定に基づき、次のとおり特別永住者証明書の交付を申請します。

1 国籍・地域　　　　　2 生年月日　　　年　　月　　日

3 氏名　　　　　　　　4 性別　男・女

5 住居地

6 外国人登録証明書番号

7 代理人
　(1)氏名　　　　　　　　(2)本人との関係
　(3)住所

以上の記載内容は事実と相違ありません。　申請人（代理人）の署名／申請書作成年月日

年　　月　　日

注意
5及び7(3)について、住居地(住所)がない場合は、「なし」と記入し、住居地でない居住地を括弧書きで付記すること。
申請書作成後申請までに記載内容に変更が生じた場合、申請人（代理人）が変更箇所を訂正し、署名すること。

※ 取次者
　(1)氏名　　　　　　　　(2)住所
　(3)所属機関等（親族等については、本人との関係）　(4)電話番号(携帯電話番号)

市区町村記載欄

参考法令

〔法令11〕 住民基本台帳法（抄）

（昭和42年7月25日法律第81号、最終改正平成21年7月15日法律第77号）

目次
　第1章　総則（第1条—第4条）
　　第2章　住民基本台帳（第5条—第15条）
　　第3章　戸籍の附票（第16条—第20条）
　　第4章　届出（第21条—第30条）
　　第4章の2　本人確認情報の処理及び利用等
　　　第1節　住民票コード（第30条の2—第30条の6）
　　　第2節　都道府県の事務等（第30条の7—第30条の9）
　　　第3節　指定情報処理機関（第30条の10—第30条の28）
　　　第4節　本人確認情報の保護（第30条の29—第30条の43）
　　　第5節　住民基本台帳カード（第30条の44）
　　第4章の3　外国人住民に関する特例（第30条の45—第30条の51）
　　第5章　雑則（第31条—第41条）
　　第6章　罰則（第42条—第54条）
　　附則

第1章　総則

（目的）
第1条　この法律は、市町村（特別区を含む。以下同じ。）において、住民の居住関係の公証、選挙人名簿の登録その他の住民に関する事務の処理の基礎とするとともに住民の住所に関する届出等の簡素化を図り、あわせて住民に関する記録の適正な管理を図るため、住民に関する記録を正確かつ統一的に行う住民基本台帳の制度を定め、もって住民の利便を増進するとともに、国及び地方公共団体の行政の合理化に資することを目的とする。
（国及び都道府県の責務）
第2条　（略）
（市町村長等の責務）
第3条　市町村長は、常に、住民基本台帳を整備し、住民に関する正確な記録が行われるように努めるとともに、住民に関する記録の管理が適正に行われるように必要な措置を講ずるよう努めなければならない。
2　市町村長その他の市町村の執行機関は、住民基本台帳に基づいて住民に関する事務を管理し、又は執行するとともに、住民からの届出その他の行為に関する事務の処理の合理化に努めなければならない。
3　住民は、常に、住民としての地位の変更に関する届出を正確に行なうように努めなければならず、虚偽の届出その他住民基本台帳の正確性を阻害するような行為をしてはな

〔法令11〕 住民基本台帳法（抄）

らない。
4 何人も、第11条第1項に規定する住民基本台帳の一部の写しの閲覧又は住民票の写し、住民票に記載をした事項に関する証明書、戸籍の附票の写しその他のこの法律の規定により交付される書類の交付により知り得た事項を使用するに当たって、個人の基本的人権を尊重するよう努めなければならない。

（住民の住所に関する法令の規定の解釈）
第4条 住民の住所に関する法令の規定は、地方自治法（昭和22年法律第67号）第10条第1項に規定する住民の住所と異なる意義の住所を定めるものと解釈してはならない。

第2章 住民基本台帳

（住民基本台帳の備付け）
第5条 市町村は、住民基本台帳を備え、その住民につき、第7条及び第30条の45の規定により記載をすべきものとされる事項を記録するものとする。

（住民基本台帳の作成）
第6条 市町村長は、個人を単位とする住民票を世帯ごとに編成して、住民基本台帳を作成しなければならない。
2 市町村長は、適当であると認めるときは、前項の住民票の全部又は一部につき世帯を単位とすることができる。
3 市町村長は、政令で定めるところにより、第1項の住民票を磁気ディスク（これに準ずる方法により一定の事項を確実に記録しておくことができる物を含む。以下同じ。）をもって調製することができる。

（住民票の記載事項）
第7条 住民票には、次に掲げる事項について記載（前条第3項の規定により磁気ディスクをもって調製する住民票にあつては、記録。以下同じ。）をする。
一　氏名
二　出生の年月日
三　男女の別
四　世帯主についてはその旨、世帯主でない者については世帯主の氏名及び世帯主との続柄
五　戸籍の表示。ただし、本籍のない者及び本籍の明らかでない者については、その旨
六　住民となった年月日
七　住所及び1の市町村の区域内において新たに住所を変更した者については、その住所を定めた年月日
八　新たに市町村の区域内に住所を定めた者については、その住所を定めた旨の届出の年月日（職権で住民票の記載をした者については、その年月日）及び従前の住所
九　選挙人名簿に登録された者については、その旨
十　国民健康保険の被保険者（国民健康保険法（昭和33年法律第192号）第5条及び第6

389

参考法令

条の規定による国民健康保険の被保険者をいう。第28条及び第31条第3項において同じ。）である者については、その資格に関する事項で政令で定めるもの
十の二　後期高齢者医療の被保険者（高齢者の医療の確保に関する法律（昭和57年法律第80号）第50条及び第51条の規定による後期高齢者医療の被保険者をいう。第28条の2及び第31条第3項において同じ。）である者については、その資格に関する事項で政令で定めるもの
十の三　介護保険の被保険者（介護保険法（平成9年法律第123号）第9条の規定による介護保険の被保険者（同条第2号に規定する第2号被保険者を除く。）をいう。第28条の3及び第31条第3項において同じ。）である者については、その資格に関する事項で政令で定めるもの
十一　国民年金の被保険者（国民年金法（昭和34年法律第141号）第7条その他政令で定める法令の規定による国民年金の被保険者（同条第1項第2号に規定する第2号被保険者及び同項第3号に規定する第3号被保険者を除く。）をいう。第29条及び第31条第3項において同じ。）である者については、その資格に関する事項で政令で定めるもの
十一の二　児童手当の支給を受けている者（児童手当法（昭和46年法律第73号）第7条の規定により認定を受けた受給資格者をいう。第29条の2及び第31条第3項において同じ。）については、その受給資格に関する事項で政令で定めるもの
十二　米穀の配給を受ける者（主要食糧の需給及び価格の安定に関する法律（平成6年法律第113号）第40条第1項の規定に基づく政令の規定により米穀の配給が実施される場合におけるその配給に基づき米穀の配給を受ける者で政令で定めるものをいう。第30条及び第31条第3項において同じ。）については、その米穀の配給に関する事項で政令で定めるもの
十三　住民票コード（番号、記号その他の符号であつて総務省令で定めるものをいう。以下同じ。）
十四　前各号に掲げる事項のほか、政令で定める事項

（住民票の記載等）
第8条　住民票の記載、消除又は記載の修正（第18条を除き、以下「記載等」という。）は、第30条の2第1項及び第2項、第30条の3第3項並びに第30条の4の規定によるほか、政令で定めるところにより、第4章若しくは第4章の3の規定による届出に基づき、又は職権で行うものとする。

（住民票の記載等のための市町村長間の通知）
第9条　市町村長は、他の市町村から当該市町村の区域内に住所を変更した者につき住民票の記載をしたときは、遅滞なく、その旨を当該他の市町村の市町村長に通知しなければならない。
2　市町村長は、その市町村の住民以外の者について戸籍に関する届書、申請書その他の書類を受理し、又は職権で戸籍の記載若しくは記録をした場合において、その者の住所

〔法令11〕 住民基本台帳法（抄）

　地で住民票の記載等をすべきときは、遅滞なく、当該記載等をすべき事項をその住所地の市町村長に通知しなければならない。
3　第１項の規定による通知は、総務省令で定めるところにより、市町村長の使用に係る電子計算機（入出力装置を含む。以下同じ。）から電気通信回線を通じて相手方である他の市町村の市町村長の使用に係る電子計算機に送信することによって行うものとする。ただし、総務省令で定める場合にあつては、この限りでない。
　　（選挙人名簿の登録等に関する選挙管理委員会の通知）
第10条　（略）
　　（国又は地方公共団体の機関の請求による住民基本台帳の一部の写しの閲覧）
第11条　（略）
　　（個人又は法人の申出による住民基本台帳の一部の写しの閲覧）
第11条の２　（略）
　　（本人等の請求による住民票の写し等の交付）
第12条　住民基本台帳に記録されている者は、その者が記録されている住民基本台帳を備える市町村の市町村長に対し、自己又は自己と同一の世帯に属する者に係る住民票の写し（第６条第３項の規定により磁気ディスクをもつて住民票を調製している市町村にあつては、当該住民票に記録されている事項を記載した書類。以下同じ。）又は住民票に記載をした事項に関する証明書（以下「住民票記載事項証明書」という。）の交付を請求することができる。
2　前項の規定による請求は、総務省令で定めるところにより、次に掲げる事項を明らかにしてしなければならない。
　一　当該請求をする者の氏名及び住所
　二　現に請求の任に当たつている者が、請求をする者の代理人であるときその他請求をする者と異なる者であるときは、当該請求の任に当たつている者の氏名及び住所
　三　当該請求の対象とする者の氏名
　四　前３号に掲げるもののほか、総務省令で定める事項
3　第１項の規定による請求をする場合において、現に請求の任に当たつている者は、市町村長に対し、第30条の44第１項に規定する住民基本台帳カードを提示する方法その他の総務省令で定める方法により、当該請求の任に当たつている者が本人であることを明らかにしなければならない。
4　前項の場合において、現に請求の任に当たつている者が、請求をする者の代理人であるときその他請求をする者と異なる者であるときは、当該請求の任に当たつている者は、市町村長に対し、総務省令で定める方法により、請求をする者の依頼により又は法令の規定により当該請求の任に当たるものであることを明らかにする書類を提示し、又は提出しなければならない。
5　市町村長は、特別の請求がない限り、第１項に規定する住民票の写しの交付の請求があつたときは、第７条第４号、第５号及び第９号から第14号までに掲げる事項の全部又

391

参考法令

は一部の記載を省略した写しを交付することができる。
6　市町村長は、第1項の規定による請求が不当な目的によることが明らかなときは、これを拒むことができる。
7　第1項の規定による請求をしようとする者は、郵便その他の総務省令で定める方法により、同項に規定する住民票の写し又は住民票記載事項証明書の送付を求めることができる。

（国又は地方公共団体の機関の請求による住民票の写し等の交付）
第12条の2　（略）

（本人等以外の者の申出による住民票の写し等の交付）
第12条の3　市町村長は、前2条の規定によるもののほか、当該市町村が備える住民基本台帳について、次に掲げる者から、住民票の写しで基礎証明事項（第7条第1号から第3号まで及び第6号から第8号までに掲げる事項をいう。以下この項及び第7項において同じ。）のみが表示されたもの又は住民票記載事項証明書で基礎証明事項に関するものが必要である旨の申出があり、かつ、当該申出を相当と認めるときは、当該申出をする者に当該住民票の写し又は住民票記載事項証明書を交付することができる。
一　自己の権利を行使し、又は自己の義務を履行するために住民票の記載事項を確認する必要がある者
二　国又は地方公共団体の機関に提出する必要がある者
三　前2号に掲げる者のほか、住民票の記載事項を利用する正当な理由がある者
2　市町村長は、前2条及び前項の規定によるもののほか、当該市町村が備える住民基本台帳について、特定事務受任者から、受任している事件又は事務の依頼者が同項各号に掲げる者に該当することを理由として、同項に規定する住民票の写し又は住民票記載事項証明書が必要である旨の申出があり、かつ、当該申出を相当と認めるときは、当該特定事務受任者に当該住民票の写し又は住民票記載事項証明書を交付することができる。
3　前項に規定する「特定事務受任者」とは、弁護士（弁護士法人を含む。）、司法書士（司法書士法人を含む。）、土地家屋調査士（土地家屋調査士法人を含む。）、税理士（税理士法人を含む。）、社会保険労務士（社会保険労務士法人を含む。）、弁理士（特許業務法人を含む。）、海事代理士又は行政書士（行政書士法人を含む。）をいう。
4～6　（略）
7　申出者は、第4項第4号に掲げる利用の目的を達成するため、基礎証明事項のほか基礎証明事項以外の事項（第7条第13号に掲げる事項を除く。以下この項において同じ。）の全部若しくは一部が表示された住民票の写し又は基礎証明事項のほか基礎証明事項以外の事項の全部若しくは一部を記載した住民票記載事項証明書が必要である場合には、第1項又は第2項の申出をする際に、その旨を市町村長に申し出ることができる。
8・9　（略）

（本人等の請求に係る住民票の写しの交付の特例）
第12条の4　住民基本台帳に記録されている者は、その者が記録されている住民基本台帳

を備える市町村の市町村長(以下この条において「住所地市町村長」という。)以外の市町村長に対し、自己又は自己と同一の世帯に属する者に係る住民票の写しで第7条第5号、第9号から第12号まで及び第14号に掲げる事項の記載を省略したものの交付を請求することができる。この場合において、当該請求をする者は、総務省令で定めるところにより、第30条の44第1項に規定する住民基本台帳カード又は総務省令で定める書類を提示してこれをしなければならない。

2～3 (略)

4 前項の規定による通知を受けた交付地市町村長は、政令で定めるところにより、第1項の請求に係る住民票の写しを作成して、同項の請求をした者に交付するものとする。この場合において、交付地市町村長は、特別の請求がない限り、第7条第4号及び第13号に掲げる事項の全部又は一部の記載を省略した写しを交付することができる。

5～6 (略)

第12条の5～第15条 (略)

第3章 戸籍の附票 (略)

第4章 届出

(住民としての地位の変更に関する届出の原則)

第21条 住民としての地位の変更に関する届出は、すべてこの章及び第4章の3に定める届出によって行うものとする。

(転入届)

第22条 転入(新たに市町村の区域内に住所を定めることをいい、出生による場合を除く。以下この条及び第30条の46において同じ。)をした者は、転入をした日から14日以内に、次に掲げる事項(いずれの市町村においても住民基本台帳に記録されたことがない者にあっては、第1号から第5号まで及び第7号に掲げる事項)を市町村長に届け出なければならない。

一 氏名
二 住所
三 転入をした年月日
四 従前の住所
五 世帯主についてはその旨、世帯主でない者については世帯主の氏名及び世帯主との続柄
六 転入前の住民票コード(転入をした者につき直近に住民票の記載をした市町村長が、当該住民票に直近に記載した住民票コードをいう。)
七 国外から転入をした者その他政令で定める者については、前各号に掲げる事項のほか政令で定める事項

2 前項の規定による届出をする者(同項第7号の者を除く。)は、住所の異動に関する文

書で政令で定めるものを添えて、同項の届出をしなければならない。
(転居届)
第23条 転居（1の市町村の区域内において住所を変更することをいう。以下この条において同じ。）をした者は、転居をした日から14日以内に、次に掲げる事項を市町村長に届け出なければならない。
一　氏名
二　住所
三　転居をした年月日
四　従前の住所
五　世帯主についてはその旨、世帯主でない者については世帯主の氏名及び世帯主との続柄

(転出届)
第24条 転出（市町村の区域外へ住所を移すことをいう。以下同じ。）をする者は、あらかじめ、その氏名、転出先及び転出の予定年月日を市町村長に届け出なければならない。

(住民基本台帳カードの交付を受けている者等に関する転入届の特例)
第24条の2 第30条の44第1項に規定する住民基本台帳カード（以下この条において「住民基本台帳カード」という。）の交付を受けている者が転出届（前条の規定による届出であって、当該届出に係る書面に政令で定める事項が付記されたものをいう。以下この条において同じ。）をした場合においては、最初の転入届（当該転出届をした日後その者が最初に行う第22条第1項の規定による届出をいう。以下この条及び第30条の44第5項において同じ。）については、第22条第2項の規定は、適用しない。ただし、政令で定める場合にあっては、この限りでない。
2～5　（略）

(世帯変更届)
第25条 第22条第1項及び第23条の場合を除くほか、その属する世帯又はその世帯主に変更があった者（政令で定める者を除く。）は、その変更があった日から14日以内に、その氏名、変更があった事項及び変更があった年月日を市町村長に届け出なければならない。

(世帯主が届出を行う場合)
第26条 世帯主は、世帯員に代わって、この章又は第4章の3の規定による届出をすることができる。
2　世帯員がこの章又は第4章の3の規定による届出をすることができないときは、世帯主が世帯員に代わって、その届出をしなければならない。

(届出の方式等)
第27条 この章又は第4章の3の規定による届出は、政令で定めるところにより、書面でしなければならない。
2　市町村長は、この章又は第4章の3の規定による届出がされる場合において、現に届出の任に当たっている者に対し、総務省令で定めるところにより、当該届出の任に当た

っている者が本人であるかどうかの確認をするため、当該届出の任に当たっている者を特定するために必要な氏名その他の総務省令で定める事項を示す書類の提示若しくは提出又はこれらの事項についての説明を求めるものとする。

3　前項の場合において、市町村長は、現に届出の任に当たっている者が、届出をする者の代理人であるときその他届出をする者と異なる者であるとき（現に届出の任に当たっている者が届出をする者と同一の世帯に属する者であるときを除く。）は、当該届出の任に当たっている者に対し、総務省令で定めるところにより、届出をする者の依頼により又は法令の規定により当該届出の任に当たるものであることを明らかにするために必要な事項を示す書類の提示若しくは提出又は当該事項についての説明を求めるものとする。

第28条～第30条　（略）

第4章の2　本人確認情報の処理及び利用等

第1節　住民票コード　（略）
第2節　都道府県の事務等　（略）
第3節　指定情報処理機関　（略）
第4節　本人確認情報の保護　（略）
第5節　住民基本台帳カード　（略）

第30条の44　住民基本台帳に記録されている者は、その者が記録されている住民基本台帳を備える市町村の市町村長（以下この条において「住所地市町村長」という。）に対し、自己に係る住民基本台帳カード（その者に係る住民票に記載された氏名その他政令で定める事項（以下、この条において「カード記載事項」という。）が記載され、かつ、当該住民票に記載された住民票コードが記録された半導体集積回路（半導体集積回路の回路配置に関する法律（昭和60年法律第43号）第2条第1項に規定する半導体集積回路をいう。）が組み込まれたカードをいう。以下同じ。）の交付を求めることができる。

2　住民基本台帳カードの交付を受けようとする者は、政令で定めるところにより、その交付を受けようとする旨その他総務省令で定める事項を記載した交付申請書を、住所地市町村長に提出しなければならない。

3　住所地市町村長は、前項の交付申請書の提出があった場合には、その者に対し、政令で定めるところにより、住民基本台帳カードを交付しなければならない。

4　住民基本台帳カードの様式その他必要な事項は、総務省令で定める。

5　住民基本台帳カードの交付を受けている者は、最初の転入届をする場合には、当該最初の転入届と同時に、当該住民基本台帳カードを市町村長に提出しなければならない。

6　前項の規定により住民基本台帳カードの提出を受けた市町村長は、当該住民基本台帳カードについて、カード記載事項の変更その他当該市町村において当該住民基本台帳カードの適切な利用を確保するために必要な措置を講じ、これを返還しなければならない。

7　第5項の場合を除くほか、住民基本台帳カードの交付を受けている者は、カード記載

事項に変更があったときは、その変更があった日から14日以内に、その旨を住所地市町村長に届け出て、当該住民基本台帳カードに変更に係る事項の記載を受けなければならない。
8　住民基本台帳カードの交付を受けている者は、住民基本台帳カードを紛失したときは、直ちに、その旨を住所地市町村長に届け出なければならない。
9　住民基本台帳カードは、住民基本台帳カードの有効期間が満了した場合その他政令で定める場合には、その効力を失う。
10　住民基本台帳カードの交付を受けている者は、当該住民基本台帳カードの有効期間が満了した場合その他政令で定める場合には、政令で定めるところにより、当該住民基本台帳カードを、住所地市町村長に返納しなければならない。
11　前各項に定めるもののほか、住民基本台帳カードの有効期間、住民基本台帳カードの再交付を受けようとする場合における手続その他住民基本台帳カードに関し必要な事項は、政令で定める。
12　市町村長その他の市町村の執行機関は、住民基本台帳カードを、条例の定めるところにより、条例に規定する目的のために利用することができる。

第4章の3　外国人住民に関する特例

(外国人住民に係る住民票の記載事項の特例)

第30条の45　日本の国籍を有しない者のうち次の表の上欄に掲げるものであつて市町村の区域内に住所を有するもの(以下「外国人住民」という。)に係る住民票には、第7条の規定にかかわらず、同条各号(第5号、第6号及び第9号を除く。)に掲げる事項、国籍等(国籍の属する国又は出入国管理及び難民認定法(昭和26年政令第319号。以下この章において「入管法」という。)第2条第5号ロに規定する地域をいう。以下同じ。)、外国人住民となつた年月日(外国人住民が同表の上欄に掲げる者となつた年月日又は住民となつた年月日のうち、いずれか遅い年月日をいう。以下同じ。)及び同表の上欄に掲げる者の区分に応じそれぞれ同表の下欄に掲げる事項について記載をする。

中長期在留者(入管法第19条の3に規定する中長期在留者をいう。以下この表において同じ。)	一　中長期在留者である旨 二　入管法第19条の3に規定する在留カード(総務省令で定める場合にあつては、総務省令で定める書類)に記載されている在留資格、在留期間及び在留期間の満了の日並びに在留カードの番号
特別永住者(日本国との平和条約に基づき日本の国籍を離脱した者等の出入国管理に関する特例法(平成3年法律第71号。以下この章において「入管特例法」という。)に定める特別永住者をいう。以下こ	一　特別永住者である旨 二　入管特例法第7条第1項に規定する特別永住者証明書に記載されている特別永住者証明書の番号

〔法令11〕　住民基本台帳法（抄）

の表において同じ。）	
一時庇護許可者（入管法第18条の2第1項の許可を受けた者をいう。以下この表及び次条において同じ。）又は仮滞在許可者（入管法第61条の2の4第1項の許可を受けた者をいう。以下この表において同じ。）	一　一時庇護許可者又は仮滞在許可者である旨 二　入管法第18条の2第4項に規定する上陸期間又は入管法第61条の2の4第2項に規定する仮滞在許可書に記載されている仮滞在期間
出生による経過滞在者（国内において出生した日本の国籍を有しない者のうち入管法第22条の2第1項の規定により在留することができるものをいう。以下この表及び次条において同じ。）又は国籍喪失による経過滞在者（日本の国籍を失つた者のうち同項の規定により在留することができるものをいう。以下この表及び次条において同じ。）	出生による経過滞在者又は国籍喪失による経過滞在者である旨

（中長期在留者等が住所を定めた場合の転入届の特例）

第30条の46　前条の表の上欄に掲げる者（出生による経過滞在者又は国籍喪失による経過滞在者を除く。以下この条及び次条において「中長期在留者等」という。）が国外から転入をした場合（これに準ずる場合として総務省令で定める場合を含む。）には、当該中長期在留者等は、第22条の規定にかかわらず、転入をした日から14日以内に、同条第1項第1号、第2号及び第5号に掲げる事項、出生の年月日、男女の別、国籍等、外国人住民となつた年月日並びに同表の上欄に掲げる者の区分に応じそれぞれ同表の下欄に掲げる事項を市町村長に届け出なければならない。この場合において、当該中長期在留者等は、市町村長に対し、同表の上欄に掲げる者の区分に応じそれぞれ同表の下欄に規定する在留カード、特別永住者証明書又は仮滞在許可書（一時庇護許可者にあつては、入管法第18条の2第3項に規定する一時庇護許可書）を提示しなければならない。

（住所を有する者が中長期在留者等となつた場合の届出）

第30条の47　日本の国籍を有しない者（第30条の45の表の上欄に掲げる者を除く。）で市町村の区域内に住所を有するものが中長期在留者等となつた場合には、当該中長期在留者等となつた者は、中長期在留者等となつた日から14日以内に、第22条第1項第1号、第2号及び第5号に掲げる事項、出生の年月日、男女の別、国籍等、外国人住民となつた年月日並びに同表の上欄に掲げる者の区分に応じそれぞれ同表の下欄に掲げる事項を市町村長に届け出なければならない。この場合においては、前条後段の規定を準用する。

（外国人住民の世帯主との続柄の変更の届出）

第30条の48　第22条第1項、第23条、第25条及び前2条の場合を除くほか、世帯主でない外国人住民であつてその世帯主（外国人住民であるものに限る。）との続柄に変更があつたものは、その変更があつた日から14日以内に、世帯主との続柄を証する文書を添えて、

397

参考法令

その氏名、世帯主との続柄及び変更があった年月日を市町村長に届け出なければならない。ただし、政令で定める場合にあつては、この限りでない。

(外国人住民の世帯主との続柄を証する文書の提出)
第30条の49 世帯主でない外国人住民であってその世帯主が外国人住民であるものは、第22条第1項、第23条、第25条、第30条の46又は第30条の47の規定による届出をするときは、世帯主との続柄を証する文書を添えて、これらの規定に規定する届出をしなければならない。ただし、政令で定める場合にあつては、この限りでない。

(外国人住民に係る住民票の記載の修正等のための法務大臣からの通知)
第30条の50 法務大臣は、入管法及び入管特例法に定める事務を管理し、又は執行するに当たって、外国人住民についての第7条第1号から第3号までに掲げる事項、国籍等又は第30条の45の表の下欄に掲げる事項に変更があつたこと又は誤りがあることを知ったときは、遅滞なく、その旨を当該外国人住民が記録されている住民基本台帳を備える市町村の市町村長に通知しなければならない。

(外国人住民についての適用の特例)
第30条の51 外国人住民に係る次の表の上欄に掲げる規定の適用については、これらの規定中同表の中欄に掲げる字句は、それぞれ同表の下欄に掲げる字句に読み替えるものとする。

第12条第5項	、第5号及び第9号から第14号まで	及び第10号から第14号までに掲げる事項、第30条の45に規定する国籍等並びに同条の表の下欄
第12条の2第1項	第12号まで及び第14号	第4号まで、第7号、第8号、第10号から第12号まで及び第14号に掲げる事項、第30条の45に規定する国籍等及び外国人住民となつた年月日並びに同条の表の下欄
第12条の2第4項	第5号、第9号から第12号まで及び第14号	第10号から第12号まで及び第14号に掲げる事項、第30条の45に規定する国籍等並びに同条の表の下欄
第12条の3第1項	及び第6号から第8号までに掲げる事項	、第7号及び第8号に掲げる事項並びに第30条の45に規定する外国人住民となつた年月日
第12条の4第1項	第7条第5号、第9号から第12号まで及び第14号	第7条第10号から第12号まで及び第14号
第12条の4第4項	事項	事項、第30条の45に規定する国籍等並びに同条の表の下欄に掲げる事項

(調査)
第34条 市町村長は、定期に、第7条及び第30条の45の規定により記載をすべきものとされる事項について調査をするものとする。
2 市町村長は、前項に定める場合のほか、必要があると認めるときは、いつでも第7条

及び第30条の45の規定により記載をすべきものとされる事項について調査をすることができる。
3　市町村長は、前2項の調査に当たり、必要があると認めるときは、当該職員をして、関係人に対し、質問をさせ、又は文書の提示を求めさせることができる。
4　当該職員は、前項の規定により質問をし、又は文書の提示を求める場合には、その身分を示す証明書を携帯し、関係人の請求があつたときは、これを提示しなければならない。

第34条の2～第38条　（略）

（適用除外）

第39条　この法律は、日本の国籍を有しない者のうち第30条の45の表の上欄に掲げる者以外のものその他政令で定める者については、適用しない。

（主務大臣）

第40条　この法律において、主務大臣は、総務大臣とする。ただし、第9条2項の規定による通知に関する事項及び第3章に規定する戸籍の附票に関する事項については、総務大臣及び法務大臣とする。

第41条　この法律の実施のための手続その他の施行に関し必要な事項は、政令で定める。

第5章　雑則　（略）

第6章　罰則

第42条～第46条　（略）

第47条　次の各号のいずれかに該当する者は、30万円以下の罰金に処する。
一　（略）
二　偽りその他不正の手段により、第12条から第12条の3まで（これらの規定を第30条の51の規定により読み替えて適用する場合を含む。）に規定する住民票の写し若しくは住民票記載事項証明書の交付を受け、第12条の4（第30条の51の規定により読み替えて適用する場合を含む。）に規定する住民票の写しの交付を受け、第20条に規定する戸籍の附票の写しの交付を受け、又は第30条の44に規定する住民基本台帳カードの交付を受けた者

第48条～第52条　（略）

第53条　第22条から第24条まで、第25条又は第30条の46から第30条の48までの規定による届出に関し虚偽の届出（第28条から第30条までの規定による付記を含む。）をした者は、他の法令の規定により刑を科すべき場合を除き、5万円以下の過料に処する。
2　正当な理由がなくて第22条から第24条まで、第25条又は第30条の46から第30条の48までの規定による届出をしない者は、5万円以下の過料に処する。

附則（平成21年7月15日法律第77号）　（抄）

参考法令

（施行期日）
第1条 この法律は、公布の日から起算して3年を超えない範囲内において政令で定める日〔平成24年7月9日―平成24年政令第3号〕から施行する。ただし、次の各号に掲げる規定は、当該各号に定める日から施行する。
一 目次の改正規定、第5条及び第8条の改正規定、第19条に1項を加える改正規定、第21条、第22条第1項、第26条、第27条第1項及び第2項並びに第28条から第30条までの改正規定、第4章の2の次に1章を加える改正規定、第34条第1項及び第2項、第39条並びに第47条第2号の改正規定、第53条の改正規定（同条第1項の改正規定（「第24条の2第1項若しくは第2項又は」を削る部分に限る。）を除く。）並びに（中略）並びに附則第22条の規定 出入国管理及び難民認定法及び日本国との平和条約に基づき日本の国籍を離脱した者等の出入国管理に関する特例法の一部を改正する等の法律（平成21年法律第79号。以下「入管法等改正法」という。）の施行の日〔平成24年7月9日―平成23年政令第419号〕
二 附則第3条及び第23条の規定 この法律の公布の日又は入管法等改正法の公布の日のいずれか遅い日

（適用区分等）
第2条 この法律による改正後の住民基本台帳法（以下「新法」という。）第24条の2及び第30条の44第5項から第11項までの規定は、この法律の施行の日以後に同条第3項の規定により同条第1項に規定する住民基本台帳カード（以下この項において「住基カード」という。）の交付を受ける者及びこの法律の施行の際現に条例利用住基カード（この法律による改正前の住民基本台帳法第30条の44第8項の規定による利用が行われている住基カードをいう。以下この項において同じ。）以外の住基カードの交付を受けている者について適用し、この法律の施行の際現に条例利用住基カードの交付を受けている者については、なお従前の例による。
2 新法第22条及び第30条の46の規定は、新法第30条の45に規定する外国人住民（以下「外国人住民」という。）が前条第1号に定める日（以下「第1号施行日」という。）以後に新法第22条第1項に規定する転入をした場合について適用する。
3 新法第30条の47の規定は、外国人住民が第1号施行日以後に新法第30条の46に規定する中長期在留者等になった場合について適用する。

（外国人住民に係る住民票に関する経過措置）（編注：本条は、平成21年7月15日より施行）
第3条 市町村長（特別区の区長を含む。以下同じ。）は、附則第1条第2号に定める日から第1号施行日の前日までの範囲内において政令で定める日〔平成24年5月7日―平成24年政令第4号による改正後の平成22年政令第253号附則1条の2〕（以下この条において「基準日」という。）現在において次の各号に掲げる要件のいずれにも該当する者につき、基準日後速やかに、個人を単位として、新法第7条第1号から第4号まで、第7号、第8号、第10号から第11号の2まで及び第14号に掲げる事項、国籍等（新法第30条の45

〔法令11〕 住民基本台帳法（抄）

に規定する国籍等をいう。以下同じ。）並びに新法第30条の45の表の上欄に掲げる者の区分に応じそれぞれ同表の下欄に掲げる事項を記載した仮住民票を作成しなければならない。
　一　当該市町村（特別区を含む。以下同じ。）の外国人登録原票（外国人登録法（昭和27年法律第125号）第4条第1項に規定する外国人登録原票をいう。以下この条において同じ。）に登録されていること。
　二　第1号施行日において当該市町村の外国人住民に該当する者であると見込まれること。
2　市町村長は、基準日後第1号施行日の前日までの間に、前項各号に掲げる要件のいずれにも該当することとなった者につき、同項に規定する仮住民票（以下「仮住民票」という。）を作成することができる。
3　仮住民票の記載は、外国人登録原票、新法第7条第10号から第11の2までに規定する国民健康保険の被保険者の資格、後期高齢者医療の被保険者の資格、介護保険の被保険者の資格、国民年金の被保険者の資格及び児童手当の支給を受けている者の受給資格に関する記録並びに次項の規定により法務大臣から提供を受けた情報に基づき行うものとする。
4　法務大臣は、市町村長から仮住民票の作成に関し求めがあったときは、新法第7条第1号から第3号までに掲げる事項、国籍等又は新法第30条の45の表の下欄に掲げる事項に関する情報を提供するものとする。
5　市町村長は、第1項又は第2項の規定により仮住民票を作成したときは、その作成の対象とされた者に対し、直ちに、その者に係る仮住民票の記載事項を通知しなければならない。
6　前各項に定めるもののほか、仮住民票の記載、消除又は記載の修正その他の仮住民票に関し必要な事項は、政令で定める。

第4条　前条の規定により作成した仮住民票は、第1号施行日において、住民票になるものとする。
2　市町村長は、前項の住民票に係る外国人住民と同一の世帯に属する日本の国籍を有する者の住民票について、同項の住民票が作成されたことに伴い新法第7条第4号に掲げる事項に変更が生じたときは、第1号施行日において記載の修正をしなければならない。
3　新法第6条第2項の規定により世帯を単位とする住民票を作成している市町村長は、外国人住民及び日本の国籍を有する者が属する世帯については、同条第1項及び第2項の規定にかかわらず、第1号施行日以後世帯を単位とする住民票に外国人住民の記載をするために必要な期間に限り、個人を単位とする第1項の住民票と世帯を単位とする日本の国籍を有する者に係る住民票を世帯ごとに編成して、住民基本台帳を作成することをもって、世帯を単位とする住民票の作成に代えることができる。

第5条　附則第1条第1号に掲げる規定の施行の際現に外国人住民である者（第1号施行日の前日までに第1号施行日における住所地の市町村長から附則第3条第5項の規定に

401

参考法令

よる通知を受けた者であって総務省令で定めるものを除く。）は、第１号施行日から14日以内に、新法第22条第１項第１号、第２号及び第５号に掲げる事項、出生の年月日、男女の別、国籍等並びに新法第30条の45の表の上欄に掲げる者の区分に応じそれぞれ同表の下欄に掲げる事項を市町村長に届け出なければならない。この場合においては、新法第30条の46後段の規定を準用する。

2　前項の規定による届出は、新法第４章の３の規定による届出とみなして、新法第８条、第26条、第27条第１項及び第２項並びに第28条から第29条の２までの規定を適用する。

第６条　附則第４条第１項の住民票又は前条の規定の適用を受ける外国人住民に係る住民票については、新法第30条の45の規定にかかわらず、外国人住民となった年月日（同条に規定する外国人住民となった年月日をいう。）に代えて、第１号施行日を記載するものとする。

第７条　入管法等改正法附則第15第１項の規定により在留カード（出入国管理及び難民認定法（昭和26年政令第319号）第19条の３に規定する在留カードをいう。以下この条において同じ。）とみなされている外国人登録証明書（入管法等改正法第４条の規定による廃止前の外国人登録法に規定する外国人登録証明書をいう。以下この条において同じ。）又は入管法等改正法附則第28条第１項の規定により特別永住者証明書（日本国との平和条約に基づき日本の国籍を離脱した者等の出入国管理に関する特例法（平成３年法律第71号）第７条第１項に規定する特別永住者証明書をいう。以下この条において同じ。）とみなされている外国人登録証明書は、それぞれ在留カード又は特別永住者証明書とみなして、新法第４章の３及び第６章の規定並びに附則第５条第１項後段において準用する新法第30条の46後段の規定を適用する。

第８条　（略）

（外国人住民についての本人確認情報の利用等に関する規定の適用の特例）

第９条　外国人住民については、第１号施行日から起算して１年を超えない範囲内において政令で定める日〔平成25年７月７日―平成24年政令第４号による改正後の平成22年政令第253号附則７条の２〕までは、新法第12条の４、第24条の２、第４章の２及び第30条の45（新法第７条第13号に係る部分に限る。）の規定は、適用しない。

（検討）（本条は、平成21年７月15日から施行）

第23条　政府は、現に本邦に在留する外国人であって出入国管理及び難民認定法第54条第２項の規定により仮放免をされ当該仮放免の日から一定期間を経過したものその他の現に本邦に在留する外国人であって同法又は日本国との平和条約に基づき日本の国籍を離脱した者等の出入国管理に関する特例法の規定により本邦に在留することができる者以外のものについて、入管法等改正法附則第60条第１項の趣旨を踏まえ、第１号施行日以後においてもなおその者が行政上の便益を受けられることとなるようにするとの観点から、必要に応じて、その者に係る記録の適正な管理の在り方について検討を加え、その結果に基づいて必要な措置を講ずるものとする。

〔法令12〕 住民基本台帳法施行令（抄）

(昭和42年9月11日政令第292号、重要改正：平成22年12月27日政令第253号、最終改正：平成24年1月20日政令第4号)

目次
  第1章　総則（第1条）
  第2章　住民基本台帳（第2条―第17条）
  第3章　戸籍の附票（第18条―第21条）
  第4章　届出（第22条―第30条）
  第4章の2　本人確認情報の処理及び利用等（第30条の2―第30条の24）
  第4章の3　外国人住民に関する特例（第30条の25―第30条の32）
  第5章　雑則（第31条―第35条）
  附則

第1章　総則

(定義)
第1条　この政令において、「国民健康保険の被保険者」、「後期高齢者医療の被保険者」、「介護保険の被保険者」、「国民年金の被保険者」、「児童手当の支給を受けている者」、「住民票コード」、「転入」、「転居」」、「転出」、「外国人住民」、「中長期在留者」、「特別永住者」、「一時庇護許可者」、「仮滞在許可者」、「出生による経過滞在者」又は「国籍喪失による経過滞在者」とは、それぞれ住民基本台帳法（以下「法」という。）第7条第10号から第11号の2まで若しくは第13号、法第22条第1項、法第23条、法第24条又は法第30条の45に規定する国民健康保険の被保険者、後期高齢者医療の被保険者、介護保険の被保険者、国民年金の被保険者、児童手当の支給を受けている者、住民票コード、転入、転居、転出、外国人住民、中長期在留者、特別永住者、一時庇護許可者、仮滞在許可者、出生による経過滞在者又は国籍喪失による経過滞在者をいう。

第2章　住民基本台帳

(住民票を磁気ディスクをもつて調製する場合の方法及び基準)
第2条　市町村長（特別区の区長を含む。以下同じ。）は、法第6条第3項の規定により住民票を磁気ディスク（これに準ずる方法により一定の事項を確実に記録しておくことができる物を含む。以下同じ。）をもつて調製する場合には、電子計算機（入出力装置を含む。以下同じ。）（電子計算機による方法に準ずる方法により一定の事項を確実に記録しておくことができる機器を含む。以下同じ。）の操作によるものとし、磁気ディスクへの記録、その利用並びに磁気ディスク及びこれに関連する施設又は設備の管理の方法に関する技術的基準については、総務大臣が定める。
第3条〜第6条　（略）

参考法令

（法第7条第14号の政令で定める事項）
第6条の2 法第7条第14号に規定する政令で定める事項は、住民の福祉の増進に資する事項のうち、市町村長が住民に関する事務を管理し及び執行するために住民票に記載することが必要であると認めるものとする。

（住民票の記載）
第7条 市町村長は、新たに市町村の区域内に住所を定めた者その他新たにその市町村の住民基本台帳に記録されるべき者があるときは、次項に定める場合を除き、その者の住民票を作成しなければならない。

2 市町村長は、1の世帯につき世帯を単位とする住民票を作成した後に新たにその市町村の住民基本台帳に記録されるべき者でその世帯に属することとなつたもの（既に当該世帯に属していた者で新たに法の適用を受けることとなつたものを含む。）があるときは、その住民票にその者に関する記載（法第6条第3項の規定により磁気ディスクをもつて調製する住民票にあつては、記録。以下同じ。）をしなければならない。

（住民票の消除）
第8条 市町村長は、その市町村の住民基本台帳に記録されている者が転出をし、又は死亡したときその他その者についてその市町村の住民基本台帳の記録から除くべき事由が生じたときは、その者の住民票（その者が属していた世帯について世帯を単位とする住民票が作成されていた場合にあつては、その住民票の全部又は一部）を消除しなければならない。

（日本の国籍の取得又は喪失による住民票の記載及び消除）
第8条の2 市町村長は、その市町村の住民基本台帳に記録されている日本の国籍を有しない者が日本の国籍の取得をしたときは、その者の法第7条各号に掲げる事項を記載した住民票（次項において「日本人住民としての住民票」という。）を作成し、又はその属する世帯の住民票にその者に関する同条各号に掲げる事項の記載をするとともに、その者の法第30条の45の規定により記載をするものとされる事項を記載した住民票（次項において「外国人住民としての住民票」という。）（その者が属する世帯について世帯を単位とする住民票が作成されている場合にあつては、その住民票の全部又は一部）の消除をしなければならない。

2 市町村長は、その市町村の住民基本台帳に記録されている日本の国籍を有する者が日本の国籍を失つたときは、その者の外国人住民としての住民票を作成し、又はその属する世帯の住民票にその者に関する法第30条の45の規定により記載をするものとされる事項の記載をするとともに、その者の日本人住民としての住民票（その者が属する世帯について世帯を単位とする住民票が作成されている場合にあつては、その住民票の全部又は一部）の消除をしなければならない。

（住民票の記載の修正）
第9条 市町村長は、住民票に記載されている事項（住民票コードを除く。）に変更があつたときは、その住民票の記載の修正をしなければならない。

(転居又は世帯変更による住民票の記載及び消除)
第10条 市町村長は、転居をし、又はその市町村の区域内においてその属する世帯を変更した者がある場合において、前条の規定によるほか必要があるときは、その者の住民票を作成し、又はその属することとなつた世帯の住民票にその者に関する記載をするとともに、その者の住民票(その者が属していた世帯について世帯を単位とする住民票が作成されていた場合にあつては、その住民票の全部又は一部)の消除をしなければならない。

(届出に基づく住民票の記載等)
第11条 市町村長は、法第4章又は法第4章の3の規定による届出があつたときは、当該届出の内容が事実であるかどうかを審査して、第7条から前条までの規定による住民票の記載、消除又は記載の修正(以下「記載等」という。)を行わなければならない。

(職権による住民票の記載等)
第12条 市町村長は、法第4章又は法第4章の3の規定による届出に基づき住民票の記載等をすべき場合において、当該届出がないことを知つたときは、当該記載等をすべき事実を確認して、職権で、第7条から第10までの規定による住民票の記載等をしなければならない。

2 市町村長は、次に掲げる場合において、第7条から第10条までの規定により住民票の記載等をすべき事由に該当するときは、職権で、これらの規定による住民票の記載等をしなければならない。

一〜七 (略)

3 市町村長は、住民基本台帳に脱漏若しくは誤載があり、又は住民票に誤記(住民票コードに係る誤記を除く。)若しくは記載漏れ(住民票コードに係る記載漏れを除く。)があることを知つたときは、当該事実を確認して、職権で、住民票の記載等をしなければならない。

4 市町村長は、第1項の規定により住民票の記載等をしたときは、その旨を当該記載等に係る者に通知しなければならない。この場合において、通知を受けるべき者の住所及び居所が明らかでないときその他通知をすることが困難であると認めるときは、その通知に代えて、その旨を公示することができる。

(住民票を消除する場合の手続)
第13条 市町村長は、住民票を消除する場合には、その事由(転出の場合にあつては、転出により消除した旨及び転出先の住所)及びその事由の生じた年月日(法第24条の規定による届出(以下「転出届」という。)に基づき住民票を消除する場合にあつては、転出の予定年月日)をその住民票に記載しなければならない。

2 法第9条第1項の規定による通知を受けた市町村長は、当該通知に係る消除された住民票に転出をした旨を記載するとともに、前項の規定により記載された転出先の住所が当該通知に係る書面に記載された住所と異なるときは、当該記載された転出先の住所を訂正しなければならない。

3　法第9条第1項の規定による通知を受けた市町村長は、その旨を都道府県知事に通知しなければならない。
4　前項の規定による通知は、総務省令で定めるところにより、市町村長の使用に係る電子計算機から電気通信回線を通じて都道府県知事の使用に係る電子計算機に送信することによって行うものとする。

（住民基本台帳の一部の写しの作成等）
第14条　市町村長は、法第11条第1項に規定する住民基本台帳の一部の写しを作成するとともに、その内容に変更を生じたときは、市町村長の定めるところにより、これを速やかに改製し、又は修正しなければならない。

（住民票の写しを交付する場合の記載）
第15条　市町村長は、法第12条第1項、法第12条の2第1項又は法第12条の3第1項若しくは第2項の規定により住民票の写しを交付する場合には、その末尾に原本と相違ない旨を記載しなければならない。

第15条の2　法第12条の3第4項第5号に規定する政令で定める業務は、次に掲げる業務とする。
一～六　（略）

第15条の3～第15条の4　（略）

（法第12条の4第1項の規定による住民票の写しの交付）
第15条の4　交付地市町村長（法第12条の4第2項に規定する交付地市町村長をいう。次項において同じ。）は、同条第4項の規定により住民票の写しを作成する場合には、同条第3項の規定による通知に基づかなければならない。
2　交付地市町村長は、前項の規定により作成した住民票の写しの末尾に、法第12条の4第1項に規定する住所地市町村長から当該請求に係る住民票に記載されている事項が同条第3項の規定により通知され、当該住民票の写しが当該通知に基づき作成されたものである旨を記載しなければならない。

（住民票の改製）
第16条　市町村長は、必要があると認めるときは、住民票を改製することができる。この場合には、消除又は修正された記載の移記を省くことができる。

（住民票の再製）
第17条　市町村長は、住民票が滅失したときは、直ちに、職権で、これを再製しなければならない。
2　市町村長は、前項の規定により住民票を再製したときは、直ちにその旨を告示するとともに、その告示をした日から15日間当該住民票（法第6条第3項の規定により磁気ディスクをもって住民票を調製している市町村にあつては、当該住民票に記録されている事項を記載した書類）を関係者の縦覧に供さなければならない。

第3章　戸籍の附票　（略）

第4章　届出

（転入届に当たり特別の事項を届け出なければならない者等）

第22条　法第22条第1項第7号に規定する政令で定める者はいずれの市町村の住民基本台帳にも記録されていないことその他やむを得ない理由により同条第2項の文書を提出することができない者とし、同号に規定する政令で定める事項は出生の年月日、男女の別及び戸籍の表示とする。

（転出証明書）

第23条　法第22条第2項に規定する住所の異動に関する文書で政令で定めるものは、前住所地の市町村長が作成する転出の証明書（以下「転出証明書」という。）とする。

2　転出証明書には、法第7条第1号から第5号まで及び第13号に掲げる事項のほか、次に掲げる事項を記載しなければならない。
　一　住所
　二　転出先及び転出の予定年月日
　三　国民健康保険の被保険者である者については、その旨
　三の二　後期高齢者医療の被保険者である者については、その旨
　三の三　介護保険の被保険者である者については、その旨
　四　国民年金の被保険者である者については、国民年金の被保険者の種別及び基礎年金番号
　五　児童手当の支給を受けている者については、その旨

（転出証明書の交付等）

第24条　市町村長は、転出届があつたとき（法第24条の2第1項本文若しくは同条第2項本文の規定の適用を受けるとき又は国外に転出をするときを除く。）は、転出証明書を交付しなければならない。

2　転出証明書の交付を受けた者は、転出証明書を亡失し、滅失し、汚損し、又は破損したときは、その再交付を受けることができる。

第24条の2　（略）

（転出地市町村長から転入地市町村長への通知事項）

第24条の3　法第24条の2第4項に規定する政令で定める事項は、法第7条第1号から第5号まで及び第13号に掲げる事項のほか、次に掲げる事項とする。
　一　転出前の住所
　二　転出先及び転出の予定年月日
　三　国民健康保険の被保険者である者については、その旨
　三の二　後期高齢者医療の被保険者である者については、その旨
　四　介護保険の被保険者である者については、その旨その他総務省令で定める事項
　五　国民年金の被保険者である者については、国民年金の被保険者の種別及び基礎年金

番号
六　児童手当の支給を受けている者については、その旨
七　住民基本台帳カードの交付を受けている者については、当該住民基本台帳カードの発行の日、有効期間が満了する日その他住民基本台帳カードの管理のために必要な事項として総務省令で定めるもの

（世帯変更届を要しない者）
第25条　法第25条に規定する政令で定める者は、世帯主以外のその世帯に属する者が1人になつた場合におけるその者とする。

（届出の方式）
第26条　法第4章又は法第4章の3の規定による届出は、現に届出の任に当たっている者の住所及び届出の年月日が記載され、並びに当該届出の任に当たっている者が署名し、又は記名押印した書面でしなければならない。

第27条～第30条　（略）

第4章の2　本人確認情報の処理及び利用等

（住民票コードの記載）
第30条の2　市町村長は、法第30条の2第2項に規定する場合を除き、住民票の記載をする場合において、当該記載に係る者につき直近に住民票の記載をした市町村長が当該住民票に直近に記載した住民票コードが判明しないときは、その者に係る住民票に法第30条の7第1項の規定により都道府県知事から指定された住民票コードのうちから選択するいずれか1の新たな住民票コードを記載するものとする。この場合において、市町村長は、当該記載に係る者以外の者に係る住民票に記載した住民票コードと異なる住民票コードを選択して記載するものとする。

2　市町村長は、前項の規定により新たな住民票コードを記載したときは、速やかに、当該記載に係る者に対し、新たな住民票コードを記載した旨及び新たに記載された住民票コードを書面により通知しなければならない。

（住民票コードの記載の変更請求書の提出方法）
第30条の3　法第30条の3第1項の規定により住民票コードの記載の変更の請求をしようとする者は、同条第2項に規定する変更請求書を提出する際に、住民基本台帳カード又は総務省令で定める書類を提示しなければならない。

（住民票コードに係る住民票の記載の修正）
第30条の4　市町村長は、住民票に住民票コードに係る誤記又は記載漏れがあることを知ったときは、当該事実を確認して、職権で、当該住民票の記載の修正をしなければならない。

2　市町村長は、前項の規定により住民票の記載の修正をしたときは、速やかに、当該記載の修正に係る者に対し、住民票コードに係る記載の修正をした旨及び新たに記載された住民票コードを書面により通知しなければならない。

第30条の5～第30条の11　（略）
　（住民基本台帳カードの記載事項）
第30条の12　法第30条の44第1項に規定する政令で定める事項は、住民基本台帳カードの交付を受けようとする者（次条及び第30条の15において「交付申請者」という。）がその者に係る住民票に記載された出生の年月日、男女の別及び住所が記載された住民基本台帳カードの交付を求める場合においては、住民票に記載された出生の年月日、男女の別及び住所とする。
　（住民基本台帳カードの交付申請）
第30条の13　交付申請者は、法第30条の44第2項に規定する交付申請書に署名し、又は記名押印しなければならない。
　（住民基本台帳カードの二重交付の禁止）
第30条の14　住民基本台帳カードの交付を受けている者は、当該住民基本台帳カードが有効な限り、重ねて住民基本台帳カードの交付を受けることができない。
　（住民基本台帳カードの交付）
第30条の15　法第30条の44第1項に規定する住所地市町村長（以下この章において「住所地市町村長」という。）市町村長は、交付申請者又はその法定代理人に対し、当該市町村の事務所への出頭を求めて、住民基本台帳カードを交付するものとする。この場合において、当該交付申請者又はその法定代理人は、総務省令で定める書類を提示しなければならない。
2　住所地市町村長は、病気、身体の障害等やむを得ない理由により交付申請者の出頭が困難であると認められ、かつ、当該交付申請者が本人であることが明らかであるときは、前項の規定にかかわらず、当該交付申請者の指定した者の出頭を求めて、当該住民基本台帳カードを交付することができる。この場合において、当該交付申請者の指定した者は、総務省令で定める書類を提示しなければならない。
　（住民基本台帳カードの有効期間）
第30条の16　住民基本台帳カードの有効期間は、住民基本台帳カードの発行の日から10年とする。
第30条の17　（略）
　（住民基本台帳カードの有効期間内の交付の申請）
第30条の18　住民基本台帳カードの交付を受けている者は、当該住民基本台帳カードの有効期間の満了する日までの期間が3月未満となつた場合その他総務省令で定める場合には、第30条の14の規定にかかわらず、住所地市町村長に対し、当該住民基本台帳カードの有効期間内においても当該住民基本台帳カードを提示して、新たな住民基本台帳カードの交付を求めることができる。
2　住所地市町村長は、前項の求めがあつた場合には、その者に対し、その者が現に有する住民基本台帳カードと引換えに新たな住民基本台帳カードを交付しなければならない。
第30条の19～第30条の24　（略）

参考法令

第4章の3　外国人住民に関する特例
（外国人住民に係る住民票の記載事項の特例）
第30条の25　外国人住民に係る住民票の法第7条第14号に規定する政令で定める事項は、第6条の2に定めるもののほか、次に掲げる事項とする。
一　次条第1項に規定する通称
二　第30条の27第1項に規定する通称の記載及び削除に関する事項

（外国人住民の通称の住民票への記載等）
第30条の26　外国人住民は、住民票に通称（氏名以外の呼称であって、国内における社会生活上通用していることその他の事由により居住関係の公証のために住民票に記載することが必要であると認められるものをいう。以下この条及び次条において同じ。）の記載を求めようとするときは、その者が記録されている住民基本台帳を備える市町村の市町村長（以下この条及び次条において「住所地市町村長」という。）に、通称として記載を求める呼称その他総務省令で定める事項を記載した申出書を提出するとともに、当該呼称が居住関係の公証のために住民票に記載されることが必要であることを証するに足りる資料を提示しなければならない。
2　住所地市町村長は、前項の規定による申出書の提出があった場合において、同項に規定する当該呼称を住民票に記載することが居住関係の公証のために必要であると認められるときは、これを当該外国人住民に係る住民票に通称として記載しなければならない。
3　市町村長は、次の各号に掲げる場合において、外国人住民に係る住民票の記載をするときは、当該各号に定める通称を当該外国人住民に係る住民票に記載しなければならない。
一　外国人住民が転出証明書を添えて転入届をした場合　転出証明書に記載された通称
二　外国人住民が最初の転入届又は最初の世帯員に関する転入届をした場合　法第24条の2第4項の規定により通知された通称
4　外国人住民は、当該外国人住民に係る住民票に当該外国人住民の通称が記載されている場合において、当該通称の削除を求めようとするときは、住所地市町村長に、その削除を求める旨その他総務省令で定める事項を記載した申出書を提出しなければならない。この場合において、住所地市町村長は、当該通称を削除しなければならない。
5　住所地市町村長は、外国人住民に係る住民票に当該外国人住民の通称が記載されている場合において、当該通称を住民票に記載しておくことが居住関係の公証のために必要であると認められなくなったときは、当該通称を削除するとともに、その旨を当該削除に係る外国人住民に通知しなければならない。この場合において、通知を受けるべき外国人住民の住所及び居所が明らかでないときその他通知をすることが困難であると認めるときは、その通知に代えて、その旨を公示することができる。
6　法第27条第2項及び第3項の規定は、第1項及び第4項の申出について準用する。
7　外国人住民に係る住民票に通称が記載されている場合における法及びこの政令の規定

410

の適用については、次の表の上欄に掲げる規定中同表の中欄に掲げる字句は、それぞれ同表の下欄に掲げる字句に読み替えるものとする。

法第11条第1項	住民基本台帳のうち第7条第1号から第3号まで	住民基本台帳のうち第7条第1号に掲げる事項及び通称（住民基本台帳法施行令（昭和42年政令第292号）第30条の26第1項に規定する通称をいう。以下同じ。）並びに第7条第2号、第3号
	事項のうち第7条第1号から第3号まで	事項のうち第7条第1号に掲げる事項及び通称並びに同条第2号、第3号
法第12条第2項第3号	氏名	氏名又は通称
法第30条の51の規定により読み替えて適用される法第12条第5項	第14号までに掲げる事項	第14号までに掲げる事項（同号に掲げる事項については、通称を除く。）
法第12条の2第2項第3号	氏名	氏名又は通称
法第30条の51の規定により読み替えて適用される法第12条の2第4項	第14号に掲げる事項	第14号に掲げる事項（同号に掲げる事項については、通称を除く。）
法第30条の51の規定により読み替えて適用される法第12条の3第1項	第1号から第3号まで	第1号に掲げる事項及び通称、同条第2号、第3号
法第12条の3第4項第3号	氏名	氏名又は通称
法第30条の51の規定により読み替えて適用される法第12条の4第1項	第14号に掲げる事項	第14号に掲げる事項（同号に掲げる事項については、通称を除く。）
法第30条の5第1項、法第30条の8第3項及び法第30条の11第9項	第1号から第3号まで	第1号に掲げる事項及び通称並びに同条第2号、第3号
第30条の32の規定により読み替えて適用される第15条の3第2項	第1号から第3号まで	第1号に掲げる事項及び通称（第30条の26第1項に規定する通称をいう。以下この章から第4章の2までにおいて同じ。）、法第7条第2号、第3号
第30条の32の規定により読み替えて適用される第23条第2項及び第24条の3	第1号から第4号まで	第1号に掲げる事項及び通称、同条第2号から第4号まで

411

第30条の32の規定により読み替えて適用される第30条の5第3号	第1号から第3号まで	第1号に掲げる事項及び通称並びに同条第2号、第3号
第30条の12	次条及び第30条の15において「交付申請者」という。）がその者	以下「交付申請者」という。）に係る住民票に記載された通称のほか、交付申請者がその者

（外国人住民の通称の記載及び削除に関する事項の住民票への記載等）
第30条の27　住所地市町村長は、次の各号に掲げる場合には、当該各号に定める事項（以下この条において「通称の記載及び削除に関する事項」という。）を当該外国人住民に係る住民票に記載しなければならない。
　一　外国人住民に係る住民票に通称を記載した場合（前条第3項の規定による場合を除く。）当該通称を記載した市町村名（特別区にあつては、区名。次号において同じ。）及び年月日
　二　外国人住民に係る住民票に記載されている通称を削除した場合　当該通称並びに当該通称を削除した市町村名及び年月日
2　市町村長は、次の各号に掲げる場合において、外国人住民に係る住民票の記載をするときは、当該各号に定める通称の記載及び削除に関する事項を当該外国人住民に係る住民票に記載しなければならない。
　一　外国人住民が転出証明書を添えて転入届をした場合　転出証明書に記載された通称の記載及び削除に関する事項
　二　外国人住民が最初の転入届又は最初の世帯員に関する転入届をした場合　法第24条の2第4項の規定により通知された通称の記載及び削除に関する事項
3　外国人住民に係る住民票に通称の記載及び削除に関する事項が記載されている場合におけるこの政令の規定の適用については、第30条の32の規定により読み替えて適用される第23条第2項中「国籍等並びに同条の表の下欄に掲げる事項」とあるのは「国籍等、同条の表の下欄に掲げる事項並びに通称の記載及び削除に関する事項（第30条の27第1項に規定する通称の記載及び削除に関する事項をいう。第24条の3において同じ。）」と、第30条の32の規定により読み替えて適用される第24条の3中「国籍等並びに同条の表の下欄に掲げる事項」とあるのは「国籍等、同条の表の下欄に掲げる事項並びに通称の記載及び削除に関する事項」とする。

（外国人住民の世帯主との続柄の変更の届出を要しない場合）
第30条の28　法第30条の48ただし書に規定する政令で定める場合は、次に掲げる場合とする。
　一　世帯主でない外国人住民とその世帯主（外国人住民であるものに限る。次号及び次条において同じ。）との親族関係に変更がない場合
　二　世帯主でない外国人住民とその世帯主との親族関係の変更に係る戸籍に関する届書、

〔法令12〕 住民基本台帳法施行令（抄）

申請書その他の書類が市町村長に受理されている場合
（外国人住民の世帯主との続柄を証する文書の提出を要しない場合）
第30条の29 法第30条の49ただし書に規定する政令で定める場合は、次に掲げる場合とする。
一 世帯主でない外国人住民とその世帯主との間に親族関係がない場合
二 世帯主でない外国人住民がその世帯主に関する転出届に併せて転出届をした場合において、当該世帯主でない外国人住民が当該世帯主に関する転入届に併せて転入届をするとき（当該世帯主が世帯主となる場合に限る。）。
三 世帯主でない外国人住民がその世帯主に関する転居届に併せて転居届をする場合（当該世帯主が世帯主となる場合に限る。）。
四 前3号に掲げる場合のほか、世帯主でない外国人住民がその世帯に属する他の外国人住民に関する転入届又は転居届に併せて転入届又は転居届をする場合（当該他の外国人住民が世帯主となる場合に限る。）その他総務省令で定める場合において、世帯主でない外国人住民とその世帯主との親族関係を確認することができると市町村長が認めるとき。

（外国人住民に係る住民基本台帳カードの有効期間の特例）
第30条の30 外国人住民（中長期在留者のうち出入国管理及び難民認定法（昭和26年政令第319号。以下この項において「入管法」という。）別表第2の上欄の永住者の在留資格をもって在留する者（以下この項において「永住者」という。）及び特別永住者を除く。次項において同じ。）に対し交付される住民基本台帳カードの有効期間は、第30条の16の規定にかかわらず、次の表の上欄に掲げる者の区分に応じ、それぞれ同表の下欄に掲げる期間とする。

中長期在留者（永住者を除く。）	住民基本台帳カードの発行の日から入管法第19条の3に規定する在留カード（総務省令で定める場合にあっては、総務省令で定める書類）に記載されている在留期間の満了の日まで
一時庇護許可者又は仮滞在許可者	住民基本台帳カードの発行の日から入管法第18条の2第4項に規定する上陸期間又は入管法第61条の2の4第2項に規定する仮滞在許可書に記載されている仮滞在期間を経過する日まで
出生による経過滞在者又は国籍喪失による経過滞在者	住民基本台帳カードの発行の日から出生した日又は日本の国籍を失った日から60日を経過する日まで

2 外国人住民に再交付された住民基本台帳カードについて前項の規定を適用する場合には、同項中「交付される住民基本台帳カードの有効期間は、第30条の16の規定にかかわらず」とあるのは「再交付された住民基本台帳カードの有効期間は、第30条の17第3項の規定により読み替えて適用する第30条の16の規定にかかわらず」と、同項の表中「住民基本台帳カード」とあるのは「再交付された住民基本台帳カード」とする。

413

参考法令

(外国人住民に係る住民票の記載の修正等のための法務大臣からの通知の方法)

第30条の31 法第30条の50の規定による通知は、法務大臣の使用に係る電子計算機から電気通信回線を通じて法務大臣が市町村長に使用させる電子計算機に送信する方法その他の総務省令・法務省令で定める方法により行うものとする。

(外国人住民についての適用の特例)

第30条の32 外国人住民に係る次の表の上欄に掲げる規定の適用については、これらの規定中同表の中欄に掲げる字句は、それぞれ同表の下欄に掲げる字句に読み替えるものとする。

第12条第2項第1号	受理し、若しくは職権で戸籍の記載若しくは記録をしたとき、又は法9条第2項	受理したとき、又は法第9条第2項若しくは法第30条の50
第15条の3第1項第4号	又は第13号	若しくは第13号に掲げる事項、法第30条の45に規定する国籍等又は同条の表の下欄
第15条の3第2項	及び第6号から第8号までに掲げる事項（同条第4号又は第13号	、第7号及び第8号に掲げる事項並びに法30条の45に規定する外国人住民となつた年月日（法第7条第4号若しくは第13号に掲げる事項、法30条の45に規定する国籍等又は同条の表の下欄
第22条	及び戸籍の表示	、法第30条の45に規定する国籍等及び同条の表の下欄に掲げる事項
第23条第2項及び第24条の3	第5号まで及び第13号	第4号まで及び第13号に掲げる事項、法第30条の45に規定する国籍等並びに同条の表の下欄
第30条の5第1号	住民票の記載を行つた旨	外国人住民に係る住民票の記載を行つた旨
第30条の5第2号	住民票の消除を行つた旨	外国人住民に係る住民票の消除を行つた旨
第30条の5第3号及び第4号	住民票の記載の修正を行つた旨	外国人住民に係る住民票の記載の修正を行つた旨

第5章　雑則

第31条〜第32条　(略)

(法を適用しない者)

第33条　法第39条に規定する政令で定める者は、戸籍法 (昭和22年法律第224号) の適用を受けない者とする。

(保存)

〔法令12〕 住民基本台帳法施行令（抄）

第34条 第8条、第8条の2、第10条若しくは第12条第3項の規定により消除された住民票（世帯を単位とする住民票にあつては、全部が消除された住民票に限る。）又は第19条の規定により全部が消除された戸籍の附票は、その消除された日から5年間保存するものとする。第16条（第21条において準用する場合を含む。）の規定に基づき住民票又は戸籍の附票を改製した場合における改製前の住民票又は戸籍の附票についても、同様とする。

2　前項の規定にかかわらず、戸籍の附票に住所の記載の修正によつて国内における住所の記載をしていない者（以下この項において「在外者等」という。）に関する記載（記載の消除を含む。以下この項において同じ。）をした戸籍の附票の全部を第19条の規定により消除した場合における消除された戸籍の附票は、その消除された日から80年間保存するものとする。第21条において準用する第16条の規定に基づき在外者等に関する記載をした戸籍の附票を改製した場合における改製前の戸籍の附票についても、同様とする。ただし、死亡したことにより戸籍から除かれた在外者等（以下「死亡在外者等」という。）に関する記載をした戸籍の附票であつて死亡在外者等以外の在外者等に関する記載をした戸籍の附票でないものの全部を消除した場合又は死亡在外者等に関する記載をした戸籍の附票であつて死亡在外者等以外の在外者等に関する記載をした戸籍の附票でないものを改製した場合には、この限りでない。

3　法及びこの政令に基づく届出書、通知書その他の書類は、その受理された日から1年間保存するものとする。

（総務省令への委任）

第35条　この政令に定めるもののほか、法及びこの政令の実施のため必要な手続その他の事項は、総務省令で定める。

　　　附　則（平成22年12月27日政令第253号、最終改正平成24年1月20日政令第4号）（抄）

（施行期日）

第1条　この政令は、住民基本台帳法の一部を改正する法律（以下「改正法」という。）の施行の日〔平成24年7月9日―平成24年政令第3号〕から施行する。ただし、次の各号に掲げる規定は、当該各号に定める日から施行する。

一　目次の改正規定、第1条の改正規定、第8条の次に1条を加える改正規定、第11条、第12条第1項及び第26条の改正規定、第27条の改正規定（同条第1号の改正規定（「（以下「転入届」という。）」に係る部分に限る。）及び同条第2号の改正規定（「、法第24条」を「の規定による届出（以下「転居届」という。）、転出届」に改め、「届出」の下に「（次条第2号及び第27条の3第2号において「世帯変更届」という。）」を加える部分に限る。）を除く。）、第27条の2の改正規定（同条第1号の改正規定（「法第22条の規定による届出」を「転入届」に改める部分に限る。）及び同条第2号の改正規定（「法第23条、法第24条及び法第25条の規定による届出」を「転居届、転出届及び世帯変更届」に改める部分に限る。）を除く。）、第27条の3の改正規定（同条第1号に係る部分

415

参考法令

　　　（法第30条の46及び法第30条の47の規定による届出に係る部分に限る。）及び同条第3号に係る部分に限る。）、第28条の改正規定（同条第1号の改正規定（転入届に係る部分に限る。）及び同条第2号の改正規定を除く。）、第29条の見出しの改正規定、第30条の21第5号の改正規定（「又は」を「、第8条の2の規定により当該住民票が消除されたとき又は」に改める部分に限る。）、第4章の2の次に1章を加える改正規定、第31条第1項の改正規定、同条第2項の表第30条の44第6項の次に次のように加える改正規定（同表第30条の50の項に係る部分に限る。）、第32条第1項の改正規定、同条第2項の表に次のように加える改正規定（同表第30条の22の項に係る部分を除く。）並びに第34条第1項の改正規定並びに附則第8条から第10条まで及び附則第13条の規定　出入国管理及び難民認定法及び日本国との平和条約に基づき日本の国籍を離脱した者等の出入国管理に関する特例法の一部を改正する等の法律（平成21年法律第79号。以下「入管法等改正法」という。）の施行の日
二　第12条第2項第3号、第15条の3第2項及び第30条の改正規定並びに附則第2条から第7条まで及び附則第11条の規定　公布の日
三　次条及び附則第7条の2の規定　住民基本台帳法施行令の一部を改正する政令の一部を改正する政令（平成24年政令第4号）の施行の日〔平成24年1月20日〕

（改正法附則第3条第1項の政令で定める日）
第1条の2　改正法附則第3条第1項の政令で定める日は、平成24年5月7日とする。

（仮住民票の磁気ディスクによる調製）
第2条　市町村長（特別区の区長を含む。以下同じ。）は、改正法附則第3条第1項に規定する仮住民票（以下「仮住民票」という。）を磁気ディスク（これに準ずる方法により一定の事項を確実に記録しておくことができる物を含む。）をもって調製することができる。この場合においては、この政令による改正後の住民基本台帳法施行令（以下「新令」という。）第2条の規定を準用する。

（仮住民票の記載事項）
第3条　市町村長が改正法附則第3条第1項又は第2項の規定により仮住民票を作成する場合には、改正法による改正後の住民基本台帳法（以下「新法」という。）第30条の45の表中「入管法第19条の3に規定する在留カード（総務省令で定める場合にあつては、総務省令で定める書類）に記載されている在留資格、在留期間及び在留期間の満了の日並びに在留カードの番号」とあるのは「入管法第2条の2第1項に規定する在留資格、同条第3項に規定する在留期間及びその満了の日並びに外国人登録法（昭和27年法律第125号）第4条第1項第1号に規定する登録番号」と、「入管特例法第7条第1項に規定する特別永住者証明書に記載されている特別永住者証明書の番号」とあるのは「外国人登録法第4条第1項第1号に規定する登録番号」とする。

（仮住民票の消除）
第4条　市町村長は、改正法附則第3条第1項の政令で定める日（以下「基準日」という。）後附則第1条第1号に定める日（以下「第1号施行日」という。）の前日までの間に、仮

住民票の作成の対象とされた者が同項各号に掲げる要件のいずれかに該当しなくなったときは、その仮住民票を消除しなければならない。

(仮住民票の記載の修正)
第5条 市町村長は、基準日後第1号施行日の前日までの間に、仮住民票に記載されている事項に変更があったときは、その仮住民票の記載の修正をしなければならない。

(仮住民票の記載事項に係る調査)
第6条 市町村長は、仮住民票の記載、消除又は記載の修正に際し、必要があると認めるときは、仮住民票に記載される事項について調査をすることができる。
2 前項の場合においては、新法第34条第3項及び第4項の規定を準用する。

(仮住民票に記載されている事項の安全確保)
第7条 市町村長は、仮住民票に関する事務の処理に当たっては、仮住民票に記載されている事項の漏えい、滅失及びき損の防止その他の仮住民票に記載されている事項の適切な管理のために必要な措置を講じなければならない。
2 前項の規定は、市町村長から仮住民票に関する事務の委託を受けた者が受託した業務を行う場合について準用する。

(改正法附則第9条の政令で定める日)
第7条の2 改正法附則第9条の政令で定める日は、平成25年7月7日とする。

(外国人住民に係る住民基本台帳カードの有効期間の特例に関する経過措置)
第8条 入管法等改正法附則第15条第1項の規定により在留カード(出入国管理及び難民認定法(昭和26年政令第319号)第19条の3に規定する在留カードをいう。以下この条において同じ。)とみなされている外国人登録証明書(入管法等改正法第4条の規定による廃止前の外国人登録法(昭和27年法律第125号)に規定する外国人登録証明書をいう。)は、在留カードとみなして、新令第30条の30の規定を適用する。

(外国人住民に係る住民票コードの記載に関する経過措置)
第9条 市町村長は、改正法附則第9条の政令で定める日の翌日(以下「適用日」という。)に、現に住民基本台帳に記録されている外国人住民(新法第30条の45に規定する外国人住民をいう。以下同じ。)であって適用日前に新法第24条の規定による届出(以下この項において「転出届」という。)をし、かつ、当該転出届に記載された転出の予定年月日が適用日以後である者以外の者に係る住民票に新法第30条の7第1項の規定により都道府県知事から指定された新法第7条第13号に規定する住民票コード(以下この条において「住民票コード」という。)のうちから選択するいずれか1の住民票コードを記載するものとする。この場合において、市町村長は、当該記載に係る者以外の者に係る住民票に記載した住民票コードと異なる住民票コードを選択して記載するものとする。
2 市町村長は、新たにその市町村(特別区を含む。以下この項において同じ。)の住民基本台帳に記録されるべき外国人住民につき住民票の記載をする場合において、その者が適用日前に他の市町村の住民基本台帳に記録されていた者であって適用日以後当該住民票の記載をする時までの間にいずれの市町村においても住民基本台帳に記録されていな

参考法令

かったもの又は前項に規定する適用日前に転出届をし、かつ、当該転出届に記載された転出の予定年月日が適用日以後である者であるときは、その者に係る住民票に新法第30条の7第1項の規定により都道府県知事から指定された住民票コードのうちから選択するいずれか一の住民票コードを記載するものとする。この場合において、市町村長は、当該記載に係る者以外の者に係る住民票に記載した住民票コードと異なる住民票コードを選択して記載するものとする。

3　前2項の場合においては、新法第30条の2第3項の規定を準用する。

(住所を変更した外国人住民に係る市町村長の通知に関する規定の適用の特例)

第10条　外国人住民については、適用日の前日までは、新令第13条第3項及び第4項の規定は、適用しない。

　　附則（平成24年1月20日政令第4号）
　　この政令は、公布の日から施行する。

〔法令13〕　住民基本台帳法施行規則（抄）

（平成11年10月6日自治省令第35号、重要改正：平成22年12月27日総務省令第113号、最終改正平成24年1月20日総務省令第4号）

(住民票コード)

第1条　住民基本台帳法（昭和42年法律第81号。以下「法」という。）第7条第13号に規定する住民票コードは、次に掲げる数字をその順序により組み合わせて定めるものとする。
　一　無作為に作成された10けたの数字
　二　1けたの検査数字（住民票コードを電子計算機に入力するときの誤りを検出することを目的として、総務大臣が定める算式により算出される数字をいう。）

(転入通知の方法)

第2条　法第9条第3項の規定による通知は、電子計算機（入出力装置を含む。以下同じ。）（電子計算機による方法に準ずる方法により一定の事項を確実に記録しておくことができる機器を含む。以下同じ。）の操作によるものとし、電気通信回線を通じた送信の方法に関する技術的基準については、総務大臣が定める。

2　法第9条第3項に規定する総務省令で定める場合は、電気通信回線の故障その他の事由により電気通信回線を通じた送信ができない場合とする。

(住民票を消除する場合の通知の方法)

第3条　住民基本台帳法施行令（昭和42年政令第292号。以下「令」という。）第13条第4項の規定による通知は、電子計算機の操作によるものとし、電気通信回線を通じた送信の方法に関する技術的基準については、総務大臣が定める。

(本人等の請求に係る住民票の写しの交付の特例の請求手続)

第4条　法第12条の4第1項の規定に基づき住民票の写しの交付の請求をする者は、同項に基づく住民票の写しの交付の請求である旨並びに次項に規定する書類を提示した場合には、その者の住民票コード又は出生の年月日及び男女の別を明らかにしなければならない。
2　法第12条の4第1項に規定する総務省令で定める書類は、旅券、運転免許証その他官公署が発行した免許証、許可証又は資格証明書等（本人の写真が貼付されたものに限る。）であって当該請求者が本人であることを確認するため市町村長（特別区及び地方自治法（昭和22年法律第67号）第252条の19第1項の指定都市にあっては、区長。第6条及び第9条において同じ。）が適当と認めるものとする。

（本人等の請求に係る住民票の写しの交付の特例の際の通知の方法）
第5条　法第12条の4第5項の規定による通知は、電子計算機の操作によるものとし、電気通信回線を通じた送信の方法に関する技術的基準については、総務大臣が定める。

（戸籍の附票の記載の修正のための通知の方法）
第5条の2　法第19条第4項の規定による通知は、電子計算機の操作によるものとし、電気通信回線を通じた送信の方法に関する技術的基準については、総務大臣が定める。
2　法第19条第4項に規定する総務省令で定める場合は、電気通信回線の故障その他の事由により電気通信回線を通じた送信ができない場合とする。

（最初の転入届の手続）
第6条　法第24条の2第1項に規定する最初の転入届をしようとする者は、市町村長に対し、法第30条の44第1項に規定する住民基本台帳カード（以下「住民基本台帳カード」という。）の交付を受けている旨を明らかにしなければならない。

（住民基本台帳カードの交付を受けている者等に関する届出の特例の際の通知の方法）
第7条　法第24条の2第5項の規定による通知は、電子計算機の操作によるものとし、電気通信回線を通じた送信の方法に関する技術的基準については、総務大臣が定める。

（転出地市町村長から転入地市町村長への通知事項）
第7条の2　令第24条の3第7号に規定する総務省令で定めるものは、当該住民基本台帳カードの様式が別記様式第1又は別記様式第2のいずれであるかの別、当該住民基本台帳カードが真正なものであることを確認するために転入地市町村長が用いる符号その他住民基本台帳カードの管理のために必要な事項とする。

（現に届出の任に当たっている者を特定する方法）
第8条　法第27条第2項の規定による提示若しくは提出又は説明は、次のいずれかの方法によるものとする。
　一　法第30条の44第1項に規定する住民基本台帳カード（以下「住民基本台帳カード」という。）又は旅券、運転免許証その他官公署が発行した免許証、許可証若しくは資格証明書等（本人の写真が貼付されたものに限る。）であって現に届出の任に当たっている者が本人であることを確認するため市町村長が適当と認める書類を提示する方法
　二　前号の書類をやむを得ない理由により提示することができない場合には、現に届出

の任に当たっている者が本人であることを確認するため市町村長が適当と認める書類を提示し、若しくは提出する方法又は同一の世帯の住民基本台帳の記載事項について説明させる方法その他の市町村長が前号に準ずるものとして適当と認める方法

(届出において明らかにする事項)

第8条の2 法第27条第2項に規定する総務省令で定める事項は、氏名及び住所その他の市町村長が適当と認める事項とする。

(届出をする者の代理人等の権限を明らかにする方法)

第8条の3 法第27条第3項の規定による提示若しくは提出又は説明は、次のいずれかの方法によるものとする。この場合において、市町村長が必要と認めるときは、届出をする者が本人であるかどうかの確認をするため、必要な事項を示す書類の提示若しくは提出又はこれらの事項についての説明を求めるものとする。

一 現に届出の任に当たっている者が法定代理人の場合には、戸籍謄本その他その資格を証明する書類を提示し、又は提出する方法

二 現に届出の任に当たっている者が法定代理人以外の者である場合には、委任状を提出する方法

三 前2号の書類をやむを得ない理由により提示し、又は提出することができない場合には、届出をする者の依頼により又は法令の規定により当該届出の任に当たるものであることを説明する書類を提示し、又は提出させる方法その他の市町村長が前2号に準ずるものとして適当と認める方法

(住民票コードの記載の変更請求書の提出の際に提示する書類)

第9条 令第30条の3に規定する総務省令で定める書類は、次に掲げるいずれかの書類であって、請求者の氏名が記載されているものとする。

一 運転免許証、健康保険の被保険者証その他法律又はこれに基づく命令の規定により交付された書類であって当該請求者が本人であることを確認するため市町村長が適当と認めるもの

二 前号に掲げる書類をやむを得ない理由により提示することができない場合には、当該請求者が本人であることを確認するため市町村長が適当と認める書類

(住民票コードの記載の変更請求書の記載事項)

第10条 法第30条の3第2項の総務省令で定める事項は、住民票コードの記載の変更を請求しようとする者の氏名、住所及び住民票コードとする。

第11条~第33条 (略)

(住民基本台帳カードの交付申請書の記載事項)

第34条 法第30条の44第2項に規定する総務省令で定める事項は、住民基本台帳カードの交付を受けようとする者(以下「交付申請者」という。)の氏名、住所並びに住民票コード又は出生の年月日及び男女の別並びに交付を受けようとする住民基本台帳カードの様式とする。

(写真の添付)

第35条　交付申請者で別記様式第2に規定する住民基本台帳カードの交付を受けようとする者は、法第30条の44第2項に規定する交付申請書に、申請前6月以内に撮影した無帽、正面、無背景の写真を添付しなければならない。ただし、法第30条の44第1項に規定する住所地市町村長（以下「住所地市町村長」という。）が必要がないと認めるときには、添付を省略することができる。

（住民基本台帳カードの交付の手続）
第36条　令第30条の15第1項に規定する総務省令で定める書類は、次に掲げるいずれかの書類及び法定代理人にあっては、戸籍謄本その他その資格を証明する書類とする。
　一　住民基本台帳カード又は旅券、運転免許証その他官公署が発行した免許証、許可証若しくは資格証明書等（本人の写真が貼付されたものに限る。）であって交付申請者が本人であることを確認するため市町村長が適当と認めるもの
　二　住民基本台帳カードの交付の申請について、交付申請者が本人であること及び当該申請が本人の意思に基づくものであることを確認するため、郵便その他市町村長が適当と認める方法により当該交付申請者に対して文書で照会したその回答書及び市町村長が適当と認める書類
2　令第30条の15第2項に規定する総務省令で定める書類は、次に掲げる書類とする。
　一　住民基本台帳カードの交付の申請について、交付申請者が本人であること及び当該申請が本人の意思に基づくものであることを確認するため、郵便その他市町村長が適当と認める方法により当該交付申請者に対して文書で照会したその回答書及び市町村長が適当と認める書類
　二　交付申請者の指定の事実を確認するに足る資料
　三　住民基本台帳カード又は旅券、運転免許証その他官公署が発行した免許証、許可証若しくは資格証明書等（本人の写真が貼付されたものに限る。）であって交付申請者が指定した者が本人であることを確認するため市町村長が適当と認めるもの

（住民基本台帳カードの様式）
第37条　住民基本台帳カードの様式は、別記様式第1及び第2のとおりとする。
第38条～第42条　（略）

（住民基本台帳カードの暗証番号）
第43条　令第30条の15第1項の規定により交付申請者又はその法定代理人が住民基本台帳カードの交付を受けるときは、当該交付申請者又はその法定代理人は、数字4桁からなる暗証番号を設定しなければならない。
2　令第30条の15第2項の規定により交付申請者の指定した者が住民基本台帳カードの交付を受けるときは、前項の規定にかかわらず、当該交付申請者の指定した者は、数字4桁からなる暗証番号を市町村長に届け出なければならない。
3　住民基本台帳カードの交付を受けている者は、住民基本台帳カードを利用するに当たり、その者が記録されている住民基本台帳を備える市町村の市町村長その他の市町村の執行機関から暗証番号の入力を求められたとき又はその者が記録されている住民基本台

参考法令

帳を備える市町村以外の市町村の市町村長その他の市町村の執行機関、都道府県知事その他の都道府県の執行機関若しくは法別表第１の上欄に掲げる国の機関若しくは法人から法に規定する事務若しくはその処理する事務であって法の定めるところにより当該事務の処理に関し本人確認情報の提供を求めることができることとされているものの遂行のため必要がある場合において暗証番号の入力を求められたときは、入力装置に暗証番号を入力しなければならない。

（住民基本台帳カードの技術的基準）
第44条 住民基本台帳カードに関する技術的基準については、総務大臣が定める。

（通称の記載及び削除に係る申出書の記載事項）
第45条 令第30条の26第１項に規定する総務省令で定める事項は、氏名、住所並びに住民票コード又は出生の年月日及び男女の別並びに令第30条の26第１項に規定する通称（以下「通称」という。）として記載を求める呼称が国内における社会生活上通用していることその他の居住関係の公証のために住民票に記載されることが必要であると認められる事由の説明とする。

２　令第30条の26第４項に規定する総務省令で定める事項は、氏名、住所並びに住民票コード又は出生の年月日及び男女の別とする。

（外国人住民に係る住民票に通称が記載されている場合の読替え）
第46条 法第30条の45に規定する外国人住民（以下「外国人住民」という。）に係る住民票に通称が記載されている場合におけるこの省令の規定の適用については、次の表の上欄に掲げる規定中同表の中欄に掲げる字句は、それぞれ同表の下欄に掲げる字句に読み替えるものとする。

第11条第３項第２号	氏名	氏名及び令第30条の26第１項に規定する通称（以下この条から第27条の２までにおいて「通称」という。）
第21条の２第２号及び第７号並びに第27条の２第２号及び第７号	氏名	氏名及び通称
別記様式第１及び別記様式第２	氏名	氏名／通称

（在留カードに代わる書類等）
第47条 法第30条の45及び令第30条の30第１項に規定する総務省令で定める場合は、出入国管理及び難民認定法及び日本国との平和条約に基づき日本の国籍を離脱した者等の出入国管理に関する特例法の一部を改正する等の法律（平成21年法律第79号。次項において「入管法等改正法」という。）附則第７条第１項に規定する法務大臣が中長期在留者（出入国管理及び難民認定法（昭和26年政令第319号。以下この項において「入管法」という。）第19条の３に規定する中長期在留者をいう。）に対し、出入国港において在留カー

ド（入管法第19条の3に規定する在留カードをいう。次項において同じ。）を交付することができない場合とする。
2　法第30条の45及び令第30条の30第1項に規定する総務省令で定める書類は、入管法等改正法附則第7条第1項の規定により、後日在留カードを交付する旨の記載がされた旅券とする。

（中長期在留者等が住所を定めた場合の転入届の特例）
第48条　法第30条の46に規定する総務省令で定める場合は、次に掲げる場合とする。
一　法第30条の46に規定する中長期在留者等で、住民基本台帳に記録されていないものが新たに市町村の区域内に住所を定めた場合
二　日本の国籍を有しない者（法第30条の45の表の上欄に掲げる者を除く。）で、住民基本台帳に記録されていないものが法第30条の46に規定する中長期在留者等となった後に転入をした場合

（外国語で作成した文書への訳文の添付）
第49条　法第30条の48又は第30条の49に規定する世帯主との続柄を証する文書で外国語によって作成されたものについては、翻訳者を明らかにした訳文を添付しなければならない。

（外国人住民の世帯主との続柄を証する文書の提出を要しない場合）
第50条　令第30条の29第4号の総務省令で定める場合は、次に掲げる場合とする。
一　世帯主でない外国人住民が法第25条の規定による届出をする場合
二　令第8条、第8条の2、第10条又は第12条第3項の規定により消除された住民票、戸籍に関する届書、申請書その他の書類又は法第9条第2項の規定による通知に係る書面その他の世帯主でない外国人住民とその世帯主との親族関係を明らかにすることができる書類を住所地市町村長が保存している場合

　　附則（平成22年12月27日総務省令第113号）（抄）

（施行期日）
第1条　この省令は、住民基本台帳法の一部を改正する法律（以下「改正法」という。）の施行の日〔平成24年7月9日—平成24年政令第3号〕から施行する。ただし、次の各号に掲げる規定は、当該各号に定める日から施行する。
一　第5条の次に1条を加える改正規定、第11条の改正規定及び第44条の次に6条を加える改正規定　出入国管理及び難民認定法及び日本国との平和条約に基づき日本の国籍を離脱した者等の出入国管理に関する特例法の一部を改正する等の法律（平成21年法律第79号）の施行の日〔平成24年7月9日—平成23年政令第419号〕
二　附則第2条の規定　公布の日

（外国人住民に係る住民票に関する経過措置）
第2条　改正法附則第5条第1項に規定する総務省令で定めるものは、改正法附則第3条第5項に規定する通知を受けた後、同条第1項に規定する仮住民票（以下この条におい

参考法令

て「仮住民票」という。）の記載事項のうち改正法による改正後の住民基本台帳法第22条第1項第2号又は第5号に掲げる事項に変更のあった場合において、住民基本台帳法施行令の一部を改正する政令（平成22年政令第253号）附則第5条の規定により当該仮住民票の記載の修正が行われていないもの以外のものとする。

別記様式第1（第37条関係）（略）
別記様式第2（第37条関係）（略）
別紙図形（別記様式第1及び別記様式第2関係）（略）

　　附　則（平成24年1月20日法務省令第4号）
　この省令は、公布の日から施行する。

●執筆者一覧●

日本司法書士会連合会「外国人住民票」検討委員会

委 員 長　西　山　慶　一　（京都司法書士会）
　　　　〔執筆担当：第1章1、第2章1、第3章第2節1・4、第4章〕

副委員長　姜　　　信　潤　（大阪司法書士会）
　　　　〔執筆担当：第1章4、第3章第1節1・2、同第2節5〕

委　　員　小　西　伸　男　（群馬司法書士会）
　　　　〔執筆担当：第1章3、第3章第2節2・3〕

委　　員　北　田　五十一　（大阪司法書士会）
　　　　〔執筆担当：第2章2〕

委　　員　高　山　駿　二　（愛知県司法書士会）
　　　　〔執筆担当：第1章2、第2章3・4〕

委　　員　大和田　　　亮　（福島県司法書士会）
　　　　〔執筆担当：第2章5、第3章第1節3、同第2節6〕

（平成24年3月現在）

あ と が き

■2011年6月の日司連総会から早9カ月、入管法等改正法の施行まで残りわずかとなりました。この間にワークショップでお世話になった方々には、この紙面をお借りしてお礼を申し上げます。それにしても、あらためて考えさせられたのはこの国に在留する外国人の地位の立場の危うさです。外国人登録原票から外国人住民票に替わっても、管理一辺倒の現実は何も変わってないように思われます。
（高山駿二）

■7月9日より60年以上存続した外国人登録制度が廃止され、「外国人住民票」制度が創設される。外国人登録は一定の問題があった。しかし、在日やその他の外国人の身分関係等を証する書面として一定の効用があった。在日やその他の外国人で7月9日以降出生する者は、「国籍国の住所又は居所」「出生地」が、今後日本で記録されることはない。

　外国人が、本国とのつながりを日本の記録から辿ることができる時代が終わり、日本における外国人の身分証明をどうすべきか、新たな課題を模索すべき時代に入ったと思える。
（姜　信潤）

■ひょんなことから2011年6月の日司連総会において、議案提案者という大役をつとめることになり、多くの仲間のサポートを得て、無事議案「日本司法書士会連合会内に（仮称）外国人住民票検討委員会を早急に設置する件」が承認可決された。総会後、委員会のメンバーになるという想定外のことが起こったが、一番門外漢の私が外国人住民票検討委員会のメンバーとして、約1年間活動できたことに感謝申し上げます。
（北田五十一）

■私にとっては、このような委員会のメンバーに任命されること、外登法や入管法そして住基法の条文を勉強すること等々、まさに初めてづくしでした。半年経った今でも先輩方の議論についていくことは大変です。そんな私でも、今回の外国人住民票が抱える問題点は理解しているつもりですし、その導入が渉外家族法の実務に与える影響が大きいことは予測できます。その改善のために……これからもやるべきことは少なくありません。
（大和田亮）

〔編者所在地〕

日本司法書士会連合会

〒160-0003　東京都新宿区本塩町9-3

☎03-3359-4171(代)　FAX 03-3359-4175

http://www.shiho-shoshi.or.jp/

外国人住民票の創設と渉外家族法実務

平成24年5月17日　第1刷発行
平成24年7月30日　第2刷発行

定価　本体 3,500円（税別）

編　者　日本司法書士会連合会「外国人住民票」検討委員会
発　行　株式会社　民事法研究会
印　刷　株式会社　太平印刷社

発行所　株式会社　民事法研究会
　　　　〒150-0013　東京都渋谷区恵比寿3-7-16
　　　　〔営業〕☎03-5798-7257　FAX03-5798-7258
　　　　〔編集〕☎03-5798-7277　FAX03-5798-7278
　　　　http://www.minjiho.com/　　info@minjiho.com

カバーデザイン／袴田峯男　ISBN978-4-89628-778-3 C2032 ¥3500E
組版／民事法研究会（Windows7 64bit+EdicolorVer9+MotoyaFont+Acrobat etc.）
落丁・乱丁はおとりかえします。

▶平成24年2月不動産登記規則改正に対応！
▶法・令・規則・準則・通達・関係法令等の対照で手続を立体的に理解できる必携書！

不動産登記実務必携 2012
――法・令・規則・準則・通達等対照条文一覧表――

実務登記法令研究会（代表・長谷川清）編

Ｂ５判・680頁・定価　4,200円（税込、本体4,000円）

―――――――――――――――― 本書の特色と狙い ――――――――――――――――

▶新オンラインシステム関係、東日本大震災関係情報を織り込み実務に至便！
▶不動産登記法の平成23年5月25日改正まで織り込んだほか、不動産登記令の平成23年7月29日改正、不動産登記規則の平成24年2月6日改正に対応！
▶不動産登記法の条文ごとに対応する不動産登記令（政令）・不動産登記規則（省令）・不動産登記事務取扱手続準則・施行通達等の条文を掲載した画期的な一覧表！
▶各頁には、法律の条文のインデックスを上部に付し検索しやすくするとともに、令には１本線、規則には２本線、準則には破線、通達・関係法令・日司連等Ｑ＆Ａには波線を付し、いずれの頁からでも一目瞭然に検索できる！
▶法・令・規則・準則については、掲載頁数の索引を登載し、迅速に検索できる！
▶法務局関係者、司法書士、土地家屋調査士、弁護士はもちろん、不動産取引にかかわる金融機関、不動産関係業者にも必携の一覧！

【収録法令】――――――――――――――――――――――――――――――――――
不動産登記法（最終改正：平成23年5月25日法律第53号）／不動産登記令（最終改正：平成23年7月29日政令第237号）／不動産登記規則（最終改正：平成24年2月6日法務省令第4号）／不動産登記事務取扱手続準則（最終改正：平成23年11月7日法務省民二第2585号）／平成17年2月25日法務省民二第457号民事局長通達「不動産登記法の施行に伴う登記事務の取扱いについて」／平成23年3月25日付法務省民二第767号民事局長通達「不動産登記規則等の一部改正に伴う登記事務の取扱いについて」／平成23年4月14日付法務省民二・民商第962号「東日本大震災に伴う不動産登記及び商業・法人登記における不正登記防止申出の取扱いについて」（通達）／日本司法書士会連合会各Ｑ＆Ａ（抜粋）／不動産登記オンライン申請利用促進協議会分科会（権利関係）における質疑応答（抜粋）　ほか

発行　民事法研究会

〒150-0013　東京都渋谷区恵比寿3-7-16
（営業）TEL. 03-5798-7257　FAX. 03-5798-7258
http://www.minjiho.com/　info@minjiho.com